Bauen + Wirtschaft

Architektur der Region im Spiegel

STADT WIEN 2005

382202-12/05

Wirtschafts- und
Verlagsgesellschaft
mbH

ISBN 3-933927-83-8

Ausbau Flughafen Wien
Auftraggeber Masterplan: Flughafen Wien AG **14/52**

Bildnachweise siehe Redaktionsbeiträge

Masterplan „Bahnhof Wien – Europa Mitte“
Zusammenarbeit Wettbewerbsverfahren:
Stadt Wien und Österreichische Bundesbahnen (ÖBB) **26**

Hauptbibliothek der Büchereien Wien
Bauherr: Stadt Wien **32**

Messe Wien Neu
Planung: Architekturbüro DI Gerhard Mossburger Ziviltechnikerges.m.b.H. **58**

Standpunkte

8 Wien erfüllt eine Vorbildfunktion
Von Dipl.-Ing. Gerhard Weber, Stadtbaudirektor Wien

10 U-Bahn-Bau bringt entscheidende Verbesserungen
Von Dipl.-Ing. Günter Steinbauer, Vorsitzender der Geschäftsführung der Wiener Linien

Im Blickpunkt

12 Autorenvorstellung

14 Twin-City-Region Wien–Bratislava
Aktive Partner in der Europa-Region Mitte – CENTROPE
Von Ing. Wolfgang Dvorak, Magistrat Wien, Magistratsabteilung 18 – Stadtentwicklung und Stadtplanung, Leiter der Öffentlichkeitsarbeit der Stadtentwicklung Wien

20 Stadtentwicklungsplan 2005 – STEP 05
Von Dipl.-Ing. Thomas Madreiter, Magistrat Wien, Magistratsabteilung 18 – Stadtentwicklung und Stadtplanung, Leiter der Magistratsabteilung

26 Bahnhof Wien – Europa Mitte
Von Dipl.-Ing. Andreas Pfleger, Magistrat Wien, Magistratsabteilung 21B – Stadtteilplanung und Flächennutzung Süd-Nordost

32 Wiens neue Hauptbücherei – ein bildungspolitisches Wahrzeichen
Von Ing. Robert Benne, Magistrat Wien, Magistratsdirektion – Stadtbaudirektion, Technischer Referent des Stadtbaudirektors

38 Masterplan Verkehr, Wien 2003
Von Dipl.-Ing. Sigrid Oblak, Magistrat Wien, Magistratsabteilung 18 – Stadtentwicklung und Stadtplanung, Leiterin des Referates „Verkehrsplanung und Regionalentwicklung"

46 Gender Mainstreaming als neue Herausforderung im Verwaltungshandeln
Von Dipl.-Ing. Eva Kail, Magistrat Wien, Magistratsdirektion – Stadtbaudirektion, Leiterin der Leitstelle „Alltags- und Frauengerechtes Planen und Bauen“

52 Standort Flughafen Wien boomt
Mit dem VIE „skylink“ und weiteren Investitionen in eine perfekte Infrastruktur setzt der Vienna Airport ein dynamisches Zeichen als zentraleuropäischer Hub

54 Neue Verkehrswege für Wiens Zukunft

Die grüne Donaustadt treibt mit vielfältigen Maßnahmen auch den Ausbau des Radwegenetzes voran. Der Anteil des umweltfreundlichen Verkehrsmittels soll sich bis zum Jahr 2010 verdoppeln

56 Metropolitan Flair: Wien rückt ans Wasser

Visionen für den Donaukanal als urbaner Raum inmitten Wiens / Innerhalb von zwölf Jahren zu einem völlig neuen, multifunktionalen Stadtteil: Vienna DC

58 Wien entwickelt sich – an vielen Orten

Drei Entwicklungsgebiete der Stadtentwicklung zeigen exemplarisch auf, wie die ohnehin hohe Lebensqualität der Donaumetropole stetig ausgebaut wird

119 Per Mausklick Überblick über Baubranche

Ausgaben der Architekturtitel des WV-Verlages unter www.bauenundwirtschaft.com als Vollversion im Internet. Wir stellen auch Ihr Angebot mit vielen Serviceleistungen ins Netz

147 Online-Dienst für Bauen und Architektur

www.bauinsel.com – die Internet-Insel für alle Bauinteressierten / Unabhängiger, überregionaler Online-Dienst der Insel online GmbH, der Partnerfirma des WV-Verlages

▶ Öffentliche Bauten

68 Bauen für 1 Mio. U-Bahn-Passagiere pro Tag

Die Ausbauphase 3 im Wiener U-Bahn-Bau setzt Signale für das Wien von morgen: U1 fährt künftig bis Leopoldau, und U2 erschließt die Donaustadt

234 Erfahrung nutzen und Zukunft gestalten

Umbau Thurnstiege / U 2/4 Messe / U1/4 Leopoldau / Umbau Knoten Vösendorf / Lainzer Tunnel LT 25 „Purkersdorf" / Zweigleisiger Ausbau Pottendorfer Linie / Entlastungskanal und naturnah umgebauter Grünstreifen Liesingtal

▶ Öffentliche Bauten / Wohn- und Geschäftsbauten / Gewerbebauten

258 Gebaute Zukunft: Wohn- und Bürobauten

Wohnen für Familien: Spöttlgasse 7, Wien / „Wohnen am Golfpark": Wienerberg City, Wien / Bauten für ältere Menschen: Troststraße 73–75, Wien, und Seeböckgasse 30a, Wien / Eine außergewöhnliche Revitalisierung: Gasometer A + B, Wien / Das gläserne Tor am Flughafen Wien-Schwechat: Office Park Phase 1

▶ Öffentliche Bauten / Sanierung / Wohnungsbau / Gewerbebauten

202 Gebaute Impulse für Kultur, Business und Wohnen

Generalsanierung und Erweiterung der Albertina / T-Center St.-Marx / „Euro Plaza Business Park" / Wohnturm „Monte Verde" / Wohnhausanlage Mitisgasse 5

Wiener U-Bahn-Bau, Ausbauphase 3
Bauherr: Wiener Linien GmbH & Co KG 68

Umbau Knoten Vösendorf, A2
Bauausführung: ALPINE - MAYREDER Bau GmbH 234

„T-Center"
Generalunternehmer: Porr Projekt und Hochbau AG 202

Bürogebäude „UNIQA-Tower"
Baumeisterarbeiten, Spezialtiefbau und Energiepfähle: STRABAG AG 160

Bürogebäude „Galaxy 21" 220
Generalunternehmer: Bilfinger Berger Bauges. m.b.H.

Wohn- und Bürohauskomplex Schlachthausgasse 244
Generalunternehmer:
Dyckerhoff & Widmann Ges.m.b.H.

Wohngebäude „Delugan_Meissl-Tower" 196
Bauträger: Mischek Bau

Bürogebäude „Big Biz" 120
Generalunternehmer: Universale Hochbau Wien

▶ Öffentliche Bauten/ Sanierung / Wohnungsbau / Gewerbebauten / Verkehrsbauten

160 In Hoch- und Tiefbau für Wien stadtbildprägend

STRABAG-Konzernzentrale / „Uniqa Tower" / Verwaltungsgebäude Großmarktstraße 5 / Wohnanlage Breitenfurter Straße / Generalsanierung Parlament / „Columbus-Center" / Bahnbau U2/4+5 und U1/4 / S1-Tunnel Rannersdorf / Erneuerung Knoten Vösendorf / Freilandstrecke Wien–St. Pölten / Altlastensanierung Wiener Neudorf

▶ Öffentliche Bauten / Sanierung / Wohn- und Geschäftsbauten / Gewerbebauten

148 Für morgen bauen, dabei an übermorgen denken

Flugsicherungstower Wien-Schwechat / Revitalisierung „Vienna Hilton Complex" / Amtshaus Ramperstorffergasse 67–69 / MFH Braunschweiggasse 3a / Büro- und Wohngebäude Dresdnerstraße 68 / Institutsgebäude Österreichische Akademie der Wissenschaften / Tragwerksverbreiterung St. Marx A22 / Borealis Wien-Schwechat

220 Anspruchsvolle Bauaufgaben aus vielen Sparten

Erweiterung der U1/1: Kagraner Platz / Tiefgarage am Schmerlingplatz, Wien / Wientalsammler / Revitalisierung des Bürohauses „Galaxy 21", Wien / Überbauung der Stadtbahnbögen, Spittelauer Lände, Wien / Sanierung der Neunkirchner Schraubenwerke / Sanierung der Fischer-Deponie / Autobahnprojekt M6, Ungarn

244 Realisiert und im Bau: aktuelle Projekte in Wien

TOSCANAHOF: Wohn- und Geschäftshaus / Schlachthausgasse: Büro- und Wohnhaus/ SITE F – Privatschule, Seniorenwohnhaus und Studentenwohnheim / Obere Augartenstraße: Wohnkomplex / FREQUENTIS: Produktions- und Bürogebäude Eibesbrunnergasse / EKZ Heiligenstadt / A22: Verlängerung der Nordbrücke

▶ Öffentliche Bauten / Sanierung Gewerbebauten

272 Im Spezialtiefbau zu Hause

U-Bahn-Tunnel U2/4 im Bauabschnitt Messe / „U4-Center II" / Unterfangung „Hotel Meridien" / S1-Grünbrücke Schwechat / Fundierung Borealis PE 4 Wien-Schwechat / S-Bahn-Unterwerfung Lainzer Tunnel LT 42

▶ Wohnungsbau

196 Wohneigentum für gehobene Ansprüche

Fünf aktuelle Projekte der Mischek Bau AG: zwei Wohnhochhäuser in der Carl-Appel-Straße / Eigentumswohnungen in der Breitenfurter Straße und Am Hundsturm 5 / „Margareten blüht auf" in der Wiedner Hauptstraße 137

251 Für die Zukunft gebaut

25 Luxuswohnungen am Flötzersteig / 24 Reihenhäuser in Passivbauweise für Jungfamilien in Lenzing

266 Ein ungewöhnliches Projekt an der Ringstraße
Mit dem Projekt „WZW – Wohnen im Zentrum von Wien" wurden neue Maßstäbe für High-End-Wohnen in exponierter Innenstadtlage gesetzt

268 Wohnanlage „Wienerberg City"
Mit dem Projekt „Hängende Gärten" wurde eine für Wien neuartige Konzeption für eine Wohnanlage mit über 101 Einheiten realisiert

▶ Gewerbebauten / Wohnungsbau

254 Seit Jahrzehnten im Hoch- und Tiefbau tätig
Eine Investitionen in die Zukunft: Stadthalle Wien/Neubau der Halle F / Zeitgemäßer Wohnungsbau in Wien und Umgebung: diverse Neubauprojekte

▶ Gewerbebauten

252 Beliebter Einkaufsort und Treffpunkt
15 Jahre Lugner-City im 15. Bezirk / Riesiges überdachtes Einkaufszentrum mit Erlebnisgastronomie / Gigantisches Kino-Center fasst 1.840 Besucher

264 Officespace vernetzt und lokal integriert
Impulszentrum IP.TWO mit innovativem Konzept für zukunftsorientierte Arbeitswelten im aufstrebenden Ottakring

▶ Sanierung / Wohnungsbau / Gewerbebauten

120 Anspruchsvolle Bauaufgaben im Stadtkern
„Vienna Twin Towers" / Hochhaus „Neue Donau" / Sanierung und Umbau Hotel „Le Meridien" / Aufstockung „Donauzentrum" / Erlebniscenter Donauplex / BIG POINT Wohnpark Hetzendorf / Bürogebäude „Big Biz", Dresdner Straße 87–105

▶ Sanierung / Gewerbebauten

270 Historische Substanz, innovative Raum-Ideen
Umbau und Sanierung Fuhrwerkerhaus, Wien / Umbau Bürogebäude Strobachgasse, Wien

▶ Sanierung / Restaurierung

262 Zwei Sanierungsprojekte in der Innenstadt
Geförderte Maßnahmen für das Stadtbild prägende Gebäude: Umbau und Dachausbau Schlüsselgasse 2 / Umbau und Aufstockung Kohlgasse 8

▶ Service

277 Die Bauspezialisten – Branchenverzeichnis

312 Impressum

▶ Editorial

Architektur-Vielfalt auf hohem Niveau

Die Stadt Wien blickt auf eine lange Architekturtradition zurück. Die Prunkbauten der Barockzeit und der Gründerzeit prägen das heutige Stadtbild. Die Bauten aus der Barockzeit lassen die damalige Orientierung an italienischen und französischen Vorbildern klar erkennen. Die Bautätigkeit im Zuge der großen Stadterweiterung Ende des 19. Jahrhunderts (Gründerzeit) wurde vom Historismus bestimmt. Erst durch die Sezessionsbewegung entwickelte sich im Jugendstil eine eigenständige Ausdrucksform.

Vor etwa 15 Jahren setzte eine große Wende in der Wiener Stadtgeschichte des 20. Jahrhunderts ein. Der Fall des „Eisernen Vorhangs", die Ostöffnung, bot der bis dahin ständig schrumpfenden Stadt Wien erstmals seit den 20er Jahren Grund zu neuen Hoffnungen des Wachstums. Stadtentwicklung und Stadterweiterung war angesagt. Neue Wohngebiete an der Peripherie wurden entwickelt. Ein einzigartiges „Schulbauprogramm" wurde beschlossen, das viele engagierte Architekten zu originären Lösungen animierte. Mitte der 90er Jahre begannen junge Architekturschaffende, sich selbstbewusster und erfolgreicher zu organisieren. Der Blick wurde auf die Vielfalt und das international hohe Niveau der Nachwuchs-Architekt/innen gelenkt. Innovative Lösungen werden mit großem Engagement gesucht und realisiert.

Wir haben uns mit dieser Ausgabe die Aufgabe gestellt, anhand ausgewählter, aktueller und zurückliegender Bauprojekte die vielfältige Bandbreite architektonischer Kreativität und intelligenter Lösungskonzepte aufzuzeigen. „Bauen + Wirtschaft, Architektur der Region im Spiegel – STADT WIEN 2005" ist eine Publikation über die baulichen Aktivitäten dieser Region und zugleich ein nützliches Nachschlagewerk. Die vorgestellten und im Branchenverzeichnis „Die Bauspezialisten" am Ende der Ausgabe aufgeführten Firmen – vom soliden Handwerker, über mittelständische Betriebe, bis hin zu Großunternehmen – wurden von unseren Redakteuren befragt. Die beteiligten Firmen präsentierten sich als leistungsstarke Baupartner, die durch Kompetenz, Flexibilität und Innovationsbereitschaft überzeugen.

Ihre W V Chefredaktion

Wien erfüllt eine Vorbildfunktion

Von Dipl.-Ing. Gerhard Weber, Stadtbaudirektor Wien

Im Zuge der mit 1. Mai 2004 vollzogenen Erweiterung der Europäischen Union hat Österreich seine EU-Außengrenzen an die neuen Mitgliedstaaten Osteuropas abgetreten. Österreich rückt damit wieder an seinen ursprünglichen Platz in der Mitte Europas. Die Bedeutung der Kulturmetropole Wien insbesondere als Wirtschaftsstandort im Zentrum dieser Gemeinschaft erlangt dadurch eine noch nie da gewesene Dimension.

Die Länder und Städte der Ostregion haben rasch erkannt, dass zur optimalen Nutzung der sich bereits im Zuge der Ostöffnung ergebenden wirtschaftlichen Chancen nicht der harte Konkurrenzkampf, sondern vielmehr die Zusammenarbeit und Kooperation untereinander maßgeblich zum Erfolg beitragen. Vor diesem Hintergrund wurden bereits 1995 im Zusammenhang mit dem EU-Beitritt Österreichs eine Vielzahl von grenzüberschreitenden Projekten, Initiativen und Kooperationen zwischen Wien, Niederösterreich, dem Burgenland sowie den künftigen Beitrittsländern der Ostregion unter anderem im Rahmen des EU-Förderprogramms INTERREG eingeleitet bzw. durchgeführt. Mit der geplanten Schaffung der Europaregion Wien, Brno, Bratislava, Trnava, Györ, Sopron, Eisenstadt, St. Pölten soll durch die Nutzung und Entwicklung der vorhandenen Potenziale die Stärkung der Wirtschaftskraft in diesem Raum erzielt werden.
Eine wesentliche Voraussetzung dafür sind vor allem attraktive und leistungsfähige Verkehrsnetze.

Mit dem Beschluss des Masterplan Verkehr 2003 hat die Stadt Wien einen wesentlichen Grundstein zur Erfüllung dieser Voraussetzung gelegt.
Die beiden Hauptziele dabei sind Verkehrsvermeidung und -verlagerung. Der Ausbau des U-Bahn- und Straßenbahn-

Netzes, die Umsetzung des Radwegekonzeptes, aber auch die Errichtung der S1-Nordostumfahrung samt 6. Donauquerung sollen zur Entlastung innerstädtischer und regionaler Straßen wesentlich beitragen. Mit dem geplanten Bau des Bahnhofes Wien-Europa Mitte, einschließlich der Schaffung und Ergänzung der Schnellbahnstrecken, aber auch dem Ausbau der Straßenanbindungen in östlicher Richtung soll die Erreichbarkeit zwischen Wien und den neuen EU-Nachbarstädten entscheidend verbessert werden.

Aber nicht nur die Maßnahmen und Entwicklungen aus verkehrlicher Sicht sind entscheidend dafür, ob Wien sich als zentraler Knoten in dieser Wirtschaftsregion behaupten kann.

Wien hat sich in den vergangenen Jahrzehnten eine durchaus gute Ausgangsposition geschaffen. In den Bereichen Wirtschaft, Arbeitsmarkt, Wissenschaft, Bildung, Kultur, im sozialen Wohnbau und der Stadtgestaltung wurden quantitative vor allem aber qualitative Maßstäbe gesetzt. Wien hat dadurch in vielen Lebensbereichen eine Vorbildfunktion erlangt, und ist sich dieser Verantwortung bewusst. Zur Aufrechterhaltung und zum Ausbau dieser vielfältigen Qualitäten wurde auf Initiative der Stadtregierung der so genannte Strategieplan für Wien entwickelt, der zu einer optimalen Gesamtentwicklung Wiens im Rahmen der neuen Herausforderungen und Chancen beitragen soll.
Der von Wiens Bürgermeister Dr. Häupl geschaffene Slogan „Wien ist Umweltmusterstadt" prägt das Handeln der Stadtpolitik. Die Schwerpunkte dabei spiegeln sich im Einsatz neuer Umwelttechnologien, der Altlastsanierung, der Umsetzung des vom Gemeinderat beschlossenen „Klimaschutzprogrammes (KLIP)", in einer auf Abfallvermeidung ausgerichteten Abfallwirtschaft, der Auseinandersetzung mit der Feinstaubproblematik sowie in der Erhaltung, Schaffung und Förderung des Grünraumes der Stadt wider.

Dem Element Wasser wurde nicht nur auf Grund der geografischen Lage Wiens an der Donau seit jeher größte Bedeutung zugemessen. Der Bau der Neuen Donau als Entlastungsgerinne und die damit entstandene Donauinsel als größtes innerstädtisches Erholungsgebiet stellen international eine einzigartige Form des Hochwasserschutzes dar und haben die Bevölkerung nicht zuletzt beim Hochwasserereignis im Jahr 2002 vor großem Schaden bewahrt. Zwei Hochquellwasserleitungen versorgen die Stadt mit Trinkwasser in bester Qualität. Mit der Gründung der „Internationalen Arbeitsgemeinschaft der Wasserwerke im Donaueinzugsgebiet" (IAWD) hat Wien einen wichtigen Schritt gesetzt, um die Zusammenarbeit der Wasserfachleute im Donauraum zu intensivieren und dadurch die Wasserver- und -entsorgung sowie den Schutz des Wassers nachhaltig zu sichern.

Wien ist eine Stadt mit vielen Besonderheiten. Sie besitzt einen Nationalpark, verfügt mit der Donauinsel über Europas größtes Freizeitparadies, und die Innenstadt wurde 2003 zum Weltkulturerbe ernannt. Die Tatsache, dass sich Wien im Städteranking unter den zehn lebenswertesten Städten der Welt befindet, ist das Resultat aus harter Arbeit, Offenheit für neue Entwicklungen, innovativem Denken und Handeln und nicht zuletzt Kooperation. Der international erlangte Status Wiens ist nicht nur Ehre, sondern verpflichtet diese Stadt als Mitglied einer immer größer werdenden Gemeinschaft, ihr Know-how international zur Verfügung zu stellen.

U-Bahn-Bau bringt entscheidende Verbesserungen

Von Dipl.-Ing. Günter Steinbauer, Vorsitzender der Geschäftsführung der Wiener Linien

Vor mehr als 35 Jahren startete das größte kommunale Bauvorhaben in Wien: Der U-Bahn-Bau – ein Jahrhundertprojekt, etwa vergleichbar mit der Donauregulierung oder dem Bau der Hochquellenwasserleitungen.

Mittlerweile ist das Wiener U-Bahn-Netz 61 km lang und umfasst 85 Stationen. 14 weitere Kilometer und 16 zusätzliche Stationen sind derzeit in Bau. Jede der bisher 20 Teileröffnungen wurde von der Bevölkerung mit einem Volksfest gefeiert. Und die nächsten Termine stehen auch schon fest: Ab 2. September 2006 fährt die U1 bis nach Leopoldau, ab 10. Mai 2008 kann man mit der U2 – rechtzeitig zur Fußball-EM – bis zum Ernst-Happel-Stadion fahren. Im Anschluss daran wird die U2 über die Donau in den 22. Bezirk bis zur Aspernstraße verlängert. Dieser Streckenteil mit Anschluss an den neuen ÖBB-Bahnhof Stadlau und das SMZ-Ost wird voraussichtlich gegen Ende 2010 fertig sein.

Mit der Verlängerung der U1 an den nördlichen Stadtrand bekommen sowohl die überwiegend von Jungfamilien bewohnte Donaustadt, der flächenmäßig mit Abstand größte Bezirk Wiens, als auch der bevölkerungsstarke Bezirk Floridsdorf ein weiteres attraktives öffentliches Verkehrsangebot. Immerhin wohnen allein im Einzugsgebiet entlang der Verlängerungsstrecke von Kagran nach Leopoldau fast 92.000 Menschen.

Der neue Streckenabschnitt der U2 umfasst die Stationen

„Schottenring", „Taborstraße", „Praterstern", „Messe", „Trabrennstraße" und „Stadion". Das sind vier neue U-Bahn-Kilometer, die es in sich haben. Die Station „Schottenring" liegt direkt unter dem Donaukanal. Hier wurde vor den Bauarbeiten das Erdreich unter dem Flussbett vereist. Der Tunnelvortrieb erfolgte dann im trockenen und standfesten Bodenmaterial. Bei den Bauabschnitten „Taborstraße" und „Praterstern" hingegen musste das Grundwasser unter die Tunnelsohle abgesenkt werden, damit die Tunnelröhren im Trockenen aufgefahren werden konnten. Die aktuellen U2-Bauabschnitte gehören zu den technisch anspruchsvollsten U-Bahn-Bau-Projekten, die bisher in Wien in Angriff genommen wurden.

Eine Weltneuheit aus betriebstechnischer Sicht stellt die Station Stadion dar. Sie ist als dreigleisige Hochstation mit zwei symmetrischen Mittelbahnsteigen und Abgängen an beiden Enden sowie – für Großveranstaltungen – mit je vier zusätzlichen Abgängen geplant. Durch das Zusatzgleis wird es möglich, problemlos Verstärkerzüge einzusetzen und den Tausenden Stadionbesuchern das Aus- und Einsteigen so leicht wie möglich zu machen.

Der U-Bahn-Bau ist als Arbeitgeber ein wichtiger beschäftigungspolitischer Faktor für ganz Österreich. 6 Mrd. Euro, das sind durchschnittlich rund 170 Mio. Euro jährlich, wurden bisher in 61 U-Bahn-Kilometer, fast 700 U-Bahn-Wagen, 85 Stationen, moderne Aufzüge, Rolltreppen und die technische Infrastruktur investiert. Fast 1.000 Firmen aus Bauwirtschaft und Industrie durften sich über Aufträge für die Wiener U-Bahn freuen. Dadurch wurden und werden auch weiterhin Jahr für Jahr rund 5.000 Arbeitsplätze in Österreich direkt oder indirekt durch den kontinuierlichen U-Bahn-Bau der Bundeshauptstadt gesichert.

Der U-Bahn-Bau hat für Wien entscheidende Verbesserungen gebracht. Er hat aus bisher abgasbelasteten Straßenzügen Fußgängerzonen und verkehrsberuhigte Einkaufsstraßen gemacht, hat Entwicklungsimpulse gesetzt und so nicht nur das Verkehrsgeschehen, sondern auch das Stadtbild und das Leben in Wien maßgeblich verbessert. Auch mit viel Phantasie könnten wir uns unsere Stadt heute ohne U-Bahn nicht mehr vorstellen. Sie ist zuverlässig, pünktlich, konkurrenzlos schnell und – im internationalen Vergleich – vorbildlich sauber und sicher. Sie spart Zeit, verringert Stress und lässt Wien näher zusammenrücken.

410 Millionen Fahrgäste pro Jahr können nicht irren. Diese in Zahlen ausgedrückte Leistung der Wiener U-Bahn spricht eine deutliche Sprache. Bereits bei der Konzeption und Ausführungsplanung wurden die Bedürfnisse der Bevölkerung berücksichtigt. Verkehrsanalysen, Weg-Zeit-Diagramme, Umfragedaten und vieles andere mehr haben zu einem U-Bahn-Netz geführt, das alle Wiener Bezirke miteinander verbindet und fast alle wichtigen zentralen Punkte der Bundeshauptstadt mit diesem schnellen Verkehrsmittel erreichbar gemacht hat. Die Wienerinnen und Wiener haben sich daher zu begeisterten U-Bahn-Fahrern entwickelt.

▶ Ing. Wolfgang Dvorak

Magistrat Wien
Magistratsabteilung 18 – Stadtentwicklung und Stadtplanung
Leiter der Öffentlichkeitsarbeit der Stadtentwicklung Wien

Twin-City-Region Wien–Bratislava
Aktive Partner in der Europa-Region Mitte –
CENTROPE Seite 14

▶ Dipl.-Ing. Thomas Madreiter

Magistrat Wien
Magistratsabteilung 18 – Stadtentwicklung und Stadtplanung
Leiter der Magistratsabteilung

Stadtentwicklungsplan 2005 – STEP 05 Seite 20

▶ Dipl.-Ing. Andreas Pfleger

Magistrat Wien
Magistratsabteilung 21B –
Stadtteilplanung und Flächennutzung Süd-Nordost

Bahnhof Wien – Europa Mitte Seite 26

▶ Ing. Robert Benne

Magistrat Wien
Magistratsdirektion – Stadtbaudirektion
Technischer Referent des Stadtbaudirektors

Wiens neue Hauptbücherei
ein bildungspolitisches Wahrzeichen Seite 32

▶ Dipl.-Ing. Sigrid Oblak

Magistrat Wien
Magistratsabteilung 18 – Stadtentwicklung und Stadtplanung
Leiterin des Referates
„Verkehrsplanung und Regionalentwicklung“

Masterplan Verkehr, Wien 2003 Seite 38

▶ Dipl.-Ing. Eva Kail

Magistrat Wien
Magistratsdirektion – Stadtbaudirektion
Leiterin der Leitstelle
„Alltags- und Frauengerechtes Planen und Bauen“

Gender Mainstreaming als neue
Herausforderung im Verwaltungshandeln Seite 46

Twin-City-Region Wien–Bratislava Aktive Partner in der Europa-Region Mitte – CENTROPE

Von Ing. Wolfgang Dvorak,
Magistrat Wien – Magistratsabteilung 18, Stadtentwicklung und Stadtplanung
Leiter der Öffentlichkeitsarbeit der Stadtentwicklung Wien

In der Europa-Region Mitte, die aus dem Vierländereck Ostösterreich, Südtschechien, Westslowakei und Westungarn besteht, leben und arbeiten rund sechs Millionen Menschen. Die Gesamtregion nennt sich CENTROPE und zeichnet sich durch eine Vielfalt von Kulturkreisen, Sprachen, Mentalitäten und wirtschaftlichen Entwicklungsmöglichkeiten aus. Im Herzen von CENTROPE befindet sich die Twin-City-Region Wien–Bratislava mit ihrer europaweit einzigartigen geographischen Lage als „doppelte Hauptstadtregion".

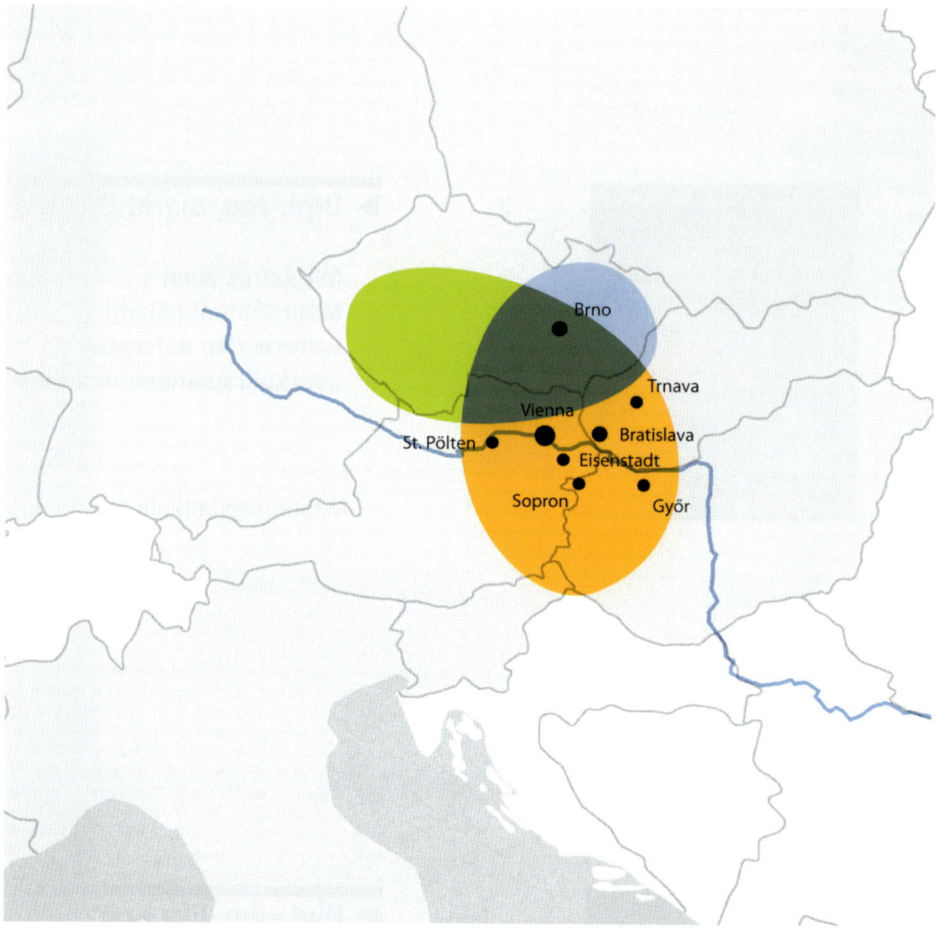

Im Rahmen von „CENTROPE – Europa-Region Mitte" haben sich fünfzehn Teilregionen und Städte aus dem Vierländereck Ostösterreich, Südtschechien, Westslowakei und Westungarn zusammengefunden, um die Zukunft der Europa-Region Mitte mit gemeinsam entwickelten Perspektiven zu gestalten

Wir wachsen zusammen – zusammen wachsen wir

„Wir wachsen zusammen" – dieser Prozess findet schon seit Beginn der 90er Jahre in der Vierländerregion statt; „zusammen wachsen wir" – das ist nun die neue Chance, die sich mit der EU-Erweiterung vom 1. Mai 2004 ergeben hat und wodurch die Möglichkeiten der Zusammenarbeit deutlich erhöht worden sind. Diese Chance optimal zu nutzen, ist eine der wichtigen gemeinsamen Zukunftsaufgaben der beiden Hauptstädte Wien und Bratislava und der Europa-Region Mitte, in deren Zentrum sie liegen.

In erster Linie sind es die bereits vorhandenen Außenhandelsbeziehungen und Direktinvestitionen, die zu einer regen wirtschaftlichen Verflechtung zwischen den beiden Metropolen geführt haben. Eine weit über diese beiden Städte hinausgehende Dynamik ist damit erzeugt worden, wodurch der gesamte Raum CENTROPE profitieren wird. Wien und Bratislava sind hochrangige Dienstleistungs- und Innovationszentren und weisen eine große Dichte von Bildungs- und Forschungseinrichtungen im universitären und unternehmerischen Bereich auf. Die Konsequenz ist, dass die Arbeitskräfte an beiden Standorten ein hohes Ausbildungsniveau besitzen, was für regionale wie internationale Investoren insbesondere aus den aufstrebenden neuen Wirtschaftssektoren von größter Wichtigkeit ist.

Das Freizeit- und Kulturangebot ist sehr breit gefächert, innovativ und von hoher internationaler Qualität. Die Vielzahl erstklassiger Theater und Musikhäuser, Festspielstätten und Museen, Freizeiteinrichtungen und Jugendszeneaktivitäten, historischer und moderner Architektur bietet allen BewohnerInnen und TouristInnen ein facettenreiches Spektrum zum Leben, Genießen und Kreativsein. Und das alles findet sich in einer urbanen Region, die noch dazu durch beste Lebens- und Umweltqualitäten besticht, weil auch mit der Natur sehr sorgsam und nachhaltig umgegangen wird. Seien es nun die Auen entlang von Donau, March und Thaya oder der Wienerwaldgürtel (Biosphärenpark), der Neu-

Die Gesamtregion zeichnet sich durch eine Vielfalt von Kulturkreisen, Sprachen, Mentalitäten und wirtschaftlichen Entwicklungsmöglichkeiten aus

siedlersee, die Ausläufer der Alpen und Karpaten, die Donauinsel und noch vieles andere mehr – jeder Teil trägt dazu bei, dass die Erholungs- und Freizeitqualität für die Menschen in der Twin-City-Region sehr gut und vielfältig ist.

Die Twin Citys – Motoren der Europa-Region Mitte

Um dieses Ziel zu erreichen, engagieren sich beide Städte im Rahmen von „CENTROPE – Europa-Region Mitte". In CENTROPE haben fünfzehn Teilregionen und Städte aus dem Vierländereck zusammengefunden, um die Zukunft der Europa-Region Mitte mit gemeinsam entwickelten Perspektiven zu gestalten. Ziel ist es, mit CENTROPE die Kooperation in dieser aufstrebenden Vierländerregion effizient zu managen und dadurch Wohlstand und Lebensqualität für die BürgerInnen zu sichern.

Wirtschaftsraum Wien–Bratislava: ein attraktiver Ort zum Arbeiten und Investieren

Der Wirtschaftsraum Wien–Bratislava kann auf Grund seiner überdurchschnittlichen Dynamik zu einem Wachstumspol im europäischen Binnenmarkt werden und unter den Ballungszentren des Kontinents eine maßgebliche Rolle spielen. Dies wird schon durch die einzigartige geographische Lage der benachbarten Hauptstädte begünstigt. Die Twin-City-Region hat die Chance, sich als Qualitätsstandort im internationalen Städtewettbewerb zu positionieren. Die Strategie dazu: Forcierung von Stärken bei gleichzeitiger Beachtung der sozialen Ausgewogenheit; Stärkung der regionalen Wirtschaftsbasis durch eine gezielte Innovationspolitik sowie verbesserte Rahmenbedingungen für Know-how-intensive Technologien und hochwertige Dienstleistungen.

Vor allem in Wien, aber auch in der Region Bratislava macht sich der Strukturwandel bemerkbar. Der Anteil des tertiären Sektors (Dienstleistungen) nimmt zu

Wohlstandsregion

Der Wirtschaftsraum Wien–Bratislava umfasst zwei Regionen, die zu den wohlhabenden der Europäischen Union gehören. Gemessen am BIP pro Kopf (in Kaufkraftstandards) liegt Wien um 74 Prozent über dem EU-Durchschnitt; aber auch die Region Bratislava erreicht ein Pro-Kopf-BIP, das um 20 Prozent über dem europäischen Schnitt liegt. Die Städte Wien und Bratislava tragen jeweils ein Viertel zur Wirtschaftsleistung Österreichs bzw. der Slowakei bei. Die Arbeitslosenquote in der Region Bratislava liegt nach EU-Berechnung bei 7,1 Prozent (und damit deutlich unter dem slowakischen Durchschnitt). Die Wiener Arbeitslosenquote beträgt laut EU-Berechnung 7,7 Prozent.

Vor allem in Wien, aber auch in der Region Bratislava macht sich der Strukturwandel, der die Wirtschaft schon seit Jahren verändert, bemerkbar. Der Anteil des tertiären Sektors (Dienstleistungen) nimmt zu, während der sekundäre Sektor (vor allem die Sachgütererzeugung) beständig an Bedeutung verliert. Die Region Bratislava nähert sich somit durch die dynamische Entwicklung der Dienstleistungsbranche an die wirtschaftlichen Strukturen Wiens und anderer EU-Hauptstädte an.

Dienstleistungsknoten, Hightech-Standort und Auto-Cluster

Die mit Abstand höchsten Wachstumsraten verbucht in Wien der Sektor der „unternehmensbezogenen Dienstleistungen". Daneben expandieren vor allem die wissensbezogenen Dienste mit hohen Qualifikationsanforderungen an die Arbeitskräfte.

Auch in Bratislava dominieren inzwischen Handel und Dienstleistungen. Daneben boomen vor allem technologie- und forschungsorientierte Industrien. Bratislava ist innerhalb weniger Jahre zu einem europäischen Zentrum der Autoindustrie gereift.

Standort für internationale Investoren

Die beiden Regionen Wien und Bratislava zeichnen sich bereits seit Jahren durch enge wirtschaftliche Verflechtungen aus: Die Exporte der Wiener Unternehmen in die Slowakei sind in den letzten fünf Jahren um 86 Prozent angestiegen, in ungekehrter Richtung sogar um 186 Prozent. Die rasche Zunahme der slowakischen Exporte beweist die rasant zunehmende Wettbewerbsfähigkeit der dortigen Unternehmen. Umgekehrt konnten Wiener Betriebe die grenzüberschreitende Kooperation zur Steigerung der eigenen Wettbewerbsfähigkeit nutzen. Auch für internationale Konzerne wird die Twin-City-Region als Standort immer attraktiver.

Die Twin-City-Region hat die Chance, sich als Qualitätsstandort im internationalen Städtewettbewerb zu positionieren, u.a. durch die Stärkung der regionalen Wirtschaftsbasis

Auch für internationale Konzerne – wie hier T-Mobile und T-Systems – wird die Twin-City-Region als Standort immer attraktiver

Bildung, Wissenschaft und Forschung: Zukunftskapital zweier Kapitalen

Grenzüberschreitender Bildungs-, Forschungs- und Innovationsraum

Die beiden Hauptstädte Wien und Bratislava stellen die Kristallisationspunkte von Wissenschaft und Forschung ihres jeweiligen Landes dar. Sie bündeln je etwa die Hälfte der Forschungsleistung von Österreich bzw. der Slowakei und beheimaten dementsprechend große Universitäts- und Forschungseinrichtungen mit überregionaler Bedeutung. Dieses Potenzial ist für eine grenznahe Region außergewöhnlich und sucht europaweit seinesgleichen: 15 (öffentliche) Universitäten und fünf Fachhochschulen mit insgesamt mehr als 180.000 Studierenden, einige hundert nicht-universitäre Forschungseinrichtungen sowie zahllose technologieorientierte und forschungsintensive Unternehmen. Mit der Twin-City-Region öffnet sich ein interkultureller, in sich internationaler Bildungs-, Forschungs- und Innovationsraum, der zu einem neuen Anziehungspunkt und Gravitationszentrum im europäischen Hochschul- und Forschungssystem werden kann.

Wien beherbergt mehr als 100 Institute und Forschungsstellen, v.a. im Bereich der Humanmedizin

Wien – Wissensknotenpunkt für Österreich und darüber hinaus

Mit insgesamt neun Hochschulen befindet sich knapp die Hälfte aller österreichischen Universitäten und Kunsthochschulen in der Region. An diesen Forschungs- und Ausbildungsstätten werden von fast 5.000 Hochschullehrern etwa 130.000 Studierende ausgebildet und betreut. In Wien wurden zudem in den letzten Jahren fünf Fachhochschulen etabliert, an denen in der Wirtschaft unmittelbar anwendbares Wissen vermittelt wird. Zusätzlich beherbergt Wien den Sitz sowie die meisten Forschungseinrichtungen der Österreichischen Akademie der Wissenschaften, dazu mehr als 100 Institute und Forschungsstellen, v.a. im Bereich der Humanmedizin, wie z.B. der „Austrian Research Centre" in Seibersdorf und „Arsenal Research" in Wien, zwei der größten technologieorientierten, wirtschaftsnahen Forschungseinrichtungen des Landes.

Bratislava – geistiges Zentrum der Slowakei

Die Region Bratislava ist das Zentrum von Wissenschaft und Forschung in der Slowakei. Sechs der 20 öffentlichen Universitäten der Slowakei befinden sich in der Region und bieten Ausbildungsmöglichkeiten für insgesamt mehr als 50.000 StudentInnen. Die Slowakische Akademie der Wissenschaften hat ihren Sitz ebenfalls in Bratislava und betreibt dort die überwältigende Mehrzahl ihrer Institute.

Hohes Bildungsniveau

Schon heute kooperieren die Hochschulen und Forschungseinrichtungen der Twin-City-Region in vielfältiger Weise. Eine künftig noch stärkere Zusammenarbeit kann zum Katalysator für den Zufluss von StudentInnen, ForscherInnen, Fördermitteln, Unternehmen und Kapital aus aller Welt werden.

Die hohe Wettbewerbsfähigkeit der Region gründet auch in einem sehr hohen generellen Bildungsniveau der Bevölkerung. Leistungsfähige und vielfältig differenzierte Schulsysteme in beiden Ländern führen dazu, dass in Wien knapp 24 Prozent und in der Region Bratislava sogar fast 47 Prozent der Bevölkerung einen Universitätsabschluss oder Matura vorweisen können. Während in Österreich 78 Prozent der Bevölkerung über eine höhere sekundäre Schulbildung verfügen, liegt auch in der Slowakei dieser Wert bei mehr als 71 Prozent und damit weit über dem EU-Durchschnitt.

Die Twin-City-Region am Schnittpunkt europäischer Verkehrswege

Über 40 Jahre lang bildete der „Eiserne Vorhang" eine künstliche Barriere in Europa. Während die Verkehrsverbindungen von Wien aus nach Westen und Süden ausgerichtet waren, war Bratislava vor allem an osteuropäische Destinationen angebunden. Heute bildet die Region Wien–Bratislava einen gemeinsamen Kernraum am Schnittpunkt mehrerer bedeutender europäischer Verkehrsachsen: In der West-Ost-Richtung verläuft mit der Donau eine der wichtigsten Wasserstraßen Europas durch beide Städte; zudem

Die beiden Hauptstädte Wien und Bratislava stellen die Kristallisationspunkte von Wissenschaft und Forschung ihres jeweiligen Landes dar. Sie bündeln je etwa die Hälfte der Forschungsleistung von Österreich bzw. der Slowakei

Als Wirtschaftsstandort profitiert die Region Wien–Bratislava nicht zuletzt vom Vorhandensein zweier internationaler Flughäfen, zu denen bereits gezielte Kooperationskonzepte vorliegen

bildet die Region einen zentralen Knoten der Bahnverbindung zwischen Paris und Budapest (der so genannten europäischen „Magistrale"). Gleichzeitig gewinnen gerade im zentraleuropäischen Raum auch die Nord-Süd-Verbindungen an Bedeutung.

Abgestimmte Verkehrsplanung

Der Güterverkehr zwischen der österreichischen Ostregion und den neuen EU-Mitgliedern zeichnete sich lange Zeit durch einen sehr günstigen „Modal Split" aus: Ein auffallend hoher Anteil der Güter wurde auf der Schiene transportiert. In den letzten Jahren hat mit den wirtschaftlichen Verflechtungen auch der Warenaustausch sowie der Pendlerverkehr stark zugenommen. Gerade zwischen Wien und Bratislava hat sich dabei das

Die urbanen Zentren der Twin-City-Region Wien–Bratislava befinden sich in unmittelbarer Nähe zu schützenswerten Naturräumen, wie sie in einer derartigen Dichte in kaum einer anderen Hauptstadtregion existieren

Schwergewicht auf die Straße verlagert. Um hier steuernd einzugreifen, haben Wien, Niederösterreich und Burgenland ihre Raum- und Verkehrsplanungen zunehmend aufeinander abgestimmt:

Schiene: Noch zu Zeiten der Donaumonarchie waren Wien und Pressburg durch eine Straßenbahnlinie miteinander verbunden. Heute benötigt man für die Bahnfahrt zwischen den beiden Hauptstädten noch immer 45–60 Minuten. Es gibt jedoch die politische Vereinbarung, die Fahrtzeit auf etwa 35 Minuten zu reduzieren.

Straße: Durch die Realisierung der A6 über Kittsee nach Petrzalka werden Wien und Bratislava ab 2007 über eine durchgehende Autobahn verbunden sein.

Schifffahrt: Für den Güterverkehr bildet die Donau eine der wichtigsten Schiffverkehrsadern quer durch Europa. Wien und Bratislava verfügen jeweils über Häfen, die als multimodale Güterumschlagzentren in Zukunft noch an Bedeutung gewinnen werden. In Kürze soll eine neue Schnellbootverbindung für den Personenverkehr – die „Twin City Line" – eingerichtet werden.

Flugverkehr: Als Wirtschaftsstandort profitiert die Region Wien–Bratislava nicht zuletzt vom Vorhandensein zweier internationaler Flughäfen. Um die Synergien zwischen den beiden Standorten zu nutzen, ohne sich gegenseitig unnötig zu konkurrenzieren, liegen bereits gezielte Kooperationskonzepte vor.

Die Region am Strom – grüne Lunge zwischen Wien und Bratislava

Die Twin-City-Region Wien–Bratislava liegt im Schnittpunkt europäischer Großlandschaften: der Alpen, Karpaten und des pannonischen Tieflands. Das Landschaftsbild ist geprägt von den Ausläufern dieser Gebirge, dem Wiener Becken, dem Neusiedler See, den Aulandschaften von Donau, March und Thaya sowie der Korn- und Gemüsekammer Marchfeld. Hinzu kommen mit Wienerwald und Kleinen Karpaten hügelige Wald- und Wiesengebiete im unmittelbaren Umfeld der beiden Hauptstädte, die wertvolle Naherholungsräume darstellen. Die urbanen Zentren der Twin-City-Region befinden sich somit in unmittelbarer Nähe zu schützenswerten Naturräumen – etwa Nationalpark Donau-Auen und Biosphärenpark Wienerwald –, wie sie in einer derartigen Dichte in kaum einer anderen Hauptstadtregion existieren.

Vielfalt der Landschaftsbilder

Die Sicherung und Weiterentwicklung der ökologischen Vielfalt sowie Investitionen in die „natürliche" Infrastruktur sind für eine lebenswerte und lebensfähige Region absolut notwendig. Vorrangig durchzuführen sind technische Modernisierungen der Betriebe, Effizienzsteigerungen bei der Energiegewinnung, Maßnahmen zur Reduktion von Schadstoffemissionen sowie Aktivitäten der „Umweltreparatur“ auf beiden Seiten der Grenze.

Nachhaltigkeit als Innovationsanreiz

Die Anpassung der Umweltstandards an das EU-Niveau und die gemeinsame zukunftsfähige Weiterentwicklung ist für die Twin-City-Region Wien–Bratislava eine Herausforderung, die mit viel Engagement und den dafür notwendigen Investitionen möglich sein wird. Ein verantwortungsvoller Umgang mit Natur und Umwelt sowie die Schonung von Ressourcen sind anerkannte Ziele der Twin-City-Region Wien–Bratislava.

Lebensqualität hoch 2 – Kultur und Freizeit in der Twin-City-Region

Gemeinsames Erbe und lebendiges Kulturschaffen. Die historisch gewachsene, auf vielfache Weise verbundene Kulturregion der Twin Citys zeichnet sich durch ein überaus kreatives künstlerisches Schaffen und ein dichtes Angebot an kulturellen Einrichtungen und Veranstaltungen aus. Neben einem großen Bestand an Baudenkmälern und Museen sowie renommierten, international ausgerichteten Großveranstaltungen und Festivals entwickelt sich in diesem Raum auch eine vielfältige und lebendige Kunst- und Kulturszene, die an grenzüberschreitenden Partnerschaften und Netzwerken anknüpft. Ein dichtes Netz an Austauschplattformen und Kooperationsprojekten – von Veranstaltungen im transnationalen, europäischen Kontext bis hin zu grenzüberschreitenden Aktivitäten kleiner Kulturinitiativen und Vereine auf lokaler Ebene – hat sich etabliert.

In der Twin-City-Region Wien–Bratislava hat sich eine vielfältige und lebendige Kunst- und Kulturszene etabliert, die an grenzüberschreitende Partnerschaften und Netzwerke anknüpft. Im Bild ist die Oper Bratislava zu sehen

Region der Lebensfreude

Dieses breite Angebot an Festivals steht jedoch nur stellvertretend für die außergewöhnliche Lebensqualität, welche die Region bietet. Beide Hauptstädte verfügen über ein vibrierendes urbanes Leben, sorgfältig renovierte historische Zentren, vielfältige Möglichkeiten zu Shopping mit Flair, eine liebevoll gepflegte Kaffeehauskultur, ein gastronomisches Angebot auf internationalem Niveau, weiträumige Grünanlagen und – v.a. entlang dem Erholungsraum der Donau – Freizeitoasen inmitten der Großstadt. Europaweit einzigartig ist die Vielfalt der Sport- und Freizeitmöglichkeiten, die sich aus dem Naturraum der Region ergeben – sei es die „grüne Brücke“ des Nationalpark Donauauen, die traditionsreichen Weinbaugebiete, die Ausläufer von Alpen und Karpaten mit Möglichkeiten für Sommer- und Wintersportarten oder der Neusiedler See, eines der größten Binnengewässer im östlichen Mitteleuropa.

Die beiden Hauptstädte Wien und Bratislava bieten eine außergewöhnliche Lebensqualität und ein dichtes Angebot an kulturellen Einrichtungen, wie z.B. das MuseumsQuartier Wien

Stadtentwicklungsplan 2005 – STEP 05

Von Dipl.-Ing. Thomas Madreiter,
Magistrat Wien – Leiter der Magistratsabteilung
Magistratsabteilung 18, Stadtentwicklung und Stadtplanung

Europa ist mit 1. Mai 2004 um ein Stück größer geworden. Durch den Beitritt von zehn neuen Mitgliedsländern zur Europäischen Union rückt Wien verstärkt ins Zentrum Europas – für die Stadt bedeutet dies Chance und Herausforderung zugleich. Wien hat in der Zusammenarbeit mit dem Stadt-Umland sowie den benachbarten Regionen Tschechiens, der Slowakei und Ungarns eine gute Ausgangsposition. CENTROPE – eine neu entstehende grenzüberschreitende Europaregion – soll wesentlich dazu beitragen, den Standort Wien im gesamteuropäischen Zusammenhang sichtbar zu machen. Es müssen Akzente gesetzt werden, die Rolle Wiens – als Stadt mit hoher Lebensqualität, einem hohen sozialen Standard und besten Umweltbedingungen – aktiv zu definieren. Wien hat große Zukunftschancen, insbesondere in den Bereichen Forschung, Bildung, intelligente Mobilität und nachhaltige Umwelt. Eine moderne Wirtschaft, der Status als Welthauptstadt der Kultur sowie eine hohe Lebensqualität zeichnen Wien aus.

All diese Zielvorstellungen wurden in langen Diskussionsprozessen u.a. im Strategieplan, im Masterplan Verkehr und nunmehr auch im vorliegenden Stadtentwicklungsplan (STEP 05) formuliert. Dieser STEP 05 basiert auf einem Dialog mit den wesentlichen Gruppen, welche die Stadt mitgestalten sollen. Vertreten waren neben BürgerInnen aus Wien und der Region, auch Experten aus Verwaltung und Stadtpolitik, Investoren, Bauträger und Interessensvertreter. Die hohe Lebensqualität Wiens soll erhalten und weiter ausgebaut werden. Lokal sollen in 13 Zielgebieten die Schwerpunkte der Stadtentwicklung in den kommenden Jahren definiert werden. Regional sollen in der Europaregion CENTROPE gemeinsame Potenziale genutzt und die wirtschaftliche Entwicklung forciert werden.

Im Folgenden erlaube ich mir die wesentlichen Eckpunkte des Stadtentwicklungsplanes textlich und mittels umfangreicher Pläne darzustellen.

Wien 2015 – Kompass und Karte

Der Stadtentwicklungsplan 2005 dient als „Kompass und Karte" für Wiens Reise in die Zukunft. Er legt fest, wo und wie die WienerInnen in Zukunft wohnen, arbeiten, von A nach B kommen oder ihre Freizeit verbringen.

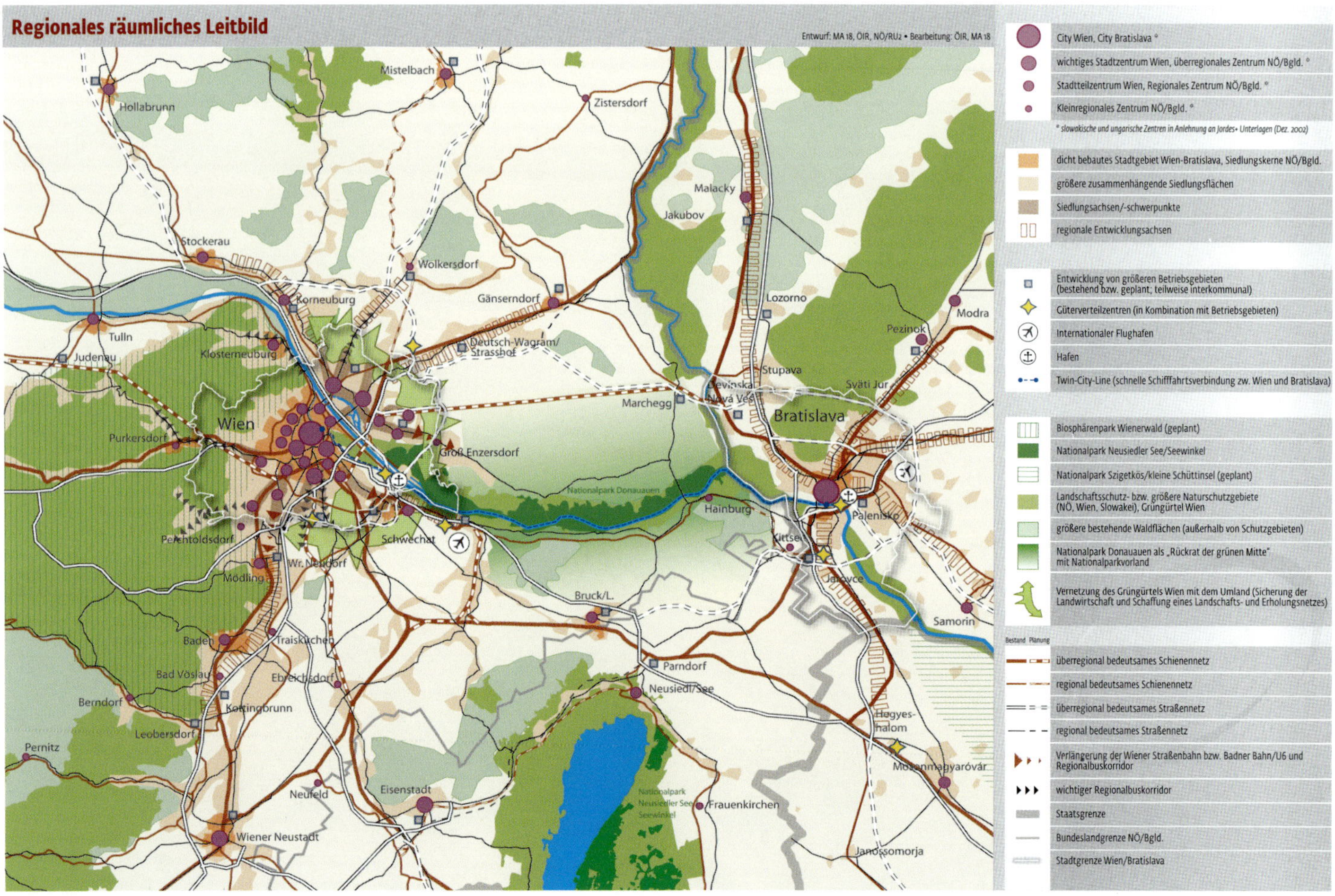

Abb. 1 „Regionales räumliches Leitbild": Dieses Leitbild zeigt, wie die Wirtschaftskraft, die Chancengleichheit für alle und eine gesunde Umwelt in der Region unterstützt werden können

Wien – im Herzen des neuen Europas (vgl. Abb. 1)

Durch die EU-Erweiterung werden die Beziehungen Wiens zu den neuen Mitgliedsstaaten immer wichtiger. Eine große Chance bietet die Nähe der beiden europäischen Hauptstädte Bratislava und Wien. Diese enge Verbindung soll in Zukunft für die Wirtschaft und die Menschen in der Region noch besser spürbar werden.

Wie kann der STEP 05 diese Entwicklung unterstützen? Der STEP 05 stellt die Weichen für neue Zentren mit Wohn- und Arbeitsmöglichkeiten, die gut mit Zug- und Busverbindungen erschlossen sind. Gleichzeitig wird das „grüne Rückgrat“ der Region, wie z.B. der Nationalpark Donauauen, besonders geschützt.

Im Wiener Umland liegen die Chancen der Zukunft in einer guten Zusammenarbeit in den Bereichen Einzelhandel und Öffentlicher Verkehr. Diese Arbeit soll durch das Stadt-Umland-Management (SUM) unterstützt werden. Eine Aufgabe des SUM wird es z.B. sein, die Entwicklung von neuen Einkaufszentren zu steuern.

Wie wird Wien 2015 aussehen? (vgl. Abb. 2)

Im Zentrum der Stadt sollen die vorhandenen Qualitäten erhalten und weiter ausgebaut werden – wie z.B. die kurzen Wege in der Stadt durch das enge Nebeneinander von Wohnen, Arbeiten, Einkaufen und Erholen. Dort wo es notwendig ist, soll die Erreichbarkeit mit Bus, Bim und U-Bahn verbessert werden. Die gute Anbindung an den Verkehr ist eine wichtige Voraussetzung für die Ansiedlung neuer Betriebe. So sollen vor allem in den Bezirken nördlich der Donau, die in den letzten Jahren stark gewachsen sind, neue Arbeitsplätze entstehen. Ziel ist es, in Wien eine gute Verteilung von Kindergärten, Schulen, Geschäften, Krankenhäusern etc. und Arbeitsplätzen zu erreichen.

Ein Grundsatz des STEP 05 ist es, die nachhaltige Entwicklung Wiens zu fördern. Das bedeutet, dass in Wien flächen- und energiesparend gebaut wird, dass Arbeiten, Wohnen und Erholen in einem Grätzl möglich ist und dass wertvolle Grünflächen geschützt werden.

Wien ist Wirtschaft und Kraft (vgl. Abb. 3)

Der STEP 05 trifft dafür Vorsorge, dass die einzelnen Stadtteile Wiens ausreichend mit Infrastruktur wie Einrichtungen des Bildungs-, Sozial- und Gesundheitswesens oder Geschäften versorgt sind.

Dort wo Geschäftsstraßen aktuell schon ums Überleben kämpfen, werden Maßnahmen vorgeschlagen, wie diese aufgewertet werden können. Dies kann z.B. durch die Ansiedelung von attraktiven, „anziehenden“ Geschäften, bessere Bewerbung oder durch Umgestaltungen des Straßenraumes gelingen.

Für die Ansiedelung von größeren Büro- und Industriestandorten schlägt der STEP 05 Flächen in ausreichender Größe mit guter Verkehrsanbindung vor.

Wien deckt ein Drittel seines Gemüsebedarfs durch die landwirtschaftliche Produktion auf dem Wiener Stadtgebiet ab. Hier gilt es, die dafür notwendigen Flächen für die Gemüsebauern und -bäuerinnen zu sichern.

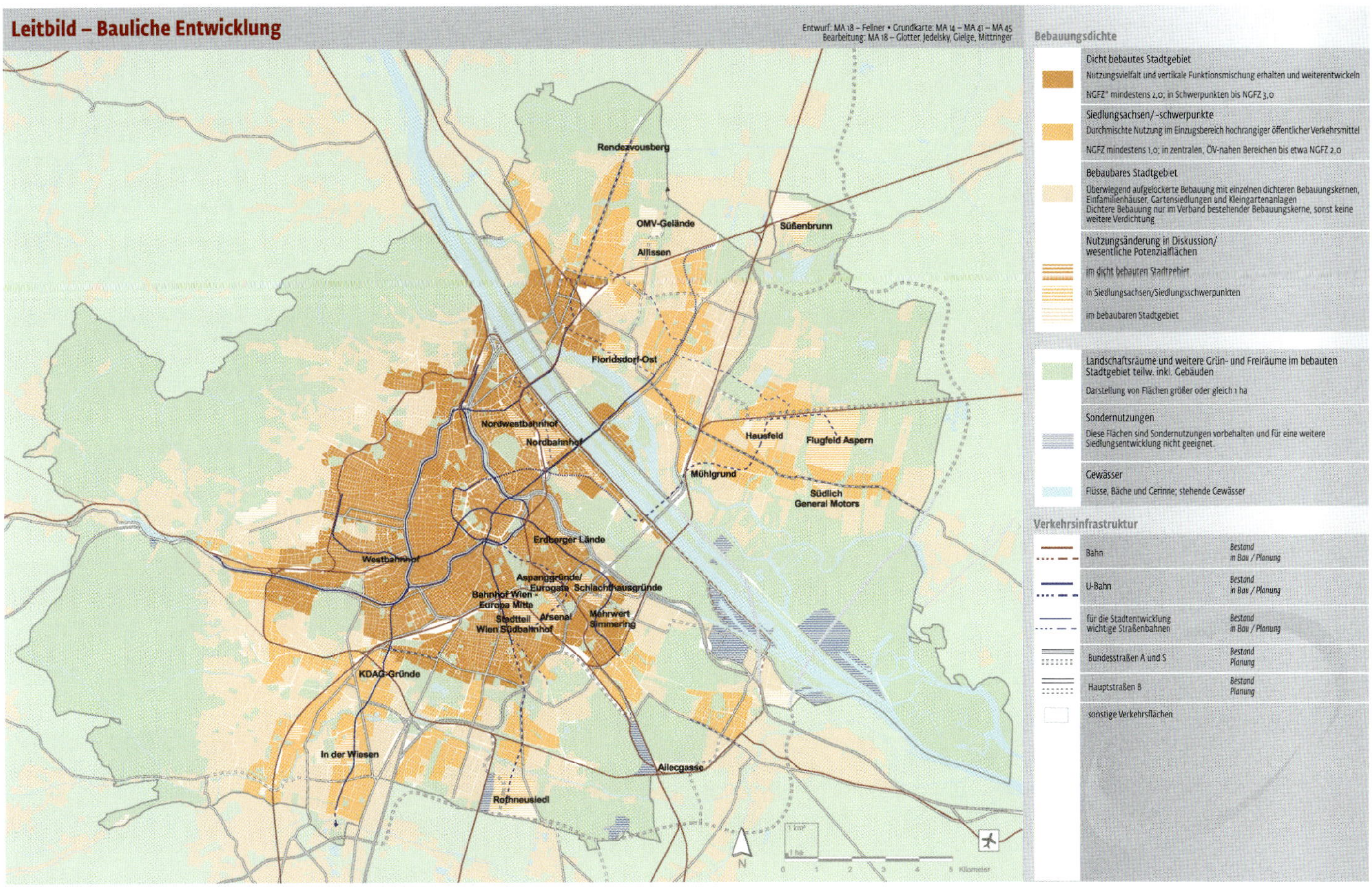

Abb. 2 „Räumliches Leitbild der Stadtentwicklung Wiens“: Dieses Leitbild zeigt, wie in Zukunft Arbeiten, Wohnen und Verkehr in Wien verteilt sein werden

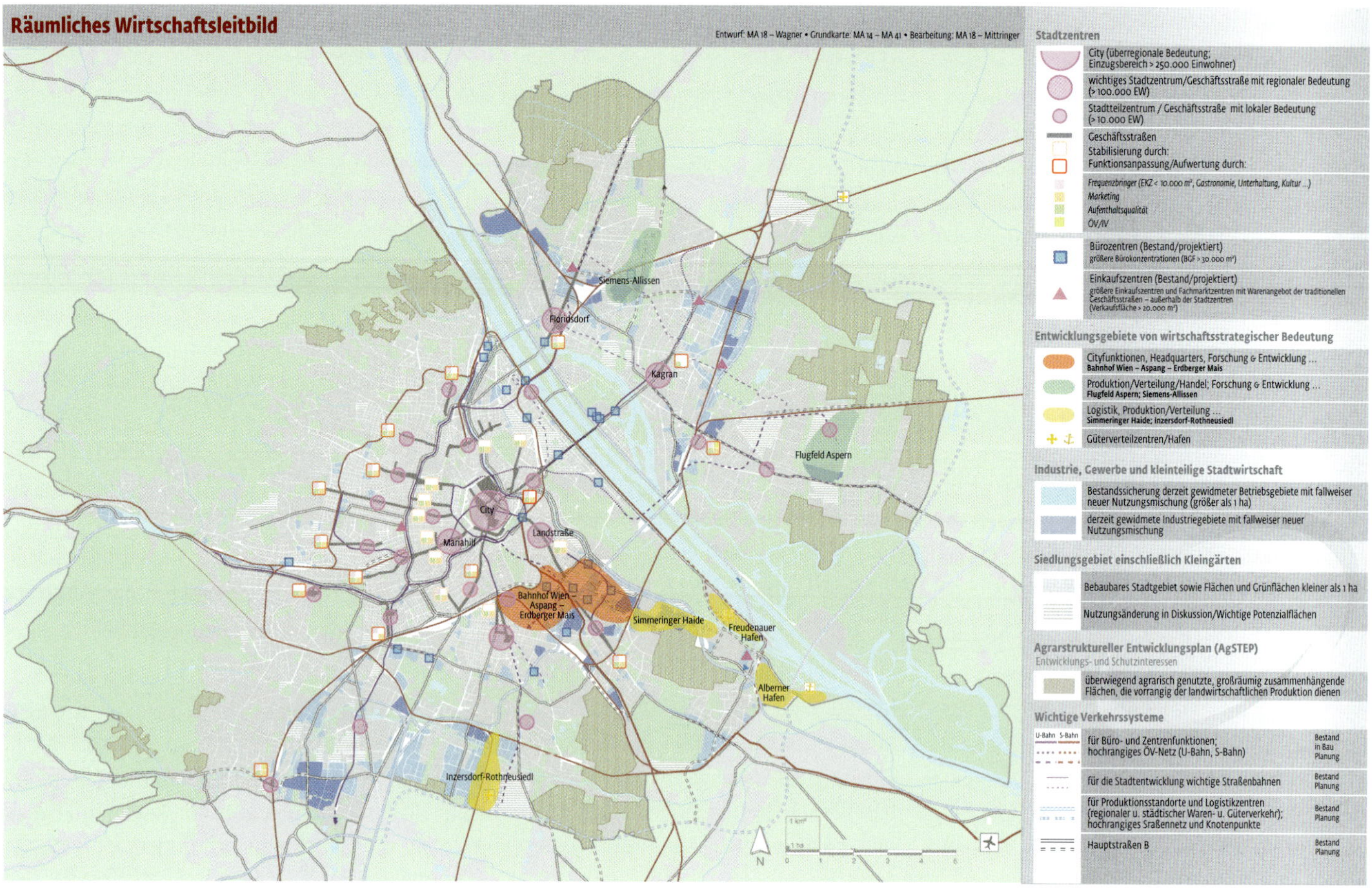

Abb. 3 „Räumliches Wirtschaftsleitbild“: Das Wirtschaftsleitbild zeigt, welche Gebiete in Wien als Standorte für Infrastruktur, Gewerbe und auch für landwirtschaftliche Nutzung gesichert bzw. neu entwickelt werden sollen

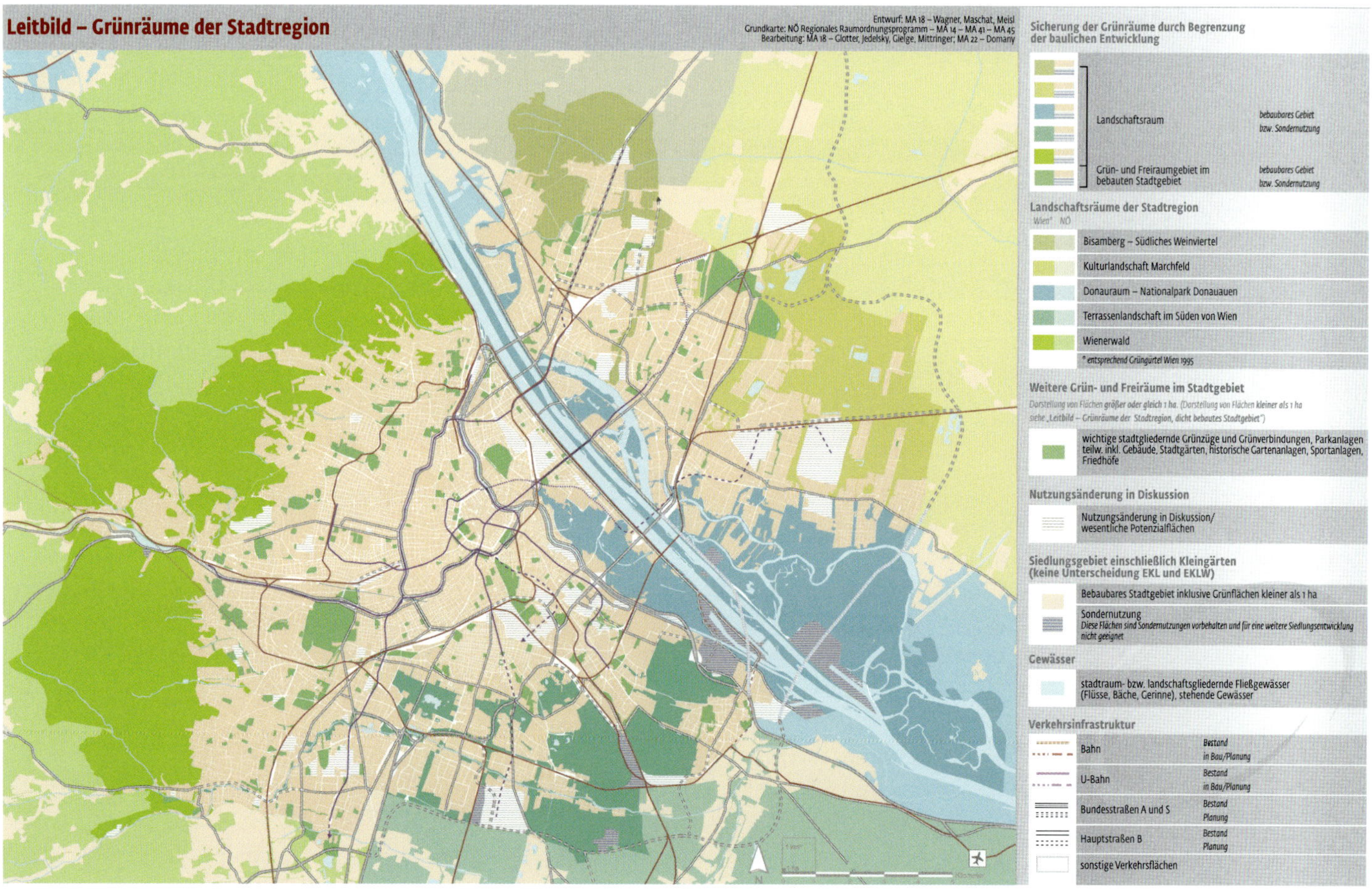

Abb. 4 „Leitbild Grünräume der Stadtregion“: Wien ist eine „grüne Stadt“ – knapp die Hälfte des Stadtgebietes sind Grün- und Freiflächen. Im STEP 05 wird festgelegt, wie dieser Beitrag zu einer hohen Lebensqualität in Wien erhalten und weiter ausgebaut werden kann

Wien ist Grün und Raum (vgl. Abb. 4)

Wien ist umgeben von fünf großen Landschaftsräumen, die den grünen Gürtel um Wien bilden:

- Wienerwald,
- Terrassenlandschaft im Süden Wiens,
- Donauraum,
- Marchfeld,
- Region Bisamberg.

Um dieses grüne Kapital Wiens zu sichern und weiter auszubauen, definiert der STEP 05 entlang der Linie zwischen bebaubarer Stadt und den Landschaftsräumen eine Siedlungsgrenze. Außerhalb dieser Grenze darf auch in Zukunft nicht gebaut werden.

In der dicht bebauten Stadt bieten Parkanlagen, grüne Innenhöfe oder Grünflächen entlang von Gewässern den Wienerinnen und Wienern die Möglichkeit, sich nahe bei Wohnung oder Arbeitsplatz zu erholen. Daher sichert der STEP 05 auch diese innerstädtischen grünen Oasen.

Wien ist Leben und Qualität (vgl. Abb. 5)

Das bauliche Leitbild legt fest, wo und wie in Wien gebaut werden darf. Die dichteste Bebauung soll dort liegen, wo die Anschlüsse an den Öffentlichen Verkehr am besten sind. Die Ausbauetappen sind zeitlich gestaffelt und richten sich nach dem Fortschritt des U-Bahn-Ausbaus.

Der STEP 05 hat sich dem Prinzip der nachhaltigen Entwicklung verpflichtet. Für das Wohnen und Bauen in Wien bedeutet das:

- sparsamer Umgang mit der Ressource Boden,
- Anknüpfen an bestehende bebaute Gebiete, an bestehende Infrastruktur und die Linien des Öffentlichen Verkehrs,
- Anwendung energiesparender Bauweisen,
- ausgewogenes Verhältnis von Wohnungen, Arbeitsstätten, Infrastruktur.

Ziel ist die kompakte Stadt mit kurzen Wegen zwischen Arbeit, Wohnen und Freizeit.

Welche Stadträume bieten die größten Herausforderungen? (vgl. Abb. 6)

Die im Folgenden beschriebenen Zielgebiete der Wiener Stadtentwicklung stellen eine Neuerung in der Präsentation der Anliegen und der Arbeitsweisen der Stadtentwicklung dar: Hier wurden bewusst spezielle Teile des Stadtgebietes ausgewählt, in denen auf Grund ihrer Ausgangssituation oder der erwarteten Veränderungen in den nächsten Jahren eine hohe Aufmerksamkeit der Stadt erforderlich sein wird. Sei es, dass besondere Problemlagen zu bewältigen sein werden oder dass dort herausragende Entwicklungspotenziale und Chancen vorliegen, die im gesamtstädtischen Interesse genutzt werden sollen. Die programmorientierte (und Verwaltungsgrenzen überschreitende) Arbeit in den Zielgebieten dient dazu, alle flächendeckend eingesetzten Entwicklungsmaßnahmen der Stadt inhaltlich zu ergänzen und koordinierend zu vertiefen.

Nicht nur die Zielgebiete, auch die anderen Teile der Stadt werden wie bisher mit hoher Aufmerksamkeit für ihre Entwicklungsanliegen betreut werden.

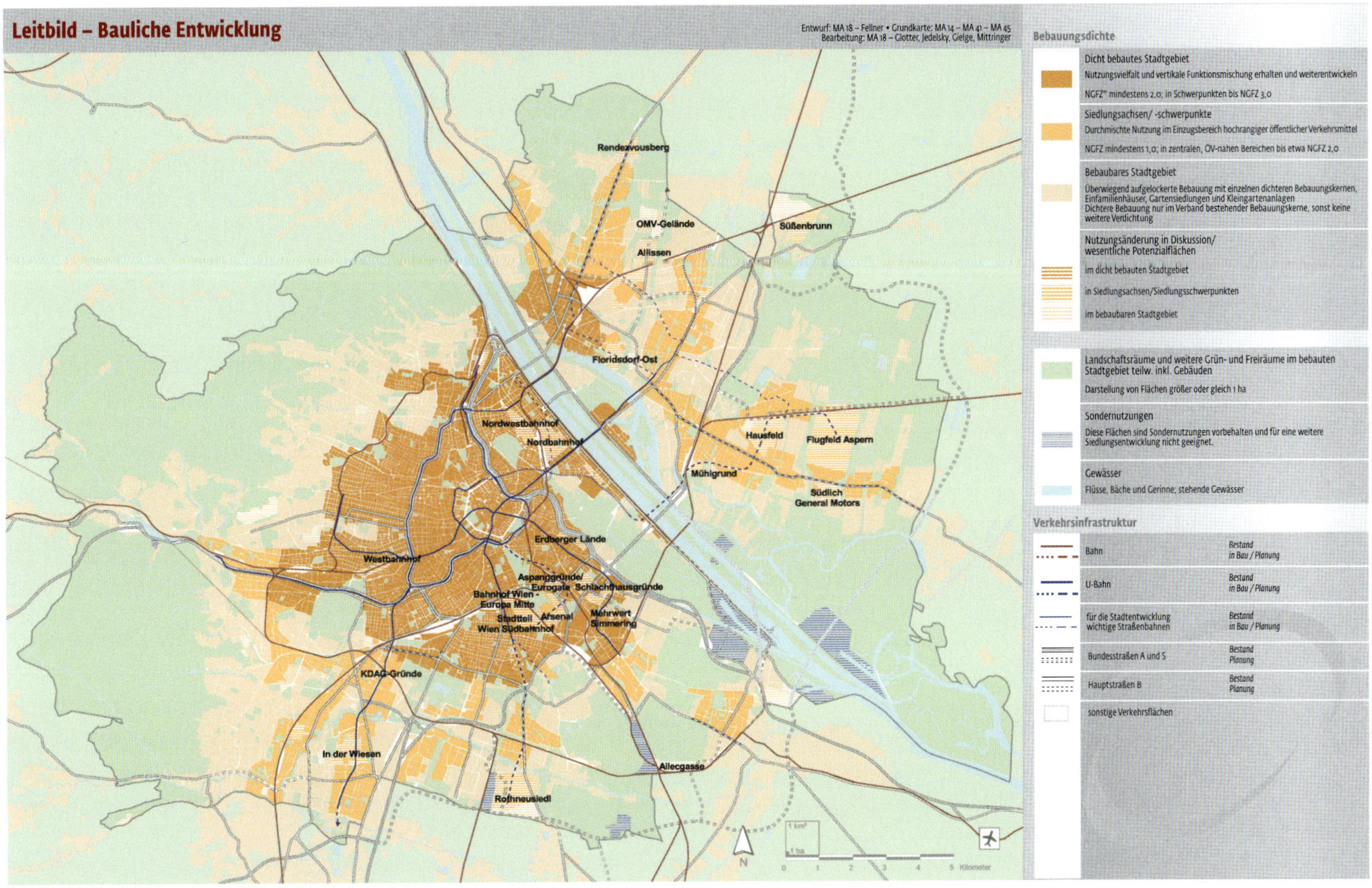

Abb. 5 „Leitbild bauliche Entwicklung": Der STEP 05 setzt es sich zum Ziel, den WienerInnen ein qualitativ hochwertiges Angebot für deren unterschiedliche Wohnansprüche zu bieten

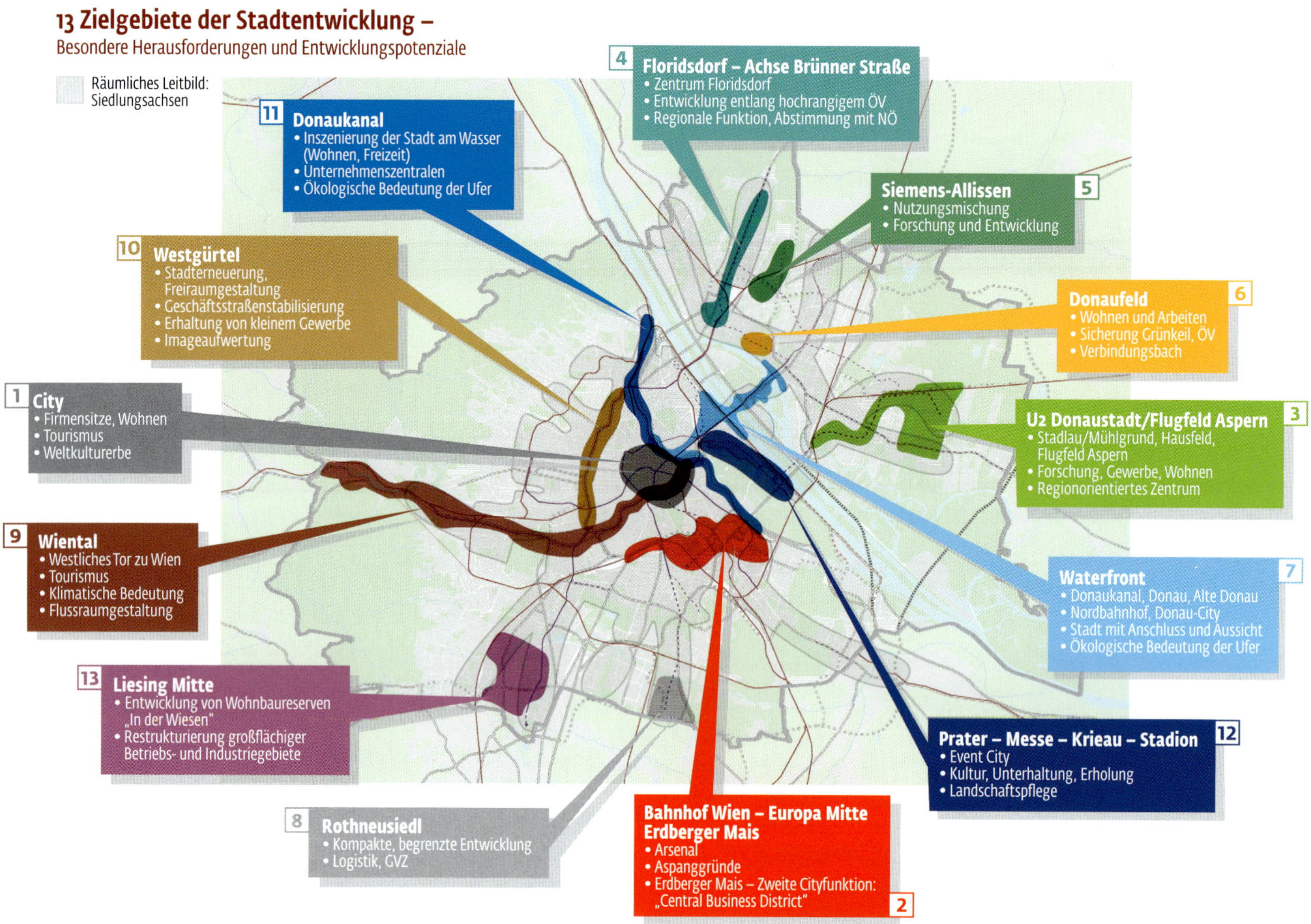

Abb. 6 „13 Zielgebiete der Stadtentwicklung": Der STEP 05 definiert 13 Gebiete, in denen aktuell oder in Zukunft spezielle Aufgaben die Stadtplanung herausfordern. Die räumliche Festlegung dieser Zielgebiete erfolgte nach Gemeinsamkeiten über Bezirksgrenzen hinweg

Für die Zielgebiete der Wiener Stadtentwicklung sollen handlungs- und entwicklungsorientierte Programme – maßgeschneidert auf die jeweilige Herausforderung oder Problemstellung – erarbeitet und umgesetzt werden. Bezirke, relevante AkteurInnen aller betroffenen Einrichtungen, VertreterInnen der Bevölkerung und der Wirtschaft werden hierzu eingeladen.

Für alle Zielgebiete werden integrative Planungsschritte sowie die Berücksichtigung der Prinzipien der Nachhaltigkeit, der Diversitätspolitik und des Gender Mainstreaming vorgesehen. Partizipative Planungsverfahren werden mit je nach Größe und Struktur der Zielgebiete unterschiedlich geeigneten Formen angewandt. Soweit in den Zielgebieten städtebauliche Maßnahmen gesetzt werden, sollen dabei auch entsprechend den Zielen des KLIP WIen klimaschutz- und energierelevante Innovationen angewendet werden (z.B. Forcierung von Fernwärme, Alternativenergien, erhöhte energetische Standards, Passivhäuser, auch im Bereich der wirtschaftlichen Nutzungen, „Klima-Mustergebiete" als Pilotprojekte ...). Die Qualitätssicherung der städtebaulichen Entwicklung und der Landschaftsraumgestaltung sollte auch weiterhin verstärkt durch Wettbewerbsverfahren erfolgen.

In den Zielgebiets-Programmen sollen auf thematisch adäquate Weise die Entwicklungsziele und -maßnahmen für etwa fünf bis zehn Jahre festgehalten werden.

Auf Grund der Erfahrungen mit städtischen und EU-geförderten Programmen ist es sinnvoll, die Programme auf die jeweiligen Aufgabenstellungen methodisch und inhaltlich passend auszurichten. Dabei soll es aber für alle Programme vergleichbare Mindestinhalte geben, die auch die Voraussetzungen für die begleitende Beobachtung der Umsetzung (Monitoring) bilden. Zu diesen Inhalten gehören:

- die Festlegung des Zielgebietes,
- eine Analyse der wichtigsten Probleme, Herausforderungen und Chancen für die Entwicklung des Gebietes,
- die möglichst konkrete Formulierung von Zielsetzungen, auf die das Programm ausgerichtet ist,
- Maßnahmen, die zur Erreichung der genannten Ziele beitragen sollen, möglichst mit quantitativen Angaben,
- der Zeitraum, in dem das Programm umgesetzt werden soll,
- Realisierungsschritte, Zeitplan und Zuständigkeit für die Maßnahmen.

Die Zielgebietsprogramme sollen mit intensiver Beteiligung der Bezirksvertretungen erstellt und auf städtischer Ebene politisch beschlossen werden, wobei die Stadtentwicklungskommission als vorbereitendes Organ fungiert.

Damit die Umsetzung der Zielgebietsprogramme zügig erfolgen kann, soll eine Begleitgruppe das Umsetzungsmonitoring durchführen. Hier sollen die beteiligten Bezirke – als für die Umsetzung wesentlich verantwortlichen Stellen – und allenfalls relevante Aktivgruppen des Zielgebietes vertreten sein.

Da die Maßnahmen für die Zielgebiete nicht über einen Zeitraum von fünf bis zehn Jahren festgeschrieben, sondern immer wieder auf neue Herausforderungen und Entwicklungschancen ausgerichtet werden sollen, ist es sinnvoll, nach etwa fünf Jahren eine Evaluierung der Fortschritte durchzuführen und die Zielgebietsprogramme nachzujustieren.

Um die Erfahrungen mit diesem neu zu entwickelnden, flexiblen Programmset für Wien laufend zu sammeln, auszuwerten und zur Verbesserung der Umsetzungsaktivitäten zu verwenden, soll ein Austausch- und Lernprozess eingeleitet werden, der es den TeilnehmerInnen an der Programmarbeit und -umsetzung erlaubt, durch Beobachtung, Reflexion und Berichterstattung, die Programme selbst und die angewendeten Umsetzungsverfahren zu verbessern und die dabei gemachten Erfahrungen zwischen den Zielgebieten auszutauschen.

Vorgeschlagene Zielgebiete

Die Auswahl und vorläufige räumliche Beschreibung der Zielgebiete erfolgte nach thematisch-inhaltlichen und räumlichen Schwerpunktsetzungen. Es ging bei der Auswahl darum, jene Gebiete zu erfassen,

- von denen wesentliche Impulse für die Stadt zu erwarten sind,
- wo Auswirkungen der dort stattfindenden Entwicklungsprojekte auf die Umgebung und Bevölkerung besonders intensiv sein werden
  oder
- wo auf Grund drängender Problemlagen intensive und gebündelte Entwicklungsaktivitäten erforderlich sein werden.

Die genaue Bestimmung der Zielgebiete, Bearbeitungsinhalte und der zeitlichen Abfolge der Bearbeitung wird in den nächsten Jahren auf Grund der Aktivitäten der Verwaltung und des Interesses von Bezirken und BewohnerInnen festgelegt werden. Es ist dabei davon auszugehen, dass die Programmarbeit für die Zielgebiete zeitlich gestaffelt durchgeführt wird, was es auch ermöglicht, fachliche Expertise und Betreuungskapazität auf eine überschaubare Anzahl von Programmen zu bündeln.

Mit der Bearbeitung der Zielgebiete in der vorliegenden Form wird ein Weg beschritten, die strukturellen und landschaftlichen Besonderheiten und Charakteristika einzelner Stadtteile über die administrativen (Bezirks-)Grenzen hinweg zu erfassen und Ansatzpunkte für entsprechende Entwicklungsschritte aufzuzeigen.

Die folgenden Zielgebiete sind jene Gebiete, in denen nicht nur die Vielfalt der urbanen Struktur am deutlichsten zum Ausdruck kommt, sie sind auch jene, deren positive ökonomische und soziale Entwicklung für die gesamte Stadt von entscheidender Bedeutung ist.

Bei der Erstellung von maßgeschneiderten Programmen für diese Zielgebiete werden lokale ExpertInnen, BürgerInnen, BezirksvertreTungen, Fach-ExpertInnen und InvestorInnen zusammenarbeiten. Gemeinsam wird erarbeitet, wie die Chancen vor Ort für eine positive wirtschaftliche, ökologische und soziale Entwicklung genutzt werden können.

<u>Historische City</u>

Im historischen Zentrum gilt es im Spannungsfeld von Weltkulturerbe und zeitgenössischer Architektur zu gewährleisten, dass die City zentraler Wirtschafts- und Wohnstandort bleibt.

<u>Bahnhof Wien Europa Mitte – Erdberger Mais</u>

Durch die neue Nutzung des Bahnhofsareals entsteht hier ein komplett versorgter neuer attraktiver Stadtteil im dicht bebauten Stadtgebiet.

<u>U2-Donaustadt/Flugfeld Aspern</u>

Dieses Stadterweiterungsgebiet soll zu einem neuen Zentrum nördlich der Donau ausgebaut werden.

<u>Floridsdorf – Achse Brünnerstraße</u>

In diesem Gebiet wird die qualitätvolle Entwicklung in der Verbindung des traditionellen Zentrums mit der Region liegen.

<u>Siemens-Allissen</u>

Ausgehend von vorhandenen Leitbetrieben (Forschung und Entwicklung) soll dieses Gebiet weiter spezialisiert werden.

<u>Donaufeld</u>

Hier soll ein lebendiger Stadtteil mit hoher Lebensqualität geschaffen werden. Die Stadt der kurzen Wege mit den Nutzungen Arbeiten, Wohnen und Erholung soll hier realisiert werden.

<u>Waterfront (Stadt am Wasser)</u>

Die Herausforderung dieser Bereiche liegt in der unterschiedlichen Berücksichtigung der Ufersituationen bei der Schaffung attraktiver Wohn- und Bürostandorte am Wasser.

<u>Rothneusiedl (Entwicklungsoption)</u>

Dieses Gebiet bietet auf Grund seiner guten Versorgung mit Infrastruktur langfristig gute Entwicklungsmöglichkeiten.

<u>Wiental</u>

Dieses westliche „Tor nach Wien" zieht sich als grünes Band in die Stadt hinein. Hier gilt es, das Nebeneinander von geschützten Landschaftsteilen, historischer Kultur- und Flusslandschaft zu nutzen.

<u>Westgürtel</u>

Die Qualität dieses Gebietes soll durch Stadterneuerung, Sicherung der Einkaufsstraßen und Verbesserung der Verkehrssituation erhöht werden.

<u>Donaukanal</u>

Dieses Gebiet bietet die Chance, an einem attraktiven Standort Ökologie, Erholung und spezielle Architektur für Wohnen und Arbeiten zusammenzubringen.

<u>Prater-Messe-Krieau-Stadion</u>

Die Herausforderung in diesem Gebiet besteht darin, die Voraussetzungen zu schaffen für ein gutes Neben- und Miteinander von bestehenden Einrichtungen wie Ernst-Happel-Stadion oder MesseWienNeu mit den neu zu entwickelnden Wohngebieten an den Grün- und Freiräumen.

<u>Liesing-Mitte</u>

In diesem Gebiet gilt es die gute Anbindung an S- und U-Bahn zu nutzen und die bestehenden Baulandreserven zu entwickeln sowie die Gewerbe-und Industriegebiete zu attraktivieren.

Bahnhof Wien – Europa Mitte

Von Dipl.-Ing. Andreas Pfleger,
Magistrat Wien
Magistratsabteilung 21B – „Stadtteilplanung und Flächennutzung Süd-Nordost“

Abb.1: Bahnhofsbereich mit nördlichem Vorplatz

Ausgangslage

Infolge der Entwicklungen der letzten Jahre hat Wien auf Grund seiner zentralen Lage in Europa wieder zunehmend an Bedeutung gewonnen. Besonderen Stellenwert hat die Stadt als Verkehrsknoten: hier kreuzt der in West-Ost-Richtung verlaufende multimodale Donau-Korridor die Nord-Süd-Achse Berlin–Prag–Wien. Parallel zum Donau-Korridor verläuft die so genannte „Magistrale für Europa“, eine Eisenbahn-Hochleistungsverbindung zwischen den Städten Paris, Straßburg, Stuttgart, München, Salzburg, Wien und Budapest, für deren Ausbau die Stadt Wien verstärkt eintritt.

Der Donauraum war seit jeher Kultur- und Wirtschaftsachse. Durch die Reformen in Osteuropa und den Erweiterungsprozess der EU besteht die Chance, den Donauraum als West-Ost-Korridor Europas wiederzubeleben.

Dabei ist aber auf die Bereitstellung eines hochleistungsfähigen Schienenverkehrsmittels Bedacht zu nehmen, da durch einen Nichtausbau des Bahnnetzes eine nicht unbedeutende Zunahme des Straßenverkehrs zu befürchten ist. Als eine der wichtigsten Anforderungen für einen TEN-Knoten wurde von der EU die Durchlässigkeit für den Verkehr definiert. Diese soll durch den Bau des neuen Durchgangsbahnhofes künftig gewährleistet werden.

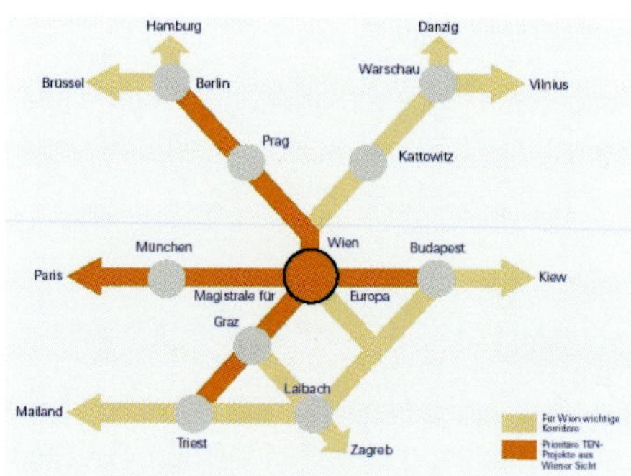

Abb.2: Magistrale für Europa

Vorgeschichte

Die Geschichte des Wiener Südbahnhofs kann durchaus als wechselvoll bezeichnet werden und ist durch drei Bauphasen geprägt.

Ursprünglich wurden zwei Verkehrsstationen errichtet, die Teil eines Ensembles waren: der „Gloggnitzer Bahnhof“ (1841) und der „Raa-

Abb.3: Wien-Centralbahnhof um 1870

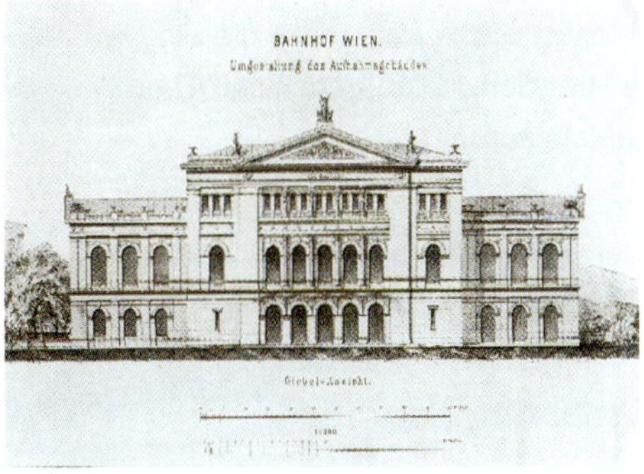

Abb.4: Wien Südbahnhof um 1875

ber Bahnhof“ (1845). 1870 wurde zunächst der „Raaber Bahnhof“, 1873 der „Gloggnitzer Bahnhof“ umgebaut. Im Zuge dessen erfolgte auch eine Umbenennung in „Wien-Centralbahnhof“ bzw. „Wien Südbahnhof“. Die Bezeichnung „Wien Ostbahnhof“ ist seit dem Jahr 1914 gebräuchlich.

Nach Kriegszerstörungen wurde der heutige Süd-/Ostbahnhof in den Jahren 1955/61 nach einem Entwurf von H. Hrdlicka zur Gänze neu errichtet. Zentrales Element ist die etwa 40 m breite, 90 m lange und 18 m hohe Bahnhofshalle. Zwar gibt es nun erstmals eine gemeinsame Halle für Süd- und Ostbahn, das Konzept von zwei Kopfbahnhöfen ist jedoch erhalten geblieben.

Wesentliche Planungsschritte

Die Neuerrichtung eines Bahnhofes auf dem Areal des heutigen Süd-/Ostbahnhofes ist seit vielen Jahren in Diskussion. Grundgedanke der Überlegungen war die Realisierung eines Durchgangsbahnhofes sowie eine bessere Anknüpfung an den städtischen Nahverkehr.

Städtebaulicher Wettbewerb 1995

Im Jahr 1995 wurde in Zusammenarbeit zwischen den Österreichischen Bundesbahnen und der Stadt Wien ein Wettbewerbsverfahren für die Bereiche des Südbahnhofes, des Ostbahnhofes und des künftigen Durchgangsbahnhofes durchgeführt, bei dem das Projekt des Züricher Architekten Theo Hotz zur Weiterbearbeitung empfohlen wurde. Der neue Bahnsteigbereich ist in diagonaler Lage zwischen dem bestehenden Süd- und Ostbahnhof, die Halle beim Südtiroler Platz vorgesehen. Auf den angrenzenden Flächen wurde die Errichtung eines neuen Stadtteiles vorgeschlagen. Auf Grund der weiterführenden Planungen zeigte sich jedoch die Notwendigkeit, von dem damaligen Konzept abzuweichen und das Ergebnis des Wettbewerbes zu adaptieren.

Städtebauliches Leitbild 2000

Die neue Grundüberlegung dieser Planungen war die Auflassung der Bahnsteigbereiche der Süd- und der Ostbahn. Die bestehende Halle sollte umgebaut und einer neuen Nutzung zugeführt werden. Auf dem angrenzenden Areal, das durch den schrittweisen Entfall der Bahnhofsfunktionen aber auch der Einrichtungen der Post frei wird, war ein Stadtteil mit differenzierter Bebauungsstruktur und Mischnutzung vorgesehen. Zwei den heutigen Bahnsteigbereichen entsprechende Passagen verknüpften die neue Bebauung mit der bestehenden Halle. Der neue Hauptbahnhof sollte durch eine punktförmig angeordnete Hochhausbebauung hervorgehoben werden. Das Leitbild berücksichtigte erstmals auch einen Grünzug, der die gründerzeitlichen Stadtviertel an die östlich anschließende Parkanlage anbindet.

Absichtserklärung 2003

Im Rahmen eines „Letter Of Intent“ (LOI), den Vertreter der Republik Österreich, der ÖBB und der Stadt Wien unterzeichneten, wurde ein Konzept erarbeitet, das insbesondere die Finanzierung des Bahnhofes thematisierte. Das Projektgebiet wurde ausgeweitet und der Frachtenbahnhof Süd mit einbezogen, um auf dem gesamten Bahnhofsareal einen neuen, attraktiven Stadtteil errichten zu können. Die

Abb.5: Städtebaulicher Wettbewerb 1995

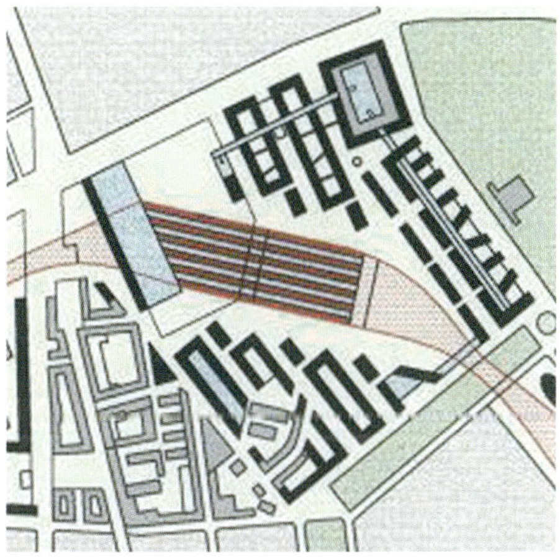

Abb.6: Städtebauliches Leitbild 2000

Abb.7: Blick auf das Bahnhofsareal

höherwertige Nutzung der Flächen ermöglicht die Verwendung der dadurch erzielbaren Mehreinnahmen für die Realisierung des Bahnhofs. Im LOI wurden entsprechende städtebauliche Zielvorgaben insbesondere hinsichtlich der Bebauungsdichte festgelegt.

Städtebauliches Expertenverfahren

In der ersten Hälfte des Jahres 2004 wurde ein zweistufiges Expertenverfahren mit dem Titel „Masterplan Stadtteil Wien Südbahnhof" durchgeführt, zu dem zehn zum Teil internationale Architekten bzw. Architektenteams geladen wurden. Aufgabe war die Erstellung eines städtebaulichen Leitbilds unter Berücksichtigung der Zielvorgaben des LOI.

Das rund 2,5 km südlich des Stadtzentrums liegende Plangebiet umfasste den heutigen Personenbahnhof Wien Süd/Ost, den Frachtenbahnhof Wien Süd sowie das Areal des Postzentrums und hatte nach Abzug der verbleibenden Bahnflächen eine Größe von knapp 60 ha.

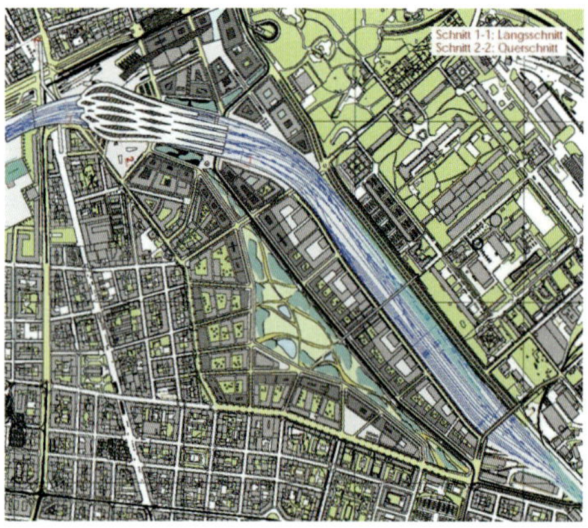

Abb.8: Entwurf Hotz/Hoffmann

Im Vordergrund stand die Entwicklung eines attraktiven Stadtteils, dessen Identität zumindest in Teilbereichen vom neuen Bahnhof Wien geprägt wird. Zusätzlich zur festgelegten Bebauungsdichte gab es eine Reihe von Vorgaben wie die Reduzierung der vorhandenen Barrierewirkung, die Optimierung der Verknüpfung der Verkehrsangebote und die Schaffung von Flächen für soziale Infrastruktur und Naherholung. Ein wichtiger Teilaspekt war der Umgang mit dem angrenzenden Stadtgebiet; einerseits sollte der südliche Teilbereich auf die angrenzende gründerzeitliche Blockrandbebauung reagieren, andererseits galt es, bei der Planung von Hochhäusern das diesbezügliche Sichtachsenkonzept und das in unmittelbarer Nähe befindliche Schloss Belvedere zu berücksichtigen.

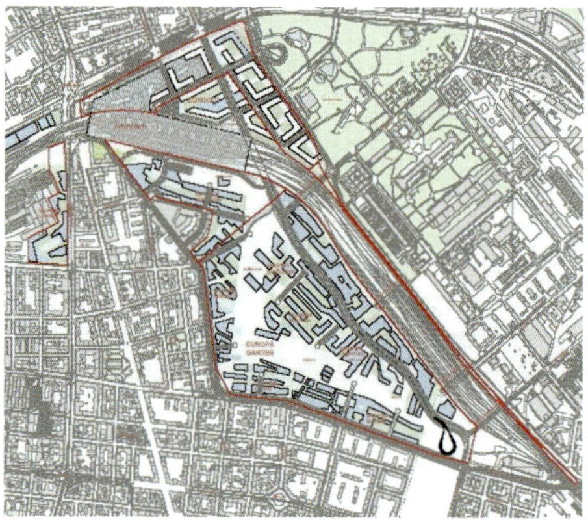
Abb.9: Entwurf A. Wimmer

In der abschließenden Sitzung empfahl die Jury die Zusammenführung der Projekte der ARGE Hotz/Hoffmann und von Architekt A. Wimmer in einen gemeinsamen Masterplan, der in der Folge von den genannten Architekten unter Einbeziehung weiterer Experten ausgearbeitet und schließlich im Dezember 2004 vom Wiener Gemeinderat einstimmig beschlossen wurde.

Masterplan „Bahnhof Wien – Europa Mitte"

Teilgebiete

Das vom Masterplan erfasste Areal ist auf Grund der differenzierten Rahmenbedingungen und Erfordernisse in fünf Teilgebiete gegliedert:

Teilgebiet A entspricht in etwa dem Areal des heutigen Personenbahnhofs mit den Bahnsteigbereichen der Südbahn parallel zum Wiedner Gürtel und der Ostbahn entlang der Arsenalstraße. Dazwischen ist das Teilgebiet Post situiert. Anschließend an diesen Bereich wird der neue Durchgangsbahnhof errichtet. Südlich davon liegen im Bereich Sonnwendgasse und Gudrunstraße die Teilgebiete B und C, die durch die geplante Verbindung zwischen Ghegastraße und Landgutgasse getrennt werden. Die Randzonen westlich der Laxenburger Straße bilden das Teilgebiet D.

Stadtgestaltung und Nutzungen

Der Masterplan Bahnhof Wien – Europa Mitte legt zwar die primären Strukturen in Form von Baufeldern, Freiräumen, Erschließung, sozialer Infrastruktur sowie städtebaulicher Kennziffern fest, schafft aber gleichzeitig auch Spielräume für künftige Entwicklungen. Die vorgeschlagenen Strukturen weisen infolge der Rahmenbedingungen in den einzelnen Teilbereichen wesentliche Unterschiede auf.

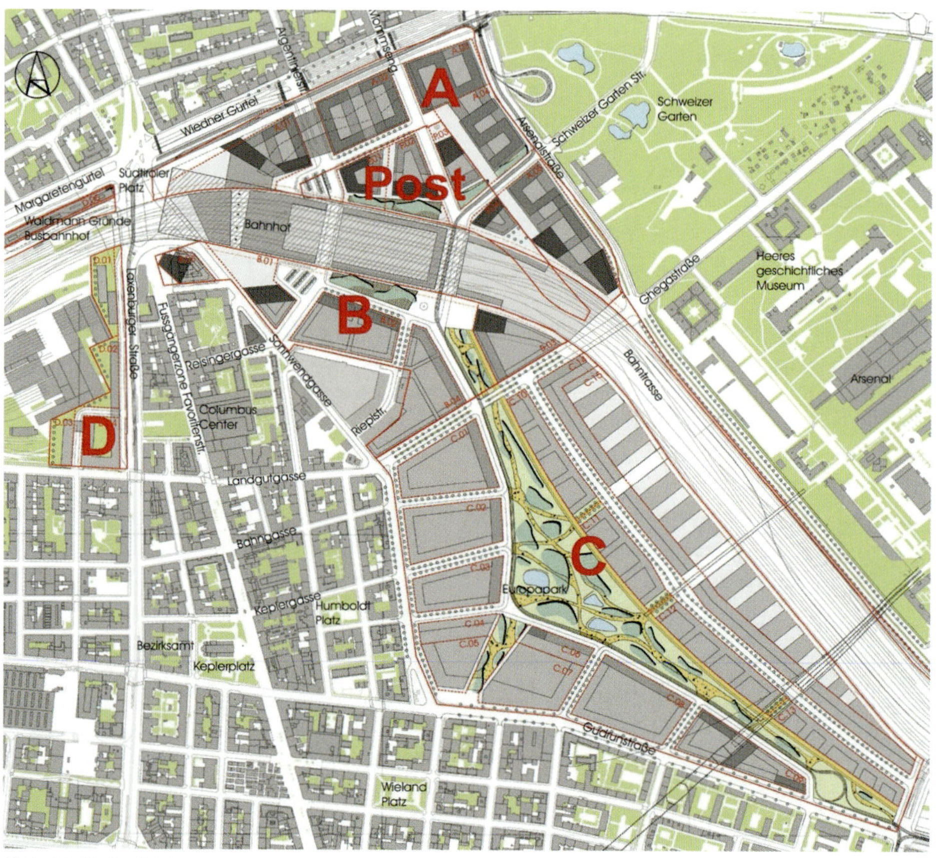

Abb.10: Teilgebiete

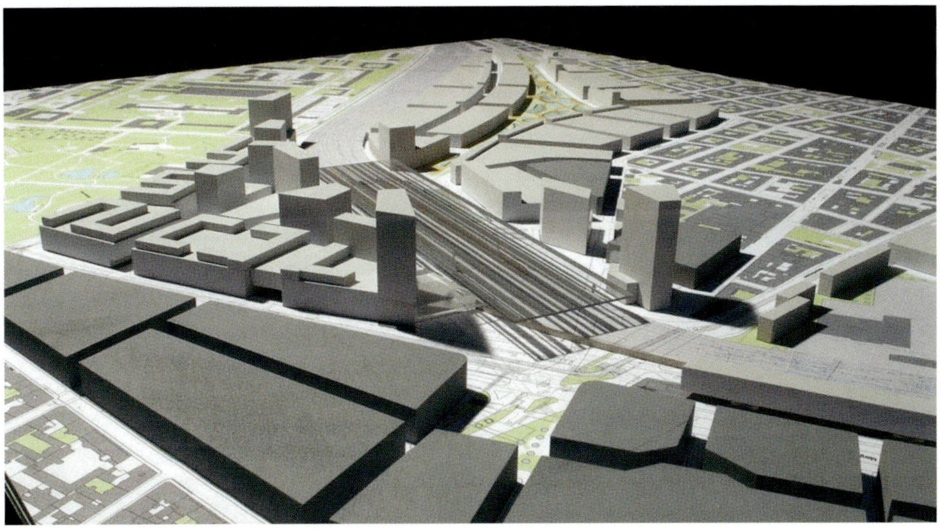

Abb.11: Modellfoto

Die größte Dichte findet man im Nahbereich des Bahnhofs. An ausgewählten Punkten sind Hochhäuser vorgesehen, um die Bedeutung dieses zentralen Ortes zu unterstreichen.

Im Süden sind Dichte und Höhe der Gebäude geringer und orientieren sich an der angrenzenden Bebauung des 10. Bezirks. Lediglich im Umfeld der projektierten Station der verlängerten U-Bahnlinie U2 ist eine leichte Verdichtung geplant.

Hinsichtlich der Nutzung lassen sich ähnliche Teilbereiche wie bei Dichte und Höhe unterscheiden.

Im Nahbereich der Verkehrsträger Bahnhof

Teilgebiet	BGF	Wohneinheiten	Arbeitsplätze
A	386.000 m²	970	8.250
B	144.000 m²	460	2.800
C	490.000 m²	3.240	4.400
D	70.000 m²	150	1.600
Post	134.000 m²	340	2.850
Summe	1.224.000 m²	5.160	19.900

Tabelle: – Städtebauliche Kennzahlen

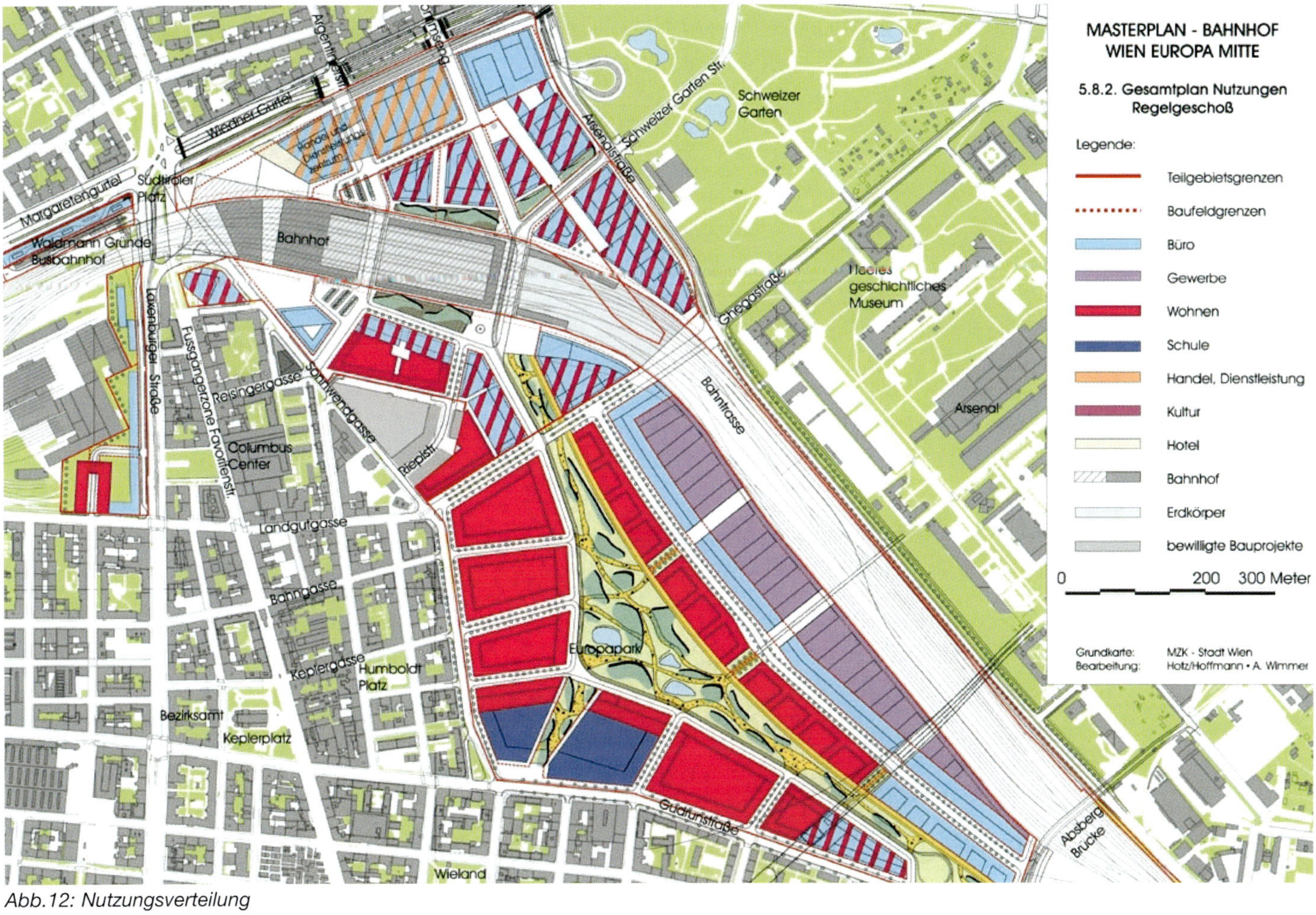

Abb.12: Nutzungsverteilung

Abb. 13: Schema des Europaparks

und Gürtel, wo die U-Bahn und die Schnellbahn einen hochwertigen Anschluss an das innerstädtische öffentliche Verkehrsnetz gewährleisten, werden Büros, Handels- und Dienstleistungsbetriebe konzentriert; unmittelbar neben dem Bahnhof ist ein Hotel vorgesehen. In ausgewählten Bereichen, beispielsweise gegenüber der Parkanlage Schweizer Garten, sollen jedoch auch Wohnungen möglich sein.

Südlich des Bahnhofs überwiegt die Wohnnutzung. Die Gruppierung der Wohngebäude um den geplanten Park soll eine möglichst hohe Lebensqualität sicherstellen. Neben der Versorgung mit Freiflächen sind aber auch soziale Einrichtungen für die künftige Bevölkerung notwendig. Dementsprechend sind Kindergärten sowie zwei Schulen im Eckbereich Sonnwendgasse/Landgutgasse geplant.

Um die Wohnbereiche von der Ostbahn abzuschirmen, ist eine Zeile mit Büros und Gewerbebetrieben vorgesehen, wobei auch eine Nutzung des Gleisanschlusses für die Betriebe möglich sein wird.

Im Nahbereich der künftigen U2-Station soll eine Nutzungsmischung am südlichen Ende des neuen Stadtteils einen städtebaulichen Akzent setzen.

Ein zentrales Gestaltungselement ist der ca. 8,5 ha große Park. Er soll sowohl das Entwicklungsgebiet mit einer attraktiven Grünfläche versorgen als auch zur Grünraumvernetzung zwischen Laaer Berg im Süden und Schweizer Garten im Nordosten beitragen. Im Bereich Sonnwendgasse/Gudrunstraße ist ein Anknüpfungspunkt zum dicht bebauten Gebiet des 10. Bezirks vorgesehen.

Verkehr

Einen wichtigen Aspekt stellt die Anbindung

Abb. 14: Neue Passage Südtiroler Platz

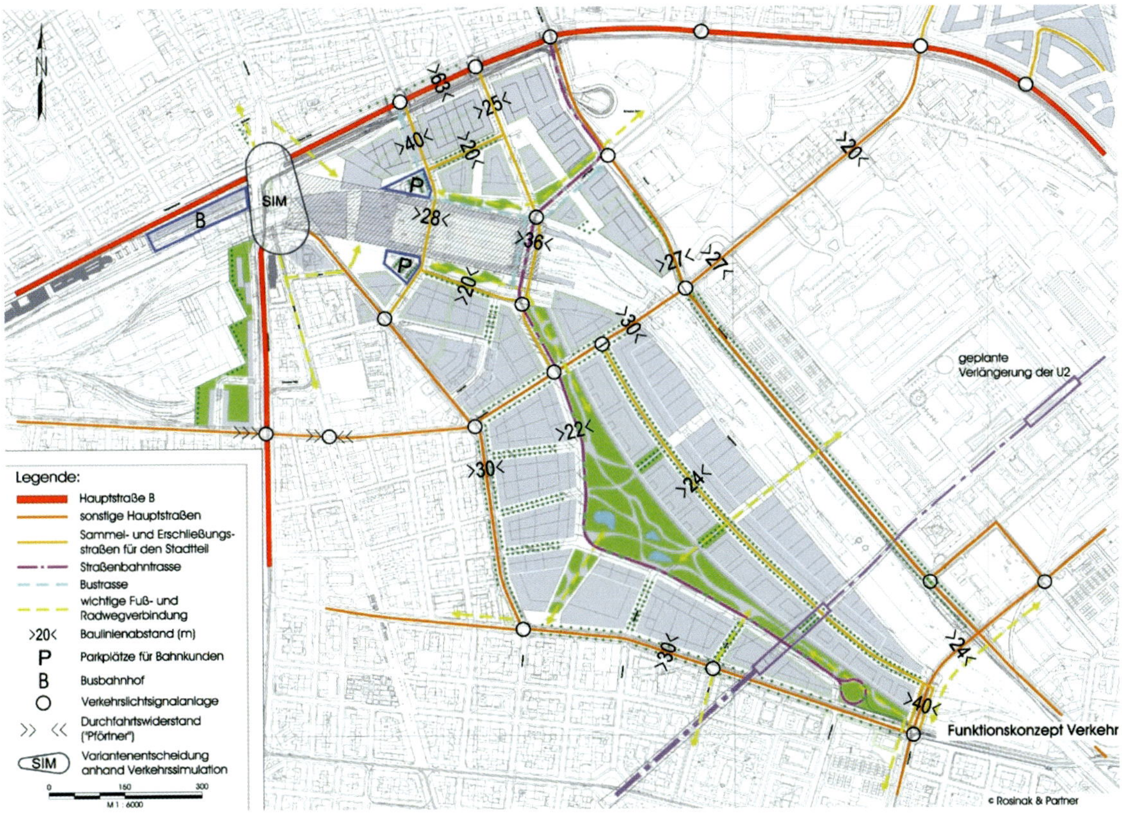

Abb.15: Verkehrskonzept

des Gebiets an den innerstädtischen Verkehr dar. Einerseits lässt der neue Bahnhof eine Steigerung der Fahrgastzahlen erwarten, andererseits wird der geplante Stadtteil Verkehr erzeugen: dies macht eine Ausweitung des derzeitigen Angebots notwendig, wobei durch entsprechende Maßnahmen im öffentlichen Verkehr der Anteil des motorisierten Individualverkehrs möglichst gering gehalten werden soll.

Hauptträger im öffentlichen Verkehr sind die Schnellbahn und die U Bahnlinie U1, in deren Einzugsbereich weite Teile des Entwicklungsgebiets liegen. Der südliche Teil des Gebiets soll durch die projektierte Haltestelle der Linie U2 und die verlängerte Straßenbahnlinie D erschlossen werden. Änderungen bzw. Ergänzungen im innerstädtischen und regionalen Busnetz sollen das Erschließungssystem vervollständigen.

Damit der Bahnhof einen attraktiven Zugang zur U-Bahn erhält, ist eine Neugestaltung der Passage unter dem Südtiroler Platz geplant, die zumindest in Abschnitten natürlich belichtet werden soll.

Wichtigste Verbindung für den Straßenverkehr ist der unmittelbar an das Gebiet grenzende Gürtel, für den ein entsprechender Ausbau vorgesehen ist. Weitere Maßnahmen sind einerseits Anpassungen im bestehenden Straßennetz, andererseits die Schaffung neuer Querverbindungen. Zum Bahnhof soll es sowohl im Norden als auch im Süden Zufahrtsmöglichkeiten geben.

Für Fußgänger und Radfahrer ist ein Bündel von Maßnahmen vorgesehen, wie z.B. eine Verbindung zur Fußgängerzone Favoritenstraße oder Netzergänzungen im Radwegenetz.

Schlussbemerkung

Mit der Umsetzung des Masterplans wird ein wichtiger Beitrag zur inneren Stadtentwicklung in Wien geleistet. Auf einem derzeit – bezogen auf die Lage im Stadtgebiet – nicht angemessen genutzten Areal entsteht ein attraktiver Stadtteil mit vielfältigen Nutzungen, der auch der Bevölkerung in der Umgebung ein verbessertes Angebot insbesondere an sozialer Infrastruktur und Naherholung bringt. Gleichzeitig erhält die Stadt einen Bahnhof, der den Anforderungen an eine moderne Verkehrsstation gerecht wird. Die Verbesserungen beschränken sich dabei nicht nur auf den Fernverkehr, sondern beinhalten auch eine bestmögliche Verknüpfung mit den innerstädtischen Verkehrsträgern.

Für Wien eröffnet sich die Möglichkeit, mit diesem Projekt sowohl innerstädtische Barrieren abzubauen als auch überregionale Verbindungen zu verbessern.

<u>Quellenverzeichnis:</u>

Tab.: Hotz/Hoffmann, Wimmer: Masterplan Bahnhof Wien – Europa Mitte; 2004 Bearbeitung Magistratsabteilung 21B, DI Hrncir

Abb. 1: Hotz/Hoffmann, Wimmer: Masterplan Bahnhof Wien – Europa Mitte; 2004

Abb. 2: Magistrat der Stadt Wien, Magistratsabteilung 18: Masterplan Verkehr Wien 2003; 2003

Abb. 3: Österreichische Bundesbahnen: Ein neuer Bahnhof für Wien; 1995

Abb. 4: Österreichische Bundesbahnen: Ein neuer Bahnhof für Wien; 1995

Abb. 5: Theo Hotz: Städtebaulicher Wettbewerb; 1995

Abb. 6: E. Hoffmann: Städtebauliches Leitbild; 2000

Abb. 7: Magistrat der Stadt Wien, Magistratsabteilung 13, Fotoarchiv

Abb. 8: Hotz/Hoffmann: Expertenverfahren Stadtteil Wien Südbahnhof; 2004

Abb. 9: A. Wimmer: Expertenverfahren Stadtteil Wien Südbahnhof, 2004

Abb. 10: Hotz/Hoffmann, Wimmer: Masterplan Bahnhof Wien – Europa Mitte; 2004

Abb. 11: Hotz/Hoffmann, Wimmer: Masterplan Bahnhof Wien – Europa Mitte; 2004

Abb. 12: Hotz/Hoffmann, Wimmer: Masterplan Bahnhof Wien – Europa Mitte; 2004

Abb. 13: Hotz/Hoffmann, Wimmer: Masterplan Bahnhof Wien – Europa Mitte; 2004 Bearbeitung: Magistratsabteilung 21B, DI Hrncir

Abb. 14: A. Pauser, Machbarkeitsstudie Bahnhof Wien – Europa Mitte, Visualisierung durch Hotz/Hoffmann, 2004

Abb. 15: W. Rosinak: Masterplan Bahnhof Wien – Europa Mitte; 2004

Wiens neue Hauptbücherei – ein bildungspolitisches Wahrzeichen

Von Ing. Robert Benne,
Magistrat Wien, Magistratsdirektion – Stadtbaudirektion
Technischer Referent des Stadtbaudirektors

Leitvorstellungen – neue Ausrichtung der Büchereien

Die Büchereien Wien sind eine wichtige Informations-, Bildungs-, Kultur- und Freizeiteinrichtung der Stadt Wien und Teil eines weltweiten Netzwerkes von Bibliotheken. Als kundenorientierter Servicebetrieb, der allen Interessierten unabhängig von Alter, Geschlecht, Religion, Nationalität, Sprache und sozialem Status leichten Zugang zu Information, Bildung und Kultur bietet, haben sich die Büchereien als lebendige Organisation selbstverständlich an aktuelle Entwicklungen anzupassen und sich permanent weiterzuentwickeln.

Beschränken sich traditionelle Bibliotheken auf das Sammeln, Erschließen und Vermitteln von Büchern, so beschreitet man in der neuen Hauptbücherei unter Einbindung marketingorientierter Aspekte, Bildungsüberlegungen und LeserInnenwünschen mit der Erweiterung der Produktpalette zukunftsweisende Wege. Bücher sind nur mehr ein Teil des Repertoires; dazu kommen Zeitschriften, der gesamte Bereich der Neuen Medien, Spiele, Software, Online-Informationssysteme und anderes mehr. Eine derartige und sinnvolle Bündelung von Kompetenzen soll es ermöglichen, ein völlig neues Lernambiente zu schaffen, das dem Weiterbildungsgedanken neue Impulse verleihen kann.

Ein dementsprechend angepasstes Serviceangebot in Form von an die heutigen Umstände angepassten Öffnungszeiten, der Abwicklung des Entlehnverkehrs unter größtmöglicher Einbindung des Internet, einem funktionierenden Vorbestell- und Ringleihsystem, Kopiergelegenheiten vor Ort und vor allem kompetenter bibliothekarischer Beratung werden die Imagebildung und die Benutzerfreundlichkeit ganz entscheidend prägen und beispielgebend sein.

Standortwahl

Die grundlegende Intention der Wiener Hauptbücherei zur Frage der Standortwahl beruht auf dem Prinzip der Frequenz und Verkehrsspitzen

Aufwertung des Gürtels vorantreiben und nicht zuletzt als Mittler zwischen den kulturell privilegierten Innenstadtbezirken und den außerhalb des Gürtels liegenden Stadtteilen im Westen Wiens bewusst fungieren soll.

Aber auch Baumeister Richard Lugner wurde schon zuvor von den vielen Aktivitäten rund um den Gürtel inspiriert und auf diesen Standort aufmerksam. So plante er im Zuge der Erweiterung seines nächstgelegen Einkaufszentrums einen direkten Übergang über den Gürtel zur U-Bahn-Linie, der in einem an diesem Standort zu errichtenden Glasbau münden sollte. Diese so genannte „Wolkenspange" fand als größtes privates Investitionsvorhaben am Gürtel und durch die positive mediale Aufbereitung viele Befürworter. Erst die Idee der Stadtplanung im Jahre 1997, mit der neuen Hauptbibliothek einen öffentlich genutzten Bau an diesem Standort zu errichten, und die Kritik an der rein kommerziellen Nutzung des Lugnerschen Vorhabens gab der bislang äußerst vorsichtigen Haltung der Stadtpolitik die entscheidende Wende, sich erstmals zu einer öffentlichen Nutzung dieses Standortes offiziell, wenngleich auch nicht endgültig, zu bekennen. Um etwaige Zweifel über die Sinnhaftigkeit des Projektes zu zerstreuen, die Meinungsbildung zu vertiefen und die Gegner zu überzeugen, wurde unter Drängen der Stadtpolitik auf rasche Abwicklung

und damit auf der Maximierung kommunikativer Potenziale. Aus dieser Perspektive erschien der Standort Gürtel, als eine der meistbefahrenen Straßen Österreichs, der sich im Bereich des Urban-Loritz-Platzes wie ein großer Bahnhof auf zwei Ebenen darstellt, ideal, wenngleich das Umfeld einer Stadtautobahn für eine Bibliothek, deren Benutzer Anspruch auf Ruhe und Konzentration erheben sollten, kaum geeignet schien. Die im Rahmen des EU-geförderten europäischen Urban-Programmes („Gürtel-Plus-Projekt") zur Aufwertung und Sanierung problematischer urbaner Zonen bereits erfolgte Neugestaltung des Mittelbereichs entlang der hochgeführten U-Bahn, der von Architektin Silja Tillner gestalteten Überdachung des Urban-Loritz-Platzes sowie der Umnutzung von mehr als 30 Gürtelbögen im Bereich des Westgürtels nahmen großen Einfluss auf die Wahl dieses Standortes.

Für die Wiener Städtischen Büchereien passte der Standort Urban-Loritz-Platz perfekt in das Konzept einer Bibliothek als moderne, medienorientierte Kommunikationszentrale, die überdies aus stadtplanerischen Überlegungen die

ein zweistufiger, EU-weit offener, baukünstlerischer Wettbewerb „Hauptbücherei und Zentralverwaltung der Wiener Städtischen Büchereien" initiiert.

Architekturwettbewerb

Unter Zugrundelegung einer Machbarkeitsstudie begann man nunmehr mit der Vorbereitung dieses Wettbewerbs. Dabei erwies sich vor allem die Überbauung der tief liegenden U-Bahn-Station Burggasse/Stadthalle als technische Herausforderung und eine Gratwanderung in stadtgestalterischer und denkmalpflegerischer Hinsicht. Die Bibliothek sollte als erstes Bauwerk die Mittelzone des Gürtel-Boulevards besetzen und trat damit in Konkurrenz mit dem epochalen, von Otto Wagner um 1898 realisierten Verkehrsbauwerk der ehemaligen Stadtbahn und heutigen U-Bahn-Linie U6, die mit der Haltestelle im Bereich Urban-Loritz-Platz und Burggasse eine im Kern original erhaltene, tief liegende Station aufzuweisen hat. Es war von vornherein klar, dass dem historischen Stationsgebäude an der Burggasse der nötige Respekt(abstand) zu zollen sein würde und der

Längserstreckung des Bibliotheksgebäudes nach Norden damit gewisse Grenzen gesetzt sind.

Die historische Stützmauer der Perronbereiche konnte auch nicht zu Gründungszwecken des darüber „frei schwebenden" Neubaues herangezogen oder verändert werden. Eine wesentliche Prämisse für die weitere Planung war überdies die Erhaltung der offenen Charakteristik des Stationsschachtes, der durch die Bibliothek nicht vollkommen geschlossen werden durfte.

Des Weiteren wurden Überlegungen und Vorbedingungen für die eingangs angesprochene schwierige Bewältigung des Lärmschutzes sowie die Lösung der Zugangsrelationen zur U6 im Bereich der Station Urban-Loritz-Platz formuliert. Ein Bibliotheksorganisationskonzept wurde erarbeitet, das vor allem die in der Zukunft erwartete Entwicklung des Bibliothekswesens berücksichtigte und das neue Haus mehr als Mediathek mit dem Charakter eines dynamischen Datenumschlagplatzes definierte.

Mit Stichtag 12. Oktober 1998 reichten 121 Planer ihre Projekte ein. Von den sich abzeichnenden vier grundsätzlichen Lösungsansätzen („Hochhaustyp", „kompakter Typ", „unterirdische Lösungen", „lang gestreckter Typ") wurde dem „lang gestreckten Typ" auf Grund seiner guten Eingliederung in die Gürtelschneise sowie seiner flexiblen internen Organisation der Vorzug gegeben und seitens der Jury der ersten Wettbewerbsstufe in einem 2-stufigen Auswahlverfahren zehn Projekte ermittelt, die an der zweiten Wettbewerbsstufe teilnehmen sollten.

Den Planern der zweiten Wettbewerbsstufe wurde ein umfassendes Empfehlungspaket der Jury, ein ausgeweitetes Bibliothekskonzept sowie zahlreiche Stellungnahmen der beigezogenen Fachleute zu Statik/Konstruktion, Lärmschutz und Verkehrslösungen in die Überarbeitungsphase mitgegeben. Die modifizierten Entwürfe wurden am 31. Dezember 1998 im Wettbewerbsbüro abgegeben und in der Folge einer weiteren Vorprüfung unterzogen.

Das Siegerprojekt

In der am 14. Jänner 1999 stattgefundenen Jurysitzung der zweiten Wettbewerbsstufe ermittelte das Preisgericht nunmehr den Entwurf des Wiener Architekten Ernst Mayr als Siegerprojekt. Diese Arbeit überzeugte vor allem mit einer groß dimensionierten Freitreppe, die weniger als Erschließungselement aufzufassen war, sondern in großer Geste den Platzraum mit dem Bibliotheksbau verknüpfte und eine optimale Anbindung an das bestehende Membrandach des Urban-Loritz-Platzes herstellte. Die Freitreppe mit ihrem hohen Assoziationsgehalt wie auch als funktionelles Element zum Verweilen, Flanieren und nicht zuletzt als Erschließung der Dachterrasse, die mit der Rotunde eines kleinen Cafés als Aussichtsplattform und Veranstaltungsort funktionieren kann, verleiht dem Bauwerk eine besondere, unverwechselbare Charakteristik, die den Juroren in der gegebenen Situation angemessen und funktionsfähig erschien. Die internen Qualitäten des Preisträgerprojektes liegen im Gegensatz zur extrovertierten Gestik der Außenraumgestaltung in der bewussten Hermetik der Bibliothek mit einer komplexen Oberlichtführung über einen zentralen, alle Geschosse durchdringenden Lichtschacht und Dachsheds. Überzeugen konnte auch die funktionierende Abschirmung der Straßenfluchten bei gleichzeitiger Öffnung des Bauwerkes nach Norden, wo über eine transparente Fassade sowohl die unmittelbare Nachbarschaft der Otto-Wagner-Station Burggasse als auch in einem weiteren Ausblick der Kahlenberg in das Haus hereingenommen wird.

Die im Jänner 1999 erfolgte öffentliche Bekundung des politischen Willens zur raschen Realisierung des Projektes im Hinblick auf den genannten Eröffnungstermin Herbst 2001 gab den Startschuss zur Einleitung der weiteren Planungsarbeiten, wobei Architekt Ernst Mayr zusammen mit seinem Statiker zum Generalplaner bestellt wurde. Um einen raschen Baubeginn und somit die ursprünglich terminisierte Fertig-

stellung des Bauvorhabens mit Herbst 2001 zu ermöglichen, war eine Trennung des Projektes in ein eisenbahnrechtliches (für den Tiefbau) und baurechtliches Verfahren (für den Hochbau) die einzige Lösung. Dieser Umstand führte zu einer logischen Projektaufteilung in Baulos 1 (Tiefbau), also der Bereich der Wiener Linien mit dem Umbau der U-Bahn-Station U6, und Baulos 2 (Hochbau), die Errichtung des eigentlichen Bibliotheksgebäudes.

In der am 19. Mai 1999 stattgefundenen Wirtschaftlichkeitsbesprechung der Stadtbaudirektion wurde noch vor Einreichung der Vorentwurf des Projektes einer so genannten Wirtschaftlichkeitsprüfung unterzogen auf deren Basis seitens der Stadtpolitik grünes Licht für die Einreichung gegeben und im Gemeinderat ein Baubudget in Höhe von 360 Mio. öS beschlossen wurde. Mit Bescheid vom 12. Oktober 1999 konnte das eisenbahnrechtliche Verfahren in Rekordzeit abgeschlossen werden. Die Angebotseröffnung vom 27. Oktober 1999 für das Baulos 1 (U-Bahn) der Wiener Linien war schließlich die Voraussetzung, dass der Baubeginn noch im Herbst 1999 angesetzt und der Spatenstich mit 29. November 1999 durch Frau Vizebürgermeisterin Grete Laska vorgenommen werden konnte.

Auch die erforderliche Bauplatzschaffung und die mit 27. März 2000 durch die Baubehörde erteilte baurechtliche Bewilligung erfolgten in außerordentlich kurzer Zeit. In Anbetracht der Vielzahl an beteiligten Dienststellen und Behörden und der daraus resultierenden Komplexität sämtlicher Bewilligungsverfahren sei deren rasche Erledigung besonders hervorgestrichen.

Vom Spatenstich bis zur Eröffnung

Im Hinblick auf die Größe und Komplexität dieses Vorhabens erkannte man alsbald das Erfordernis einer entsprechenden Projektorganisation. Die Erkenntnisse der Stadt Wien auch im Zusammenhang mit der Einführung des „New Public Management“, dass sich derart komplexe Aufgaben im Rahmen der bisher traditionellen und üblichen Organisationsstrukturen nur schwer abwickeln lassen, führten letztendlich auch zur Einführung des Projektmanagements im technischen Bereich des Magistrates.

Auf Grund ihrer bereits erlangten praktischen Erfahrungen im Rahmen der projektorientierten Abwicklung von Bauvorhaben wurde daher Ende 1998 die MA 24 – Hochbau als technische Fachdienststelle von der Stadt Wien als Bauherr mit der Projektorganisation beauftragt. Die Erstellung der Aufbauorganisation für die Projektabwicklung erfolgte im Bereich des Hochbaues durch die MA 24 – Hochbau und im Bereich des Tiefbaues durch die Wiener Linien. Im Rahmen der Aufbauorganisation für den Hochbau wurde die MA 24 – Hochbau mit der Projektleitung bzw. -koordination beauftragt. Die gesamte Bauabwicklung wurde an den Generalplaner Architekt Mag. Mayr vergeben; die örtliche Bauaufsicht wurde magistratsintern wahrgenommen, und die begleitende Kontrolle extern vergeben.

Am 24. Jänner 2000 erfolgte die Angebotseröffnung für die Leistungen Baumeister Hochbau (Baulos 2). Die Arbeiten wurden am 25. April beauftragt, dieses Datum ist gleichzeitig der offizielle Baubeginn des eigentlichen Bibliotheksgebäudes. Bevor sich jedoch die Konturen des prägnanten Gebäudes in der Gürtelmittelzone abzeichnen konnten, vergingen Monate beinahe unbemerkten Baugeschehens. Abgesehen von der Baustelleneinrichtung beiderseits der U-Bahn-Station Burggasse-Stadthalle wurden die Umbauarbeiten der U6-Station zwischen Dezember 1999 und Juni 2000 vor allem in der Nacht während der betriebslosen Zeit der U6 von 1 bis 4 Uhr früh abgewickelt und abgeschlossen. Die Errichtung des Rohbaues der Hauptbibliothek fand zwischen April und Dezember 2000, der weitere Ausbau sowie die Herstellung der Fassaden und der Gebäudehülle zwischen Jänner 2001 und August 2002, die Möblierung und Einrichtung zwischen September und Dezember 2002 und die Besiedelung und Inbetriebnahme zwischen November 2002 und März 2003 statt.

Auf Grund der Konkursanträge zweier maßgeblicher Firmen in den Jahren 2001 und 2002 konnte der ursprüngliche Bauablaufplan nicht mehr eingehalten werden. Dies führte zu doch erheblichen Bauzeitverzögerungen, und so konnte entgegen des seitens der Wiener Stadtpolitik ursprünglich angestrebten Eröffnungstermins im Herbst 2001 die neue Wiener Hauptbibliothek erst am 7. April 2003 offiziell eröffnet werden.

Mit dieser Eröffnung erhielt die Stadt Wien ein bildungspolitisches Wahrzeichen, welches ästhetische Maßstäbe setzt. Das Gebäude bildet einen fulminanten Abschluss für die Neugestaltung des Urban-Loritz-Platzes im Zuge der Gürtelrevitalisierung. Die an die bereits fertig gestellte Membranüberdachung anschließende Freitreppe signalisiert Weltoffenheit und freien Zugang zu Bibliothekswissen. Die Stützenkonstruktion lässt das Gebäude über den Bahnsteigen der alten Otto-Wagner-Station zwischen den Gürtelfahrbahnen, zwischen Wiens inneren und äußeren Bezirken, aber auch symbolträchtig zwischen den Zeiten und architektonischen Epochen gewissermaßen „schweben“.

Konzept der neuen Hauptbibliothek

Die neue Hauptbücherei setzt jedoch nicht nur ästhetische, sondern auch konzeptionelle Maßstäbe. Eine Besonderheit des Gebäudes liegt in seiner Lage und in der optimalen Anbindung an den öffentlichen Verkehr. Eine Bibliothek, die in dieser Weise direkt mit der U-Bahn Station, die sich sozusagen im „Keller“ der Hauptbücherei befindet, verbunden ist, gibt es sonst nirgendwo anders und ist einzigartig.

Mediale Angebote verbinden sich in dem attraktiven Bauwerk mit Erlebnis und Unterhaltung. Sie

ist als ein Ort der Gastlichkeit konzipiert, in dem sich die Wienerinnen und Wiener wohl fühlen können. Zu den öffentlich zugänglichen Bereichen gehören eine Erwachsenen- und eine Musikbibliothek, ein Kindermedienzentrum, ein ausgedehnter Veranstaltungsraum mit einer multifunktionalen Ausstellungsfläche, weiters ein Bereich Internet/Neue Medien mit etwa 100 PC-Plätzen, eine Zeitungslesezone mit internationalen Presseerzeugnissen und ein Bibliothekscafé auf der mehr als 2.000 m^2 großen Dachterrasse. Die Öffnungszeiten wurden einigermaßen an die Geschäftswelt angepasst. So steht dem Besucher von Montag bis Freitag 11 Uhr bis 19 Uhr und Samstags von 10 Uhr bis 14 Uhr ein überaus großzügiges Angebot, welches allen Altersstufen und sozialen Gruppen gerecht wird, zur Verfügung. 240.000 Bücher und 60.000 AV-Medien in direkter Zugänglichkeit sind ein Novum für Wien. Das Angebot von Büchern, Zeitungen Zeitschriften, Schallplatten, Tonkassetten, CDs, CD-ROMs und DVDs spiegelt die gesamte Vielfalt des Medienmarkts wider. Alle Wissensgebiete und Literatursparten sind vertreten. Plätze mit DVD-Playern und Videorekordern ermöglichen es, Filme in der Bibliothek anzuschauen. CD-Player und Kassettendecks erlauben den Hörgenuss in der Bibliothek. Eine eigene Computerwerkstatt bietet die Möglichkeit, den Umgang mit Computerprogrammen zu erproben.

Um dieses reichhaltige Angebot an Wissen, Information und Unterhaltung übersichtlich zu strukturieren, bedient man sich in der neuen Hauptbücherei des so genannten „College-Modells". Dieses Gliederungsprinzip spiegelt mögliche Zugänge in ihrem Aufbau wider, wobei sich die einzelnen Colleges nicht nach der Art der Medien bzw. der Datenträger, sondern nach ihrem Inhalt definieren. Dementsprechend ergänzen Internet, CD-ROMs und Datenbanken die Printangebote der Bibliothek in den jeweiligen Sachgebieten. Die selbstständige Suche nach bestimmten Medien kann wahlweise über den Online-Bibliothekskatalog oder nach wie vor mittels Stöbern im Regal selbst erfolgen. Zur Aufrechterhaltung des traditionellen Entlehnbetriebes kommt eine neue Technologie zum Einsatz. Mittels Transpondern werden die Daten sämtlicher Medien die zu diesem Zweck mit Transponderetiketten versehen wurden verwaltet. Sie dienen einerseits zur Verbuchung und andererseits zur Diebstahlsicherung der Medien und bieten zudem den großen Vorteil der Selbstverbuchung. Dabei besteht für die LeserInnen die Möglichkeit die Entlehnung von Medien an Selbstverbuchungsgeräten mittels einfacher Benutzerführung unabhängig von etwaigen Warteschlangen selbst vorzunehmen. Nicht zuletzt ermöglicht speziell der Einsatz dieser Technologie, die vermehrte Verlagerung von Personalressourcen von der Verbuchung in die Beratung, die einen wesentlichen Bestandteil der Angebotspalette im Konzept der neuen Hauptbibliothek darstellt.

Positive Bilanz

Auch nach der Eröffnung erfreut sich die neue Hauptbücherei ungebrochener Beliebtheit. Satte 1,6 Millionen Entlehnungen konnten im ersten Jahr verzeichnet werden. Tag für Tag besuchen im Schnitt 3.000 Menschen das Haus am Gürtel und nehmen dabei an die 6.000 Medien mit nach Hause. Diese Zahlen sprechen eine mehr als deutliche Sprache und lassen für die Stadt Wien berechtigterweise den Schluss zu, dass die für den Bau dieses „Bücherschiffes" getätigte Investition in Höhe von 28 Mio. Euro ein voller Erfolg war.

<u>Quellenangabe:</u>

PERSPEKTIVEN - Heft 1/2003
„Neue Hauptbücherei am Gürtel"

Die Fotos wurden freundlicherweise von der Magistratsabteilung 13, Bildung und außerschulische Jugendbetreuung zur Verfügung gestellt

Masterplan Verkehr, Wien 2003

Von Dipl.-Ing. Sigrid Oblak,
Magistrat Wien – Magistratsabteilung 18, Stadtentwicklung und Stadtplanung
Leiterin des Referates „Verkehrsplanung und Regionalentwicklung"

Der „neue" Masterplan Verkehr 2003 wurde im November 2003 vom Wiener Gemeinderat beschlossen. Er ist das Ergebnis eines kooperativen, rund 18-monatigen Beratungsprozesses auf Expertenebene, basierend auf einem breit angelegten Dialog mit der Bevölkerung und den Bezirken.

Die unmittelbare Erweiterung der EU, die anhaltende Suburbanisierung und auch die demografische Entwicklung im Großraum Wien wirken sich auf die Mobilitätsentwicklung aus. Die internationale Integration und die Vernetzung der Wirtschaft und der damit verbundene Wettbewerb um die Ansiedlung von Betrieben und auch hochwertigen Wohnstandorten machen die Qualität des Verkehrssystems zu einem wesentlichen Standortfaktor. Das ebenfalls vom Wiener Gemeinderat beschlossene Klimaschutzprogramm und auch nationale und internationale Übereinkommen geben die Richtung vor zu einer nachhaltigen Verbesserung der Umweltsituation.

Leitbild

Der Masterplan Verkehr stützt sich auf ein Leitbild, welches die zahlreichen, den Zielen widersprechenden Trends und Konflikten zwischen Wirtschafts- und Raumordnungspolitik sowie Umwelt- und Verkehrspolitik wirksam bewältigen und Zielkonflikte auflösen soll.

„Intelligente Mobilität – g'scheit unterwegs"

Intelligente Mobilität basiert auf den Grundsätzen der Nachhaltigkeit (Handlungsweisen der Gegenwart müssen auch den zukünftigen Generationen eine optimale Befriedigung ihrer Bedürfnisse ermöglichen) sowie der Effektivität (d.h. dem zielgerichteten und kostenverursachergerechten Einsatz der erforderlichen Organisation, Betrieb, Infrastruktur und Technik).

Aus dem Grundsatz der Nachhaltigkeit leiten sich die Hauptziele Verkehrsvermeidung – durch eine mobilitätssparende Stadt- und Raumentwicklung – sowie Verkehrsverlagerung – vom motorisierten Individualverkehr hin zu den Verkehrsarten des Umweltverbundes (Öffentlicher Verkehr, Radverkehr, Fußgänger) – ab. Bis 2020 soll der Anteil des motorisierten Individualverkehrs auf 25 Prozent aller Wege gesenkt werden, der Anteil des Radverkehrs möglichst rasch auf 8 Prozent und der Anteil im Öffentlichen Verkehrs von 34 Prozent auf 40 Prozent gesteigert werden. Im stadtgrenzenüberschreitenden Verkehr wird die Änderung der Verkehrsmittelaufteilung zwischen Öffentlichem Verkehr und Motorisiertem Individualverkehr von 35 zu 65 Prozent auf 45 zu 55 Prozent angestrebt.

Mobilität von Personen und Gütern

Etwa 75 Prozent aller WienerInnen unternehmen mindestens einen Weg pro Tag, der im Schnitt 5 km lang ist; für alle Wege pro Tag sind

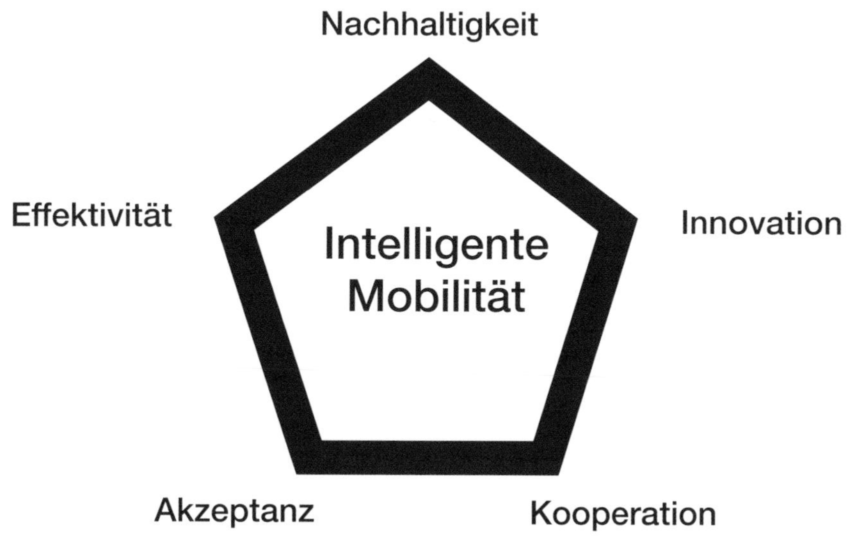

Intelligente Mobilität basiert auf den Grundsätzen

- der Nachhaltigkeit (Handlungsweisen der Gegenwart müssen auch den zukünftigen Generationen eine optimale Befriedigung ihrer Bedürfnisse ermöglichen),
- der Effektivität (dh. dem zielgerichteten und kostenverursachergerechten Einsatz der erforderlichen MitOrganisation, Betrieb, Infrastruktur und Technik),
- der Akzeptanz (dh. Information, Kommunikation sowie permanenter Dialog mit allen Beteiligten),
- der Kooperation (dh. Vernetzung und Partnerschaften auf allen Ebenen) sowie
- der Innovation (auf den Gebieten der Verfahren, der Organisation, des Betriebs, der Infrastruktur und der Technik).

Verkehrsmittelwahl der WienerInnen (alle Tage) in Prozent

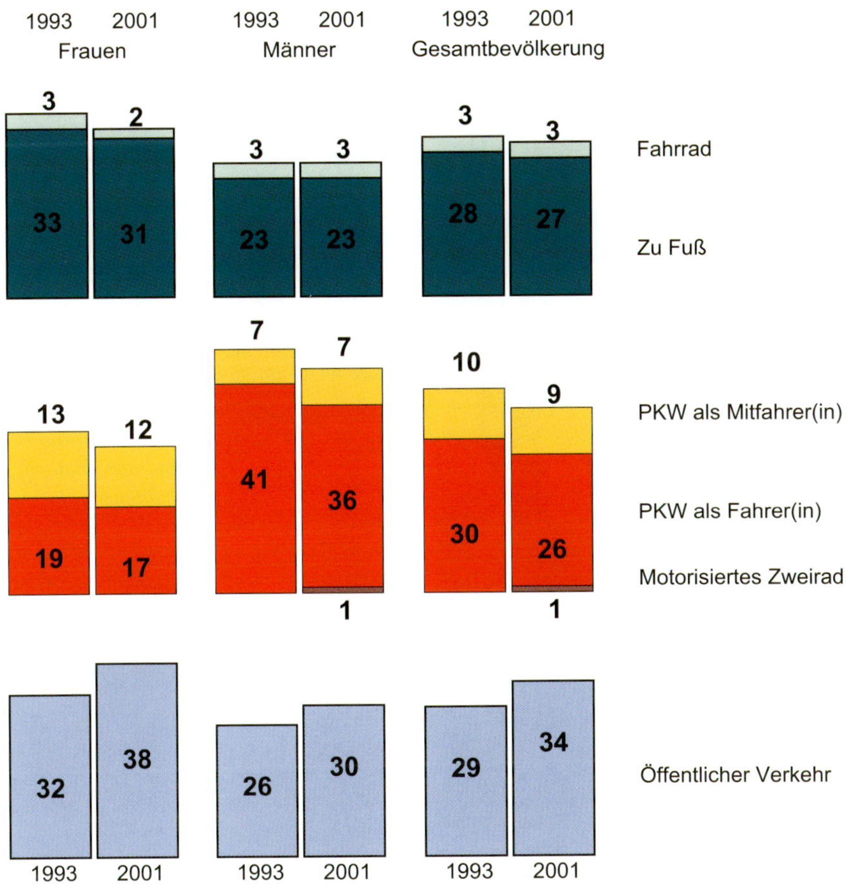

sie etwas mehr als eine Stunde unterwegs. Die Verkehrsarten des Umweltverbundes (zu Fuß, Fahrrad, Öffentliche Verkehrsmittel) haben im dicht bebauten, gut durchmischten Stadtgebiet wesentlich höhere Anteile als in den Bezirken am Stadtrand.

Durch ein abgestimmtes, raumordnungs- und verkehrspolitisches Programm soll das Wachstum der Entfernung zwischen Wohn- und Arbeitsort gebremst, das städtische Kultur- und Freizeitangebot ausgeweitet, eine flächendeckende Nahversorgung angestrebt, die Qualität und Nutzbarkeit des öffentlichen Raums gesteigert und der Anteil des Umweltverbundes bei allen Wegen vergrößert werden. Ein gut funktionierender Güterverkehr ist eine wesentliche Voraussetzung für die Qualität Wiens als Wirtschaftsstandort. Herausforderung ist einerseits die Ermöglichung eines möglichst störungs- und behinderungsfreien Ablaufs des Binnenverkehrs und andererseits eine wirkungsvolle Reduktion der Umweltbelastungen und die Entschärfung räumlicher und zeitlicher Problemschwerpunkte trotz stagnierenden Verkehrsaufkommens. Den Bereich der City-Logistik, der grundsätzlich privatwirtschaftlich funktionieren soll, will Wien stärken, Behinderungen für den Lieferverkehr sollen verringert und Logistikstandorte stadtplanerisch gesichert werden.

Verkehrssicherheit

Wien ist eine der verkehrssichersten Großstädte. Die Sicherheit auf Wiens Straßen konnte in den letzten 20 Jahren deutlich erhöht werden, wobei seit 1998 allerdings eine Stagnation festzustellen ist. Als langfristiges Ziel der Verkehrssicherheitsarbeit verfolgt Wien die „Vision Zero", also keine Todesopfer im Straßenverkehr. Die Zahl der Verunglückten soll bis 2020 um 50 Prozent reduziert werden. Mit der Reduzierung der Fahrleistung und der Verringerung des Geschwindigkeitsniveaus im Kfz-Verkehr, der Verwirklichung verkehrssicherheitstechnischer Maßnahmen sowie der Adaptierung rechtlicher Rahmenbedingungen und einer funktionierenden Überwachung soll dieses Ziel erreicht werden.

Aber auch andere Maßnahmen sind hier zielführend, etwa die Sanierung von potenziellen Unfallhäufungspunkten durch die Verbesserung der Sichtbarkeit von Bodenmarkierungen, Bordsteinen und Verkehrsinseln, sicherheitstechnische Begutachtungen (Safety Audit) bei allen Planungen, die stärkere Berücksichtigung der Sicherheit für die BenutzerInnen des öffentlichen Raums sowie die Durchführung von zielgruppenspezifischen Aufklärungskampagnen zum Thema Verkehrssicherheit.

Straßennetz und öffentlicher Raum

Das Straßennetz dient nicht nur zur Erfüllung der verkehrlichen Funktionen, sondern es ist auch öffentlicher Raum für Aufenthalt und Be-

gegnung. Er prägt unser Stadtbild und erfüllt umwelthygienische Aufgaben (Belichtung, Belüftung, Begrünung). Bei einem begrenzten Flächenangebot ergeben sich aus diesen verschiedenen Anforderungen zwangsläufig Konflikte, die durch bauliche und organisatorische Maßnahmen bewältigt werden müssen.

Die angestrebte Erhöhung des Anteils des Öffentlichen Verkehrs, des Fußgänger- und Radverkehrs bedeutet, dass die Um- und Ausbaumaßnahmen in den nächsten Jahren vorrangig in diese Richtung geplant und investiert werden müssen. Durch die ausgedehnte Schaffung von dauernden und temporären autoverkehrsfreien Zonen und großzügig dimensionierten Gehsteigen sollen erlebbare Qualität im öffentlichen Straßenraum geschaffen werden. Möglichkeiten für Treffpunkte, Sitzgelegenheiten zum Ausrasten, aber auch kommerzialisierte Bereiche wie Schanigärten, führen zu einer positiven Belebung des Straßenbildes. Speziell für Kinder sind nicht nur optimale Spielplätze, sondern auch ein dichtes Angebot an sicheren und attraktiven Spielmöglichkeiten im öffentlichen Raum wichtig.

Fußgängerverkehr

Die Bedingungen für den Fußgängerverkehr treffen alle Bevölkerungsgruppen, weil jeder Weg – ob mit dem Rad, dem Auto oder einem öffentlichen Verkehrsmittel – mit einem Fußweg beginnt und endet. Der Anteil an verletzten und getöteten FußgängerInnen bei Verkehrsunfällen in Wien ist relativ hoch, weshalb der Erhöhung der Verkehrssicherheit für FußgängerInnen höchste Priorität zukommt. Neben der Verkehrssicherheit ist auch die persönliche Sicherheit (z.B. Aspekte der Orientierung, Übersicht und Einsehbarkeit) von großer Bedeutung.

Die Schaffung eines durchgängigen, zusammenhängenden Fußwegenetzes unter Berücksichtigung der Gehökonomie von FußgängerInnen sowohl im dicht bebauten als auch in locker bebauten Gebieten ist wesentlich. Die Qualität dieses Netzes soll unterstrichen werden durch durchgehende, frei begehbare Mindest-Gehsteige in einer Breite von 2 m und einem freien Lichtraum in der Höhe von 2,20 m. Bei Ampel-geregelten Fußgängerübergängen soll die mittlere Wartezeit für Fußgänger auf max. 40 s reduziert werden, und die Grünphase in Sekunden soll ident mit der Schutzweglänge in Metern sein. Zusätzlich sollen Lichtsignalanlagen mit akustischen und taktilen Zusatzsigna-

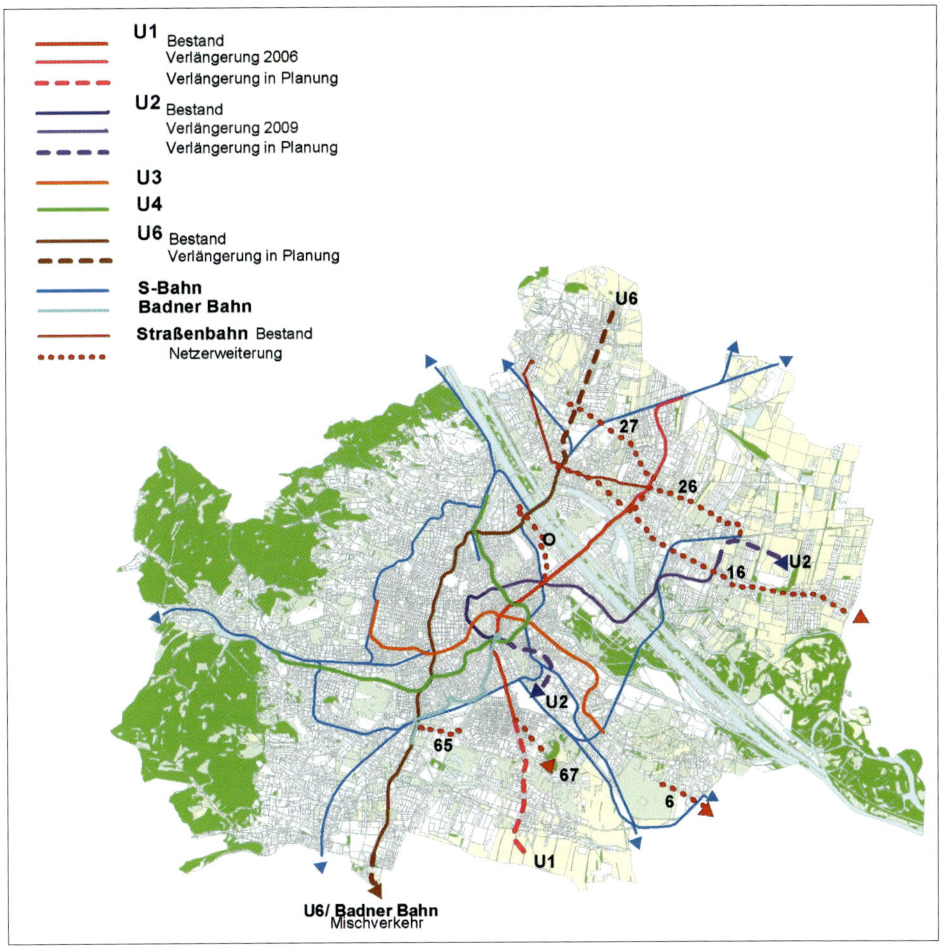

len ausgestattet sowie taktile und akustische Leit- und Informationssysteme im Straßenraum eingerichtet werden.

Zur Stärkung des subjektiven Sicherheitsgefühl ist es wichtig, Orientierung, Übersicht, Einsehbarkeit und eine ausreichende Beleuchtung der Wegrouten und Haltestellen öffentlicher Verkehrsmittel sicherzustellen.

Radverkehr

Der Anteil der Radfahrer am Gesamtverkehrsaufkommen in Wien schwankt in den letzten Jahren zwischen 3 und 4,5 Prozent. Verkehrszählungen zeigen aber, dass sich das Fahrrad vom reinen Freizeit- und Sportgerät hin zum Verkehrsmittel für den Alltag entwickelt hat. Das Wiener Radverkehrsnetz wird komplettiert und auf Basis qualitativ hochwertiger Standards ausgestattet.

Die flächige Erschließung des Radverkehrs soll nach dem Mischprinzip erfolgen und die Benützungspflicht von Radwegen in der StVO soll aufgehoben werden. Die Verbesserung der Querungsmöglichkeiten in Fußgängerzonen und bei Hauptverkehrsstraßen sowie das Öffnen der Einbahnen für den Radverkehr – Radfahren gegen die Einbahn soll Regelfall werden – sollen die Bedingungen für das Radfahren zusätzlich unterstützen.

Die Herstellung von sicheren und bequemen Fahrradabstellplätzen sollen bei der Errichtung bzw. im Umbau von Gebäuden gesetzlich verankert und die Schaffung von Abstellanlagen im dicht bebauten Gebiet bzw. bei älterer Bausubstanzen durch innovative Pilotprojekte gefördert werden. An den Stationen des öffentlichen Verkehrs vor allem in den Außenbezirken sollen überdachte und auch gesicherte „Bike-&-Ride"-Anlagen errichtet werden.

Öffentlicher Verkehr

Die Attraktivität des Öffentlichen Verkehrs ist unterschiedlich zu bewerten, im dicht bebauten Stadtgebiet steigen die Fahrgastzahlen. Im Pendlerverkehr zwischen Wien und dem Umland werden nur 35 Prozent der „Arbeitswege" mit öffentlichen Verkehrsmitteln zurückgelegt.

Innerstädtisch ist die U-Bahn das mit Abstand beliebteste und – bei der Fahrgastentwicklung – erfolgreichste Verkehrsmittel. Wenn die U-Bahnabschnitte der dritten Ausbauphase (U1-Nord, U2-Aspern) 2009 in Betrieb gehen, umfasst das Wiener U-Bahn-Netz rund 75 km und rund 100 Stationen.

Bei den weiteren Netzerweiterungen haben nun jene Streckenabschnitte Priorität, die ein ausreichendes Potenzial zur weiteren Stadtentwicklung erkennen lassen oder wesentlich zur Modal-Split-Verbesserung beitragen. Das U-Bahn-Netz muss mit einem attraktiven, Flächen erschließenden öffentlichen Verkehrsmittel

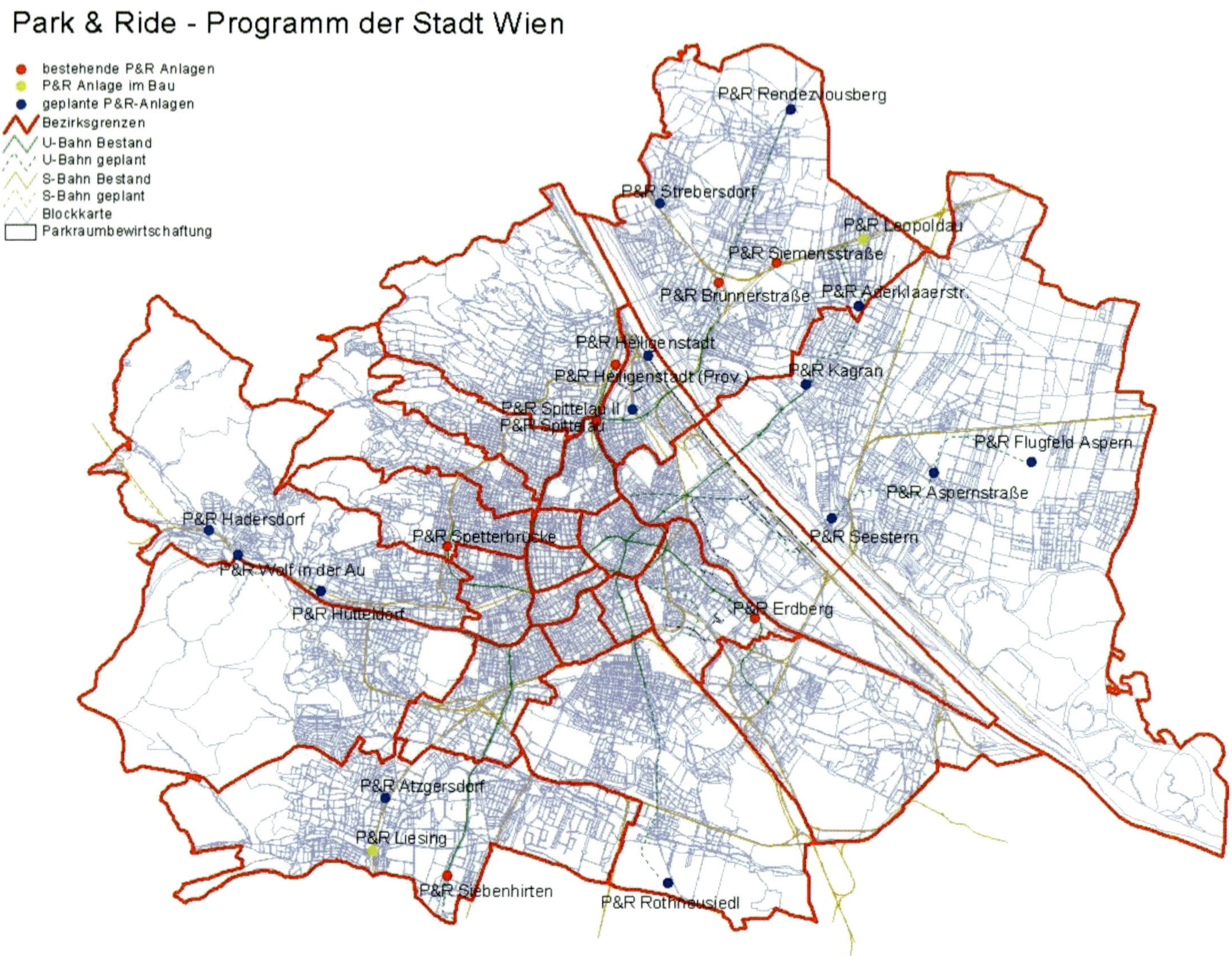

kombiniert werden, dessen Angebot sowohl in infrastruktureller als auch betrieblicher Hinsicht den Bedürfnissen der Fahrgäste entspricht. So sind im Straßenbahnbereich zur Beseitigung von Netz- und Erschließungsmängeln Linienverlängerungen geplant. Für Straßenbahnen und Busse muss im Sinne der Erhöhung der Reisegeschwindigkeit Vorrang auf der gesamten Linienlänge erfolgen.

Die attraktive Gestaltung der Haltestellen (Beleuchtung, Witterungsschutz, Sitzgelegenheit und Information) sowie der Einsatz zeitgemäßer Betriebsmittel (ULF) sollen den Fahrgastkomfort unterstützen. Besonders wichtig für mobilitätseingeschränkte Personen sind mehr Informationen wie rechtzeitige Zugansagen, dazu mehr Komfort sowohl im Wartebereich als auch bei den unmittelbaren Zugangsmöglichkeiten zu den öffentlichen Verkehrsmittel.

Im europäischen Kontext soll Wien in seiner Funktion als ein attraktiver Durchgangs- und Umsteigeknoten im Personenverkehr (Fernverkehr, Öffentlicher Personennahverkehr) und ein intermodaler Güterverkehrsknoten weiterentwickelt werden. Im Bereich des Südostbahnhofs soll ein Durchgangsbahnhof für den Fernverkehr und den Öffentlichen Personennahverkehr (Bahnhof Wien – Europa Mitte) errichtet und mit der zu modernisierenden U1-Station Südtiroler Platz attraktiv verbunden werden. Der Westbahnhof, als Fern- und Nahverkehrsknoten unverzichtbar, soll im Zuge der Bahnhofsoffensive attraktiver gestaltet werden. Hinsichtlich der Frequenz muss das Angebot zu den regionalen Zentren der Landeshauptstädte und im Fernverkehr zu den neu beigetretenen EU-Mitgliedsstaaten deutlich verbessert werden.

Im regionalen Pendlerverkehr sind neben infrastrukturellen und betrieblichen Erfordernissen auch qualitative Maßnahmen, wie z.B. ein neues S-Bahn-Fahrzeug und die Ausgestaltung der S-Bahn-Stationen erforderlich. Diese Maßnahmen wurden im Schnellbahnkonzept „S-Bahn plus“ festgelegt.

Motorisierter Individualverkehr

Die Verkehrsentwicklung in Wien war in den letzten Jahrzehnten vom Anwachsen des Motorisierten Individualverkehrs (MIV) geprägt. Innerhalb des Gürtels haben die Querschnittsbelastungen zum Teil zwar abgenommen, auf den Stadtautobahnen und in den äußeren Bereichen der Stadt steigen sie aber weiterhin an.

Wesentliche Eckpunkte bei der Entwicklung des hochrangigen Straßennetzes sind die Verbesserung der Erreichbarkeit des Wirtschaftsstandortes Wien, die Verkehrsentlastung von Siedlungs- und Erholungsgebieten, die Gestaltung sensibler städtischer Räume und die Neuerschließung von Siedlungsgebieten.

Die S1 „Wiener Außenring Schnellstraße“ mit einer neuen Donauquerung (und in Weiterführung die S5 und S33) wird ein zentrales Element zur Durchleitung weiträumiger Verkehrsbeziehungen darstellen. Im innerstädtischen höchstrangigen Straßennetz erfolgen Beseitigungen von Kapazitätsengpässen, Netzschlüsse und

Netzerweiterung überwiegend zur Verbesserung betrieblicher Nutzung, und in Abhängigkeit von der Stadtentwicklung gibt es Projekte für die Erschließung des Flugfeldes Aspern, des Südbahnviertels und des Westbahnhofes.

Ohne technische Verbesserungen an den Fahrzeugen und ohne flankierende Schutzmaßnahmen ist die stadtverträgliche Abwicklung des Verkehrs nicht erreichbar. Dazu zählen emissionsreduzierende Maßnahmen, wie z.B. Ruß- und Nox-Filter für Pkw und Lkw sowie verschärfte Überwachungen von Kfz-Emissionen durch mobile Abgasmessungen. Lärmmindernde Maßnahmen wie etwa lärmarme Fahrbahndecken, Lärmschutzwände oder die Ausdehnung von Tempo-30-Zonen sind ebenso vorgesehen wie gewichtsmäßige Beschränkungen für Lkws.

Ruhender Verkehr

Durch die im Jahr 1994 eingeführte Parkraumbewirtschaftung konnte der Verkehr in den dicht bebauten Bezirken reduziert und die Parkraumsituation der Wohnbevölkerung verbessert werden. Zeitgleich wurden im Rahmen des Wiener Garagenprogramms bis heute 160 gewerbliche Garagen mit etwa 50.000 Stellplätzen errichtet. Mit dem Sonderprogramm der „Volksgaragen" wird die Idee der verbilligten Bewohnerparkplätze umgesetzt.

Gebührenpflichtiges Parken soll in Zukunft auch ohne zeitliche Beschränkung möglich sein. Jedoch steht und fällt die Parkraumpolitik mit der Überwachung. Im Sinne der Verkehrssicherheit und der Freihaltung der Wege für FußgängerInnen soll die Kontrolle des öffentlichen Parkraums in Zukunft ausgebaut werden.

Die Parkraumpolitik soll dazu beitragen, Gestaltungs- und Nutzungsspielräume im öffentlichen Straßenraum zu erhöhen. Um eine hohe Lebensqualität im dicht bebauten Stadtgebiet zu schaffen oder zu erhalten, wird grundsätzlich angestrebt, dass Dauerparkplätze von der Straße in Garagen bzw. auf private Stellplätze verlagert werden.

Sowohl an peripheren Stationen hochrangiger öffentlicher Verkehrsmittel als auch in Niederösterreich sind weitere P&R-Anlagen erforderlich, damit den ArbeitnehmerInnen aus den Wiener Stadtrandgebieten und dem Umland verstärkt auf die Öffentlichen Verkehrsmittel umsteigen.

Zur Steuerung des Kfz-Verkehrs wird auch eine Begrenzung der privaten Stellplätze bei Betrieben, Bürohäusern oder Einkaufszentren mittels hoheitlicher und fiskalischer Steuerungsinstrumente (z.B. Einführung von Stellplatzobergrenzen, Verkehrserregerabgabe) gemeinsam mit Niederösterreich geprüft.

Schifffahrt

Ziel der Stadt Wien ist, den Transportanteil der Wasserstraße Donau zu erhöhen und den Hafen Wien als multimodales Güterverkehrszentrum weiter auszubauen.

Die Maßnahmen entlang der Donau, die zur Erreichung dieser verkehrspolitischen Ziele notwendig sind, liegen jedoch nur zu einem geringen Teil im Entscheidungsbereich der Stadt Wien. Die Stadt fordert und unterstützt jedenfalls den ökologisch verträglichen Ausbau der

Entwicklung des Flugverkehrs 1980–2020

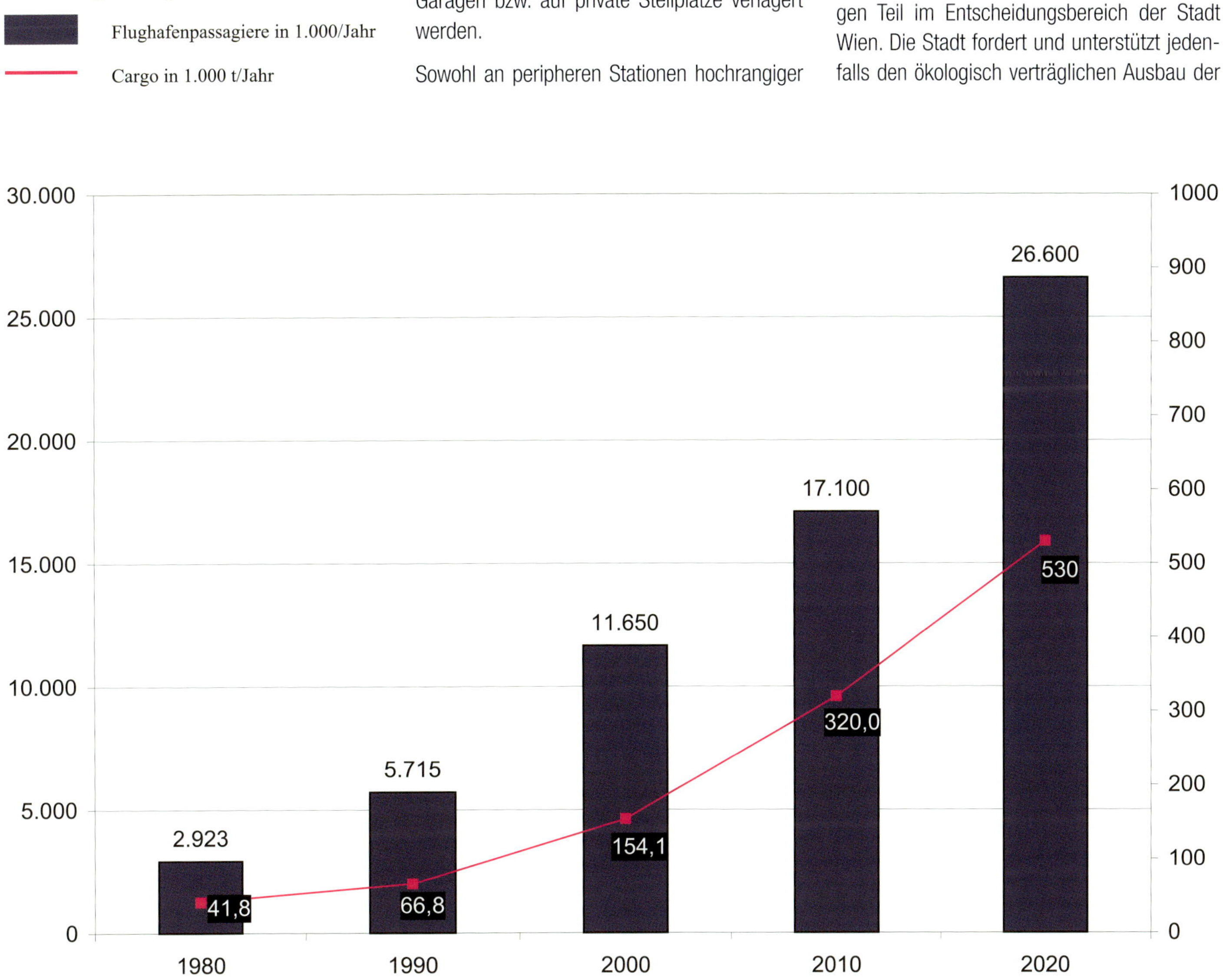

Mobilitätsmanagement

Verkehrsmanagement (VEMA)	Mobilitätsdienstleistungen („Call Center“ Mobilität / Verkehr)
(1) Kommunikationsplattform (VEMA-Intranet) (2) Datenpool und Verkehrslagebild (3) Strategische Steuerung	(1) Nutzung von Verkehrslagebildern (2) Mobilitätsberatung (3) individuelle Verkehrsinformation (4) Sonstige Mobilitätsdienstleistungen

gesamten Wasserstraße Rhein-Main-Donau gemäß den getroffenen internationalen Vereinbarungen. Die Verbesserung der Bedingungen für die Containerschifffahrt, die Einführung des „Danube River Information Service“ (DORIS) zur Erhöhung der Leistungsfähigkeit und der Sicherheit auf der Wasserstraße Donau und den Ausbau der Donau zwischen Wien und Bratislava. Das alles soll dazu beitragen, die Donau als Verkehrs- und Wirtschaftsweg aufzuwerten.

Der Wiener Hafen ist mit 350 ha Fläche der größte öffentliche Donauhafen in Österreich und durch die Konzentration von über 100 Unternehmen auch das größte Güterverkehrszentrum Österreichs. Bei der Entwicklung Wiens zu einem modernen, leistungsfähigen, intermodalen Verkehrsknoten soll der Hafen Wien eine wesentliche Rolle übernehmen. Dafür erforderlich sind u.a. die Errichtung der Winterhafenbrücke für den Schienenverkehr, die Verlagerung der B14 in die Seitenhafenstraße und die Anbindung an die zukünftige S1 sowie die Erweiterung des trimodalen Terminals für den kombinierten Verkehr im Hafen Freudenau.

Flugverkehr

Die Zahl der am Flughafen Wien abgefertigten Passagiere nimmt seit Jahren zu, die aktuelle Prognose der Flughafen Wien AG geht von einem weiteren Wachstum, das über dem europäischen Durchschnitt liegt aus.

Das starke Wachstum erzeugt aber auch erhebliche Verkehrsprobleme am Boden – sowohl am Flughafengelände als auch auf den Zubringerrouten. Ein Wachstum des Flughafens kann nur mit einer deutlichen Erhöhung des Anteils des öffentlichen Personennahverkehrs (Bahn, Bus) einhergehen.

Mittel- bis längerfristig müssen aus der Sicht Wiens Schnellverbindungen zu den umliegenden Ballungsräumen – insbesondere nach Bratislava (bis zum Flughafen), aber auch nach Györ, Sopron, Brno, Linz und Graz – geschaffen und der Schnellbahnverkehr zwischen dem Flughafen und Wien sowie dem Raum Bruck/Leitha–Neusiedl/See–Eisenstadt durch neue Linienführungen ergänzt werden. Für den Berufspendlerverkehr ist eine Parkraumbewirtschaftung am Flughafen notwendig.

Seit Anfang 2001 wird im Rahmen des „Mediationsverfahrens Flughafen Wien“ intensiv an Lösungen gearbeitet, die die derzeitigen und künftigen Belastungen durch den Flugverkehr für die betroffene Bevölkerung und die Umwelt akzeptabel gestalten. Aus Wiener Sicht sind hier besonders die langfristige Absicherung der Leistungsfähigkeit des Flughafen Wien und die Minimierung der Umweltbelastungen von besonderem Interesse.

Mobilitätsmanagement

Versuche, die Wirksamkeit des Verkehrssystems durch betriebliche und organisatorische Maßnahmen zu steigern, werden in Wien bereits seit Jahren unternommen. Informationen über Baustellen werden von der MA 46 in einem grafischen Baustelleninformationssystem im Internet dargestellt, das elektronische Parkleit- und Informationssystem liefert Echtzeitinformationen von etwa 24 Parkhäusern und Garagen.

Unter Federführung der Stadt Wien soll im Projekt VEMA (Verkehrsmanagement Wien) eine Organisationsstruktur aufgebaut werden, die einen systematischen Informationsaustausch, die Zusammenführung und Nutzung von Verkehrsdaten und eine strategische Verkehrssteuerung gewährleistet.

Wien soll in zehn Jahren über ein modernes, intermodales und regionales Verkehrsinformationssystem verfügen. Dieses System muss die Entwicklung von Internet, Mobiltelefon und Navigationssystemen nutzen, um die Informationen für die BürgerInnen rasch und kostengünstig zu ermöglichen.

Ebenso soll in Wien künftig eine Mobilitätsberatung (z.B. „Call Center Mobilität“) angeboten werden. Zu den Kerndienstleistungen gehören die Informationen über Produkte und Serviceleistungen im Verkehr(z.B. Mobilitäts-Informationsgrundpaket für Neuzugezogene), Öffentlichkeitsarbeit und Marketing (ÖV-Betriebsticket, Car-Sharing, Car-Pooling, Telearbeit) sowie Bewusstseinsbildung vor allem auch in den Schulen.

Bewusstseinsbildung

Das Verlagerungspotenzial vom Kfz auf den Umweltverbund und umgekehrt ist mit 18 Prozent bzw. 19 Prozent etwa gleich groß. Dies zeigt, dass in der Veränderung des Verkehrsverhaltens der WienerInnen sowohl große Chancen als auch entsprechende Risiken enthalten sind. Die Verbesserung des Informationsstandes über die verkehrspolitischen Ziele bei den BürgerInnen, den MeinungsbildnerInnen, den PolitikerInnen und der Verwaltung sowie deren Akzeptanz sollen zur Änderung des Verkehrsverhaltens führen. Es sind Maßnahmen in den Bereichen Öffentlichkeitsarbeit (z.B. Verkehrssicherheitskampagnen, Öffentlichkeitsarbeitsmodule für die Bezirke, Marketinginitiativen für das Gehen und das Radfahren), Information und Wissensmanagement sowie Mobilitätserziehung zu verfolgen.

Lenkungsinstrumente

Zur Beeinflussung der Mobilitätsentwicklung ist auch die Anpassung bestehender rechtlicher, steuerlicher und finanzieller Lenkungsinstrumente notwendig, wobei die Stadt Wien außer bei Landesgesetzen nur ihre Rolle als Antragstellerin, als Begutachterin oder als Lobbyistin wahrnehmen kann.

Ein wesentlicher Grundsatz des Masterplan Verkehr ist eine effiziente Gestaltung des Verkehrssystems. Das Prinzip der „Kostenwahrheit" unter Einbeziehung der externen Kosten der Mobilitätsabwicklung (Unfallfolgekosten, Schäden durch Lärmbelästigung, Luftverschmutzung, Klimaveränderungen etc.) soll schrittweise umgesetzt werden. So sollen z.B. die Strafsätze für Verstöße, die die Verkehrssicherheit gefährden und die Umweltbelastung verstärken, angehoben werden. So genannte „Jobtickets" sollen steuerfrei gestellt und der Umbau der steuerlichen Förderung des Arbeitspendlerverkehrs in Richtung Nutzung der Verkehrsarten des Umweltverbundes soll angegangen werden. Die Vergabe der Wohnbauförderungsmittel soll an Gebiete mit guter öffentlicher Verkehrsbetriebsbindung gebunden werden.

Gemeinsam mit Niederösterreich sollen gesetzliche Vorschläge erarbeitet und geprüft werden, die die Wirkungsweise zwischen räumlicher und verkehrlicher Entwicklung steuerbarer machen (z.B. Verkehrserregerabgabe, Mobilitätsverträge).

Erfolgsmaßstäbe und Erfolgskontrolle

Alle fünf Jahre soll überprüft werden, in welchem Ausmaß die Ziele erreicht und die Maßnahmen umgesetzt wurden. Für die Prüfung der Ziele werden Leitkriterien mit quantitativen Zielgrößen (Erfolgsmaßstab) vorgeschlagen, die verpflichtend erhoben und dargestellt werden müssen.

Wirkungen des Maßnahmenprogramms

Mithilfe von Verkehrsmodellberechnungen und qualitativer Beurteilungen wurden die Wirkungen der vorgeschlagenen Maßnahmenpakete abgeschätzt. Diese Abschätzung zeigt deutlich, dass bauliche Maßnahmen nicht ausreichen, sondern die Maßnahmenpakete „Parkraumbewirtschaftung", „Mobilitätsmanagement", „Bewusstseinsbildung" und der „Einsatz von Lenkungsinstrumenten" eine tragende Rolle bei der Erreichung der angestrebten Ziele spielen. Ein wesentlicher Risikofaktor liegt darin, dass die Stadt Wien vor allem bei den Lenkungsinstrumenten nur teilweise entscheiden kann. Auch die Erreichbarkeit der angestrebten Umweltziele ist von technischen Standards und Lenkungsinstrumenten bestimmt, auf die die Stadt Wien nur geringen Einfluss hat.

Zusammenfassend ist jedoch zu sagen, dass die gesteckten Ziele erreichbar sind, der Erfolg aber von einem guten Zusammenspiel aller Verantwortlichen abhängt.

Gender Mainstreaming als neue Herausforderung im Verwaltungshandeln

Von Dipl.-Ing. Eva Kail,
Magistrat Wien, Magistratsdirektion – Stadtbaudirektion
Leiterin der Leitstelle „Alltags- und Frauengerechtes Planen und Bauen"

Die Leitstelle Alltags- und Frauengerechtes Planen und Bauen

Eine Stadt hat den Interessen aller zu dienen – den mobilen und immobilen Frauen und Männern, den Versorgten und den Versorgenden. Stadt- und Verkehrsplanung spannt einen Bogen von Großprojekten, die die Stadtsilhouette prägen, bis zu den unzähligen kleinen Bausteinen kommunalen Handelns, die die Alltagsqualität mitbestimmen.

Die Kluft zwischen den Alltagswelten von Mobilen und Immobilen wird immer größer. Im Berufs- und Wirtschaftsleben steigen Mobilitätsanforderungen rasant. Für jene, die in der lokalen Grätzlwelt verhaftet sind, wie Kleinkinder, hochbetagte Menschen sowie jene, die Versorgungs- und Betreuungsarbeit leisten, bleibt deren Qualität von entscheidender Bedeutung.

Frauengerechte Planung setzt sich seit vielen Jahren für die Berücksichtigung der Interessenslagen von Frauen ein. Der Alltag von berufstätigen Frauen mit Familie ist in der Kombination von Erwerbs- und Hausarbeit in der Regel deutlich komplexer als der von berufstätigen Männern. Da der Frauenalltag seit jeher davon geprägt ist, für die Bedürfnisse anderer zu sorgen, kamen damit auch die Bedürfnisse von Kindern und Jugendlichen mit in den Blickwinkel. Auch das Alter ist weiblich, was die große Mehrzahl alter Menschen betrifft, aber auch das Geschlecht derer, die bezahlt oder unbezahlt für sie sorgen.

In Wien werden die Interessenslagen von Frauen im Planungsbereich seit zwölf Jahren thematisiert: von 1992 bis 1997 im damals neu gegründeten, interdisziplinär zusammengesetzten Frauenbüro der Stadt Wien (MA 57). 1998 wurde die Leitstelle Alltags- und Frauengerechtes Planen und Bauen in der MD-Stadtbaudirektion geschaffen. (Diese strategische Ansiedlung unterscheidet Wien von anderen europäischen Städten.) Die Tätigkeiten umfassen: Konzeption und Durchführung von Pilotprojekten und ihre Evaluierung, Erarbeitung von Planungsempfehlungen, Interessensvertretung in Gremien, Beiräten, Jurys, laufende Gutachtertätigkeiten, internationaler Erfahrungsaustausch und Wissenstransfer innerhalb der Verwaltung. Damit wurde in den sieben Jahren viel an Gender-Kompetenz aufgebaut.

Gender Mainstreaming als neue Strategie der Qualitätssicherung

Ein wesentliches Merkmal der Verwaltungsreform sind wachsende qualitative Anforderungen an die Dienststellen. Zentrale Aufgabe und „Gründungsauftrag" der Leitstelle ist es, einen Beitrag zur Qualitätssicherung und -entwicklung aus der (weiblichen) Genderperspektive im planerisch-baulichen Bereich zu leisten. Die Anwendung von Gender Mainstreaming wird dafür als wesentlicher Ansatz gesehen.

Gender Mainstreaming ist die Selbstverpflichtung politischer Entscheidungsträger und die Verpflichtung bzw. Selbstverpflichtung der Verwaltung, bei Entscheidungsfindungen bzw. Entscheidungsvorbereitungen, Auswirkungen der vorgeschlagenen Maßnahmen auf die Geschlechter zu untersuchen, auszuweisen und bei der Entscheidungsfindung mit zu berücksichtigen. Gender Mainstreaming ist ein wichtiger Beitrag zur Förderung der Chancengleichheit.

Stadt- und VerkehrsplanerInnen sind aufgefordert, sich die Auswirkungen ihrer Pla-

Verkehrsmittelwahl – Alle Tage – in Wien 2001

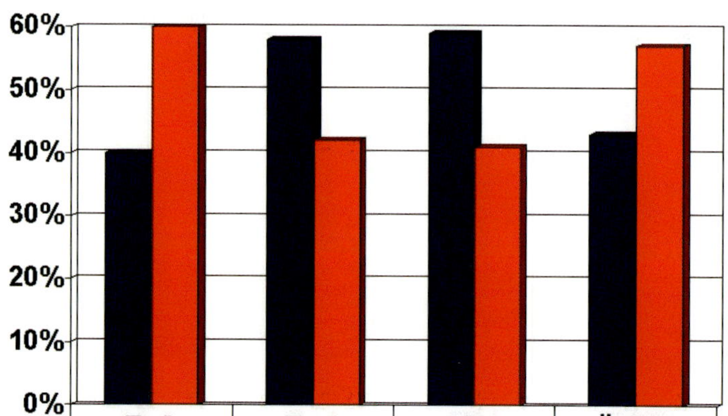

	Fuß	Rad	MIV	ÖPNV
■ Männlich	40%	58%	59%	43%
■ Weiblich	60%	42%	41%	57%

Quelle: Socialdata 2002, im Auftrag der MA 18

nungen und Projekte konkret für Frauen und Männer zu überlegen, und zwar differenziert nach Lebensphasen, kulturellen Hintergründen und besonderen Bedürfnissen. Dies bedeutet methodisches Neuland und erfordert eine systematische Differenzierung personenbezogener Statistiken nach Geschlecht (und Untergliederung nach weiteren Bevölkerungsgruppen), eine geschlechtsdifferenzierte Bedarfserfassung und Bedürfniserhebung sowie eine Evaluierung nach geschlechts- und gruppenspezifischen NutzerInnenverhalten und NutzerInnenzufriedenheit.

Gender Mainstreaming bedeutet die Institutionalisierung des Begriffs Gleichwertigkeit der Interessen von Frauen und Männern. Es gibt mittlerweile eine Fülle von Literatur; etliche Pilotprojekte unter Genderaspekten wurden realisiert – Wien ist hier sicher im europäischen Vergleich Vorreiter. Wie man das jedoch systematisch verzahnt, wie man das wirklich in den Planungsprozess einbringt, ist noch immer methodisches Neuland. Dies erfordert für die Entwicklung und Etablierung bei der Wahrung eines gewissen Qualitätsanspruches realistisch betrachtet einen nicht unbeträchtlichen Zeitaufwand für die Dienststellen – bei meist generell zunehmender Verengung ihrer monetären und personellen Handlungsspielräume. Dies stellt für die Etablierung von Gender Mainstreaming eine beachtliche inhaltliche, methodische und strategische Herausforderung dar.

Verkehrsbereich

Im Verkehrsbereich sind die geschlechtsspezifischen Interessenslagen relativ leicht nachzuvollziehen, da personenbezogene Erhebungen seit jeher wichtige verkehrspolitische Entscheidungsgrundlagen darstellen. Der so genannte Modal-Split (Verkehrsmittelwahl) ist ein zentraler Zielindikator.

Eine geschlechtsspezifische Betrachtung ist aufschlussreich: 59 Prozent aller Autofahrten werden von Männern gemacht; 60 Prozent aller Fußwege werden in Wien von Frauen zurückgelegt. Bei der Gestaltung des öffentlichen Raums ist besonderes Augenmerk auf jene zu richten, die keine Wahlfreiheit haben und auf jeden Fall FußgängerInnen sind. Nur 40 Prozent der Frauen verfügen gegenüber 61 Prozent der Männer im Alltag über ein Auto.

An sich ist das zu-Fuß-Gehen ein leistungsstarkes Verkehrssystem. Im dichtbebauten Stadtgebiet wird auf Gehsteigen oft dieselbe Verkehrsfrequenz abgewickelt wie auf der Straße – aber diese Verkehrsleistung ist in der Wahrnehmung fast „unsichtbar". In der traditionellen Verkehrsplanung war die systematische Betrachtung des FußgängerInnenverkehrs kein vorrangiges Thema. Damit sind strukturelle Benachteiligungen und Barrieren für zu Fuß gehende Personen entstanden. Alle Maßnahmen, die das zu-Fuß-Gehen unterstützen, kommen in einem besonderen Ausmaß Frauen in ihrer Alltagsbewältigung zu gute.

Oft außer Acht gelassen werden bei Mobilitätserhebungen jene, die auf Grund von physischen und psychischen Barrieren auf Außer-Haus-Wege verzichten. Hier sind alte oder stark behinderte Menschen gemeint, Frauen, die in der Nacht Angst haben, Kinder, die man nicht auf die Straße lässt. Durch Erhöhung der Verkehrssicherheit, bessere Beleuchtung, Gehsteigabschrägungen etc. können Barrieren beseitigt und Angst und Unsicherheitsgefühl reduziert werden. Damit wird die Mobilität bisher benachteiligter Gruppen erhöht.

Mitarbeit im Masterplan Verkehr

Die Leitstelle war für den Arbeitskreis „Öffentlicher Raum und Verkehrssicherheit" federführend zuständig. In diesem Arbeitskreis wurden die Verkehrsarten „zu Fuß gehen" und „Radfahren" behandelt. Die Leitstelle war um eine starke Verankerung der FußgängerInneninteressen und ihre weit reichende Detaillierung in den Maßnahmenvorschlägen bemüht.

Es wurden Mindeststandards mit 2 m Gehsteigbreiten (im Bestandsfall bis 1,50 m) im Konzept verankert. Die Freihaltung einer begehbaren Gehsteigbreite von mindestens

2 m gewährleistet, dass Begegnungsverkehr ohne Ausweichen möglich ist, eine Person mit Kinderwagen und Kind an der Hand ausreichend Platz vorfindet oder auch die immer geringer werdende Zahl von BriefträgerInnen mit dafür immer breiteren WagerIn problemlos ihrer Berufstätigkeit nachgehen kann.

Auch die Programmierung von Lichtsignalanlagen soll verstärkt an FußgängerInneninteressen orientiert werden. Dabei ist eine Gehgeschwindigkeit von 1m/s und eine maximale Wartezeit von 40 s im Umkreis von Schulen und frequentierten Spielplätzen anzustreben.

Prinzipiell besteht bei beschränkten Raumverhältnissen in einer historisch gewachsenen Stadt zwischen den Verkehrsarten ein beträchtliches Konfliktpotential. Es wurde daher für das Hauptstraßennetz im Masterplan eine Prioritätenreihung bei auftretenden Konflikten im Sinne der FußgängerInnen vorgenommen. Nach Vorlage der ersten Fassung des Masterplans, die in sechs Arbeitskreisen erstellt worden war, wurden auf Anregung der Leitstelle sämtliche Maßnahmen und Vorschläge aufgelistet und von den ArbeitskreisleiterInnen hinsichtlich ihrer Auswirkungen für die Erreichbarkeit im Umweltverbund, die Sicherheit im öffentlichen Raum, die Erledigung von Haus- und Familienarbeit, die Effekte für Kinder, Jugendliche und alte Menschen bewertet.

Als Folge des neuen Masterplan Verkehr wurde in der Verkehrsorganisationsabteilung eine FußgängerInnenbeauftragte eingesetzt, die vorher zwei Jahre Mitarbeiterin der Leitstelle war.

Gender-Mainstreaming-Musterbezirke

Die Bezirksebene bietet sich für eine systematische Erprobung des Gender Mainstreamings an. Auf dieser Ebene des kommunalpolitischen Handelns ist die Verbindung von Politik, Verwaltungshandeln und Alltagsleben der Bevölkerung am stärksten spürbar, denn die Auswirkungen von Entscheidungen werden unmittelbar wahrgenommen. Die Bezirksvertretungen haben einen Schwerpunkt ihrer Kompetenz und Ressourcenverantwortlichkeit im öffentlichen Raum. Nach der Neugliederung des Planungsressorts im Wiener Magistrat gehören auch die Verkehrsabteilungen sowie – mit Ausnahme des Stadtgartenamtes – alle sonstigen Abteilungen, die für die Gestaltung des öffentlichen Raums zuständig sind, zu dieser Geschäftsgruppe (Straßenbau, Verkehrsorganisation, Beleuchtung, Flächenwidmungs- und Bebauungsplanung, Stadtgestaltung, Brücken- und Grundbau).

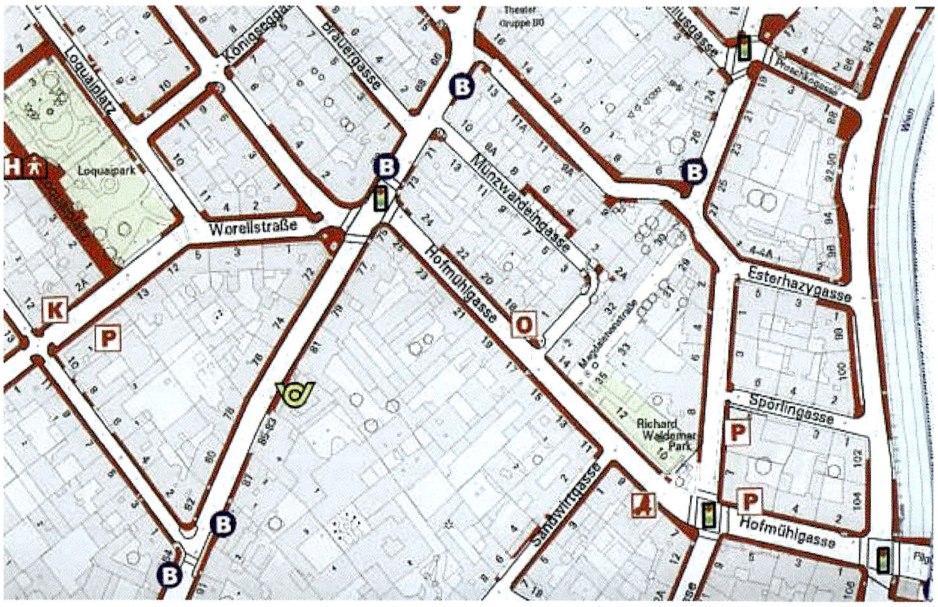

Auf Initiative des Planungsstadtrates und der Frauenstadträtin wurde die Leitstelle 2001 mit der Konzeptentwicklung für einen „Gender-Mainstreaming-Musterbezirk" beauftragt. Bei einer ersten Kontaktaufnahme mit den Bezirken meldeten sich 19 von 23 Bezirken. Dieses große Interesse kam überraschend. Um nicht durch die Auswahl eines Bezirkes das Interesse von 18 Bezirken am Thema Gender Mainstreaming zurückzuweisen, wurde aus einem Projekt zwei. Die so genannten „Musterbezirke", die Arbeitsgrundlagen für geschlechtssensible Verkehrsplanung erhalten, sowie der „Pilotbezirk", der bei der Einführung von Gender Mainstreaming in allen Planungsbereichen unterstützt wird.

In Zusammenarbeit mit der Magistratsabteilung für Allgemeine Datenverarbeitung wurden EDV-gestützt Karten entwickelt, die den Verantwortlichen in jedem interessierten Bezirk eine geschlechtssensible Entscheidungsfindung für Projekte und Vorhaben im öffentlichen Raum erleichtern. Diese Karten basieren auf der Verknüpfung der digitalen Mehrzweckkarte mit Daten aus dem Geografischen Informationssystem (GIS). Der Schwerpunkt liegt dabei auf dem „lokal gebundenen Verkehr", das sind jene Personen, die ihre Alltagswege in besonderem Maße im

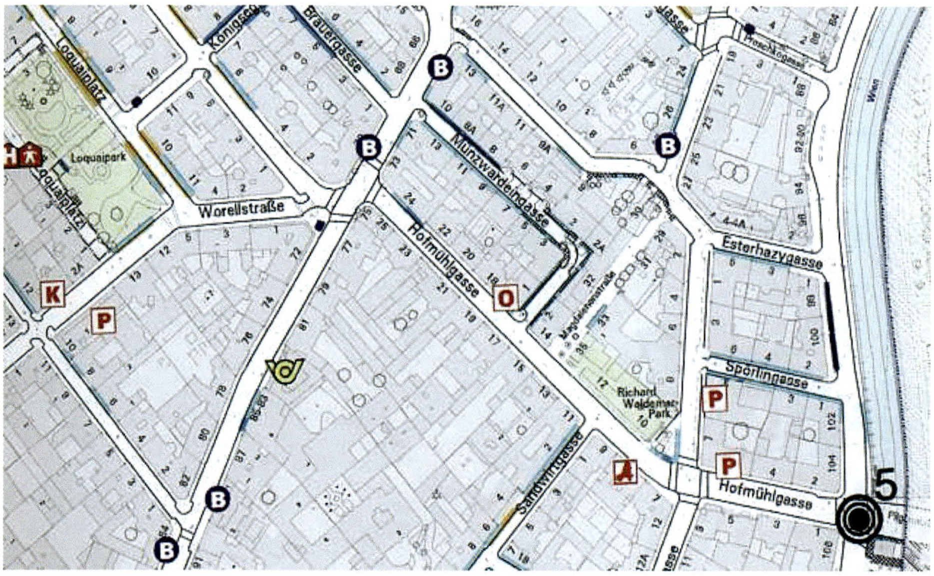

Grätzl zurücklegen, die umwegempfindlich und auf Querungshilfen angewiesen sind: Kleinkinder, Mütter und Väter, die Betreuungs- oder Versorgungsaufgaben nachkommen, (hoch)betagte Menschen, Personen im Rollstuhl oder solche mit anderen vorübergehenden oder dauernden Bewegungs- oder Sinnesbehinderungen.

Die systematische Betrachtung für diesen lokal gebundenen Verkehr war bisher in der Verkehrsplanung von untergeordneter Bedeutung. In einem zweiteiligen Kartenwerk sind jetzt erstmalig die „Netzqualität“ und die „Netzdefizite“ der Verkehrsart „zu Fuß gehen“ jeweils pro Bezirk für Wien zusammengefasst. Im Kartenteil „Netzqualität“ ist dargestellt, wie gut die Erreichbarkeit der Ziele des lokal gebundenen Verkehrs durch ausreichend breite Gehsteige, Gehsteigvorziehungen, ampelgeregelte Kreuzungen etc. im jeweiligen Bezirk ist. Aus dem Kartenteil „Netzdefizite“ wird ersichtlich, wo überall im öffentlichen Wegenetz Qualitätsmängel aus der Sicht der zu Fuß Gehenden vorhanden sind: zu schmale Gehsteige, Beeinträchtigungen durch Gehsteig-Parker, FußgängerInnen-Unfallhäufungspunkte, fehlende Querungshilfen, schlechte Gehbeläge. Die Kombination der Ziele des lokal gebundenen Verkehrs (Haltestellen öffentlicher Verkehrsmittel, Schulen, Kindergärten, Parks, praktische Ärzte, Kinderärzte, Orthopäden, Apotheken etc.) mit den ausgewiesenen Defiziten stellt eine wichtige Grundlage für die Prioritätensetzung bei der Mängelbehebung dar. Denn man kann davon ausgehen, dass dort durchgeführte Verbesserungen besonders vielen betroffenen Personen zugute kommen.

Diese Karten wurden allen Bezirken und den zwei vorrangig mit Verkehrsfragen befassten Magistratsabteilung (MA 28 und MA 46) zur Verfügung gestellt. Weiters wurden den Bezirken ein von der Leitstelle erarbeitetes Handbuch zur geschlechtssensiblen Verkehrsplanung vorgelegt.

Zur Sensibilisierung der Bezirksvertretungen für das Thema Gender Mainstreaming wurden sie auch 2003 zur Teilnahme am eintägigen Planspiel „Gender City“, das in der Wiener Planungswerkstatt durchgeführt wurde, sowie zur Veranstaltung „Gender Mainstreaming – Mehr Chancengleichheit in der Stadt-Planung“, in der internationale Beispiele und Strategien vorgestellt wurden, eingeladen.

Gender-Mainstreaming-Pilotbezirk

Derzeitiger Schwerpunkt der Aktivitäten der Leitstelle ist die Entwicklung und Umsetzung eines Gender-Mainstreaming-Pilotprozesses im 6. Bezirk – alle Aktivitäten der Dienststellen des Planungs- und Verkehrsressorts betreffend. Aufgabe der Leitstelle ist es dabei, die Dienststellen zu beraten und zu unterstützen, tatsächliche Entscheidungsspielräume auf Dienststellenebene zu identifizieren, die NutzerInnengruppen der planerisch-technischen Aktivitäten zu benennen und aus der Genderperspektive zu betrachten, die jeweiligen gruppenspezifischen Interessenslagen in planerisch-technische Anforderungen für die Abwägung im Planungs- und Entscheidungsprozess zu übersetzen und die Gender-Perspektive in der Entscheidung mit einzubeziehen. Gender Mainstreaming hat Einfluss auf Ressourcendisposition, Contracting und Aus- und Weiterbildungsaktivitäten. Zentrale Budgetmittel des Planungs- und Verkehrsressorts wurden der Leitstelle für die Absicherung der Prozessqualität bereitgestellt. Im Sinne des Mainstreamings liegt die Hauptverantwortung bei den involvierten Dienststellen; Impulse,

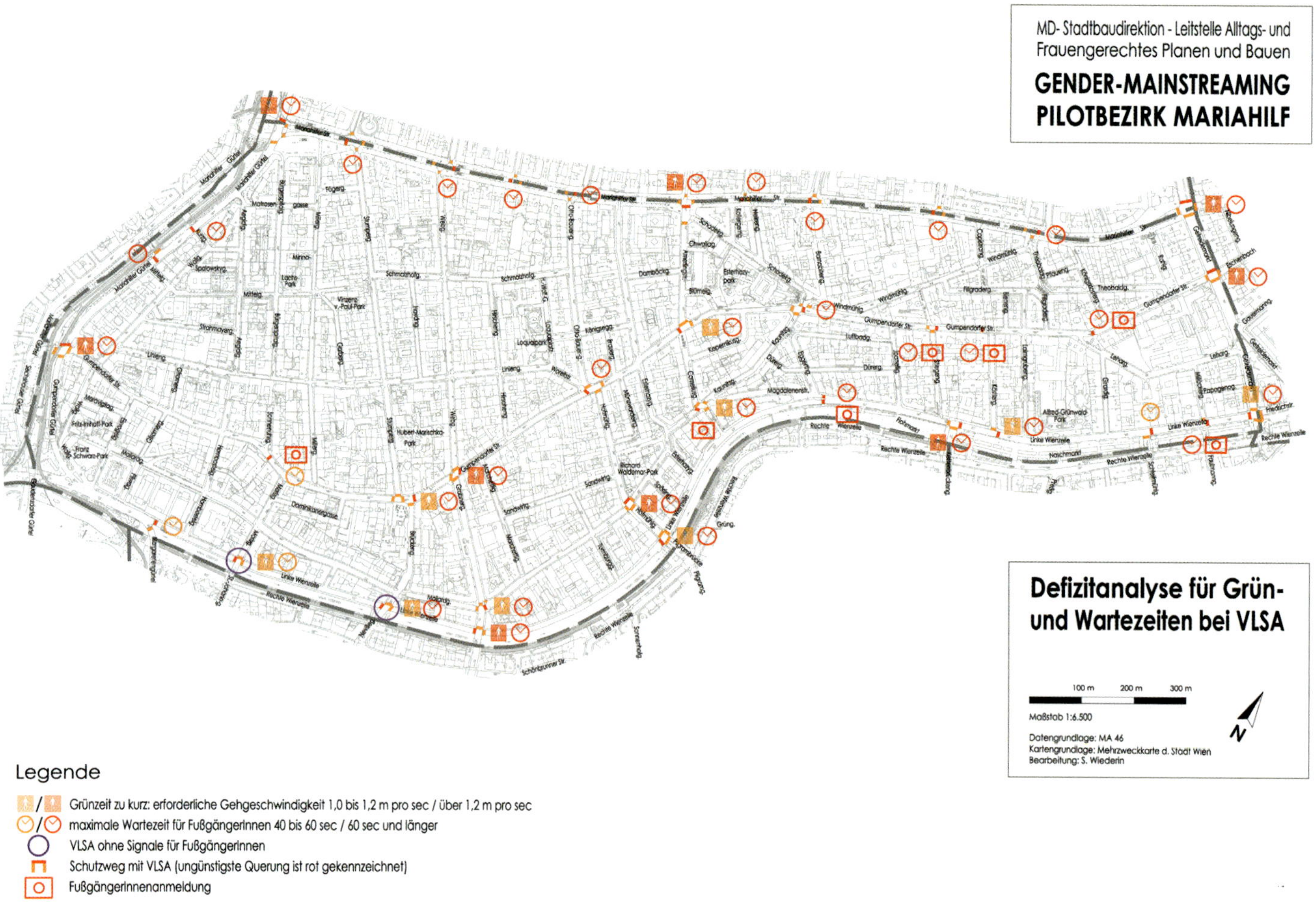

Schnittstellenmanagement und Qualitätskontrolle sollen durch die Leitstelle und zwei beauftragte, engagierte Planungs- und Moderationsbüros erfolgen (PlanSinn und tilia). Neue Betrachtungsweisen und neue methodische Ansätze sind gefragt. Der Erkenntnisgewinn und die Ergebnisse des Pilotprojektes sollen als Diskussionsgrundlage für eine breitere Umsetzung im Planungs- und Verkehrsressort dienen. Bei konsequenter Anwendung ist für die BürgerInnen zielgruppengenauere und damit höhere Kundinnenorientierung, für die PolitikerInnen eine sorgfältigere Entscheidungsvorbereitung und für das Verwaltungsmanagement ein gezielter Ressourceneinsatz zu erwarten.

Der 6. Bezirk ist ein kleiner Bezirk mit rund 26.000 EinwohnerInnen im dicht bebauten Gebiet. Der Anteil der gründerzeitlichen Bebauung ist hoch. Dies bedingt eine schlechte Ausstattung mit Grünflächen und einen sehr hohen Anteil an schmalen Gassen mit einem Querschnitt unter 12 m. Die Erschließung durch Öffentliche Verkehrsmittel ist als sehr gut einzustufen.

Auf Bezirksebene wurde nach der letzten Wahl 2001 eine Frauenkommission eingerichtet – ein bis jetzt in Wien einmaliges Gremium. Ein Grundsatzbeschluss der Bezirksvertretung zu den Prinzipien des Themas Gender Mainstreaming wurde gefasst.

2003 wurde das Budget der Leitstelle für Grundlagenstudien genutzt, die eine geschlechts- und gruppenspezifische Interessensabwägung bei der Entscheidungsfindung erleichtern sollen.

Der Bezirk hat sich die Verbesserung der Bedingungen für FußgängerInnen schwerpunktmäßig zum Thema gemacht. Von der Leitstelle wurde unmittelbar nach Abschluss des Masterplan Verkehr die Umlegung der Fußgänger-Standards für den Gender-Mainstreaming-Pilotbezirk Mariahilf beauftragt. Diese beinhaltete auch eine Prioritätensetzung der erforderlichen Maßnahmen. Für das gesamte Fußwegenetz wurde ein Lichtraumprofil von 1,50 m Breite und 2,20 m Höhe detailliert erhoben, ein Hauptfußwegenetz festgelegt. Die 38 Lichtsignalanlagen im 6. Bezirk wurden auf ihre FußgängerInnenfreundlichkeit überprüft. Es wurden detaillierte Karten ausgearbeitet, die die Qualität des Bewegungs- und Aufenthaltsraumes für FußgängerInnen unterscheiden und Nutzungspotentiale durch Minimierung der Straßenquerschnitte für den fließenden und ruhenden motorisierten Individualverkehr im untergeordneten Netz ausweisen.

Der öffentliche Raum soll auch nicht nur linearer Bewegungsraum sein. Befragungen im Auftrag der MA 19 – Stadtgestaltung im 6. Bezirk zeigen den Bedarf an der Wiederherstellung der Aufenthaltsqualität des öffentlichen Raumes. Am häufigsten gewünscht wurden Bänke im Straßengrün zum Verweilen, damit lange Wege an Mühseligkeit verlieren, Trinkbrunnen und Schatten spendende Bäume.

Die bisher erprobten Methoden der Verkehrsplanung sind systematisch auf FußgängerInnen anzuwenden: Wunschlinien für FußgängerInnen sind zu definieren und bei Projektierungen systematisch zu berücksichtigen, ebenso wie Parks, Kindergärten, Schule, Pensionistenheime und Hallenbäder als „Verkehrserreger". Sensible Materialwahl und Materialwechsel und punktuelle Spielangebote können den Weg zum Park bereits zum Erlebnis machen.

Die Genehmigung von Schanigärten und Baustelleneinrichtungen wurde vom Bezirk als wichtiges Problem thematisiert. Am Beispiel der Schanigärten zeigen sich viele Konflikte im Kleinen. Aus der Sicht der Wirte und Geschäftsleute dient der öffentliche Raum als „Einnahmenquelle". Im Sinne des Gender Mainstreaming stehen dem bei der Interessensabwägung jene gegenüber, die den Gehsteig als Verkehrsweg benötigen. Interessen der FußgängerInnen wurden bisher bei technischen Gutachten der Planungs- und Verkehrsabteilung und der Bescheiderlassung durch die Juristen nach Auffassung des Bezirkes zu gering gewichtet. Die Leitstelle ist vom Bezirk als unterstützende und qualitätssichernde Stelle eingebunden, hat aber keine Parteistellung im behördlichen Verfahren. Bei drei von der Bezirksvorsteherin einberufen „runden Tische" wurde eine kooperative Vorgangsweise der Dienststellen vereinbart und eine stärkere Berücksichtigung der FußgängerInneninteressen verankert. Diskussionspunkte waren Verfahrensdauer, Qualität der eingereichten Unterlagen, frei zu haltende Gehsteigmindestbreiten, Zeitpunkt von Zählungen zur Frequenzfeststellung von FußgängerInnen. Im Herbst 2003 fand ein von der Leitstelle durchgeführter verwaltungsinterner Workshop zur Abstimmung der Vorgangsweise der involvierten technischen Dienststellen statt.

Die Schmalzhofgasse wies vor dem Umbau besonders schmale Gehsteige auf, gleichzeitig wurde sie von BewohnerInnen des angrenzenden SeniorInnenheims oft frequentiert, auch stellt sie einen Zugang für eine Zweigstelle der Wiener Gebietskrankenkasse dar. In einem Bürgerbeteiligungsverfahren wurde der Umbau diskutiert, die Gehsteige auf 2 m verbreitert – auch unter Reduktion von Stellplätzen – und Bäume gepflanzt. Zur Abschlussveranstaltung des Bürgerbeteiligungsverfahrens sind 60 Bürgerinnen gekommen.

2004 wurden auf Initiative des Bezirks weiter schwerpunktmäßig systematisch Gehsteigverbreiterungen vorgenommen und Gefahrenpunkte für FußgängerInnen entschärft, weiters wird ein Lift im öffentlichen Raum zur Überwindung eines beträchtlichen Höhenunterschiedes errichtet.

Unter dem Richard-Waldemar-Park an der Hofmühlgasse soll eine Volksgarage errichtet werden. Die Trägerschaft und Projektierungsvorschläge wurde durch den Garagenkoordinator der Stadtbaudirektion mit Beteiligung der Leitstelle ausgeschrieben

Die Frauenkommission im Bezirk hat durch Begehungen potenzielle Angsträume festgestellt. Die MA 33 (Beleuchtung) verbessert laufend die Beleuchtungssituation im Bezirk.

In der zweiten Jahreshälfte 2004 wurden die Anwendung von Gender Mainstreaming auf Projekte und Vorhaben aus dem laufenden Arbeitsprogramm der Abteilungen in Form von 1–2 Leitprojekten erprobt und Arbeitsstandards für eine breite Anwendung möglichst alle Abteilungsaktivitäten im 6. Bezirk umfassend für 2005 erarbeitet. Den einzelnen Abteilungen wird zur Unterstützung 2–3 moderierte Workshops und ein ExpertInnenpool für Beratungsleistungen angeboten, die sie nach ihren Interessensschwerpunkten heranziehen können. In vier gemeinsamen „Genderwerkstätten" werden die Projekte und Arbeitsstandards vorgestellt, diskutiert und Erfahrungen ausgetauscht.

Ausblick

Der größte Wert von Gender Mainstreaming ist der strategische Impuls, der damit gesetzt wird. Gender Mainstreaming ist ein Anreiz, weiter und in größerem Ausmaß als bisher strategisch zu denken. Für planungspolitische Impulse ist es auch wichtig, eine bildhafte Übersetzung der Anliegen zu finden, „griffige" Bilder zu erzeugen.

LKW-Schleppkurven sind ein „gewichtiges Argument" in der Verkehrsplanung, mit den für den MIV großzügige Standards bei der Projektierung durchgesetzt werden. Dem ist der „LKW am Gehsteig" entgegenzuhalten. Das ist eine Mutter mit Kinderwagen und zweijährigem Kind an der Hand; die Mindestgehsteigbreite beträgt 1,20 m: Sie soll nicht gezwungen werden, im Begegnungsfall ihre Aufsichtspflicht zu verletzen und das Kind vor oder hinter sich gehen zu lassen. Dies erfordert eine Gehsteigmindestbreite von 2 m: Dieser „LKW am Gehsteig" sollte bei der Interessensabwägung bei Projektierungen ein vergleichbares Gewicht wie der LKW auf der Fahrbahn erhalten.

Wie am Beispiel des Masterplan Verkehr gezeigt, es ist durch konsequentes Einfordern gelungen, diese Qualitätsansprüche an Planungsprozesse zu transportieren und erste Schritte zu setzen. Insgesamt sind Planungen, die auf gezielter Bedarfsbeobachtung beruhen, denen die genaue Erfassung von NutzerInnenprofilen und Bedürfnissen, das genaue Nachschauen und Nachfragen sowie die Berücksichtigung von Evaluierungen ähnlich gelagerter Projekte zu Grunde gelegt werden, deutlich effizienter (den Gebrauchwert betreffend). Diese Planungshaltung bedeutet eine hohe Nutzungs- und Umsetzungsorientierung.

Es ist wichtig, in Zeiten von Ressourcenknappheit die begrenzten öffentlichen Mittel möglichst optimal auch im Sinne der Interessensberücksichtigung von durchsetzungsschwächeren Gruppen zu verwenden. Die Anwendung von Gender Mainstreaming, wenn sie ernsthaft durchgeführt wird, führt zu höherer Prozess- und Ergebnisqualität – bei gleichem Investitionsaufwand.

Standort Flughafen Wien boomt

Mit dem VIE „skylink“ und weiteren Investitionen in eine perfekte Infrastruktur setzt der Vienna Airport ein dynamisches Zeichen als zentraleuropäischer Hub

Mit einer Gesamtinvestition von rund 854 Mio. Euro bis 2010 fit für 24 Millionen Passagiere pro Jahr

In Schwechat wird gebaut. Unübersehbar ragt der neue Flugsicherungstower ortsbildprägend und 109 m hoch über dem Flughafengeschehen (vgl. Beitrag auf S. 148). Mit dem benachbarten „Office Park“ stehen in unmittelbarer Flughafennähe insgesamt 26.000 m² moderne Büroflächen auf elf Geschossen zur Verfügung. Architekt Prof. Wilhelm Holzbauer hat in seinem Konzept eine Erweiterung auf insgesamt 100.000 m² schon einbezogen. Neben einzelnen Geschäftsbereichen der Flughafen Wien AG können hier externe internationale Mieter von der Anbindung an Europa und – in 16 Minuten mit dem „City Airport Train“ (CAT) – an die Wiener City profitieren. Magnolienbäume, Wasser und Grünbereiche prägen das unmittelbare Umfeld des „Office Park“.

Rund 200 Fluglinien, Frächter, Spediteure, Einzelhändler, Gastronomien, Autovermietungen, Dienstleistungsunternehmen, Betriebe des öffentlichen Dienstes, Mineralöllieferanten und andere Betriebe, die in enger Beziehung zum Flughafen stehen, gruppieren sich schon heute am Standort Flughafen. Durch die prognostizierte positive Entwicklung des Airports wird der Standort weiter an Attraktivität für international operierende Unternehmen gewinnen. Die aktuell fertig gestellten Neubauten am Flughafen sind Teil eines groß angelegten Ausbaus des boomenden Flughafens, die eine Erweiterung der Passagier- und Infrastrukturbauten, eine Erhöhung der Dockstandplätze sowie eine Verbesserung der Anknüpfung an die landseitigen Verkehrsmittel auf Scheine und Straße umfassen. Dabei orientiert sich das Ausbauprogramm direkt am Bedarf und legt seinen Schwerpunkt auf kurze Umsteigezeiten von nur 25 Minuten. Gute Prognosen, zweistellige Zuwachsraten und die zunehmende Bedeutung des Vienna International Airport als zentraleuropäischer Hub veranlassten die Flughafen Wien AG zu ambitionierten Investitionen im Rahmen von rund 854. Mio. Euro, die in einer ersten Bauphase zwischen 2004 und 2008 in ein komplexes Ausbauprogramm fließen. Osteuropa-Geschäft, Low-cost-Airlines und

In zwei Ausbauphasen wird sich der Flughafen Wien bis 2010 als zentraleuropäischer Hub international neu positionieren: dynamisch, offen in seiner Erscheinung und leistungsstark durch Transferzeiten von nur 25 Minuten Abbildungen mit freundlicher Genehmigung: Flughafen Wien AG

Langstreckenflüge führen zu einem geschätzten Passagieraufkommen von rund 20 Millionen Passagieren bis 2010 (gegenüber 11 Millionen im Jahr 1999). Der Airport wird bis dahin sogar für 24 Millionen Reisende gerüstet sein.

Die Basis für das groß angelegte Investitionsprojekt bildet ein Masterplan für die Flughafenerweiterung, mit dem die Arge Itten+Brechbühl AG, Baumschlager & Eberle GmbH den von der Flughafen Wien AG ausgeschriebenen Wettbewerb 1999/2000 für sich entschieden hatten. Mit ihrem Masterplan gaben die Planer nicht nur der Terminalerweiterung eine klare Form, sondern stellten auch die städtebaulichen Weichen für weitere flughafenbezogene Neubauten. Darunter fallen neben dem schon errichteten Tower und dem „Office Park" auch ein neues „Air Cargo Center" und ein „Handlingcenter West", das seit Herbst 2005 zusätzlich 12.000 m^2 Handlingfläche zur Verfügung stellt, sowie eine fernzugtaugliche Bahnhofserweiterung und ein neues „General Aviation Center".

Der Masterplan fasst das Konglomerat unterschiedlicher Gebäude durch eine ordnende Großstruktur zusammen. Ordnende Kriterien waren dabei einerseits der Maßstab der Nutzung und andererseits die Integration des Bestands. Das Gefüge VIE Airport wird damit zukünftig geprägt durch ein radiales System, in dessen Zentrum ein orthogonales Muster dominiert, das im Wesentlichen schon vorhandene Grundlinien der bestehenden Flughafenbebauung aufnimmt. Diese „innere Stadt" wird wiederum an den Rändern durch einen sichelförmigen Hauptbau definiert, den „SkyLink"-Terminal, der mit seiner geplanten Inbetriebnahme 2008 imagebildend für den Flughafen sein wird.

Ab 2008: „SkyLink"-Terminal

Schwungvoll und wie aus einem Guss, mit einem sichelförmigen Terminalgebäude, wird sich der VIE Airport zukünftig seinen Passagieren präsentieren. An das bestehende Terminal 2 angeschlossen, entwickelt sich der „SkyLink" Richtung Nord-Osten. 270 m lang und 60 m tief wird der dynamisch anmutende Baukörper werden, in dem sich neben 96 Check-in-Schaltern auch Lounges, Shoppingzonen und Gastronomien befinden. Großflächig eröffnet die durchgehende Glasfassade den Blick auf die Flughafensilhouette und trägt ihren Teil zur transparenten Erscheinung und Übersichtlichkeit des „SkyLink" bei. Eine Terrasse bringt die Besucher möglichst nahe an das Flughafengeschehen heran. Über Rolltreppen funktioniert die direkte Verkehrsbeziehung zum unterirdischen Bahnhof.

Gemäß dem durch die Flughafenbetreiber geforderten „One Roof Concept" gewährleistet der „SkyLink" zukünftig trotz einer Verdoppelung der Terminalflächen einen schnellen, intelligenten Transfer. Die Planer haben zwei Ausbauphasen vorgesehen. Der in einem ersten Schritt realisierte „Pier Süd" verfügt über 17 Andockpositionen und 51 Gates, in dem die bislang getrennten „Schengen"- und „Non-Schengen"-Bereiche flexibel abgefertigt werden können. Jedes Gate wird wahlweise mit oder ohne Passkontrolle betrieben. Die Passagierströme werden auf drei Ebenen ihre Destination ansteuern, so dass auch die Flugzeuge nicht mehr umgeparkt werden müssen müssen. Während sich an der nördlichen Längsseite des Piers acht Dockingspositionen für Kurz- und Mittelstreckenflugzeuge befinden, sind weitere neun Andockpositionen an der südlichen Pierseite auch für Großraumjets bis hin zum Airbus A-380 geplant, die dabei jeweils an zwei Positionen andocken. Zusätzliche Check-in-Schalter sollen sich im „Pier Süd" ebenso befinden wie eine erweiterte Gepäckausgabe und attraktive Retail- und Gastroangebote.

Die zweite Ausbauphase wird das Passagieraufkommen bedarfsgerecht weiter anheben und sieht dazu einen zusätzlichen „Pier Nord" mit Verbindungstrakt zum „Pier Süd" vor. Zwischen den beiden Pier-Fingern und nördlich davon ist zudem eine Vorfelderweiterung „Nord-Ost" geplant, die auch das Überplatten der bestehenden Bahntrasse der ÖBB beinhaltet. Dies wird jedoch nicht vor 2015 realisiert.

Interimslösung: Terminal 1 A

Bis zur Eröffnung des „SkyLink" 2008 wird ein temporäres zusätzliches Terminalgebäude 1 A gegenüber der bestehenden Terminals dem Passagierwachstum Rechnung tragen. Itten+Brechbühl und Baumschlager-Eberle entwarfen dazu einen minimalistischen, einfachen, durch seine auf das Körperhafte reduzierte Fassade bestimmten Baukörper. Auffällig am neuen Terminal 1 A ist eine Einstülpung, die das Gebäudevolumen perspektivisch verzerrt und damit gleichsam als einladende Geste wirkt. Markant ist auch die transluzente Fassadenhaut, die ein Gefühl von Leichtigkeit erzeugt. Obwohl das Bauwerk nur für drei Jahre konzipiert ist, strahlt es eine würdevolle Atmosphäre aus, die in punkto architektonische Ansprüche einen Vorgeschmack auf den zukünftigen Flughafen vermittelt: „Welcome at Vienna International Airport!"

Abb. oben: Roman Bönsch

Neue Verkehrswege für Wiens Zukunft

Die grüne Donaustadt treibt mit vielfältigen Maßnahmen auch den Ausbau des Radwegenetzes voran. Der Anteil des umweltfreundlichen Verkehrsmittels soll sich bis zum Jahr 2010 verdoppeln

Mit der Freigabe des Margaritensteges im Frühjahr 2006 wird der wichtige Radweg „Kulturmeile – Wienzeile" durchgängig befahrbar sein und eine barrierefreie Verbindung für Radfahrer und Fußgänger, die eine behindertengerechte Ausführung umsetzt, zwischen den Bezirken schaffen
Foto: rk-Fotodienst des PID der Stadt Wien
Foto: Sabine Renz

Über die Zielsetzungen für die Stadtentwicklung Wiens wird im Fachbericht „Stadtentwicklungsplan 2005 – STEP 05" auf Seite 20 in dieser Ausgabe ein Gesamtüberblick gegeben. An dieser Stelle soll der Themenschwerpunkt „Radverkehr" näher beleuchtet und an Hand von realisierten und geplanten Projekten aufgezeigt werden, welche Anstrengungen unternommen werden, um das vorrangige Ziel einer „kompakten Stadt mit kurzen Wegen zwischen Arbeit, Wohnen und Freizeit" durch „sparsamen Umgang mit der Ressource Boden" und sowohl Energie sparender wie nachhaltiger Bauweise möglichst schnell zu verwirklichen.

Wien fährt auch in Zukunft Rad

Der Ausbau des Radwegenetzes ist dabei ein wichtiger Faktor, denn das Verkehrsmittel Fahrrad ist wie kein anderes geeignet, zur Realisierung der beiden Hauptziele des Masterplans Verkehr 2003 „Mobil in Wien" – Verkehrsvermeidung und Verkehrsverlagerung – beizutragen. Längst hat sich das Fahrrad von einem reinen Freizeit- und Sportgerät zu einem alltagstauglichen, ernst zu nehmenden Verkehrsmittel entwickelt, das im innerstädtischen Bereich von Wien bei Distanzen von bis zu 5 km das schnellste Verkehrsmittel ist. Aus diesem Grund werden die baulichen Maßnahmen, die für den Ausbau des Radnetzes notwendig sind, verstärkt. Schließlich soll sich der Anteil dieser Verkehrsteilnehmer möglichst rasch aber spätestens bis 2010 verdoppeln bzw. die Marke von 8 Prozent erreichen. Zählt man heute rund 1.000 km Radwege, so umfasste das Netz vor knapp 20 Jahren nur etwa ein Fünftel der Länge. Die Stärkung der Kernstadt und die damit verbundene Verdichtung der Innenstadtbereiche, der Schutz der umgebenden Landschafts- und damit auch Erholungs- und Freizeiträume und der Ausbau innerstädtischer Grünflächen unterschiedlichster Art und Größe tragen zur Attraktivität des Standorts Wien bei, die zudem durch das Angebot hochwertiger Wohn- und Arbeitsräume in einer gesunden Umwelt gesteigert wird. Die Stadt investiert viel, um neue Radwege zu errichten, bestehende Anlagen zu ertüchtigen und mit geeigneten Maßnahmen noch vorhandene Lücken im Netz zu schließen.

Das Rampenbauwerk besteht aus einem niedrigen Rampenbereich und einer Rampenbrücke und wird durch drei Masten beleuchtet
Foto: rk-Fotodienst des PID der Stadt Wien

Der Margaritensteg

Eines der bekannteren Bauvorhaben betrifft den Bau eines neuen Gehsteigs und die Herstellung eines Radweges entlang der Hamburger Straße sowie die Errichtung des Margaritensteges, der im 5. Gemeindebezirk, westlich des Naschmarkts am Flohmarktparkplatz, eine Verbindung zwischen Linker und Rechter Wienzeile herstellt und zusammen mit dem Bau eines Zwei-Richtungs-Radweges entlang der Linken Wienzeile im Bereich Fabriksbrücke bis Lobkowitzbrücke den letzten Lückenschluss des Wientalradwegs darstellt. Nach Fertigstellung aller Arbeiten am Ernst-Arnold-Platz im Frühjahr 2006 wird eine durchgehende Radwegverbindung „Kulturmeile – Wienzeile" entlang der Westeinfahrt im 13. Bezirk bis ins Stadtzentrum existieren. Der Margaritensteg, eine elegante Stahlbrückenkonstruktion nach einem Entwurf des Wiener Architekturbüros ARTEC, überwindet die tiefer gelegenen Bahngleise und mündet mit einer Stahlbetonrampe den Biergarten des Traditionscafés Rüdigerhof streifend auf der Rechten Wienzeile in die Hamburger Straße bzw. den Ernst-Arnold-Platz.

Der Skywalk Spittelau führt auf ca. 145 m mit einer wettergeschützten, minimierten Konstruktion von der Station „Spittelau" zur Guneschgasse
Foto: rk-Fotodienst des PID der Stadt Wien

Die bis Ende 2004 erfolgte Realisierung lag in der Verantwortung der Abteilung Wiener Brückenbau und Grundbau (MA 29). Erst nach Fertigstellung des Zielbauwerkes für den neuen Wientalsammel-Entlastungskanal (vgl. Beitrag S. 220 „Anspruchsvolle Bauaufgaben aus vielen Sparten") wird diese neue Verbindung zusammen mit dem neugestalteten Park und angrenzenden Wegen freigegeben. Auch dieses Projekt wurde über die Abteilung Straßenverwaltung und Straßenbauamt (MA 28) koordiniert, denn seit Anfang 2003 wird der Bedeutung dieser Aufgaben entsprechend die Realisierung von übergeordneten Radverkehrsanlagen wieder mit einem zentralen Radverkehrsbudget durchgeführt. Allein für das Jahr 2005 waren rund 40 Projekte verteilt auf das gesamte Projektgebiet gelistet. Die im Jahr 2004 erstmals herausgegebene Radkarte Wien-Übersicht erfreut sich nach wie vor größter Beliebtheit, und auf den Internetseiten der Stadt Wien können sich die Benutzer unkompliziert und schnell ihre individuellen Radfahrrouten durch die Stadt zusammenstellen lassen.

Auch andere Projekte stärken das Bestreben nach einer nachhaltigen und auf Umweltverträglichkeit ausgerichteten Stadtplanung. Im Vergleich mit europäischen Großstädten verzeichnet Wien für seine Bevölkerung eine überdurchschnittliche Akzeptanz von öffentlichen Verkehrsmitteln. Der kontinuierliche Ausbau des U-Bahn-Netzes, der sich mit dem auf Komprimierung ausgerichteten Städtebau verwebt, richtet sich nach Jahrzehnten einer auf den Individualverkehr ausgerichteten Verkehrspolitik nun auch auf die Berücksichtigung der Fußgänger und Radfahrer aus. Große wie kleine Projekte dienen dem Ziel, die Zukunft Wiens als einen modernen, lebenswerten und auf Mobilität ausgerichteten Stadtkörper zu gestalten.

Der Skywalk Spittelau

Beim Skywalk Spittelau handelt es sich ebenfalls um ein Brückenbauwerk, mit dem nach Fertigstellung eine sichere und barrierefreie Verbindung für Radfahrer und Fußgänger zwischen zwei Bezirken geschaffen worden sein wird. Im Westen Wiens wird im Frühjahr 2006 mit dem Bau der Überquerung des Gürtels zwischen Alsengrund und Döbling begonnen. Der Knotenpunkt in der Nähe des U-Bahn-Stationsgebäudes „Spittelau" ist durch ein hohes Verkehrsaufkommen und starke Niveauunterschiede gekennzeichnet. Das in vielfacher Hinsicht richtungsweisende Projekt wurde als interdisziplinärer, offener EU-weiter, einstufiger Realisierungs- und Ideenwettbewerb ausgeschrieben. Der frühzeitige Zusammenschluss von Architekten und Bauingenieuren soll das Risiko steigender Kosten durch spätere Planungs- und Durchführungsänderungen minimieren. Die Planungsgemeinschaft ARGE Architekturstudio Bulant & Wailzer sowie der Tragwerksplaner Univ. Prof. Dr. DI Karlheinz Wagner konnten sich unter 47 eingereichten Arbeiten und dem anschließenden Verhandlungsverfahren der zweiten Stufe unter fünf Bewerbern erfolgreich durchsetzen. Das als Stahlkonstruktion mit gläserner Einhausung projektierte Bauwerk wird das Umsteigen zwischen den Verkehrsmitteln erleichtern und gleichzeitig den am Donaukanal entlang führenden hochfrequentierten Radweg mit den bestehenden und geplanten Radrouten des angrenzenden Bezirks verbinden und damit dem weiteren Ausbau des Radwegenetzes dienen.

Der Skywalk fügt sich harmonisch in das Ensemble der Bebauung von Otto Wagner ein. Das Ziel ist die Schaffung einer gefahrlosen und behindertengerechten, fußläufigen Verbindung über den Knotenpunkt zwischen dem 9. und 19. Gemeindebezirk
Foto: rk-Fotodienst des PID der Stadt Wien

Metropolitan Flair: Wien rückt ans Wasser

Visionen für den Donaukanal als urbaner Raum inmitten Wiens / Innerhalb von zwölf Jahren zu einem völlig neuen, multifunktionalen Stadtteil: Vienna DC

Oben: Bald kann man vielleicht schon im Wiener Stadtzentrum über der Donau Golf spielen ©Apollo 11-3

Oben: „Wellness-Schiff-Donaukanal“
Unten: Schwimmbecken, Sonnendeck und Gastronomie auf dem Bade-Schiff
©Podrecca Boris

Unten: modernes Wohnen am Wasser im Bereich Spittelauer Lände ©Expedit GmbH

Unten: Otto Wagner´s Schützenhaus kombiniert Kaffeehaus-Charme und Rösterei mit Jugendstil-Ambiente und Wasserblick
Abbildungen mit freundlicher Genehmigung der Stadt Wien ©ACG Wien

©Zielinski Marek

Besondere Lebensqualität: Städtisches Leben konzentriert sich am Donaukanal

Der Donaukanal bildet den südlichsten ursprünglichen Donauarm, der in seiner heutigen Form auf einer Länge von 17,3 km seit der Donauregulierung aus den 1870er Jahren existiert. Als besondere Wiener Lebensqualität soll diese Wasserstraße zukünftig zur spürbaren „Stadtlebensader“ werden. Auf zentralem innerstädtischen Raum konzentrieren sich entlang des Donaukanals im spannungsvollen Kontrast zum Weltkulturerbe der Inneren Stadt moderne architektonische Zeitzeugen wie etwa der UNIQA-Tower (vgl. Beitrag auf S. 160). Hinzu kommen ein lebhaftes Wirtschaftsleben, Lokalkolorit und ein bislang nur zum Teil ausgeschöpftes Potenzial als Erholungs- und Freizeitraum. Die Vielfaltsdichte dieses innerstädtischen Naturraumes soll die EU-Metropole, die nach einer internationalen Studie von Mercer Consulting schon jetzt die höchste Lebensqualität aller EU-Metropolen aufweist, zukünftig noch attraktiver machen. Eine Reihe von innovativen Einzelprojekten, die urbanes Flair für Freizeit, Gastronomie und Erholung erzeugen wollen, werden dazu durch die Stadt Wien gesamthaft koordiniert.

Im Bereich Spittelauer Lände beispielsweise wurde nach prämierten Entwürfen der Star-Architektin Zaha M. Hadid durch die Umnutzung der bestehenden ehemaligen Stadtbahnbögen eine architektonisch spannende Verbindung zur Wasserkante des Donaukanals hergestellt, in denen Wohnungen, Büros, Geschäfte und Gastronomie vom unmittelbaren Blick auf das Wasser profitieren (vgl. Beitrag auf S. 220). Wohnen am Donaukanal kann allerdings auch in Form von trendigen Hausbooten Wirklichkeit werden. Auch Büros oder gar Hotelboote mit Restaurants auf dem Dach sind in diesem Kontext zwischen Schwedenbrücke und Marienbrücke angedacht.

Am Wasser, zudem an dieser zentralen Lage, bieten sich Kultur- und Erlebnisgastronomie an. Dementsprechend finden sich einige bewährte und erweiterte Locations mit Esprit. Zwischen Rossauer Lände und Donaukanal gilt schon seit 1996 „summer stage“ als Szene-Treffpunkt der besonderen Art. Seitdem die Decken des U-Bahn-Tunnels 2004 saniert wurden, konnte dieses reizvolle Areal – am Wasser und doch mitten in der Stadt – noch erweitert werden. 2006 wird auch zwischen Salztor- und Augartenbrücke eine weitere attraktive Lokalität eröffnen. Der Kunst- und Kulturverein „FLEX“ wird am Vorkai einen zusätzlichen Glaspavillon realisieren, der zu jeder Jahreszeit beste Aussicht auf das Wasser erlaubt. Die sanitären Anlagen stehen dabei der Öffentlichkeit zur Verfügung. Mit einem Glashaus bei der Salztorbrücke wiederum wird schon seit mehreren Jahren gemütliches Ambiente und umfassende Informationen über den Nationalpark Donau-Auen geboten. Im Sommer lockt der Adria Strand mit Picknick-Möglichkeiten und die Fahrt mit dem Boot direkt in den Nationalpark.

Die U-Bahn-Station „Schottenring“, die im Rahmen der U2-Verlängerung als erste U-Bahn-Station Wiens unter fließendem Gewässer realisiert wird, verbindet ab 2008 durch eine Fußgängerpassage 15 m unter dem Donaukanal den 1. mit dem 2. Bezirk (vgl. Beitrag auf S. 68). Gegenüber der Station befindet sich eines von mehreren durch Otto Wagner errichteten Jugendstilbauten entlang des Donaukanals: das Schützenhaus der ehemaligen Staustufe Kaiserbad. 2008 soll darin ein Kaffeehaus mit eigener Rösterei und Schau-Patisserei eröffnen. Zusätzlich soll hier ein Otto-Wagner-Museum untergebracht werden. Zweifellos hat eine solche Konzentration Wiener Klassiker – Kaffeehaus, Mehlspeisen und Jugendstil – unmittelbar am Wasser das Potenzial, zu einem besonderen touristischen Magneten zu werden. Erste Verhandlungen mit der Eigentümervertretung, der Burghauptmannschaft Wien, soll nach Vorlage eines konkreten Projektes erfolgen.

Schließlich bilden auch das multifunktionale Tanzkaffee, das durch eine Fußgängerbrücke vom 3. Bezirk aus erreicht wird, sowie eine Strandbar mit mediterranem Strandfeeling inklusive neun Boulebahnen am Hermannpark ein wassernahes gastronomisches Highlight. Prinzipiell weniger wasserbezogen, jedoch durchaus in attraktiver Weise damit vereinbar: Östlich des Hermannparks oder zwischen Friedensbrücke und Spittelau könnte etwa ein Golfrange mit 36 Abschlagboxen und einem „Putting-Green“-Bereich entstehen. Schlicht in der Erscheinung und multifunktional im Raumkonzept würde dieser „schwebende“ Golf-

Modernes Großstadtfeeling in Vienna DC: In zehn Jahren wurde zwischen UNO-City und Donau ein neues, multifunktionales, verdichtetes, urbanes Zentrum realisiert. Der Endausbau ist noch nicht abgeschlossen. Die markanten Hochhaustürme bilden eine neue eindrucksvolle Landmark für Wien und setzen einen spannungsvollen Kontrapunkt zum Weltkulturerbe des historischen Stadtzentrums
Abb. mit freundlicher Genehmigung der Stadt Wien

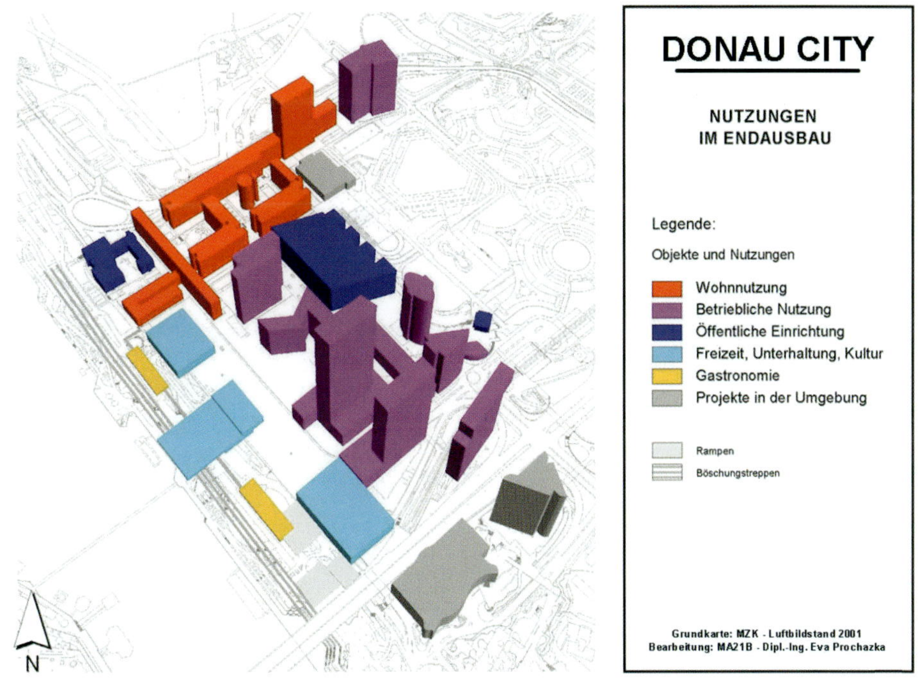

platz nicht nur zum Freizeit-Event der besonderen Art, sondern er übernähme auch gleichsam als städtebauliche Spange eine Brückenfunktion zwischen zwei Bezirken.

Die Idee des Wellness-Schiffes ist eigentlich nicht neu, jedoch heute so aktuell wie eh. Schon 1831 gab es in Wien die erste Damen-Schwimmschule Wiens, die als Strombad auf einem Badeschiff konzipiert war. Um die Jahrhundertwende gab es vier weitere solcher Strombäder auf Badeschiffen. In Anlehnung an dieses Konzept und ihre Architektur wird nun bis 2007 das „Wellness-Schiff-Donaukanal" realisiert: Wellness und Fitness – von Frühstück, über Sauna, bis Sonnenbad. Städter und ihre Besucher können hier zukünftig gleichsam als Kurzurlaub von der Metropole eine erholsame Auszeit auf dem Wasser nehmen. Die Idee des Badeschiffes greift ebenfalls ein Konzept mit Tradition auf. Schon 1781 gab es ein „Badefloß" auf der Donau. Ab 2006 wird das Baden auf dem Schiff, initiiert durch die EXPEDIT Ges.m.b.H., wieder belebt. Mit Schwimmbecken, Sonnendecks und Gastronomie verwandelt das Badeschiff den Donaukanal zu einer lebendigen Ferienmeile am Wasser. Ganz im Sinne eines „Stadtstrandes", mit innerstädtischem Ambiente durch historische Stiegen, Stiegengebäude und Kaimauern, gewinnt dieses Erholungsgebiet zusätzlich an Attraktion und Charakter.

Der Donaukanal ist jedoch mehr als Freizeit und Erholungsraum. Als Wasserweg kann er Geschichten erzählen und soll es auch: Die MS Supamira ist ein umgebautes Motorgüterschiff mit einer für den gemeinsamen Wirtschaftsraum der Donauländer markanten Architektur. Sie wird als schwimmende Kulturplattform in verschiedenen Städten entlang der Donau anlegen und dort mit Theater-, Konzert-, Film- sowie Kunst-Veranstaltungen die Kultur der Donauländer vernetzen und präsentieren. Die Wiener Anlegestelle am Hermannpark bei der Urania bildet gleichsam den Hauptstandort dieser kulturellen Botschafterin an der EU-Schnittstelle zwischen Ost und West.

Die Donau-Entwicklungs-Gesellschaft will auf der Basis eines Wettbewerbs eine Schiffsanlegestelle zwischen Marienbrücke und Schwedenbrücke errichten. Zwei Schnellboot-Katamarane können dann von hier aus im Shuttle-Verkehr zwischen Wien und Bratislava verkehren. Solche Maßnahmen beleben den Donaukanal als Wasserweg. So wird Wasser in der Stadt nicht nur als beschaulicher innerstädtischer Stadtraum, sondern ganzheitlich akzentuiert.

Hochhaussilhouette an der Wasserfront und urbane Nutzungsvielfalt in der Donau City

Geprägt durch die Hochhaussilhouette von Mischek-Turm, Hochhaus Neue Donau, Saturn-Tower, Ares-Tower, Andromeda Tower und Tech-Gate-Tower ragt Vienna DC heute rund 100 m in den Wiener Stadthimmel hinein. Innerhalb weniger Jahre entstand am nördlichen Donauufer, zwischen UNO-City und Donau, entlang der städtebaulichen Entwicklungsachse Innere Stadt–Lassalle Straße–Wagramer Straße ein zweites, modernes Stadtzentrum der Metropole Wien. Die städtebauliche Basis dieses urbanen Zentrums für Arbeiten, Wohnen, Forschen und Freizeit bildet ein durch die Architekten Krischanitz und Neumann entwickelter Masterplan, dessen ursprüngliche Konzeption für die EXPO 1995 und deren Nachnutzung gedacht war. Nach Absage der EXPO durch eine Volksbefragung 1991 und der Gründung der Wiener Entwicklungsgesellschaft für den Donauraum AG (WED) 1995 wurde der Masterplan der Donau City für 70 Prozent Büro- und Gewerbenutzung, rund 20 Prozent Wohnen und rund zehn Prozent Kultur- und Freizeiteinrichtungen festgelegt. Die Verkehrsführung ist dabei als Besonderheit auf drei Ebenen geregelt: Den Fußgängern und Radfahrern steht die Basisebene zur Verfügung. Eine Medienebene regelt die technische Aufschließung und auf dem Grundniveau -2 befinden sich die Erschließungsstraßen und Garagen. 2002 erarbeitete Architekt Dominique Perrault einen vertieften Masterplan für den noch unbebauten Bereich der Donau City, auf dessen Grundlage städtebauliche Leitlinien für das gesamte Areal entwickelt wurden. Dabei wird das Zentrum durch zwei markante Hochhaustürme mit bis zu 200 m Höhe hervorgehoben und der Übergang zum Ufer der Neuen Donau gleich einer Terrasse als öffentlicher Raum konzipiert.

Inzwischen leben und arbeiten schon heute rund 7.500 Menschen in Vienna DC, das sich durch seine urbane Dichte, beachtliche Architektur, durchmischte Nutzungen und eine attraktive Vielfalt an Freizeit- und Naturraumangebot auszeichnet. Während sich Wohnen samt Kindergarten, Volksschule und Nahversorgung entlang des Donauparks bis zum Ufer der Neuen Donau konzentriert, finden sich Büro- und Freizeitnutzungen hauptsächlich in der Nähe zur U-Bahn-Station „Kaisermühlen". Der bewusst gestaltete Umgang mit der Nähe zu den Erholungsräumen Alte und Neue Donau rücken Wien einmal mehr ans Wasser heran.

Wien entwickelt sich – an vielen Orten

Drei Entwicklungsgebiete der Stadtentwicklung zeigen exemplarisch auf, wie die ohnehin hohe Lebensqualität der Donaumetropole stetig ausgebaut wird

Im Entwicklungsgebiet „Wiener Prater" wurde im Jahr 2001 begonnen, das bestehende Ausstellungsgelände nach dem Masterplan von Gutav Peichl neu zu gestalten. Vier Ausstellungshallen nach Plänen des Architekturbüros DI Gerhard Mossburger Ziviltechnikerges.m.b.H. mit 70.000 m² Nutzfläche, Büroflächen, Kongressräume unterschiedlichster Größe, diversen Gastronomiebereichen und einer Mall bilden den modernen, zentraleuropäischen Messe- und Kongressstandort
Foto: Architekturbüro DI Gerhard Mossburger ZT Ges.m.b.H

Oben: Das „City Center Stadion" trägt zur Belebung des Stadtviertels bei

Unten: Mit dem „Bürohochhaus Krieau" wird neben dem Prater-Riesenrad eine weitere weithin sichtbare Landmark gesetzt
Abbildungen: U2 Stadtentwicklung GmbH

Weit reichende Planungen

Wien boomt: ein hohes Wirtschaftswachstum, vergleichsweise wenig Armut und viele Bemühungen um Integration. Selbstverständlich setzt man auf das historische Zentrum der Innenstadt und die Zeugen der k.u.k.-Epochen, bemüht sich darum, den Ansprüchen der UNESCO an ein Weltkulturerbe zu genügen. Aber in einer Stadt, die sich als weltoffene, multikulturelle Metropole im Herzen des erweiterten Europas begreift, zählt auch das bewusste Nebeneinander von historischer und zeitgenössischer oder gar avantgardistischer Architektur. Dabei ist es den verantwortlichen Entscheidungsträgern wichtig, dass die historische City neben den übergeordneten administrativen, kulturellen und wirtschaftlichen Schwerpunkten auch weiterhin als funktionierender Wohnstandort erhalten und gestärkt wird. Die städtebaulichen Planungen für das Wien der Zukunft sind auf viele Stadtbezirke verteilt. Drei der insgesamt 13 Entwicklungsgebiete werden im Folgenden skizziert und verdeutlichen in ihrer Unterschiedlichkeit die zielgerichtete Förderung vorhandener Potenziale.

In der Leopoldstadt entsteht Neues

Die für das unter dem Titel „Prater – Messe – Krieau – Stadion" geführte Zielgebiet der Wiener Stadtentwicklung geplanten Maßnahmen sind sehr gut geeignet, einige Schwerpunkte der Zielsetzungen des Stadtentwicklungsplans 2005 (STEP 05) aufzuzeigen. Nach der Neuorientierung innerhalb des Neuen Europas und dem Umgang mit seit langer Zeit erstmalig wieder ansteigenden Bevölkerungszahlen, kann nun auch auf der Grundlage von mittelfristigen Konzepten und Programmen das Schwergewicht auf die konkrete Umsetzung gesetzt werden. Das benannte Gebiet liegt fast komplett im 4-km-Umkreis des Stadtzentrums und ist in Zukunft durch die Erweiterung der U2 über vier neue Stationen hervorragend ins ÖPNV-Netz eingebunden. Die Lage zwischen Donaukanal, Prater und Donau mit seinen Erholungs- und Freizeiträumen, aber auch die beiden Stadien und die WienerMesse-Neu charakterisieren dieses Gebiet, das über ein Grundstückspotential von rund 300.000 m² für weitere Entertainment-Einrichtungen, Hotels sowie neue Wohn- und Arbeitsstätten verfügt. Zwei Drittel dieser Flächen sind im Besitz der Stadt Wien, die wie kaum eine andere über Jahrzehnte hinweg mit ihrer im „roten" Wien der Jahre nach dem Ersten Weltkrieg gegründeten Gemeindebau-Strategie auch ein wirkungsvolles sozialpolitisches Steuerungselement entwickelte und bis heute nutzt. Mit einem Bestand von. ca. 220.000 Wohnungen – das ist ein Viertel des Wiener Wohnraums – kann die Entwicklung der Stadtviertel gesteuert werden. Sie verteilen sich auf das gesamte Stadtgebiet und verhindern die aus anderen Städten bekannte Entstehung von Ghettos. In der Leopoldstadt liegt die besondere Herausforderung darin, mit zukünftigen Nutzungen und deren Baukörpern die vorhandenen Qualitäten zu nutzen, zu steigern und mit den großflächigen, temporär genutzten Veranstaltungsorten zu verzahnen. Die Austragung von Spielen der in Österreich und der Schweiz stattfindenden Fußball-Europameisterschaft 2008 im Ernst-Happel-Stadion, ist wirksamer Anreiz, zügig mit der Realisierung von Projekten voran zu kommen. Der Ausbau der MesseWienNeu, der im Jahr 2004 abgeschlossen wurde, galt bereits als deutlicher Impulsgeber. Für zwei Projekte – ein Einkaufszentrum und ein neues Bürohochhaus im Bereich Trabrennstraße – fanden Ende 2004 Wettbewerbe statt. Nach einem Entwurf der

Architektin DI Regina Freimüller-Söllinger entsteht bis Herbst 2007 das „City Center Stadion“; den Wettbewerb für das „Bürohochhaus Krieau“ hat das ArchitektInnen-Duo Henke/Schreieck gewonnen. Die Gestaltung des „City Center Stadions“ wird durch umlaufende Informationsringe geprägt, deren Informationen durch Licht (LED) zum Verschwinden gebracht werden können und dem Gebäude durch sein animiertes Lichtkleid den Anschein einer veränderten, schwebenden Kubatur verleihen. Circa 60 Geschäfte werden auf ca. 21.000 m^2 Fläche Platz finden, und es sollen 1.000 neue Arbeitsplätze entstehen. Auf einem Grundstück in der Nähe des Messegeländes und direkt an der neuen U-Bahn-Station „Krieau“ gelegen, entsteht das 23-geschossige „Bürohochhaus Krieau“, das mit seinen konkav-konvex geschwungenen Fassaden den signifikanten Auftakt des neu entstehenden Quartiers bilden soll und als Schlüsselprojekt für die Errichtung weiterer hochwertiger Bürogebäude gilt.

Große Veränderungen im Südosten

Dass der Bau des neuen „Bahnhofs Wien – Europa Mitte“ das bedeutendste verkehrspolitische Projekt Wiens ist, wird nicht bezweifelt, doch auch die Realisierung des geplanten Stadtumbaus auf dem insgesamt 60 ha großen anschließenden Geländes wird das Stadtbild gewaltig verändern. Doch damit nicht genug: Das Zielgebiet „Bahnhof Wien – Europa Mitte/Erdberger Mais“ des Stadtentwicklungsplans schließt drei weitere Betrachtungsgebiete mit einem Vielfachen an Fläche ein. Zusammen mit dem Masterplan „Bahnhof Wien – Europa Mitte“, für den in der Endausbaustufe die Schaffung von ca. 5.160 Wohneinheiten und rund 20.000 Arbeitsplätzen kalkuliert wird, dem städtebaulichen Leitbild „Arsenal“, dem Strukturplan „Aspanggründe“ und der Entwicklungszone „Neu Erdberg-Simmering“ – auch unter dem Projekttitel „Erdberger Mais“ veröffentlicht – wird die Entwicklung des gesamten Südostens für die nächsten zwei Jahrzehnte betrachtet und schrittweise in Planung und deren Realisierung umgesetzt.

Für die so genannten „Aspanggründe“ sieht ein im Jahr 2002 vom Gemeinderat beschlossener Strukturplan die Entwicklung eines Wohn- und Arbeitsviertels einschließlich aller sozialen (Schulen und Kindergärten) und technischen Infrastruktur vor, das mit einem zentralen Park – er nimmt 20 Prozent der Gesamtfläche ein – und der ausdrücklichen Förderung von öffentlichem Verkehr und fußläufigen Erschließungen klare Prioritäten im Sinne eines ökologisch verantwortlichen Städtebaus setzt. Unter dem Projekttitel „Gedenkstätte für den deportierten Nachbarn auf dem Gelände des ehemaligen Wiener Aspangbahnhofes“ wurde im Oktober 2005 ein offener, einstufiger Wettbewerb durch die Stadt Wien, vertreten durch die Abteilung Architektur und Stadtgestaltung MA 19, ausgelobt. Es werden Vorschläge für eine Stätte des Gedenkens an die in der NS-Zeit Deportierten und Verfolgten, die in Zügen den Aspangbahnhof Wien in Richtung Osten verließen, erwartet.

Das „Erdberger Mais“ ist das Kernstück der südöstlichen Entwicklungsachse und erstreckt sich über viele Kilometer von der City bis zum Flughafen Wien-Schwechat. Weit über die Grenzen der Stadt hinaus bekannte, teilweise prämierte und auf Entwürfen international renommierter Architekturbüros basierende Impulsgeber in diesem Areal sind beispielsweise die revitalisierten Gasometerbauten einschließlich der sie umgebenden Bebauungen sowie die T-Mobile-Zentrale in St. Marx. Die Vielzahl der geplanten Projekte kann in diesem Rahmen nicht vorgestellt werden, jedoch verdeutlichen einige Zahlen die ehrgeizigen Ziele der weiterhin aufstrebenden Metropole. Wesentliche Teile des etwa 250 ha großen Gebietes – es besteht aus den Teilentwicklungsgebieten Impulsprojekt Gasometer, Nördliches Gasometervorfeld, Südliches Gasometerumfeld, Gaswerkareal, St. Marx, Erdberg und Franzosengraben und schließt das Projekt Eurogate in den Aspanggründen ein – sollen kurz- bis mittelfristig eine nachhaltige Verbesserung des Nutzungsmix sowie eine deutliche Verdichtung erfahren. Zudem soll „ein multifunktionaler Stadtteil mit einem modernen städtischen Erscheinungsbild und innovativem Standort-

Oben: Das Luftbild verdeutlicht die Ausmaße des Bahnhofsareals
Foto: © Stadt Wien

Unten: Die Karte zeigt, dass das Entwicklungsgebiet „Bahnhof Wien – Europa Mitte/Erdberger Mais“ fast das gesamte südöstliche Stadtgebiet betrifft
Abbildung: PID der Stadt Wien

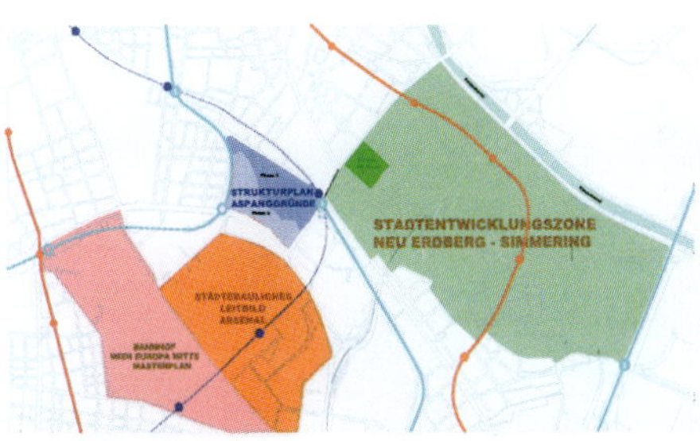

Durch Überplattung der U-Bahn-Halle Erdberg wurde ein hochwertiges Areal am Schnittpunkt von U3, A4 und A23 nutzbar gemacht, auf dem unter dem Titel „Town Town“ ein neuer Stadtteil heranwächst, der mit seiner günstigen Lage an der Achse City–Flughafen als Ausgangsbasis für die Expansion Zentraleuropa geeignet ist. „Town Town“ wird in Form eines PPP-Projekts von der Immobiliendevelopment Wiener Stadtwerke BMG & Soravia Aktiengesellschaft errichtet
Abbildung: © by TownTown

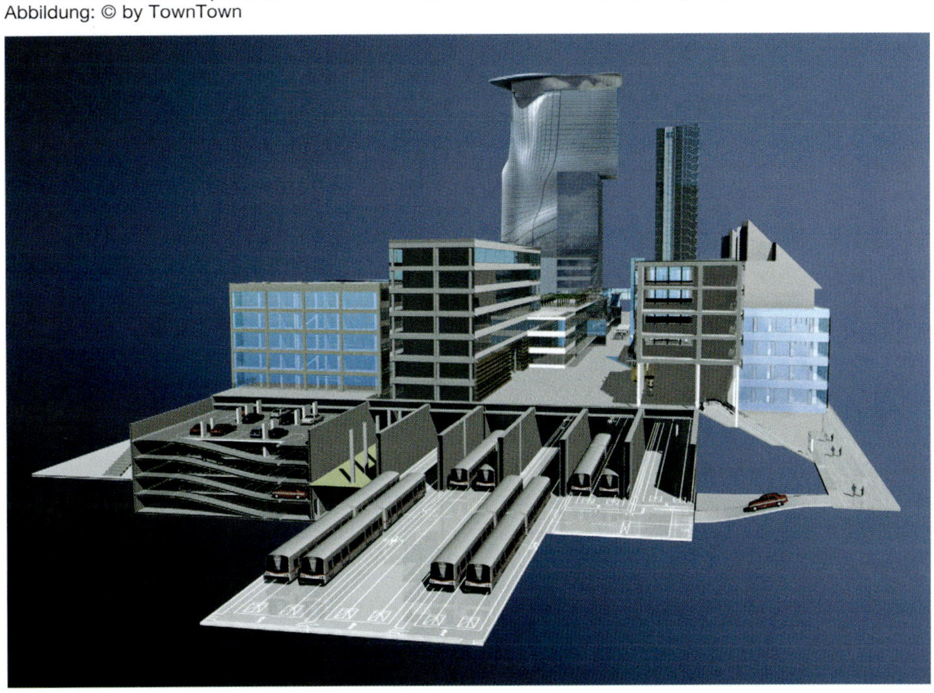

image entstehen“ (Quelle: Abt. Stadtteilplanung und Flächennutzung MA 21A, http://www.iemar.tuwien.ac.at/mais). Die bestehende Bebauung umfasst ca. 1.200 000 m² Geschossfläche und soll sich im Lauf der Entwicklung mindestens verdoppeln, was einer langfristig betrachteten Steigerung von derzeitig 5.000 Einwohner auf 16.000 Einwohner und zu den bestehenden 17.000 Arbeitsplätzen einen Zuwachs von 44.000 Beschäftigten entspricht. Die bestehende Verkehrsinfrastruktur mit U3, Flughafen-Schnellbahn S7, Straßenbahn und Buslinien sowie die Anbindung an die A4 und A23

Das Flugfeld Aspern links der Donau stellt mit einer Größe von rund 200 ha die größte Flächenreserve der Stadt Wien dar. Bereits im Jahr 1992 entstanden erste Überlegungen zur Entwicklung eines neuen Stadtquartiers, aber erst gut zehn Jahre später bestehen durch die EU-Erweiterung und den damit verbundenen Aufschwung der Region wesentlich verbesserte Entwicklungschancen
Foto: © mediawien

schafft eine wesentliche Grundlage hierfür. Weitere Projekte sind v.a. die Erweiterung des Biotechnologie-Clusters an der Dr.-Bohr-Gasse, die Neunutzung der denkmalgeschützten Rinderhalle als Freizeit- und Infrastrukturzentrum, die Bebauung des Fleischmarktareals in St. Marx als Technologiestandort, das Projekt „Gate2“ an der U3-Station „Gasometer“ (Planung: Hans Hollein, Heinz Neumann, Hermann & Valentiny) und der „Office Campus“ nördlich der Guglgasse. Dabei sollen möglichst Infrastruktureinrichtungen unterschiedlichster Art die ehemals industriell genutzten Gebäude revitalisieren und eine identitätsstiftende Funktion übernehmen. Unter dem Namen „Town Town“ (Architektur: ARGE U-Bahn bestehend aus Holzbauer, Marschalek, Ladstätter, Gantar sowie Coop Himmel(b)lau, Peichl) wird zurzeit ein Büro- und Geschäftszentrum auf der Überplattung des Betriebsbahnhofes Erdberg errichtet, das mit zwei Hochhausbaukörpern, inklusive eines für die Öffentlichkeit zugänglichen Aussichtsgeschosses, ein städtebauliches und stadtgestalterisches Merkzeichen setzt. Mit dem Modell „Design your own Company Building“ sollen mit einem Stadt-in-der-Stadt-Konzept individuelle Firmensitze entstehen, die in der Endausbaustufe rund 130.000 m² Geschossfläche umfassen. Neben hochwertigen Arbeitsplätzen in Verwaltung und Dienstleistung sowie Forschung und Entwicklung entsteht auch ein Hotel.

U2 Donaustadt–Flugfeld Aspern

Ein weiteres langfristig zu betrachtendes Entwicklungsgebiet liegt nordöstlich der Donau und umfasst weit reichende Planungen für einen der nördlichen Gemeindebezirken. Auch hier wird die

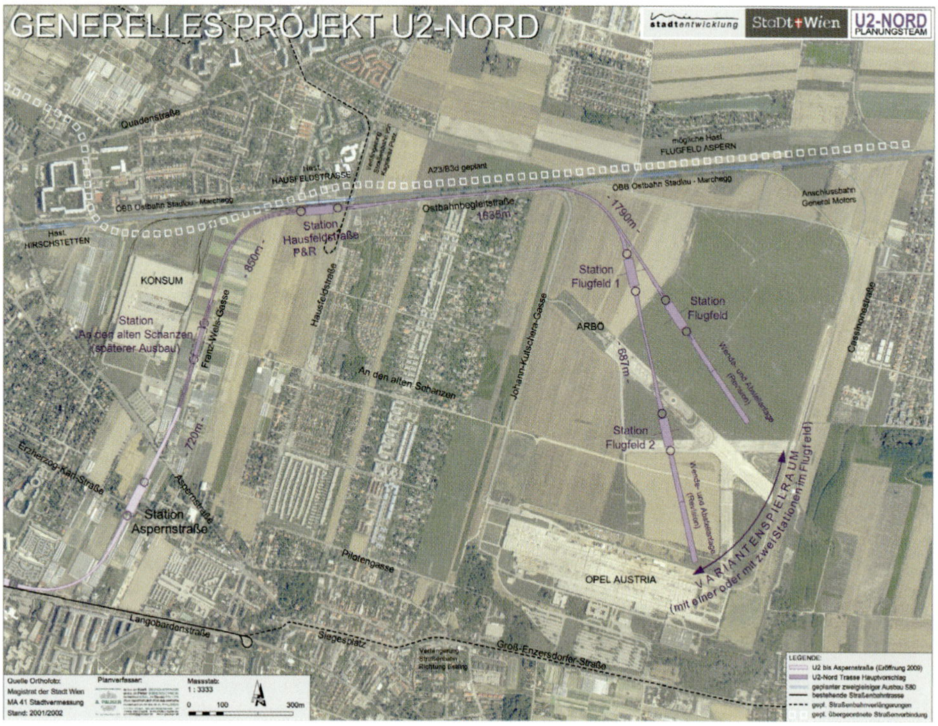

Noch ist nicht festgelegt, wie der endgültige Trassenverlauf der U2-Erweiterung über die Station „Aspernstraße“ hinaus aussehen wird

Basis für umfangreiche Maßnahmen wesentlich durch die vorrangige Herstellung einer verkehrstechnischen Infrastruktur bestimmt. Der „Masterplan Verkehr 2003“ sieht auf der Grundlage der von der Abteilung Stadtentwicklung und Verkehr MA 18 durchgeführte Strategische Umweltprüfung für den Entwicklungsraum Nordosten Wiens („SUPerNOW“) nach der Fertigstellung der nördlichen Verlängerung der U2 zum Ende des Jahrzehnts in einer vierten Ausbaustufe die Erweiterung um ca. 3,4 km mit drei bis vier geplanten Stationen bis ins Flugfeld Aspern vor. Für das rund 200 ha große Areal wurde durch Regierungsbeschluss ein Masterplan in Auftrag gegeben, der im Jahr 2006 erstellt werden soll. Das Zukunftsszenario für die Entwicklung dieser größten Flächenreserve der Stadt Wien ist im Zusammenhang mit der EU-Erweiterung und den Zielsetzungen der „Vienna Region“ und „Centrope“ zu sehen. Es sieht urbanes Leben in einer Stadt in der Stadt vor, in dem sich Wohnen, Arbeiten, Bildung – so sollen Teile der technischen Universität Wien dort angesiedelt werden – und Freizeit im Geist eines gemeinsamen mitteleuropäischen Raumes vereinen. Schätzungen gehen von bis zu 25.000 neuen Arbeitsplätzen und der Errichtung von bis zu 8.500 Wohnungen aus. Weiterführende, umfangreiche Informationen zu diesem wie zu allen weiteren Entwicklungsgebieten sind über den Webservice der Stadt Wien unter http://wien.gv.at/stadtentwicklung erhältlich. Entsprechende Links verzweigen von dort zu den einzelnen Projekten.

Quellen:

Webservice der Stadt Wien/web.at
http://www.wien.gv.at

Messezentrum Wien
http://www.messe.at;
http://www.mbg.at

Town Town
http://www.towntown.info

U2 Stadtentwicklung GmbH
http://www.u2stadt.at

GUSSASPHALT | STRASSEN- UND HOFBEFESTIGUNGEN | SPENGLERARBEITEN
FEUCHTIGKEITSABDICHTUNG | SPORTANLAGENBAU
ASPHALT FELSINGER
WILDPRETSTRASSE 11, A-1110 WIEN Tel.: 760 13
Ein Wort – und wir asphaltieren.
ROCK PARTNER

High-tech Brandschutz made in Austria

Europaweit einzigartig erfolgreich: Systemschachtwand – beidseitig F90 und K90 brandbeständig – eröffnet neue Dimensionen für Planer, Bauherren und Nutzer

Wenn Wünsche in Erfüllung gehen ...

Erfahrungsgemäß sind es seltener die direkten Flammeneinwirkungen, die bei Bränden die meisten Opfer fordern. Vielmehr sind es gefährliche Rauchentwicklungen und übertragungen, die schwierig in den Griff zu bekommen sind und ihren Tribut fordern.

Voraussetzung für einen absolut sicheren Brandschutz sind rauchdicht ausgeführte Übergänge von Installationsleitungen. Gerade Klima- und Lüftungsschächte wie auch Sanitär- und Elektroleitungen bergen ein hohes Risiko, wenn sie durch Wände, Decken und Schächte geführt werden. Ursachen für erhöhtes Brandrisiko können u.a. eine unsachgemäße Montage oder konstruktionsbedingte Mängel, aber auch nachträgliche Umbauten sein, die auf Kosten des ursprünglichen Brandschutzkonzepts gehen. Grundsätzlich können Brandschutzklappen den Flammenübertritt zwar zeitweilig verhindern, doch der Rauch findet bereits zuvor seinen Weg in die vom Brandherd nicht direkt betroffenen Bereiche. Das AirFireTech-Forschungsteam entwickelte auf Basis langjähriger Testreihen ein Brandschutzsystem, das Architekten, Bauherren und Nutzer gleichermaßen zufrieden stellt. Bei einem praxisgerechten Brandversuch wurde ein gesamter F90 Installationsschacht gemäß ÖNORM M7625 und B3800 Teil 1-3 beid-

Brandschutzluftrückschlagklappe K90 *geruchs- und rauchdicht ab 40 mm Wandstärke*

Wandaufbaubrandschutzklappe eckig K90 *ab 40 mm Wandstärke Ideal für nachträgliche Montage, eckig bis 315x500 mm*

Wandaufbaubrandschutzklappe rund K90 *ab 40 mm Wandstärke Ideal für nachträgliche Montage, rund bis DN 315 mm*

Nachrüstsatz K90 *geruchs- und rauchdicht ab 40 mm Wandstärke*

T-Mobile Center Wien St.-Marx, 1030 Wien

seitig F90 und K90 geprüft. In diese Schachtwand wurden ein Unterputzspülkasten, mit einer F90 Revisionsöffnung für die Drückerplatte und F90 Brandrohrmanschetten für die Zu- und Abwasserrohre, sowie sämtliche Anschlüsse für Zu- und Abluft eingebaut. Trotz Verformungen der Wand hielt das System den hohen Temperaturen über 100 Minuten stand. Eine vergleichbare Prüfung wurde zuvor europaweit noch nie erfolgreich durchgeführt. Die Schachtwand hielt nicht nur Stand, sie blieb zudem vollständig funktionsfähig.

Eine solche Systemschachtwand sorgt auch für mehr Wohnnutzfläche, da die übliche Vorsatzwand entfällt. Die Einbauteile können einfach montiert werden, wodurch sich die Wahrscheinlichkeit von Baumängeln minimiert. Somit werden Kosten gespart, die Auflagen für Wohnbauförderung sind erfüllt, und zusätzlich wird auch der Schallschutz deutlich verbessert.

Bei nachträglichen K90 Brandabschottungen von Lüftungsleitungen in Büro- und Wohnhausanlagen zeigt der besonders montagefreundliche AIR FIRE TECH K90 Nachrüstsatz seine Vorteile. In den nächsten Jahren werden Großprojekte mit mehreren tausenden Abschottungen einfach und kostengünstig nachgerüstet. Die bestehenden Lüftungsleitungen die über den Gang in die Wohnungen bzw. Büros führen, werden nahezu unbemerkt vom Gang aus mit K90-Abschottungen versehen. Keine einzige Wohnung bzw. kein Büro muss dadurch betreten werden. Einige Referenzobjekte in Wien sind u. a. der Vienna Twin Tower, ORF Zentrum, T-Mobile Center St. Marx oder das Bundesrechenzentrum Wien.

Brandschutz:
AirFireTech
Brandschutzsysteme, Wien

Brandrohrmanschetten F90 *für Kunststoff- und Alu-Verbundrohre ab 40mm Wandstärke sowie Weichschott und Mörtelschott*

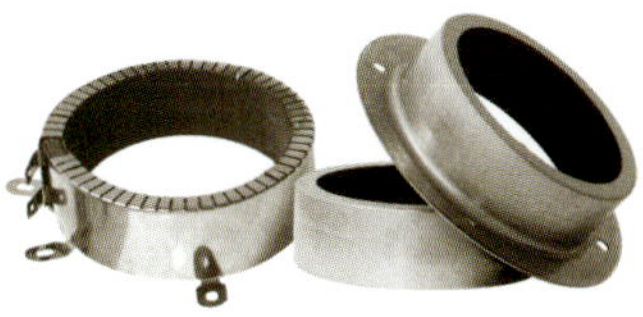

Kabelboxen F90 *für Elektroleitungen und Kunststoff Leerrohre*

Revisionsöffnungen EI90
Wandeinschub von 20x20 cm bis 90x60 cm REV EI90 mit Gipskartonoberfläche 1.200x800 mm

PREMO WC–Element
Unterputzspülkasten mit F90 Revisionsöffnung für die Drückerplatte und Brandrohrmanschetten für das Spül- und Abflussrohr

Hochhaus Neue Donau, 1220 Wien

Florido Tower, 1210 Wien

Wienerberg City, 1100 Wien

Zuverlässigkeit und Erfahrung garantieren Perfektion für

NEUBAU

RENOVIERUNG

REVITALISIERUNG

Unsere Mitarbeiter zählen zu den Besten ihres Fachs
Unser Qualitäts- und Umweltmanagement dient dazu, die Bauvorhaben zum Wohle der Kunden, der Umwelt und des Unternehmens zu realisieren

Leistungen:

Ausführung sämtlicher Baumeisterarbeiten und Generalunternehmerarbeiten im Hoch- und Tiefbau

Wien, Bundeskanzleramt

Wien, Erzherzog-Karl-Straße

Wien, Spengergasse 33, Hofansicht

Wien 10, George-Washington-Hof – Renovierung

Qualität hat bei uns Tradition

Wir bauen seit 60 Jahren

Integriertes Management System (IMS)

Wien 10, Wasserturm – Revitalisierung

Sedlak

Bauunternehmen

Dipl. Ing. Wilhelm Sedlak Gesellschaft m.b.H.
Quellenstraße 163
1100 Wien
Tel. 01/6 04 32 82-0
Fax 01/6 04 32 82-33
office@sedlak.co.at
www.sedlak.co.at

ALUKÖNIGSTAHL ist ein auf modernste Technik und Fortschritt ausgerichtetes Unternehmen

Unseren Kunden und Partnern in der Bauwirtschaft bieten wir Systeme in Aluminium, Stahl und Kunststoff. Wir liefern unseren Verarbeitern Bausysteme für Fassaden und Lichtdächer, Fenster und Türen sowie Sonnenschutz, Balkone, Balkonverglasungen und Geländer, Wintergärten und Solarsysteme zur Warmwasserbereitung und Stromerzeugung.

ALUKÖNIGSTAHL vertreibt Komplettlösungen

– also Profile, Dichtungs- und Beschlagsysteme auch für spezielle Anforderungen wie Feuerschutzabschlüsse, Einbruch- und Durchschusshemmung sowie Tür- und Torautomatik. Der Vertrieb namhafter Marken international führender Hersteller sichert ein qualitativ hochwertiges Sortiment, welches einer ständigen Optimierung und fortschrittlichen Anpassung an Architekturtrends und Bauvorschriften unterzogen wird.

Im Bereich Stahl- und Brückenbau, Maschinen- und Anlagenbau sowie Fahrzeug- und Schiffbau bieten wir Ihnen unter der Qualitätsmarke RHS warm- und kaltgefertigte Stahlhohlprofile, Formrohre und Rundrohre an.

Gerne unterstützen wir unsere Partner mit unserer umfangreichen Dienstleistungskompetenz in allen Phasen eines Bauvorhabens. Das Unternehmen verfügt über beratende Teams, die neue Produkte entwickeln sowie Entscheidungshilfen zur Auswahl der optimalen Systemkomponenten für ein spezifisches Bauprojekt anbieten.

T-Mobile/T-Center, Wien

Universität für Bodenkultur, Wien

City Tower Vienna

Besonders bei anspruchsvollen Detail-, Sonder- und Komplettlösungen nehmen Architekten, Generalunternehmer, Bauträger, Investoren und Partnerbetriebe im Metallbau das Planungs-Know-how unserer Berater – unter Berücksichtigung von Wirtschaftlichkeit, Design und Funktion - gerne in Anspruch. Unser umfangreiches Sortiment, in Kombination mit einer Vielzahl an Dienstleistungen, ist der wesentliche Erfolgsfaktor des österreichischen Unternehmens.

So sind im Zuge unserer erfolgreichen nationalen und internationalen Marktbetreuung unsere Produkte, Profilsysteme und Technologien sowie unser Know-how in unzählige namhafte Referenzobjekte eingeflossen.

Die Produkte international führender Hersteller garantieren gleich bleibend höchste Qualität

Euro Plaza, Wien

Big Point, Wien

Neue Messe, Wien

Saturn Tower, Wien

Uniqa Tower, Wien

Bauen für 1 Mio. U-Bahn-Passagiere pro Tag

Die Ausbauphase 3 im Wiener U-Bahn-Bau setzt Signale für das Wien von morgen: U1 fährt künftig bis Leopoldau, und U2 erschließt die Donaustadt

Die Wiener U-Bahn verläuft in Hochlage und Tieflage gleichermaßen. Eine dritte, massive Ausbauphase aktuell verlängert U1 und U2

Der Wiener beliebtestes öffentliches Verkehrsnetz wächst weiter

Der öffentliche Verkehr spielt in Wien eine große Rolle. Immerhin wählen die Wiener für rund 34 Prozent aller Wege ein öffentliches Verkehrsmittel. Dies hängt einerseits damit zusammen, dass große Teile des geschichtsträchtigen Wiens weder genug Platz bieten, um dort mit dem Auto zu fahren, noch genügend Parkmöglichkeiten dieses dort einfach abzustellen. Andererseits zeichnet sich das Verkehrsangebot der Wiener Linien, die 94 Prozent aller öffentlichen Verkehrsangebote in Wien betreiben, durch ein dichtes Netz und eine hohe Verfügbarkeit aus. Durch ihre hohe Reisegeschwindigkeit, Bequemlichkeit und Sicherheit gilt die Wiener U-Bahn als beliebtestes Verkehrsmittel Wiens. Täglich wird die U-Bahn von etwa 1 Mio. Fahrgästen genutzt. Europaweit zählen die Wiener Linien zu den attraktivsten und verlässlichsten Nahverkehrsunternehmen mit hoher Kundenzufriedenheit.

Am 26. Januar 1968 brachte eine Sitzung des Gemeinderates die Wende für den öffentlichen Verkehr Wiens, als der Bau des Wiener U-Bahn-Grundnetzes, bestehend aus U1, U2 und U4 beschlossen wurde. Inzwischen erweiterten die Wiener Linien in einer zweiten großen Ausbauphase ihr Grundnetz um die Neubaulinie U3 sowie die Verlängerung und Einbeziehung der Stadtbahn-Gürtellinie in das U-Bahn-Netz als Linie U6. Die steigenden Bevölkerungszahlen sowie das klare Bekenntnis zur Reduktion von Schadstoffen in der Luft stellen die Stadt Wien und damit die Wiener Linien vor die Aufgabe, ihr öffentliches Verkehrsnetz auf dem modernsten Stand zu halten. Mit einer dritten Ausbauphase folgt aktuell die Verlängerung der U-Bahn-Linien U1 und U2, wodurch auch eine Aufstockung des Fahrzeugbestandes erforderlich wird.

Die Wiener Linien zählen heute mit rund 8.000 Beschäftigten nicht nur zu den größten Arbeitgebern Wiens. Durch die hohen Investitionen, die bei den Wiener Linien alljährlich getätigt werden, sind sie auch ein wichtiger Wirtschaftsfaktor für Wien und ganz Österreich. 2004 investierten die Wiener Linien insgesamt rund

410 Mio. Euro. Davon entfielen rund 277 Mio. Euro auf den U-Bahn-Neubau, wobei der Schwerpunkt auf der Verlängerung der Linien U1 und U2 lag. 2005 kamen weitere rund 467 Mio. Euro hinzu, von denen rund 311 Mio. Euro in den U-Bahn-Ausbau und der Rest in die Erneuerung des Fuhrparks, Gleiserneuerung und Instandhaltungseinrichtung sowie weiterer Infrastruktureinrichtungen aufgewendet wurde. Über 9.000 Arbeitsplätze konnten allein 2005 durch die Aufträge an verschiedenste Firmen von Klein- und Mittelbetrieben bis hin zu großen Baufirmen und Industriekonzernen gesichert werden.

Architektur, U-Bahn und städtischer Lebensraum

Nicht nur als Wirtschaftsfaktor spielt die U-Bahn für die Stadt eine wesentliche Rolle. Beispielsweise stellt die Nähe eines U-Bahn-Anschlusses für die Wiener heute einen ausdrücklichen Faktor für Lebensqualität dar. Zudem wirkten sich die U-Bahn-Bauarbeiten bislang immer spürbar auf das Stadtbild aus. Stadtteile wurden im Zuge von U-Bahn-Bauarbeiten revitalisiert, der Straßenraum neu gestaltet und begrünt sowie neue Verkehrsführungen umgesetzt. Nicht zuletzt die Architektur des U-Bahn-Baus hat das Wiener Stadtbild geprägt und wird dies auch in Zukunft weiterhin tun. Die U-Bahnen verlaufen mal als Hochbahn, mal als Tiefbahn – je nach den lokalen Bedingungen.

Die Wiener Stadtbahn aus der Zeit der letzten Jahrhundertwende folgte dem klaren Gestaltungsprinzip von Jugendstil-Architekt Otto Wagner und prägt bis heute auf charakteristische Weise sowohl das Wiener Stadtbild als auch die Herangehensweise an die städtische Architektur der U-Bahn-Neubauten. Für die Gestaltung des U-Bahn-Grundnetzes wurden im Rahmen eines Architekturwettbewerbes in den 70er Jahren verbindliche Gestaltungsprinzipien herausgearbeitet, die bei allen Linien zum Tragen kamen bzw. dafür weiterentwickelt wurden.

Mit möglichst vielen gleichen Gestaltungsmitteln und Ausstattungselementen, die der Funktion und einer optimalen Orientierung dienen sowie farbliche Akzente analog der markanten Farben der U-Bahn-Linien setzen, wird ein harmonisches Erscheinungsbild nach außen geschaffen. Die Idee und ihre Umsetzung hat nicht nur die Wiener, sondern auch international überzeugt und inzwischen zu zahlreichen Auszeichnungen geführt. Die zweite Ausbauphase der U-Bahn setzte besonders auf Komfort. Mit transparenten Aufzugsschächten und -kabinen sowie barrierefreien Zugängen zu allen Stationen präsentiert sich das Wiener-U-Bahn-Netz als erste barrierefreie U-Bahn Europas. Zusätzlich wirkt auch Kunst durch großformatige Werke im öffentlichen U-Bahn-Raum.

Für die aktuelle dritte Ausbauphase, insbesondere für die elf neuen Stationen der U2, wurde das Grunddesign und der hohe Anspruch an eine rundum nutzer- und umweltfreundliche U-Bahn auf der Basis eines europaweiten Architekturwettbewerbs nach zeitgemäßen Gesichtspunkten weiterentwickelt.

Die Stadt von morgen bauen: Ausbauphase 3 erweitert U1 und U2

Wiens derzeit größtes Infrastrukturvorhaben ist die Verlängerung der Linie U2 bis Aspern. Elf neue Stationen, darunter drei Tiefstationen und acht Hochstationen, sollen die Donaustadt optimal an das Gesamtnetz anbinden. Das Investitionsvolumen beläuft sich auf rund 1,2 Mrd. Euro. Bis zur Fertigstellung im Jahr 2009 werden darüber insgesamt rund 24.000 Arbeitsplätze gesichert.

Auch die U1 wird massiv erweitert. Bisher endete die Wiener U-Bahnlinie U1 in Kagran. Ab 2006 wird sich das ändern, denn fünf neue Stationen und die um 4,6 km auf 14,6 km erweiterte Linie sorgen dafür, dass zukünftig auch die Großfeldsiedlung an die U1 angebunden ist. Die U1 verbindet grundsätzlich Norden und Süden der Stadt Wien und ist auf Grund der konzentrierten An-

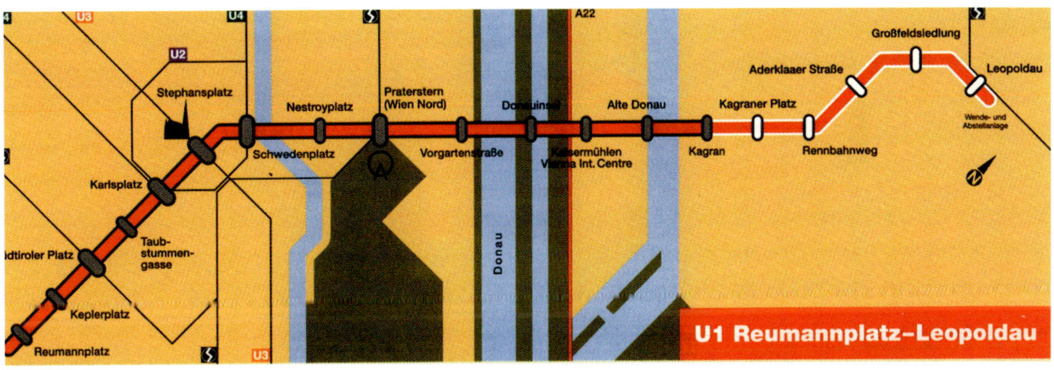

Oben: Die U1 erstreckt sich bis 2008 um fünf neue Station weiter Richtung Norden
Unten: Erste neue Station „Kagraner Platz" im freundlichen, komfortablen Design, barrierefrei und sicher

bindung der Sekundärnetze die am stärksten belastete Linie. Durch die aktuelle Erweiterung wird der Norden mit öffentlichen Verkehrsmitteln noch besser erschlossen, so dass zukünftig die Stadt vom Reumannplatz bis zur neuen Endstelle Leopoldau in nur 25 Minuten durchquert werden kann. Über 90.000 Menschen werden damit neu an das U-Bahn-Netz angeschlossen und der Individualverkehr in Wien weiter entschärft. Gerade Pendler aus dem nördlichen Niederösterreich können durch die neuen Park&Ride-Anlagen auf öffentliche Verkehrsmittel umsteigen und den Stadtverkehr wirksam entlasten. Zudem wird die starke Belastung der S-Bahn im Abschnitt Floridsdorf–Praterstern abgebaut. Die neue Strecke führt über die derzcit im Bau befindlichen Stationen Kagraner Platz, Rennbahnweg, Aderklaaer Straße, Großfeldsiedlung sowie Leopoldau.

U1: Station „Kagraner Platz“

Von der derzeitigen U1-Endstelle „Kagran“ erstreckt sich der 1. Bauabschnitt der U1-Erweiterung auf einer rund 1.200 m langen Trasse zunächst in einfacher Hochlage, bevor sie in Tieflage die restliche Strecke zum „Kagraner Platz“ zurücklegt. Über die Prandaugasse führt die Linie geradlinig in die Anton-Sattler-Gasse. Indem die bisherige Abstellhalle außer Betrieb genommen wurde, konnte das bestehende Tragwerk für die Streckenverlängerung stellenweise verbreitert werden. Auf Grund einer leicht geneigten Streckenführung wurde sie teilweise auch ersetzt. Umbauarbeiten wurden in diesem Zusammenhang auch unter dem Tragwerk im Bereich der Straßenbahnremise ausgeführt.

Ab Steigenteschgasse wird es dunkel, denn die U-Bahn geht mit einem Maximalgefälle von 40 Promille in einen unterirdischen Streckenabschnitt über. Auf einer eingehausten Rampe verläuft die Trasse schon kurz vor der Steigenteschgasse, um die Einschränkungen der unmittelbaren Anreiner zu minimieren. Dazu wurde die Rampe als Stahlbetonrahmen auf zwei Bohrpfahlreihen mit Pfahlrost fundiert, bis die Bodenplatte das bestehende Terrain erreicht. Für eine ansprechende Begrünung ist die Decke der Einhausung wurzelfest abgedichtet.

Die Tieflage wurde in diesem Abschnitt zunächst in offener Bauweise realisiert. Auf Grund der angewandten Deckelbauweise konnte der Verkehr während der Arbeiten wechselseitig weiterfließen. Im Verlauf der Tieflage taucht die Trasse in das Grundwasser ein, so dass eine Dichtsohle mittels Düsenstrahlverfahren realisiert und die Streckenröhren zweischalig erstellt wurden, wobei Innenschale und Bodenplatte als Weiße Wanne ausgeführt sind.

In unterirdischer Streckenführung verschwenkt die Trasse im Bereich Sport- und Spielplatz zur Meißnergasse und unterquert schließlich die dortige Wohnbebauung sowie Schrickgasse und St.-Wendlin-Platz mit der ältesten Kirche des Bezirks, bevor sie in das Stationsgebäude am Kagraner Platz einfährt. In diesem Teilstück wurden die Tunnelröhren eingleisig und kreisrund in geschlossener Bauweise hergestellt. Die auf Bodenarten und Grundwasserniveau abgestimmte Auffahrt mit Hydroschildmaschine betrug im Gleis 1 rund 421 m, im Gleis 2 rund 411 m. Im Anfahrtschacht entstand ein Notausstieg, der im Spielplatzbereich ans Tageslicht führt.

Die Bahnsteige der neuen U-Bahn-Station „Kagraner Platz“ liegen parallel zur Wagramer Straße in rund 14 m Tiefe. Der Neubau ist in offener Bauweise erstellt stadteinwärts über eine Treppe und zwei Lifte zu erreichen. Der stadtauswärts gelegene Hauptaufgang „Donaufelder Straße Nord“ wird von der Stationsmitte mittels Rolltreppen erreicht. Vom nördlichen Stationsende aus führen weiterhin eine Treppe und zwei Lifte in das Stationsgebäude, das direkt zum Umsteigeknoten mit Straßenbahn- und Buslinien überführt.

U1: Station „Rennbahnweg“

Ebenfalls parallel zur Wagramer Straße befindet sich die Station

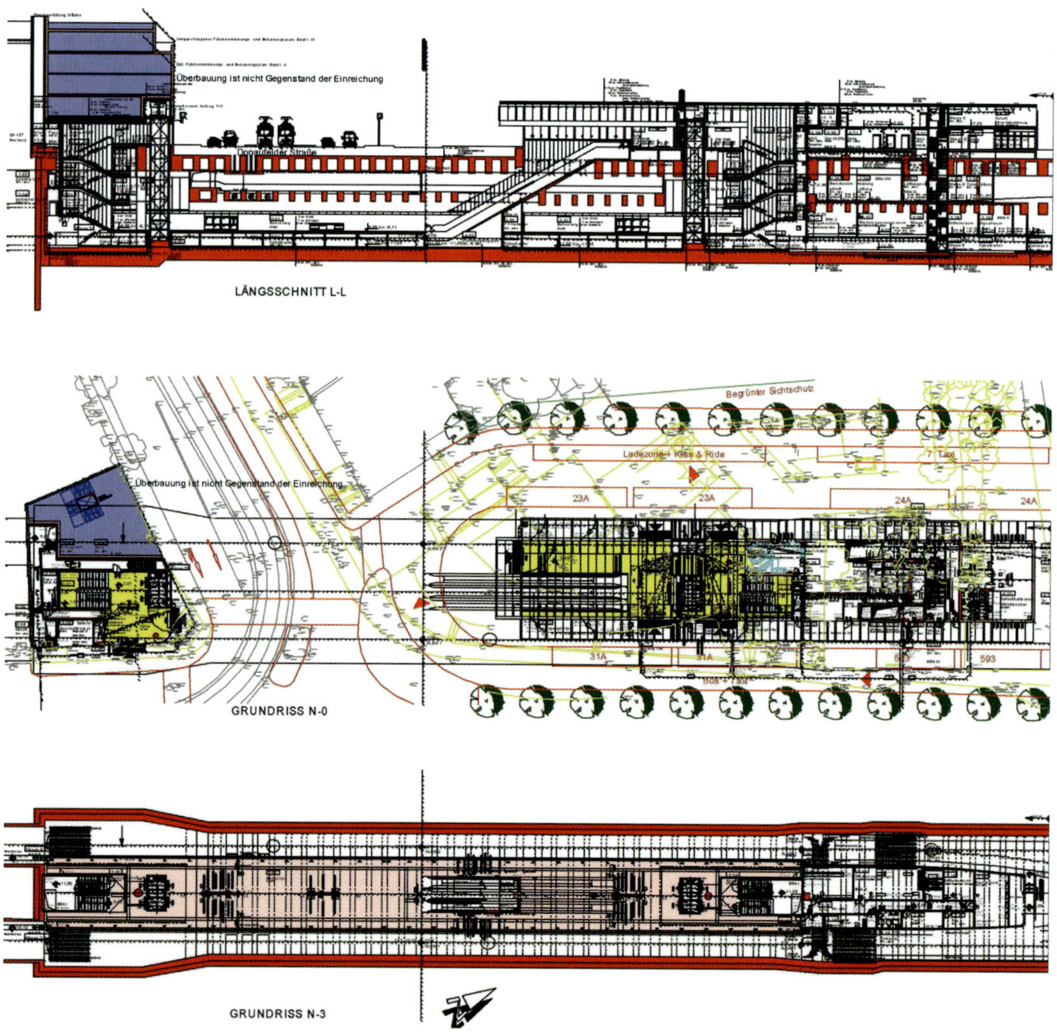

Der erste neue U1-Streckenabschnitt bis „Kagraner Platz“ geht von Hochlage in Tieflage über. Außer dem Umbau eines bestehenden Tragwerks und einer Rampenkonstruktion, die unter Niveau führt, wird ein weiterer Teil der Strecke sowie die Station in offener Bauweise realisiert. Der letzte Abschnitt der Trasse unterquert bestehende Bauten und wird daher in geschlossener Bauweise aufgefahren

Die neue U-Bahn-Station „Rennbahnweg" befindet sich oberirdisch parallel zur Wagramer Straße

„Rennbahnweg". Sie ist in Hochlage mit Mittelbahnsteig konzipiert und präsentiert sich mit einer Glasfassade. Die Abgänge befinden sich an den Bahnsteigenden mit jeweils einer Treppe und einem Lift. Südlich des Rennbahnweges, stadteinwärts orientiert, betreten die Passagiere die Station bzw. finden Umsteigemöglichkeiten zu den Buslinien. Für die Bewohner der Wohnhausanlage Rennbahnweg ist der stadtauswärts ausgerichtete Zugang auf Höhe der Ladenzeile vorgesehen.

Die 1,3 km lange Trasse zwischen den Stationen „Kagraner Platz" und „Rennbahnweg" steigt aus der Tieflage bei rund 14 m unter Gelände westlich der Wagramer Straße über einen Schwenk zwischen Rolandgasse und Eipeldauer Straße auf rund 7 m unter Gelände kontinuierlich an. Ab Station „Rennbahnweg" schließlich wird die U1 in Hochlage, rund 6 m über Gelände, geführt.

Der erste Streckenabschnitt im Anschluss an die Station „Kagraner Platz" ist durch zwei Wendegleise geprägt, die zwischen den Tourengleisen liegen und horizontal verlaufen, während die Tourengleise ansteigen. Dieser Abschnitt wurde in offener Bauweise realisiert, wobei der Betonoberbau körperschalldämmend und die massive Tragkonstruktion einer Dükeranlage im Bereich Doningasse zur Aufrechterhaltung der Grundwasserkommunikation schwingungsarm ausgeführt ist.

Das Tunnelportal befindet sich nach dem Bauhaus. Von hier aus verläuft die Trasse 75 m in einem oben offenen Stahlbetontrog und in Hochlage rund 100 m bis zur voll eingehausten Station.

Die Trasse erstreckt sich nach der Station rund 160 m parallel zur Wagramer Straße auf Stahlbetonbrücken und quert die Wagramer Straße im Bereich der Kreuzung Martin-Gaunersdorfer-Gasse.

Durch die bauliche Lösung mit einer Stahlbrückenkonstruktion von der Lieblgasse bis zur Station „Anderklaaer Straße" wird den hohen Stützweiten von rund 50 m sowie den knappen Platzverhältnissen im Mittelstreifen der Fahrbahn Rechnung getragen. Der Verlauf dieser Konstruktion ist genau so hoch wie die seitlichen Brüstungsfertigteile der sie begleitenden Schallschutzwände und vermittelt den Passanten somit ein ruhiges Gesamtbild. Eine Stahlbetonbrücke verbindet diesen Streckenabschnitt mit dem Bauabschnitt 3, der die Stationen „Anderklaaer Straße" und „Großfeldsiedlung" umfasst.

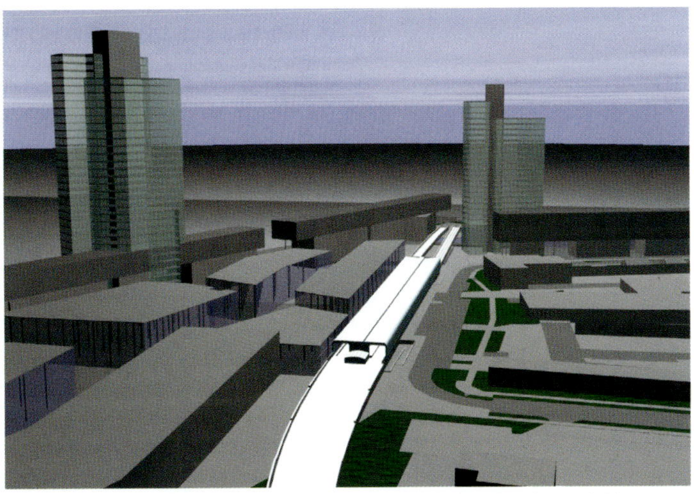

Setzt Impulse und macht Platz für Visionen für die Stadtentwicklung des ehemaligen Brach-/Lessing Areals: neue U1-Station „Anderklaaer Straße"
Visualisierung: Arch. Moßburger, Wien

U1: Station „Aderklaaer Straße"

Einen deutlichen Entwicklungsschub für das inzwischen extensiv genutzte Areal der ehemaligen Brach-/Lessing-Mühle erwartet man von der Erschließung durch die U1, in deren Zusammenhang auch eine Park&Ride-Anlage und die Anbindung durch Buslinien umgesetzt wird.

Die neue Station „Anderklaaer Straße" entsteht parallel zur Holzmanngasse als Stahlhochbau mit Glasfassaden in erhöhter Niveaulage. Auch sie verfügt über einen Mittelbahnsteig und Abgänge an beiden Bahnsteigenden mit Treppe und Lift. Stadteinwärts mündet sie in eine großzügige Fußgänger- und Radfahrerquerung mit Passage. Hieran schließen auch die neuen Bushaltestellen an. Der stadtauswärts gerichtete Ausgang führt zu einer höher gelegenen Ebene und von dort zu den für das Areal neu geplanten Bauten.

Im Anschluss an die Station wird die Trasse über eine Rampe in die Tieflage übergeführt. Das Tunnelbauwerk zwischen den Stationen

„Aderklaaer Straße" und „Großfeldsiedlung" musste in sandig bis schluffig sandigen, Wasser führenden Tertiär sowie stark durchlässigen Donauschotter errichtet werden. Das Grundwasser steht an dieser seichten Lage rund 3–5,5 m über der tiefsten Aushubsohle.

Spundwände sicherten die Baugrube temporär, so dass die Baugrube innerhalb der ausgesteiften Spundwandtröge ausgehoben werden konnten. Nach Erreichen der Grundwassertiefe wurde mit Unterwasseraushub fortgefahren. Bevor die verankerte Unterwasserbetonsohle betoniert werden konnte, prüften Taucher Planmäßigkeit der Aushubsohle und Zustand der Spundwandschlösser. In die dichte Baugrube wurden schließlich die in wasserundurchlässigem Beton hergestellte Sohlplatte, Wände und Decke des Tunnelbauwerks errichtet. Überdimensionierte Wände erfüllen dabei eine schallhemmende Funktion. Das Tunnelbauwerk wurde abschließend überschüttet und die Oberfläche nach Ziehen der Spundwände wieder hergestellt.

Anspruchsvoll gestalteten sich auch die Unterfangungsarbeiten des unterkellerten sechsgeschossigen Wohnhauses in der Lhotskygasse, das von der U-Bahn-Trasse in Tieflage unterquert wird.

U1: Station „Großfeldsiedlung"

Schräg unter der Kürschnergasse, zwischen der Dopschstraße und der Gitlbauergasse, befindet sich zukünftig die unterirdische U-Bahn-Station „Großfeldsiedlung" in vertrautem Muster mit Mittelbahnsteig und Aufgängen an beiden Bahnsteigenden. Auf rund 190 m verläuft die Strecke im Stationsbereich rund 7 m unter Niveau. Der Stationstunnel ist als U-Bahn-Tunnel in seichter Tieflage konzipiert. Stadteinwärts befindet sich ein Stationsgebäude östlich der Kürschnerstraße, stadtauswärts westlich der Kürschnergasse.

Die Trassenführung im Anschluss an die Station verläuft auf rund 562 m in 7 m unter Niveau. Da dieser Streckentunnel ebenfalls in offener Bauweise realisiert wird, soll die Arbeit hinter Schutzwänden die Störung der Anrainer der nahen Umgebungsbauten minimieren. Die Ausführung dieses Streckenabschnitts erfordert durch die engen Platzverhältnisse zusätzlich eine präzise Einhaltung des Bauablaufs und eine optimierte Logistik.

Am Ende dieses Streckenabschnitts steigt die Trasse auf Niveaulage und endet mit einem Tunnelportal an der Schererstraße. Als Schallschutzmaßnahme ist das U-Bahn-Bauwerk im Bereich der Reihenhäuser Castlegasse überdimensioniert ausgeführt.

U1: Endstation „Leopoldau" mit Abstellhalle

Zwischen ÖBB-Bahnhof Leopoldau im Norden und Schererstraße im Süden befindet sich die neue Endstelle der U1. Auf 876 m Gesamtlänge sind, umgeben von Wohnquartieren unterschiedlicher Dichte, ein Rampenbauwerk, die U-Bahn-Station „Leopoldau" selbst, eine Wendeanlage sowie eine Abstell- und Revisionshalle untergebracht. Hier wird bis September 2006 ein neuer Umsteigeknoten fertig gestellt, der die S1 und S2 sowie ÖBB, diverse Buslinien und eine Park&Ride-Garage erschließt.

Von rund 6 m unter Niveau Schererstraße taucht die U-Bahn im Rampenbereich auf Niveau Schererstraße auf. Die Rampe ist mit einer begrünten Stahlbetonkonstruktion überdeckt, die in Richtung Bahn eine arkadenartige Öffnung aufweist. Im Anschluss an die Rampe mündet die Trasse in die Station Leopoldau. Über den Mittelbahnsteig gelangen die Fahrgäste zu den beiden Aufgängen am Ende des Bahnsteigs, die jeweils als Treppe mit vier Gehspuren und verglaste Aufzugsanlage gestaltet sind. Der Hauptaufgang stadteinwärts mündet über eine kleine Vorhalle mit Shops, Kiosken und Automaten in eine Fußgängerunterführung, die Richtung Süden zur Schererstraße und Richtung Norden zu S-Bahn-Station und zum Bus-Anschluss in der Thayagasse mündet. Der stadtauswärts gerichtete Aufgang führt ebenfalls zur Schererstraße.

Das Stationsgebäude ist als konventionelle Stahlbetonkonstruktion in Ortbeton- und Fertigteilbauweise errichtet. Stahl und Glas prägen die Fassaden in den Eingangsbereichen, während weiße Emailpaneele die Bereiche der Betriebsraumgruppen markieren. Im Innern finden sich vertraute U1-Gestaltungsdetails. Durch die vollständige Ein-

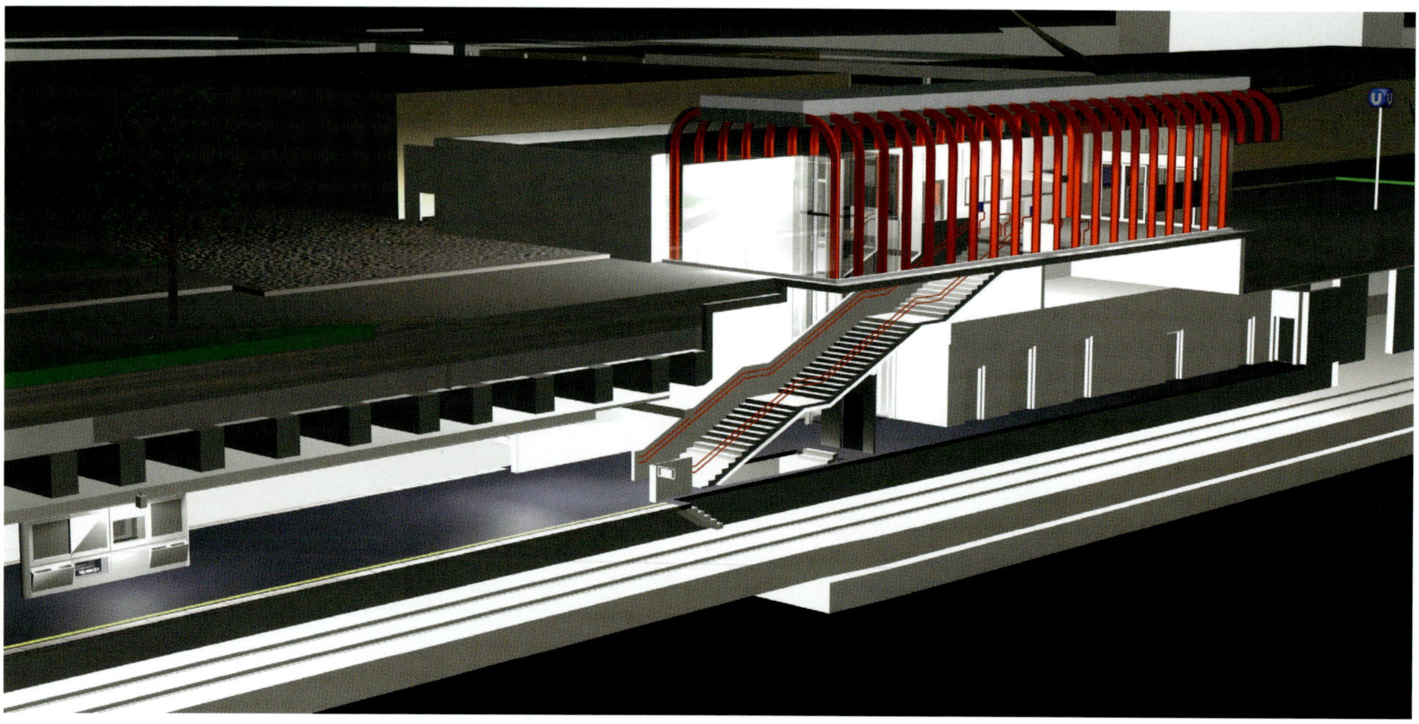

Der Streckenabschnitt bis zur U1-Station „Großfeldsiedlung" erforderte teilweise Unterwasseraushub mit Tauchereinsatz

Visualisierung: Arch. Moßburger, Wien

deckung des Stationsgebäudes wurde die Möglichkeit für eine spätere Überbauung offen gelassen. Oberhalb der U-Bahn Station befindet sich eine zweigeschossige Park&Ride-Anlage. Unmittelbar an die U-Bahn-Station schließt die viergleisige Wendeanlage mit drei Laufstegen.
Auf den Dachflächen werden Niederschlagswässer gesammelt und der Nutzwasserversorgung von Waschbox und öffentlichen WC-Anlagen im Stationsbereich zugeführt. Auf dem Trapezblechbogendach bzw. Flachdach der Abstell- und Revisionshalle werden die Niederschläge ebenfalls gesammelt. In diesem Fall solle jedoch die Versickerung in das Grundwasser nach einer mechanischer Vorreinigung den lokalen Wasserhaushalt aufrechterhalten.
Die Halle selbst ist in vier Hallenschiffe unterteilt und insgesamt 247 m lang, 55 m breit sowie rund 6,50 m hoch. Hierin befinden sich neben einer Waschbox für die Außenreinigung der Wagen und diversen Betriebsräumen zwölf Gleise – darunter neun Abstellgleise, zwei Revisionsgleise und ein Reinigungsgleis. Jedes Gleis der Abstellhalle kann von jedem Liniengleis direkt angefahren werden. 24 Langzüge

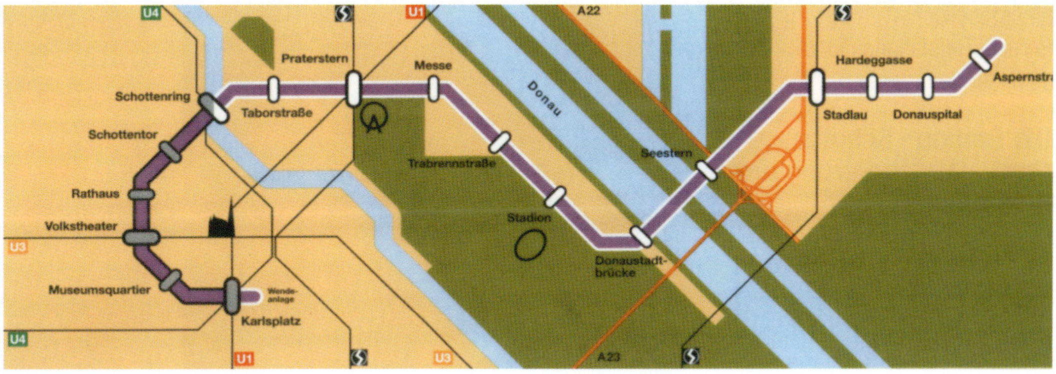

Derzeit größtes Infrastrukturvorhaben Wiens: Zwölf neue U-Bahn-Stationen für die U2

können an der Endstelle „Leopoldau" abgestellt werden, zwei weitere auf den Wendegleisen oder in der Station. Das mittlere Hallenschiff ist unmittelbar an die Wendegleise angebunden. Natürliches Licht fällt durch Lichtkuppeln und Lichtbänder in das Halleninnere. Während die hinterlüftete Fassadenkonstruktion des Stahlbetonfertigbaus nach Süden durch horizontal liegendes Alu-Wellblech gestaltet ist, wurde sie nach Norden als Schallschutzfassade ausgeführt, die aus Streckmetall mit schallabsorbierenden Matten und Vlieskaschierung aufgebaut ist.

Verlängerung der U2 um 9 km bis nach Aspern

Insgesamt elf neue U-Bahn-Stationen, bei einer Streckenlänge von über 9 km, sollen bis zur Fußball-EM 2008 zum Ernst-Happel-Stadion und 2010 bis nach Aspern fahren. Mit diesem ambitionierten Projekt der Stadt Wien und der Wiener Linien durchquert die Linie U2 zukünftig die gesamte Stadt vom Karlsplatz über den Praterstern bis in die Donaustadt in nur 25 Minuten. Da kann auch bei einer staufreien Süd-Ost-Tangente der Individualverkehr nicht mithalten.
Mit diesen Neubaumaßnahmen werden die großen Stadtentwicklungsgebiete des 22. Bezirks gut erschlossen. Mit der Planung der Streckenverlängerung wurde nach einer EU-weiten Ausschreibung die Ziviltechnikergruppe U2 beauftragt. Diese setzt sich unter Federführung von ISP Ingenieurbüro Schickl & Partner auch aus AGU Architektengruppe U-Bahn, Architekt DI D. Bernstein, E&P Ingenieurbüro Eggenfellner & Partner, Ingenieurbüro FCP Fritsch, Chiari & Partner, Ingenieurbüro DI Dr. G. Gilnreiner, Architektengruppe KUPA Kucera-Moßburger-Partsch, Ingenieurbüro DI H. Mittnik, Ingenieurbüro A. Pauser sowie Ingenieurbüro Dr. W. Potyka zusammen. Die konkrete architektonische Ausformulierung der Stationen, in Anlehnung an das bewährte, einheitliche Gesamtdesign, ergab sich im Rahmen eines durch die Wiener Linien EU-weit ausgeschriebenen mehrstufigen Architekturwettbewerbs, den die Architekt Katzberger Ziviltechniker Gesellschaft mbH für den Bereich Hochstationen und die Architekt DI Gerhard Moßburger Ziviltech-

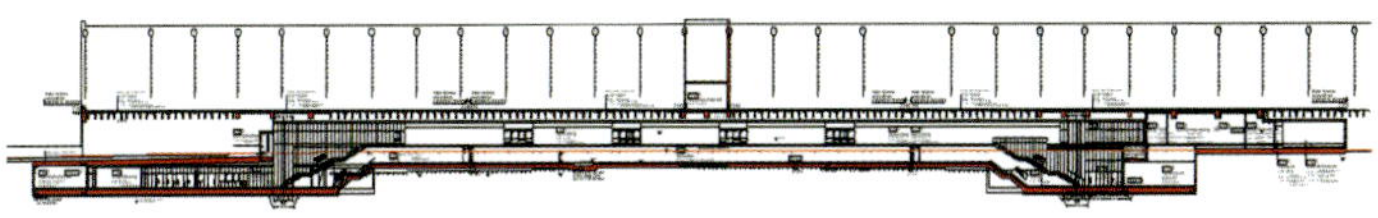

LÄNGSSCHNITT

Ab 2006 befindet sich die neue Endstelle der U1 in Leopoldau. Hier errichten die Wiener Linien zudem eine Abstell- und Revisionshalle für insgesamt 26 Langzüge

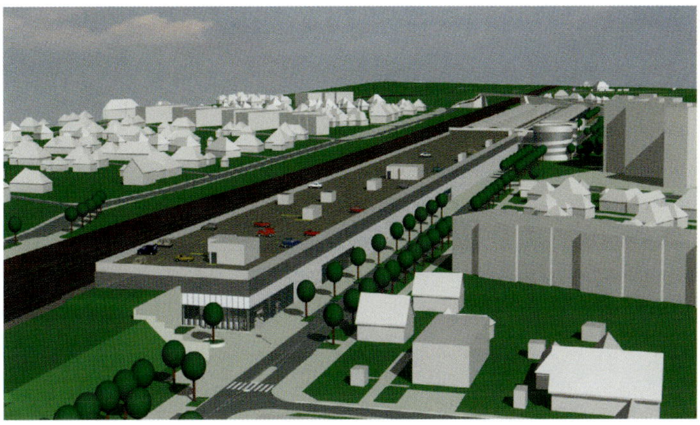

nikergesellschaft m.b.H. für den Bereich Tiefstationen für sich entscheiden konnten.

U2: Station „Schottenring" – Unterquerung des Donaukanals

Die Station „Schottenring" wird bei laufendem U-Bahn-Betrieb für 139,4 Mio. Euro zu einem mehrgeschossigen Umsteigeknoten zwischen U2 und U4 umgebaut. Der Bauabschnitt beginnt im 1. Bezirk unter dem Franz-Josefs-Kai und quert den Donaukanal in Höhe der ehemaligen Kaiserbadschleuse, um im 2. Bezirk mit einem neuen Nordaufgang zur Oberen Donaustraße zu gelangen. Die Bahnsteige der U2 befinden sich rund 13 bis 14 m unter dem Wasserspiegel des Donaukanals und 16–23 m unter dem Geländeniveau.

Die Neutrassierung quert den Donaukanal in geschlossenen Tunnelbauweise. Dazu werden zwei getrennte Tunnelröhren unter der Kaiserbadschleuse – aus der Zeit der Jahrhundertwende – mit einem Ausbruchquerschnitt von rund 76 m² im Schutze einer Baugrundvereisung aufgefahren. Das spezielle Prinzip der angewandten geschlossenen Bauweise zieht den umgebenden Boden des Tunnels als Tragelement heran. Beim Vortrieb bauen spezielle Bagger den Boden in Schritten ab und sichern diesen unmittelbar mit Spritzbeton. Stählerne Gitterträger und Baustahlgitter kommen hinzu. Schließlich wird eine 40 cm starke, bewehrte Innenschale aus wasserdichtem Innenschalenbeton eingesetzt. Diese Vorgehensweise hat sich als Neue Österreichische Tunnelbauweise (NÖT) inzwischen weltweit bewährt.

Unterquerung des Donaukanals in bergmännischer Bauweise (NÖT) im Schutze einer Baugrundvereisung

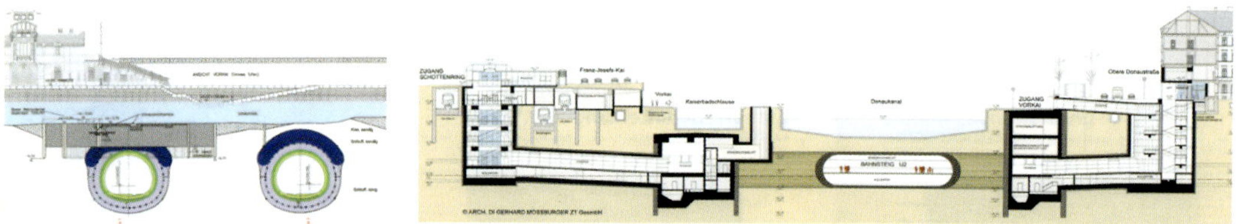

Die U2-Station „Schottenring" befindet sich unter dem Donaukanal, verbindet dabei den 1. und 2. Bezirk und wird zudem mehrgeschossiger Umsteigeknoten zwischen U2 und U4 Visualisierung unten: KOMME®Z

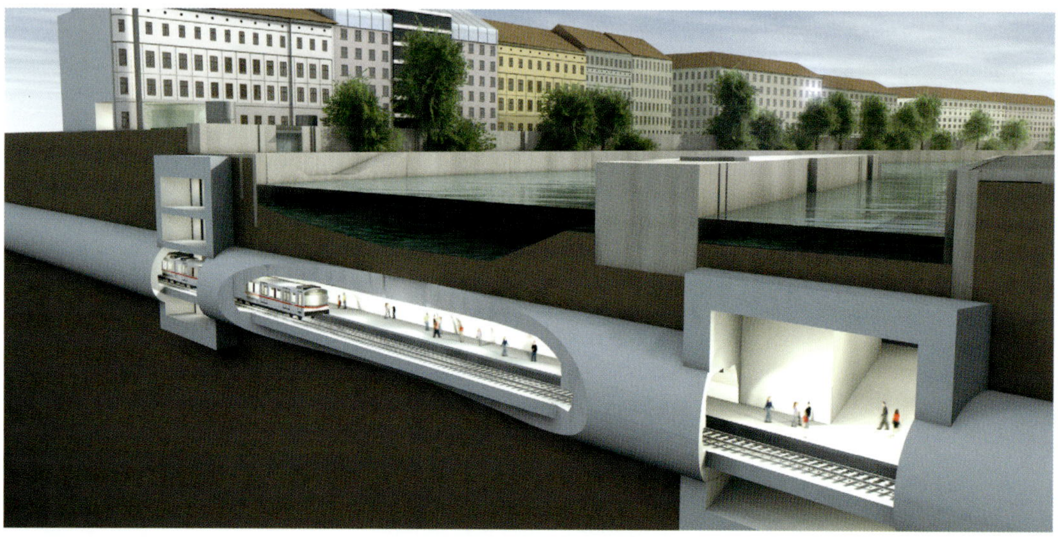

Die Baugrundvereisung wiederum dichtet den Ausbruchquerschnitt gegenüber dem Grundwasser, dem Donaukanal und Wegigkeiten des Wassers ab. Sie kühlt dabei den Untergrund soweit ab, dass das Bodenwasser gefriert. Auf diese Weise erhält der Boden gegenüber dem ungefrorenen Zustand eine höhere Festigkeit und wird zudem wasserundurchlässig. Ein solcher Frostkörper entsteht durch Gefrierrohre im Boden, in denen ein Kühlmittel zirkuliert, um dem Boden die Wärme zu entziehen und das Bodenwasser zum Gefrieren zu bringen. Diese Gefrierrohre bestehen aus zwei konzentrisch angeordneten Rohren. Während durch das innere Rohr der Kälteträger zuläuft, fließt er im Ringraum zwischen innerem und äußerem Rohr zurück und entzieht dem Boden dabei Wärme. Als Kälteträger in den Rohren dient bedarfsweise sowohl eine Salzlösung als auch flüssiger Stickstoff.

Beide U2-Stations-Röhren unterfahren die Schleuseninsel und den Donaukanal mit einer Überdeckung von rund 4,5 m über eine Länge von rund 75 m. Nach einer Aufgefrierphase des Frostkörpers um den Ausbruch beginnt der Vortrieb nach den Prinzipien der NÖT. Nachdem die Ortbeton-Innenschalen mit Bewehrung versehen sind, wird die Vereisung abgeschaltet, und der Frostkörper taut wieder auf. So bleiben im Nachhinein keine verfestigenden oder dichtenden Stoffe im Porenraum des Bodens. Ohne dass die Schifffahrt auf dem Donaukanal beeinträchtigt würde, entstehen so zwei getrennte Bahnsteigtunnel mit Seitenbahnsteigen, an deren Stationsenden jeweils neben dem Donaukanal platzierte, in offener Bauweise errichtete Schachtbauwerke die Verbindung zu den Stationsaufgängen im 1. und 2. Bezirk herstellen.

Eine feste Stiege, zwei Lifte und ein 3er-Block Rolltreppen führen vom neuen U2-Bahnsteig an die Oberfläche auf der Seite des 1. Bezirkes bzw. auf den U4-Bahnsteig. Zum Ausgang Herminengasse/Obere Donaustraße auf der Seite des 2. Bezirkes gelangen die Fahrgäste zukünftig über zwei Lifte bzw. eine feste Stiege vor das Eckhaus Obere Donaustraße 61/Herminengasse 2. Ebenso gelangt man hier vom Zwischengeschoss über einen Gang auf das Niveau des Donaukanalbegleitwegs.

U2: Station „Taborstraße" – 97 Gebäude unterfahren

Auf einer Länge von 700 m fällt das Niveau im Streckenabschnitt Taborstraße von -12,5 m WN weiter auf -16,5 m WN bis zur Unterquerung des bestehenden U1-Tunnels und des ÖBB-Bahnhofs Wien-Nord. Dann steigt die Trasse wieder an bis zur Station Praterstern.

Als Baumethode wurde die geschlossene Bauweise nach NÖT mit begleitender Grundwasserabsenkung gewählt. Offene Bauweise kommt lediglich für die Bereiche der Stationsaufgänge selbst und des Weichenschachts in der Heinestraße zur Anwendung. Die Grundwasserabsenkung ist notwendig, um die Tunnelröhren in dieser Tiefe trocken auffahren zu können. Dazu werden Rohrbrunnen auf beiden Seiten der Röhren angebohrt und so der Wasserspiegel unter die Tunnelsohle abgesenkt. Das abgepumpte Wasser wird in den Donaukanal abgeleitet, während das Verfahren insgesamt elektronisch gesteuert und überwacht wird. Um die Tunnelarbeiten sowie die Standsicherheit der oberirdischen Bebauung in diesem Bereich zu sichern, mussten Brunnen auf der Straße und in den Innenhöfen der Häuser erstellt werden. Nachdem das Tunnelbauwerk fertig gestellt wurde, konnte der Grundwasserspiegel wieder ansteigen.

Insgesamt 172 Gebäude im Bereich, der durch die Unterfahrung direkt und indirekt betroffen waren, mussten vor Einsatz der Baumaßnahmen begutachtet werden. Nicht wenige bedurften verbesserter Fundamente, bevor mit der Unterfahrung begonnen werden konnte. Für den Streckenabschnitt Taborstraße setzen die Wiener Linien Erdwärme zur Heizung und Kühlung der Station ein – in diesem Zusammenhang eine spannende Neuentwicklung. Die U-Bahn-Station selbst ist durch innen liegende Seitenbahnsteige auf rund 115 m in einer Tieflage von 12,5 gekennzeichnet, mit zwei Aufgängen über Rolltreppen, zwei feste Stiegen bzw. einen durchgehenden Lift an der Kreuzung Taborstraße/Obere Augartenstraße bzw. Novaragasse.

Zwischen Juni 2003 und Mai 2008 sorgen die Wiener Linien dafür, dass die Pläne und Entwürfe zur neuen U2-Station „Taborstraße" Wirklichkeit werden. Dazu müssen unter anderem fast 100 Gebäude unterquert werden
Visualisierungen: KOMME®Z

U2: Station „Praterstern"

Mit dem neuen, 358 m langen Streckenabschnitt U2/3 unterquert die zukünftige U2-Trasse in zwei eingleisigen Röhren den bestehenden U1-Tunnel sowie den ÖBB-Bahnhof Wien-Nord und fährt östlich davon in die Station „Praterstern" ein. Danach gewinnt sie bis zur Ausstellungsstraße an Höhe und mündet schließlich 8 m unter Niveau im Bereich Wolfgang-Schmälz-Gasse in den nächsten Streckenbauabschnitt.

Während die unterirdischen Streckenführung in bergmännischer Bauweise (NÖT) errichtet wird, kann die Station, die sich vom bestehenden Parkplatz des ÖBB-Station bis zur Grünfläche Venediger Au erstreckt, in offener Bauweise realisiert werden. Grundwasserabsenkungen sind dabei in Teilabschnitten notwendig.

Die unterirdisch gelegene Station „Praterstern" wird durch Deckelbauweise mit möglichst geringen Beeinträchtigungen an der Oberfläche ausgeführt. Dabei muss die mehrspurige Fahrbahn auf dem Praterstern abschnittsweise provisorisch verschwenkt werden. Die Bauarbeiten an der neuen U2-Station ziehen auch Umgestaltungsmaßnahmen an der U1-Station „Praterstern" nach sich. Mit der neuen U2-Station entstehen direkte Umsteigmöglichkeiten nicht nur zu U1, sondern auch zu Schnellbahn, Regionalbahnen, Straßenbahn und Bus.

Die Station selbst ist hallenartig konzipiert. Das Stationsgebäude besteht aus vier Untergeschossen. Rund um die Stiegenanlagen führen Öffnungen an der Oberfläche Tageslicht bis zum Bahnsteig hinunter. Am stadteinwärts gelegenen Bahnsteigende führen drei Lifte zu einem neuen, unter Niveau liegenden Passagengeschoss, das gleich einem Verteilergeschoss die jeweilige Verbindung zur U1, zur S-Bahn sowie zur Oberfläche herstellt. Eine feste Treppe, drei Rolltreppen und eine weitere feste Treppe, die etwa in Stationsmitte ansetzt, leiten den Hauptstrom der Fahrgäste in das Verteilergeschoss und weiter in die Halle östlich des ÖBB-Bahnhofs. Hier finden die Baumaßnahmen in enger Abstimmung mit dem Projekt „Bahnhofsoffensive Praterstern" statt. Am stadtauswärts gelegenen Stationsende erschließen ein Lift und eine feste Treppe die Grünfläche der Venediger Au.

Der unterirdische Verbindungsgang zur U1 zwischen bestehenden Widerlagern der ÖBB-Brücke und Straßenbahn quert Kreisverkehr und Lassallestraße. Dazu musste die Baugrubensicherung, die mittels verankerter Wände in Düsenstrahlverfahren hergestellt wurde, sowie der abschnittsweise Einbau einer Hilfsbrücke nachts durchgeführt werden, während die Fahrbahnen dazu verengt wurden.

U2: Station „Messe Prater" und Station „Krieau"

Nach der Station „Praterstern" unterquert die Trasse Venediger Au und Ausstellungsstraße in einem weitgezogenen Linksbogen und steigt dabei kontinuierlich von -17 m auf rund -8 m unter Niveau auf. Dieser Bereich wird in geschlossener Bauweise erstellt. Die Station „Messe Prater" befindet sich unter der praterseitigen Haupt- und Nebenfahrbahn der Ausstellungsstraße. Das gesamte Tunnelbauwerk erstreckt sich in diesem Streckenabschnitt U2/4 auf rund 680 m mit zwei Strecken- sowie einem Wendegleis.

Die Station ist in Tieflage mit Mittelbahnsteig und Aufgängen an beiden Bahnsteigenden konzipiert. Als Bahnsteigdach kommt ein Gründach mit kegelstumpfförmigen Öffnungen für natürliches Licht zur Ausführung. Der Mittelbahnsteig erschließt stadteinwärts über einen durchgängig verglasten Lift und Stiegen die Ausstellungsstraße vor der Grünen Hütte. Stadtauswärts gelangen die Fahrgäste über Stiegen, eine Fahrtreppe und einen ebenfalls verglasten Lift zum Messegelände am Kreuzungsplateau Messestraße/Ausstellungsstraße.

An der Oberfläche befinden sich die nach außen weitgehend transparent gestalteten, eingeschossigen Aufnahmegebäude. Die Gestaltung hält sich mit Deckenverkleidungen in Aluminiumpaneelen und Granit als Material der Wahl für Fußboden und Stiegenausführung an das durchgängige U2-Design.

Die Nivellette mit rund 8 m unter Gelände steigt nach der Station um 1,4 Prozent und erreicht über eine bogenförmig geführte Rampe vor dem Messegelände die Hochlage. Die rund 530 m lange Strecke zwischen den neuen Stationen „Messe Prater" und „Krieau" wird in offener Bauweise mit dem Tunnelportal außerhalb des Straßenbereiches der Ausstellungsstraße erstellt. Ein Notausstieg befindet sich unmittelbar nach dem Tunnelportal. Eine Garagenzufahrt der Wiener Messen, die im Rampenbereich die neue U-Bahn-Trasse unterquert, muss dabei durch ein Brückentragwerk überspannt werden.

Im Portalbereich und im Einschnittsbereich kamen hochschallabsorbierende Wandverkleidungen zum Einsatz. Lärmschutzwände zwischen den Gleisen und mit hochschallabsorbierenden Paneelen versehene Brüstungsfertigteile entlang der Gleise tragen zusätzlich zu einer guten Schallisolierung in diesem in Hochlage geführten Trassenabschnitt bei.

Die Station „Krieau" ist wie alle U2-Stationen, die in Hochlage realisiert werden, aus Witterungs- und Schallschutzgründen komplett eingehaust. Sie wurde als Brückentragwerk mit Mittelbahnsteig und Abgängen an beiden Bahnsteigenden parallel zur Vorgartenstraße konzipiert. Von hier aus stehen den Passagieren Anschlussmöglichkeiten zu verschiedenen Buslinien und ein zweiter Zugang zur Messe zur Verfügung.

U2: Station „Stadion"

Zum Bauabschnitt U2/5 zählen neben dem Stationsgebäude und den Streckenabschnitten zur Sta-

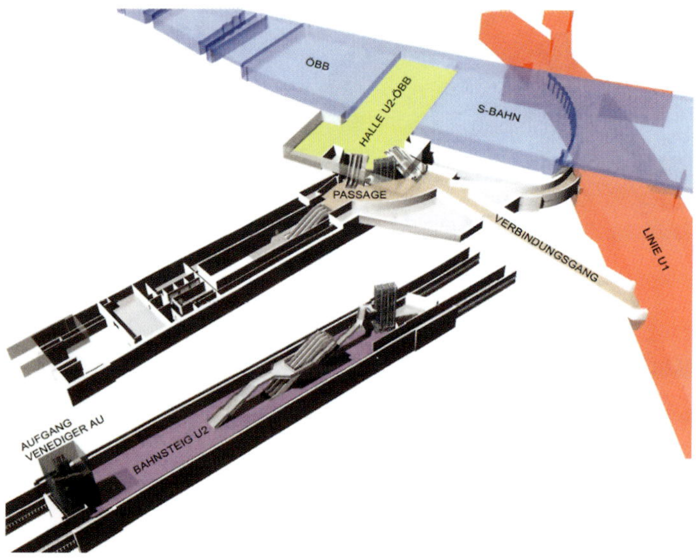

Die U2-Station „Praterstern" verbindet künftig die U2 mit U1, S1 und S2

Im U2-Streckenabschnitt Messe Prater–Krieau geht die U-Bahn-Trasse von der Tieflage wieder in die Hochlage über

tion „Krieau“ einerseits und zur Station „Donaumarina“ andererseits auch eine anschließende Wendeanlage sowie ein Betriebsgleis zum Bahnhof Erdberg. Die Konzeption musste hier eine entsprechend hohe Passagierkapazität während diverser Großveranstaltungen in Ernst-Happel-Stadion und Ferry-Dusika-Stadion mit berücksichtigen.

Auf insgesamt 990 m wird die U2-Trasse in diesem Bereich in Hochlage geführt. Für das 2.170 m lange Betriebsgleis, das nach der Wendeanlage in Tieflage übergeht, wurden Prater, A23, Heustadelwasser und Donaukanal unterfahren. Die Vortriebsarbeiten mittels Hydroschildmaschine wurden mit einem maximalen Gefälle ab Erdberg durchgeführt, denn nur so konnte eine ausreichende Tiefe zur Unterfahrung des Donaukanals erreicht werden. Alle 600 m wurden Notausstiegsschächte eingeplant.

Die dreigleisig konzipierte Station „Stadion“ mit zwei Mittelbahnsteigen ist in südlicher Seitenlage etwa parallel zur Vorgartenstraße angeordnet. Vollständig eingehaust auf rund 160 m Länge ruht sie rund 7,20 m über Niveau auf einem Stahlbetonbrückentragwerk. Die Bahnsteigeinhausung wurde als Stahl-Glas-Konstruktion konzipiert und das Dach begrünt. Durch den längsseits begleitenden, ergänzten Baumbestand in der Vorgartenstraße wird ein räumlicher Filter zwischen Station und Bebauung geschaffen.

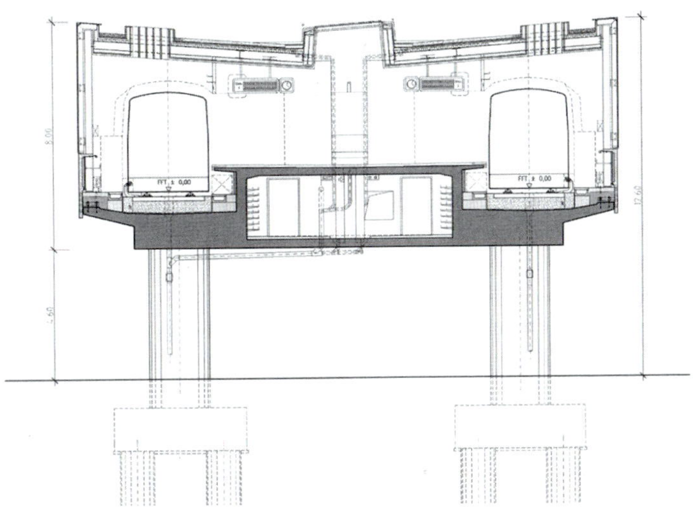

Unten: Für die U2-Station „Stadion“ sieht das Konzept eine besonders leistungsfähige Versorgung mit Verstärkerzügen im Veranstaltungsfalle vor. Dazu stehen drei Gleise zur Verfügung, von denen das mittlere durch Bahnsteige auf zwei Seiten profitiert und wahlweise für beide Fahrtrichtungen zum Einsatz kommen kann. Ein unterirdisches Betriebsgleis verbindet zudem direkt mit dem Bahnhof Erdberg
Architekt Katzberger ZT-Ges.m.b.H, Visualisierung: © dextro

Stadteinwärts und stadtauswärts wurde jeweils ein Aufnahmegebäude angeordnet, wobei in stadtauswärtiger Lage der Hauptzugang für die Sportanlagen des Ernst-Happel-Stadions und des Ferry-Dusika-Stadions anschließt. Beide Aufnahmegebäude sind mit festen Stiegen und je Bahnsteig mit einem verglasten Lift konzipiert. Mehrere hintereinander gestaffelte Stiegenanlagen sorgen bei Veranstaltungen für eine gleichmäßige Fahrgastverteilung auf den Bahnsteigen. Stadionseitig auf Straßenniveau eingerichtete Abfertigungsanlagen verhindern zusätzlich die Überfüllung bei Veranstaltungen.

Insgesamt acht Zugänge bewältigen nahezu 23.000 Stadionbesucher pro Stunde. Durch die Einrichtung eines dritten, mittig angeordneten Gleises mit beidseitig angeordneten Bahnsteigkanten können Verstärkerzüge zum Ein-

Oben: So wird sich die neue U-Bahn-Station „Stadlau“ den Wienern ab 2010 präsentieren. Abbildungen mit freundlicher Genehmigung durch Architekt Katzberger ZT-Ges.m.b.H,
Visualisierung: © Wolfgang Beyer

Unten links: Eindrücke von der U2-Station Hardeggasse. Unten rechts: Im Innern der U2-Station Donauspital

satz kommen, so dass im Zwei-Minuten-Takt bis zu 890 Passagiere transportiert werden können. Das Konzept ist inzwischen auch für andere Städte in Europa, USA und Asien interessant geworden. Die Wiener Variante kostet die Stadt rund 151 Mio. Euro. Sie kann schon zur Fußball-EM 2008 ihre Leistungsstärke unmittelbar unter Beweis stellen. Das Betriebsgleis sorgt für raschen Nachschub mit weiteren Zügen.

U2: ... und mit sechs weiteren Stationen bis zur Aspernstraße

Die U2-Streckenabschnitte bis zum Stadion werden allesamt im Mai 2008 in Betrieb genommen. Die Trasse entlang der danach folgenden Bauabschnitte „Donaumarina“, „Donaustadtbrücke“, „Stadlau“, „Hardeggasse“, „Donauspital“ und Endstelle „Aspernstraße“ verlaufen in Hochlage. Dieser Streckenabschnitt wird erst 2010 in Betrieb genommen.

Der Bauabschnitt „Donaumarina“ etwa besteht aus der hochliegenden Station am rechten Donauufer im Bereich der Yachthafenanlage „Marina Wien“. Die Donaustadtbrücke überspannt die Donau schon seit 1995 als Schrägkabelbrücke aus Stahl mit Vorlandbrücken aus Stahlbeton. Sie war seinerzeit für die Aufnahme einer U-Bahn vorgesehen und wird im Rahmen der aktuellen dritten Ausbauphase des Wiener U-Bahn-Netzes für die Querung der U2-Trasse über die Donau adaptiert. Die Station „Donaustadtbrücke“ wiederum wird am linken Donauufer den öffentlichen Verkehr neu an die Donauinsel anbinden. Sie befindet sich unmittelbar nach der Donaumarina über der Donauuferautobahn A22 und deren Zufahrtsrampe vom bzw. zum Knoten Kaisermühle.

Schräg über einer geplanten S80-Trasse, der Kaisermühlenstraße und bestehenden Sportplätzen wird die Station „Stadlau“ in Hochlage realisiert. Fahrtreppen, feste Treppe und Lift binden die U2 hier künftig über den stadtseitigen Aufgang des Mittelbahnsteiges an die geplante S80-Station und die Ostbahn an. Auch die Station „Hardeggasse“, nördlich des Stadlauer Friedhofs im Bereich der Kreuzung Hardeggasse/Schickgasse, ist in Hochlage konzipiert. Parallel zur Langobardenstraße und zur Trasse der Straßenbahnlinie 25 wird die Station „Donauspital“ gebaut. Zwei Abgänge führen von den Bahnsteigen zur bestehenden Straßenbahnhaltestelle vor dem Donauspital sowie zur Tamariskengasse.

Die vorläufige Endstelle „Aspernstraße“ ist als Mittelbahnsteigstation konzipiert und zudem durch eine Wendeanlage geprägt. Sie liegt quer über der Erzherzog-Karl-Straße, mit Aufgängen an beiden Stationsenden und einem zusätzlichen Mittelaufgang. Die anschließende dreigleisige Wendeanlage reicht über die Aspernstraße hinaus. Das freie Umfeld in Stationsnähe wird durch eine großräumige Platzgestaltung städtebaulich auf die U-Bahn-Haltestelle abgestimmt. Geplant sind weiterhin – ganz im Sinne einer urbanen Stadtentwicklung in diesem Gebiet – Büros und Wohnungen sowie ein Einkaufszentrum in unmittelbarer Nähe zur Station. Die Endstelle dient als Umsteigknoten für das Sekundärnetz und wird zudem durch Park&Ride-Flächen geprägt. Die Station „Aspernstraße“ ist damit vorläufig die Endstelle für die U2.

Mit der Ausbauphase 3 erhält die Stadt 9 km U-Bahn-Trasse, die Wien für die kommenden 20–50 Jahre spürbar prägen wird.

Bauherr:
Wiener Linien GmbH & Co KG
Abteilung Neubau
U-Bahn-Planung, Wien

Finanzierung:
Stadt Wien, Republik Österreich

Partner am Bau:

- Vermessung VSP Stolitzka & Partner ZT GesmbH
- Meixner Vermessung
- Cegelec GmbH Solutions & Services
- GEOCONSULT WIEN ZT GmbH
- desco – Kälte-Klima-Rückkühltechnik GmbH
- MRG Metzger Realitäten Gruppe Immobilien
- Heinisch Ges.m.b.H. Klima, Wassertechnik, Lüftung, Heiz- und Regeltechnik
- FCP Fritsch, Chiari & Partner ZT GmbH
- ABB AG Informationsmanagement, Energie- und Automationstechnik
- P. C. Wagner Elektro-Thermit Schweißgesellschaft m.b.H.
- RWE Solutions Austria GmbH
- Architektengruppe U-Bahn Holzbauer Marschalek Ladstätter Gantar Ziviltechniker GmbH
- Architekt Katzberger ZT GmbH
- hauer & stix Ziviltechnikergesellschaft mbH. Ingenieurkonsulenten für Vermessungstechnik
- Ingenieurbüro A. Pauser Ziviltechniker Ges.m.b.H.
- Dipl.-Ing. Herwig Reider Staatlich befugter und beeideter Zivilingenieur für Bauwesen
- Ingenieurbüro Pistecky
- VERBUNDPLAN GmbH Ingenieur- und Beratungsunternehmen
- Dipl. Ing. Wolfgang Tötzel ZT – GmbH
- GAWAPLAN Haustechnische Anlagen Ges.m.b.H.
- Dipl.Ing. Josef Mayer ZT Ges.m.b.H. für Bauwesen
- DonauConsult Zottl & Erber Ziviltechnikergesellschaft m.b.H.
- iC consulenten Ziviltechniker GesmbH
- Baumeister Diplom Ingenieur Franz Mörtinger & Co.
- Bauunternehmen Dipl. Ing. Dinstl & Resinger & Co. G.m.b.H.
- SG Connect Electronics Handelsgesellschaft m.b.H.
- Zivilingenieurbüro Dipl. Ing. Dr. Helmut Effenberger
- BAHNBAU PETRI Hoch- und Tiefbau GmbH u. Co. KG
- Groll Bau Ges.m.b.H.
- PUR Grundbau und Umwelttechnik GmbH
- WOLEK AG Stark- und Schwachstromtechnik
- Troges Ges.m.b.H. Lüftungstechnik
- P. Dussmann GmbH Facility Management, Catering
- Jellinek KG. NfG. Ges.m.b.H. Transportunternehmen
- Böhlerstahl Vertriebsgesellschaft m.b.H.
- VAE Eisenbahnsysteme GmbH
- Getzner Werkstoffe GmbH
- Grüne Oase Gartengestaltungs GmbH
- Bohr- und Rohrtechnik Gesellschaft m.b.H.
- Ing. E.&K. Schindler Bauunternehmung
- Kallinger Bau GmbH
- Friedrich Zisch & Söhne Ges.m.b.H. Malerei, Anstrich, Tapeten, Bodenbeläge
- E & G Pils Ges.m.b.H. & Co. KG Nah- und Ferntransporte
- Vossloh Kiepe Ges.m.b.H. Bahnsysteme, Verkehrstechnik
- HAZET Bauunternehmung GmbH
- Wildenhofer Wassertechnik GmbH
- Dr. Sasse Gebäudedienste GmbH
- KMB Metallbau GmbH
- Anton Sadovszky Inh. Michnig GmbH Bau- und Portalglaserei
- SPL Powerlines GmbH&CoKG Fahrleitungen, Nachrichtenkabelmontage, Sonderprojekte & Anlagenbau
- Alfred Dorfer Ges.m.b.H. Pauserei
- Peter Hartmann GesmbH Bauspenglerei, Schwarzdeckerei
- Baecker & Partner GmbH Sicherheitsunternehmen
- Blitz Blank Reinigung-Dienstleistungsunternehmen GmbH
- Center Communication Systems GmbH
- BAWAG P.S.K. Leasing GmbH
- ZT-Kanzlei Dipl.-Ing. Gerhard Pranger Staatlich befugter und beeideter Zivilingenieur für Elektrotechnik
- Dipl. Ing. Alfred Offner Gesellschaft mbH Gebäudetechnik
- ERGE Installationen Ges.m.b.H.
- Nowak & Steiner Tischlerei Ges.m.b.H.
- NMP Naturstein Montage GmbH & CO KG.
- Adolf Tobias Ges.m.b.H. Tor- und Parktechnik, Zaunbau
- Eisenschutzgesellschaft m.b.H.
- Dipl. Ing. Dr. Josef Pfleger Staatlich befugter und beeideter Ingenieurkonsulent für Vermessungswesen
- Dipl.-Ing. Josef Gebeshuber Staatlich befugter und beeideter Zivilingenieur für Bauwesen
- TOTAL FIRE-STOP Brandschutztechnik GmbH
- KERABELA Fliesenverlegungs-Ges.m.b.H.
- Robert Rupp GesmbH Stahl- und Alubau, Nirosta-Verarbeitung, Werbeservice, Portalbau
- H&W Montage GesmbH
- Karl Josef Hanausek GmbH Verglasungen
- ESW Consulting WRUSS Ziviltechnikergesellschaft mbH
- Link ges.m.b.h. Schlosserei
- W. Heiss Ges.m.b.H. Bauunternehmen, Rammtechnik, Baumaschinenhandel und –reparatur
- SFL Stahl-, Fassaden- und Lüftungsbau GmbH
- ATB Spezialbau GmbH
- Dipl.-Ing. Dr.techn. Manfred FROSS
- Potyka und Partner ZT GmbH
- Zipp Baufertigteil-Vertriebs Ges.m.b.H.
- Ingenieurbüro ste.p Stella & Stengel Partner Ziviltechnikergesellschaft m.b.H.
- SW Umwelttechnik Österreich GmbH
- Holcim (Wien) GmbH Beton, Zement
- Österreichische Doka Schalungstechnik GmbH
- G. Hackenberg Holzhandel
- Albrechtsberger Gesellschaft m.b.H.
- RIHA Gesellschaft m.b.H. Feuerschutz, Zargen, Türen, Tore

Die zukünftige U2-Endstelle „Aspernstraße" setzt durch eine urbane Platzgestaltung Impulse für die Stadtentwicklung in diesem Areal
Architekt Katzberger ZT-Ges.m.b.H Visualisierung: © Wolfgang Beyer

VSP Vermessung Stolitzka & Partner

ist ein interdisziplinär tätiges Ingenieur- und Beratungsunternehmen im Fachgebiet Geodäsie und deren Anwendungen im Bauwesen

arts of ENGINEERING

Innovation und Qualität bilden die Grundlagen für die Dienstleistungen der Ziviltechnikergesellschaft VSP Vermessung Stolitzka & Partner.

Die Arbeiten in der Vermessung und Planung für Hochbau, Tiefbau und Bahnbau sind auf die Optimierung von Lösungen ausgerichtet. Ein Beispiel dafür ist die stufenweise Trassenoptimierung des Wiener U-Bahn-Netzes. Gemeinsam mit den Wiener Linien und der Track Technology Group Vienna (www.ttgv.at) wird das U-Bahn-Netz mit der Advanced Track Alignment Methode überarbeitet, um die Lebenszykluskosten zu optimieren.

Eine Vielzahl von Referenzobjekten, von denen einige auf der Homepage des Unternehmen vorgestellt werden, stellen die Leistungsfähigkeit des Ingenieurbüros dar, das derzeit ca. 30 Mitarbeiter beschäftigt.

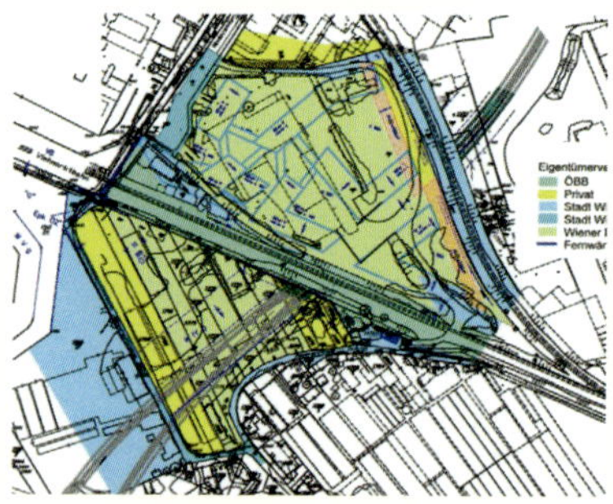

Die Kernkompetenzen von VSP:

- Tunnelmesstechnik
- Vermessung und Trassierung im Bahnbau
- automatisierte Mess- und Steuerverfahren für Bauwesen und Industrie
- Planungsgrundlagen für Infrastruktur, Hoch- und Tiefbau
- LCC-basierte Planung und Datenerfassung für Bahn- und Hochbau
- Liegenschaftsvermessung
- Standortentwicklung für die Immobilienbranche
- vermessungstechnische Baubetreuung Hochbau
- Photogrammetrie
- digitale Bildverarbeitung

Vermessung VSP
Stolitzka & Partner ZT GesmbH

1070 Wien
Schottenfeldgasse 79
Tel. +43 (1) 470 64 03
Fax +43 (1) 470 64 03-299
office@vsp.co.at
www.vsp.co.at

VERMESSUNG meixner
T 01 587 96 16
E meixner@meixner.com

MEIXNER VERMESSUNG
Ingenieurkonsulent für Vermessungswesen
Linke Wienzeile 4, 1060 Wien
Fon: 01 587 96 16, Fax: 01 587 34 32
meixner@meixner.com, www.meixner.com

Als eines der führenden europäischen Unternehmen in den Bereichen Photogrammetrie, Grundkataster, Grundbuch, GPS, GIS und digitaler Kartenerstellung ist Meixner Vermessung weltweit tätig. Seit 1939 hat das traditionsreiche Familienunternehmen, heute unter Leitung von Dipl.-Ing. Dr. techn. Harald Meixner, seinen Hauptsitz in Wien. Über 50 Mitarbeiter werden allein in Österreich beschäftigt. Niederlassungen und Tochterunternehmen finden sich inzwischen auch in der Slowakei, Russland, Rumänien, Ungarn, Kroatien, Albanien und Tschechischen Republik.
Die Leistungspalette umfasst ein breites Spektrum an technischen und Consulting Dienstleistungen. Dazu zählen unter anderem digitale Luftbildflüge mit der weltweit einzigartigen UltraCamD®, Geodätische Vermessung, Katastervermessungen, Fernerkundung, Verkehrszeicheninformationssysteme, Vermessungsdienstleistungen für das Road-Pricing, Ingenieurvermessungen und Geo-Marketing. Umfangreiche Gelände- und Präzisionsvermessungen weltweit werden kurzfristig als Grundlage für Verkehrswegeprojekte angeboten. Bei der Entwicklung von Stadtmanagement-Informationssystemen ist Meixner unter anderem in China im Einsatz.

Kundengerecht, flexibel, leistungsbereit

Cegelec – Kompetenz auf solidem Fundament

Weltweit präsent mit technischen Lösungen und Dienstleistungen

Cegelec versteht sich als Partner seiner Kunden. Gemeinsam mit ihnen werden Lösungen für die elektrotechnische Ausrüstung von Industrieanlagen, Infrastruktureinrichtungen – wie etwa die Wiener U-Bahn oder die neue Hauptkläranlage in Wien –, Automatisierungslösungen sowie Wartungs- und Instandhaltungsleistungen erarbeitet.

Wesentlich für eine gesicherte und störungsfreie Funktion von Infrastruktureinrichtungen sind effiziente Energieverteilung, sichere Ersatz- und Notstromversorgung, funktionsspezifische Beleuchtung, optimale Klimatisierung, schnelle Kommunikation und Information sowie die Automatisierung betriebstechnischer Anlagen. Anlagengeschäft beginnt mit Vertrauen – besonders, wenn es um Aufgaben mit hohem Anteil an Systemintegration oder sogar Übernahme der Verantwortung als Generalunternehmer geht.

Cegelec ist ein weltweit ausgerichteter Anbieter von Dienstleistungen und technischen Lösungen für Unternehmen und öffentliche Auftraggeber. Cegelec erwirtschaftet als weltweit vernetztes Service-Unternehmen einen Umsatz von etwa 3 Mrd. Euro und beschäftigt 26.000 Mitarbeiter an rund 1.200 Standorten in über 30 Ländern. Der Konzern ist in den Geschäftsbereichen Energieerzeugung und -verteilung, Automatisierungs- und Steuerungstechnik, Informations- und Kommunikationstechnik, Heizung, Klima, Lüftung, Mechanik und Mechatronik tätig und bietet Dienstleistungen rund um den Anlagenbau an. Cegelec leistet für seine Kunden von Beginn an eine umfassende Projektbetreuung mit eigenem Personal und liefert auf Wunsch auch alle erforderlichen Services während der Nutzungsphase eines Gebäudes oder einer Anlage.

Die Kernkompetenzen der österreichischen Konzerngesellschaft liegen in den Bereichen Gebäude- und Infrastrukturtechnik sowie Anlagen- und Automatisierungstechnik. Langjährige Kunden wie die Wiener Linien, Opel Austria, Bank Austria Creditanstalt oder die Entsorgungsbetriebe Simmering vertrauen auf die Kompetenz und das Engagement der MitarbeiterInnen von Cegelec Österreich.

Ausbau des Wiener U-Bahn-Netzes – Cegelec ist dabei

Sanierung des Wiener UNO-Standortes – Cegelec ist dabei

Unten links: Sanierung des Oswaldibergtunnels, Kärntens längstem zweiröhrigen Tunnel mit neuer Sicherheits- und Elektrotechnik – Cegelec ist dabei
Unten Mitte: Errichtung der modernsten Kläranlage Europas in Wien – Cegelec ist dabei

Anlagen und Automatisierung:
Cegelec GmbH, Wien

Erfahrung zahlt sich aus!

Desco plant, realisiert und betreut Klimaanlagen für jeden Anwendungsbereich

Die Firma Desco ist seit mehr als 30 Jahren ein kompetenter und zuverlässiger Partner, wenn es um gutes Klima geht. Desco bietet ein Komplettpaket von der Betreuung durch den Außendiensttechniker, über die Planung und Auslegung, bis hin zur Montage durch qualifizierte und erfahrene Monteure und Servicetechniker.

Viele verschiedene Anwendungsbereiche fordern viele unterschiedliche Lösungen. Ob es um die Klimatisierung von Wohnungen, Geschäftslokalen oder Industrielösungen geht, Desco hat für jeden Anwendungsbereich die perfekte Lösung. Das Produktsortiment beginnt bei „kleinen" mobilen Klimageräten, geht über Klimaschränke und Multisplit-Klimageräte, bis hin zu Roof-Top-Dachklimazentralen und Fan-Coils-Gebläsekonvektoren. Luftentfeuchter und -befeuchter in allen Größen und Ausführungen gehören ebenfalls zum Programm. Die Luftfeuchtigkeit ist ein bestimmender Faktor, wenn es um gutes Klima geht, und Desco ist in der Lage, den optimalen Wert durch Be- oder Entfeuchtung zu gewährleisten.

Die Mitarbeiter des Unternehmens sind technisch jederzeit auf dem neusten Stand und somit in der Lage, den Kunden Qualität und ein faires Preis-Leistungs-Verhältnis anzubieten.

Bei der Einführung der VRF-Technologie (Variable Refrigerant Flow) gehörte die Firma Desco zu den ersten Anbietern, die VRF-Anlagen am österreichischen Markt genützt haben. Dieses innovative Multi-System verspricht – dank der ausgereiften, aber dennoch einfachen Technik – einen bisher nicht gekannten wirtschaftlichen Betrieb sowie Flexibilität in der Planung. Der direkte Wärmeübergang zwischen Kältemittel und Luft ermöglicht hohe Wirkungsgrade, da keine Verluste durch zusätzliche Wärmetauscher entstehen. Die zehnmal größere spezifische Wärmekapazität von Kältemittel im Vergleich zu Wasser ermöglicht kleinere Leitungsdurchmesser, kleinere Innen- und Außeneinheiten sowie geringere Luftfördermengen. An eine Außeneinheit können bis zu 16 Inneneinheiten angeschlossen werden. Den Kunden stehen mit verschiedenen Gerätetypen und unterschiedlichen Kapazitäten insgesamt 44 Varianten mit einer Leistung von 2,2 kW bis 17,5 kW zur Verfügung. Die gesamte Nennkälteleistung eines Systems beträgt dabei 22,4 kW bzw. 28 kW, und die maximale Anschlussgröße beträgt bis zu 130 Prozent des Nennwertes. Auch bei Außentemperaturen bis –15 °C kann mit dem VRF-System gekühlt oder geheizt werden.

In der 30-jährigen Firmengeschichte von Desco wurden rund 20.000 Projekte selbst betreut oder mit Partnern erfolgreich geplant und ausgeführt. Somit hat die Firma Desco ein enormes Potenzial aus Erfahrungen gepaart mit sehr gut geschulten und ausgebildeten Mitarbeitern. Dies versetzt das Unternehmen in die Lage, auch die außergewöhnlichsten Projekte gewissenhaft und korrekt durchzuführen. Erfahrung zahlt sich aus!

Der nachstehende, kleine Auszug aus der Referenzliste des Unternehmens benennt einige realisierte Projekte aus den letzten Jahren:

- Bundesrechenzentrum Wien Notkälte für Systemräume 633 kW, 17 Stück Klimaschränke
- Neue Messe Wien: Rückkühlleistung 3.875 kW, 8 Stück luftgekühlte Trockenrückkühler mit Adiabatiksystem
- U-Bahn-Leitstelle Erdberg: Kälteleistung 350 kW, 1 Stück Flüssigkeitskühler mit freier Kühlung und 5 Stück Klimaschränke
- Remise Ottakring: Kälteleistung: 120 kW, 1 Stück Flüssigkeitskühler und 60 Stück Ventilatorenkonvektoren
- Universität f. Angewandte Kunst: Kälteleistung: 140 kW, Heizleistung: 160 kW, 5 Stück VRF-Anlagen mit 46 Inneneinheiten

Anbieter:
desco – Kälte-Klima-Rückkühltechnik GmbH
Wien

Starker Partner für gutes Klima

desco®

Kälte-Klima-Rückkühltechnik

Desco GmbH., Doerenkampgasse 1, 1100 Wien
Tel.: 01/869 16 38, Fax: 01/865 38 20
Internet: www.desco.at, e-mail: office@desco.at

Airwell

FUJITSU

BLUE BOX

AIR BLUE

CAREL

KAUT THE AIR COMPANY

Klima

- Mobilklimageräte
- Fensterklimageräte
- Splitklimageräte (mit Wand-, Truhen-, Kassetten- und Deckengeräten)
- Multisplitklimageräte
- VRF-Systeme (mit Wand-, Truhen-, Kassetten- und Deckengeräten)
- Klimaschränke
- Präzisionsklimageräte für EDV- und Telekomanlagen
- Roof-Top-Dachklimazentralen

Kälte

- Fan Coils - Gebläsekonvektoren
- Kälteaggregate für Direktverdampfung
- Kompaktkaltwassersätze
- Splitkaltwassersätze

Rückkühlung

- Glykolkühler mit Axial/Radialventilatoren
- Hybridrückkühler
- Kondensatoren

Befeuchtung

- Dampfbefeuchter mit Tauchelektroden oder elektr. Widerstandsheizung
- Zerstäuberbefeuchtungs-system
- Zentrifugalbefeuchter

Entfeuchtung

- Entfeuchtungsgeräte für Privat, Gewerbe und Industrie
- Schwimmbad- und Hallenbadentfeuchtungs-geräte

HEINISCH - kompetent und zuverlässig in Sachen

Klima

- Mobile Klimageräte
- Split Klimageräte
- Multi-Split Klimageräte
- Kaltwassersätze
- Gebläsekonvektoren
- Kompakt-Klimageräte
- Klimaschränke
- VRF-Systeme
- Weinklimageräte

Wassertechnik

- Zentrifugalpumpen, Unterwasserpumpen
- Hauswasserautomatiken
- Tauchpumpen, Fäkalienpumpen
- Schwimmbadfilter, Schwimmbadzubehör
- Wasserenthärter, Dosierungen Filter

Weitere

- Luftbefeuchtung, Luftentfeuchtung
- Zentralstaubsauganlagen
- Glasheizkörper
- Design-Wandholzöfen

Ventilatoren/Lüftung

- Fenster- und Mauerventilatoren
- Rohreinschub-/Schaltschrankventilatoren
- Thermoventilatoren, Elektrolufterhitzer
- Kanalexhaustoren
- Wandring-/Rohreinbauventilatoren
- Ex-geschützte Ventilatoren
- Zentrifugal-/Industrieventilatoren
- Dachexhaustoren
- Zentralentlüftung
- Lüftungskästen
- Kontrollierte Wohnraumlüftung
- Kompletten Lüftungszubehör
- Arbeitsplatzabsaugung
- Elektrostatische Luftreiniger
- Händetrockner, Seifenspender

Heiz- u. Regeltechnik

- Regelgeräte, Mischer und Stellmotore
- Heizungspumpen
- Lufterhitzer
- Torluftschleier
- Begleitheizung
- Heizmatten, Heizbänder
- Elektrische Heizung

HEINISCH

Heinisch Ges.m.b.H.
Oberlaaer Strasse 231
A-1100 Wien

Tel: 01/68007 - 0*
Fax: 01/68007 - 710

info@heinisch.at
www.heinisch.at

FCP

Fritsch, Chiari & Partner ZT GmbH
www.fcp.at

Generalplanung
Tragwerksplanung
Verkehrsplanung
Bauüberwachung
Stat.-konstr. Prüfung
Projektmanagement
Begleitende Kontrolle
Prüf- und Messtechnik
Forschung und Entwicklung

1 Messe Wien Neu, Wien
Generalplanung

2 VIE - Air Cargo Center &
Handling Center West, Flughafen Wien
Generalplanung

3 U2/2 Taborstraße, Wien
Prüfingenieur

FCP

ist ein international tätiges Ziviltechnikerbüro im Bauwesen mit 150 Mitarbeitern.

High-Tech-Linien mit Komfort

Informationsmanagement, Energie- und Automationstechnik von ABB für effektive U-Bahn-Netze in Wien

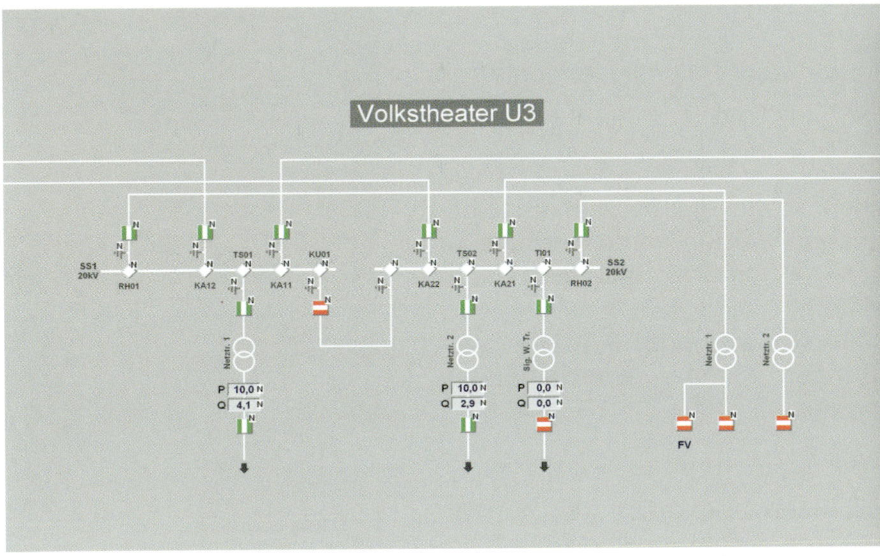

Als Spezialist für innovative Technologien bei U-Bahnen ist ABB schon seit mehreren Jahrzehnten ein verlässlicher Partner der Wiener Linien. Mit Produkten und Systemen für mehr Sicherheit und Komfort: Neben dem zentralen Überwachungssystem liefert ABB auch Schaltanlagen für die Traktionsstrom- und Niederspannungsverteilung sowie Automatisierungseinrichtungen für die Überwachung der U-Bahn-Stationen.

ABB AG

Clemens-Holzmeister-Straße 4
A-1810 Wien
www.abb.at, office@at.abb.com

ABB

P. C. WAGNER ELEKTRO – THERMIT

SCHWEISSGESELLSCHAFT m.b.H.
Ein Unternehmen der Goldschmidt-Thermit-Gruppe

A-1230 WIEN ERLAAER STRASSE 161 Telefon +43/1/66 77 531-0 Fax +43/1/66 77 531-55
E-Mail: office@pcwagner.at vertrieb@pcwagner.at geschaeftsleitung@pcwagner.at

Unser Unternehmensziel - Ihr Partner für die Schiene!

- **THERMIT®-Schienenschweißungen**
  zum lückenlosen Verbinden von Vignol- und Rillenschienengleisen unabhängig von äußeren Energiequellen.

- **ELEKTRO-Schweißungen**
  Die Vergütung von Schienenfahrflächen sowie die Instandsetzungsarbeiten an Schienen- und Weichenanlagen werden von uns entweder mittels elektrischer Lichtbogen-Handschweißung oder nach dem Ellira-Unterpulverschweißverfahren durchgeführt.
  Neben den Auftragsschweißungen führen wir jede Art von Verbindungs- und Baustahlschweißungen mit Spezialgeräten automatisiert oder als Handschweißung aus.

- **Klebestöße**
  Isolierende Klebestöße teilen die Schienenstromkreise der Signaltechnik in Abschnitte zur Beeinflussung des Sicherungssystems beim Wechsel des Zuges von einem Stromkreis in den nächsten. Leitende Klebestöße verbinden Schienen, die schwer verschweißbar sind.

- **Schienenschmiergeräte**
  reduzieren den Verschleiß, wodurch die Lebensdauer um das 4-fache erhöht wird, und dämmen die Lärmentwicklung bei der Befahrung ein.

- **Heißluft-Weichenheizungen**
  Vorrichtung, bei der die durch Propan- oder Erdgasbrenner erwärmte Luft mittels eines Gebläses in Rohrleitungen zur Weiche weiterströmt, um diese von Schnee und Eis freizuhalten.
  Die Steuerung erfolgt vor Ort, von der Verteilerstation oder vom Stellwerk aus bzw. per Online-Datenübertragung.

- **Gleisabschlüsse & Schrankenanlagen**
  Wir sind die Generalvertretung der Firma A. Rawie GmbH & Co.KG für Gleisbremsschuhe, Brems- und Festprellböcke für Vignol- und Rillenschienengleise sowie für Schrankenanlagen und Zutrittssysteme.

- **Vortok®-Spiralen**
  zur einfachen Schraubenloch-Sanierung in Holzschwellen zur Verlängerung der Liegedauer.

Als weltweit tätiges, ISO 9001/2000 zertifiziertes Unternehmen bieten wir Ihnen Komplettlösungen nach Maß, von Entwurfs- und Planungsarbeiten, über Berechnungen, Gutachten, technische Dokumentationen, fachgerechte Ausführung der Arbeiten bis hin zu Service- und Wartungsarbeiten.

www.pcwagner.at

RWE Solutions Austria

Ihr Partner in einem starken Unternehmensverbund

RWE Solutions Austria GmbH, ist die österreichische Landesgesellschaft der RWE Solutions AG (Frankfurt), eines der führenden internationalen Anbieter von integrierten Infrastrukturlösungen für Industrie und Versorgungswirtschaft. Gleichzeitig ist die RWE Solutions Austria das Kompetenzzentrum für verkehrstechnische Systeme innerhalb der RWE Solutions Gruppe. Für das nachfolgend beschriebene Vertriebsprogramm reichen die Leistungen vom aufgabenspezifischen Engineering über Fertigung, Montage und Inbetriebnahme bis hin zu Service und Betriebsführung.

- **Industrie- und Infrastrukturlösungen**
- **Verkehrslösungen**
- **Service und Infrastrukturmanagement**
- **Technische Dienstleistungen**

RWE Solutions Austria GmbH Lastenstraße 19 A-1230 Wien
Tel.: +43 (1) 86386 - 0* E-Mail: info@rwesolutions.at Infos unter: www.rwesolutions.at

U
U2
U2

hauer & stix

Ziviltechnikergesellschaft mbH.

Ingenieurkonsulenten für Vermessungswesen

+43-1-407 62 03 +43-1-407 62 024 A-1170 Wien, Kalvarienberggasse 67/9

- Angewandte Präzisionsmesstechnik für Grundlagenschaffung, Überwachung, Prüfung und Kontrolle im Bau- und Montagewesen.
- Vorgabenorientierte Umsetzung von Geometrien und Koordinaten in Planungs-, Produktions-, Fertigungs-, und Bauprozesse.
- Messmanagement
  Geoinformation
  MQM

INGENIEURBÜRO

A. PAUSER

Ziviltechniker Ges.m.b.H.

Br.h.c. DI Karl BESCHORNER
Br.h.c. DI Peter BIBERSCHICK
DI Helmut KRAL, DI Gerald FOLLER
ZIVILINGENIEURE FÜR BAUWESEN
Konsulent: em.O.Univ.-Prof. Br.h.c. Dr. A. PAUSER

1130 Wien, Münichreiterstr. 4, 31
T+43/1/8773204 F+43/1/8773204-30
office31@pauser.at www.pauser.at

BERATUNG • PLANUNG • BAUAUFSICHT • GUTACHTEN

Verbundplan

Ein Unternehmen der Jaakko Pöyry Group

Österreichs führendes Ingenieur- und Beratungsunternehmen in den Bereichen:

- ❑ Wasserkraftanlagen
- ❑ Dämme und Talsperren
- ❑ Energieübertragung
- ❑ Wasserwirtschaft
- ❑ Baukoordination und Industriebau
- ❑ Bau- und Projektmanagement
- ❑ Umwelt- und Bautechnik

VERBUNDPLAN GmbH
Laaer-Berg-Straße 43
A-1100 Wien, Österreich
Tel.: +43 (0) 50313-0 • Fax: +43 (0) 50313-165
vpl@verbundplan.at
www.verbundplan.com

Auf dem Gebiet der Tragwerksplanung für Revitalisierungen, Rekonstruktionen – insbesondere unter Beachtung denkmalpflegerischer Aspekte und Auflagen – kann man im Büro der Ziviltechniker für Bauwesen auf langjährige und umfangreiche Erfahrungen verweisen.
In Zusammenarbeit mit Robert Harrauer wurde beispielsweise die Tragwerksplanung für die umfassende Restaurierung und Erweiterung des Gebäudekomplexes der Albertina in Wien projektiert und realisiert. Neben Tragverkehrsplanungen und Baubetreuung für Hochbau- und Gleisbahnprojekte der Wiener Linien übernimmt das Ingenieurbüro Aufgaben der Baustellenkoordination und erstellt Gutachten.

Tragwerksplanung - Baubetreuung - Gutachten

Statisch-konstruktive Planungen für

- Hochbauten
- Gewerbebetriebe
- Historische Bauten
- Industrieanlagen
- Verkehrsprojekte

DIPL. ING. WOLFGANG TÖTZEL ZT – GmbH
INGENIEURKONSULENT FÜR BAUINGENIEURWESEN
1040 WIEN JOHANN-STRAUSS-GASSE 45/3
TEL. 01/4 79 69 77 FAX 01/4 70 44 84
E-MAIL: toetkon@aon.at

GAWAPLAN

Haustechnische Anlagen Ges.m.b.H
1180 Wien, Theresiengasse 11
Tel.:43/1/402 36 96 Fax DW 19
www.gawaplan.at
haustechnik@gawaplan.at

TECHNISCHE BÜROS INGENIEURBÜROS
MITGLIED DES FACHVERBANDES

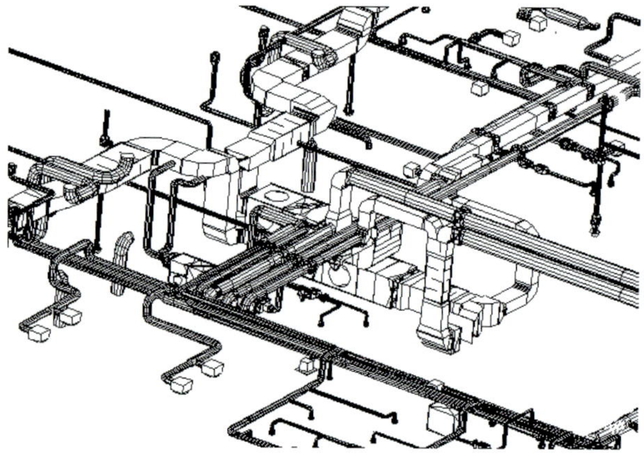

Unsere Planungen umfassen:

- Heizungs-, Lüftungs-, Klima-, Sanitär- und Kühlanlagentechnik
- Gebäudeautomation
- Elektrotechnik (Stark- und Schwachstrom)
- Medizintechnik
- Brandschutztechnik
- Tankstellentechnik
- Sicherheitstechnik
- Sonderanlagen

1999 - 30 Jahre GAWAPLAN
mit unseren Kunden
Unser Ingenieurbüro wurde 1969 gegründet. Wir sind als eigenständiges Unternehmen der unabhängige Partner für unsere Kunden

Unsere Dienstleistungen umfassen:

- Beratungen
- Einreichung
- Teilnahme an den Verhandlungen
- Planerstellung auf CAD
- Vergabe
- Erstellung von Bestellunterlagen
- Technische Bauleitung
- Abnahme mit Leistungsmessungen
- Fernüberwachung von haustechnischen Anlagen
- Überprüfungen nach dem Elektrotechnikgesetz
- Überprüfungen nach dem Luftreinhaltegesetz
- Prüfung von Betriebsanlagen nach § 82b Gewerbeordnung
- Wirtschaftlichkeitsuntersuchungen für Alternativenergien
- Messungen
- Langzeitmessungen

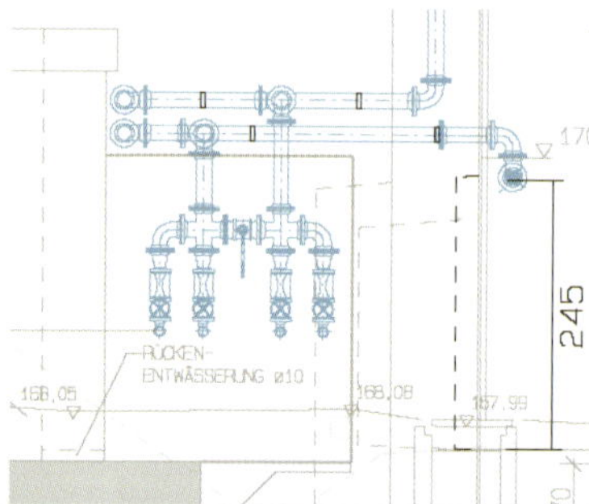

PYHRNAUTOBAHN OBJEKT PY 51 TALÜBERGANG STEYR

HOCHSTRASSE FLORIDSDORF GEH- UND RADWEGBRÜCKE SÜD

DONAUBRÜCKE PÖCHLARN

OFFICE PARK VIENNA INTERNATIONAL AIRPORT

DIPL.ING.JOSEF MAYER

ZT GES.M.B.H. FÜR BAUWESEN
A-1130 WIEN, GEYLINGGASSE 27/2/17
TEL. 877 66 08-0 FAX. 877 52 09
e-mail office@jmayer.at

ZT

INGENIEURLEISTUNGEN

KONSTRUKTION STATIK
CONTROLLING PRÜFUNG
BERATUNG GUTACHTEN
PLANUNG OPTIMIERUNG

ZIVILINGENIEURBÜRO DIPL. ING. DR. HELMUT EFFENBERGER

Staatlich befugter und beeideter Zivilingenieur für Technische Chemie

A-1160 Wien
Seeböckgasse 32b
Tel. 01/4 08 35 80
Fax 01/4 08 35 80-34

A-6840 Götzis
Wiedengasse 25
Tel. 0 55 23/6 37 48
Fax 0 55 23/6 37 83

BIU TEC
Environmental Experts

WWW.EFFENBERGER.AT

WWW.BIUTEC.AT

Staatl. akkreditierte Prüfstelle für Umweltanalytik und Umwelttechnik

BIUTEC-CHEMISCHES PRÜFLABORATORIUM FÜR BODEN, WASSER, LUFT

Das Zivilingenieurbüro Dr. Effenberger sowie die angeschlossene gemäß EN ISO 17025 akkreditierte Prüfstelle BIUTEC wurden im Jahr 1987 von Dipl. Ing. Dr. Helmut Effenberger gegründet und sind als Dienstleistungsunternehmen national und international für Umweltanalytik, Umwelttechnik und Consulting im Umweltbereich tätig.

Neben Wasser und Abwasser, Luft, Luftschadstoffen, Lebensmitteln, Kosmetika, Pharmazeutika und Giftstoffen sind es vor allem **Boden und Abfall,** mit denen sich hoch qualifizierte Umwelt-ExpertInnen im Zivilingenieurbüro Dr. Effenberger beschäftigen, um maßgeschneiderte Lösungen für diverse Umweltprobleme zu liefern. Das Zivilingenieurbüro besitzt langjährige Erfahrung im Bereich der fachgerechten Probenahme, Untersuchung und gutachterlichen Beurteilung von Böden und Abfällen diverser Baustellen (U-Bahnbau U2/4, Auftraggeber: Wiener Linien; Autobahnbau S1, Auftraggeber: asfinag; Industrieanlagenbau etc.), Verdachtsflächen und Altlasten. Das vielfältige Leistungsangebot reicht dabei von chemischen Baugrunduntersuchungen für die Nutzung als Lebens- und Erholungsraum, über Liegenschaftsuntersuchungen für Industrie und Gewerbe, bis hin zu Bodenuntersuchungen für landwirtschaftlich und gärtnerisch genutzte Flächen. Besonders die Erkundung von Verdachtsflächen und Altlasten mittels Ersterfassung, Vorerhebungen und hydrogeologischer Erkundungen bildet einen wichtigen Schritt für die anschließende chemisch-analytische Schadensfeststellung in Boden, Grundwasser und Bodenluft. Darauf folgend werden vom Zivilingenieurbüro Gefährdungsabschätzungen und weit reichende Sanierungskonzepte erstellt, welche sowohl die Planung, Consulting und die begleitende Überwachung (Aushub- und Verfuhrbetreuung) für hydraulische Grundwassersanierungen, Bodenluftabsaugung, Bodenwäsche oder biologischer In-Site- bzw. On-Site-Sanierung miteinschließen. Auch Vorortmessungen durch Einsatz eines Mobillabors sind möglich.

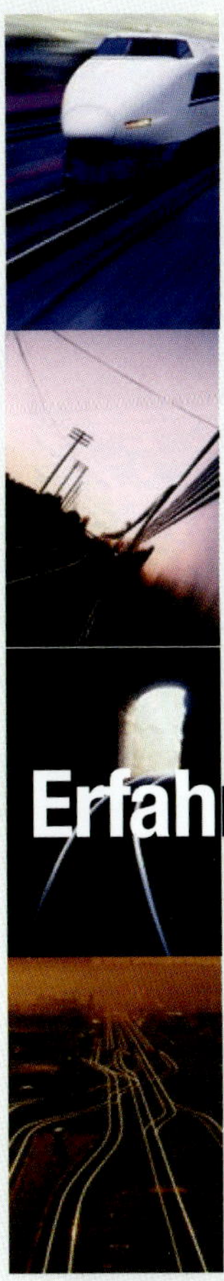

Für den ÖBB-Konzern ist die BAHNBAU PETRI GesmbH & Co. KG seit über 50 Jahren im Gleiserhaltungs- und Neubaubereich tätig.

Für die Wiener Linien ist das Unternehmen seit mehr als 40 Jahren im Straßenbahnsektor/Rillenschienenoberbau und seit seinen Anfängen im Sektor U-Bahn-Bau erfolgreich tätig.

Im Sektor Industrieanlagen und Anschlussbahnen werden in enger Zusammenarbeit mit den Auftraggebern Vignol-, Feld- und Kranbahnanlagen projektiert und ausgeführt.

- **Projektierung von Gleisanlagen jeglicher Art**
- **Evaluierung von Rangiermöglichkeiten**
- **Planung effizienter Waggonbewegungen**
- **Erhaltungs- und Sanierungsarbeiten**
- **Gleis- und Weichen-Neulagen**
- **Rillenschienen-Oberbau**
- **U-Bahn-Bau**
- **Eisenbahnkreuzungen**
- **Mattengleise und Weichen**

Erfahrung, Kompetenz und Qualität für den Gleisbau

BIP

BAHNBAU PETRI
Hoch- und Tiefbau GmbH u. Co. KG
Lindenweg 28
A-2351 Wiener Neudorf
Tel. +43 22 36/6 23 06
Fax +43 22 36/6 23 06-44
office@bahnbau-petri.com
www.bahnbau-petri.com

PUR

Synergien durch vernetzte Dienstleistungen.

Facility Management

Gebäudetechnik
Sicherheit/Feuerwehr
Gebäudereinigung

Catering

Betriebsgastronomie
Verpflegung im Sozialbereich
Kinder- und Schulverpflegung

STAATLICHE AUSZEICHNUNG

Dussmann-Service

P. Dussmann GmbH
Modecenterstraße 14, 1030 Wien
Tel.: (01) 33 29 420-0, Fax: DW -90
pedus-service@wien.dussmann.at
www.dussmann.at

JELLINEK KG. Nfg. Ges.m.b.H.

TRANSPORTUNTERNEHMEN

- LKW und LKW-Züge bis 40 Tonnen
- Sämtliche Transporte mit Ladekran
- Spezialkräne bis 175 mto
- Mulden- und Containertransporte
- Schwertransporte

Büro, Garage und Lagerplatz:
1120 Wien, Sagedergasse 52–56, Telefon 804 16 68, Fax: 804 18 40 33, transporte@jellinek.at, www.jellinek.at

Böhler – wir fühlen uns in der Welt des Stahls zu Hause

Die Böhlerstahl Vertriebsgesellschaft hat bei den österreichischen Werkzeug- und Formenbauern als Edelstahllieferant – vorrangig aus der Produktion Böhler Edelstahl – einen ausgezeichneten Ruf. Doch unser Unternehmen ist noch in anderen Branchen der erste Ansprechpartner: Die Böhlerstahl vertreibt die Schweißzusatzwerkstoffe der Schwestergesellschaft Böhler-Schweißtechnik Austria GmbH. Böhler ist seit 1926 – also seit den Anfängen der Lichtbogen-Schweißtechnik – erfolgreich. Böhler (weltbekannte Stahltradition) ist führend in der Entwicklung von neuen Schweißzusätzen bzw. laufenden qualitativen Verbesserungen. Böhler hat hervorragendes Anwendungs-Know-how und sorgt für Lösungen bei den komplexesten Anforderungen. Böhler bietet nicht nur Produktqualität im Hinblick auf Eigenschaften der einzelnen Güten, sondern legt großen Wert auf die Gleichmäßigkeit der Produktion. Nur dadurch ist sichergestellt, dass jeder geschweißte Zentimeter vollkommen identisch hohe Qualität gewährleistet.

Unser Lieferprogramm im Bereich Schweißzusatzwerkstoffe umfasst:

- Schweißzusätze für sämtliche Schweißverfahren
- über 4.000 Artikel: Stabelektroden, Schutzgasdrähte und -stäbe, Autogenstäbe, Drähte und Pulver für die Unterpulverschweißung, Fülldrähte
- Technische Anwendungsberatung

Sind Sie auf der Suche nach Spezialprofilen in kleinen Mengen? Wir vertreiben die Produkte unserer Schwestergesellschaft der Böhler-Ybbstal Profil GmbH, welche mit ihren über 5.000 unterschiedlichen Spezialprofilformen zu den weltweit erfahrendsten Anbietern von Profilstahl gehört. Durch eine Mindestbestellmenge von rund 500 kg sind auch Kleinlose zu interessanten Preisen abbildbar.

BÖHLERSTAHL
Vertriebsgesellschaft m.b.H.

Nordwestbahnstraße 12-14 A-1201 Wien
Tel. +43/(0)1/3 31 37-0
Fax +43/(0)1/3 31 37-2 13
leitung@boehlerstahl.at
www.bohler.at

Systemlösungen mit elastischen Werkstoffen
Getzner Werkstoffe GmbH
Herrenau 5, P.O. Box
A-6706 Bürs, Austria
Tel. +43/55 52/201-0
Fax +43/55 52/201-899
e-mail: sylomer@getzner.at
www.getzner.at
Zug um Zug zum Ziel!
Über 30 Jahre Erfahrung:
Mit innovativen Systemlösungen
integriert Getzner Elastizität in den Oberbau.
getzner
WERKSTOFFE

Baumpflege Gartengestaltung Sportplatzbau Kinderspielplätze Biotope Schwimmteiche Dachbegrünung Wegebau
Pflasterungen Bewässerungsanlagen Rodungen Wurzelstockfräsungen Erdarbeiten
Grüne Oase
Grüne Oase Gartengestaltungs GmbH,
1020 Wien, Seitenhafenstraße 15/4/5, Fon 01 729 51 38, Fax 01 729 85 43, office@grueneoase.at, www.grueneoase.at

BOHR- UND ROHRTECHNIK

GESELLSCHAFT M.B.H.

Ihr verlässlicher Partner im industriellen Anlagen- und Rohrleitungsbau

Bohr- und Rohrtechnik Gesellschaft m.b.H. • Brünner Straße 73 • A-1210 Wien
Tel.: (+43 / 1) 29 103– 0 Fax.: (+43 /1) 29103 – 200 • E-Mail: contact@bur.at • www.bur.at

Wir machen nicht alles und nicht um jeden Preis.
Aber das, was wir machen, machen wir sehr gut.

- ▶Spengler
- ▶Dachdecker
- ▶Schwarzdecker
- ▶Beschichtungen

Solide – das ist unsere Linie. Damit meinen wir nicht nur die fachliche Umsetzung, denn davon gehen unsere Kunden ohnehin aus. Wir beraten fundiert, schon in der Planungsphase. Und wir freuen uns ebenso wie Bauherren und Planer, wenn die Spenglerarbeiten gelungen sind.
Exzellente Referenzen auf allen Gebieten der Bauspenglerei zeichnen unser 30-köpfiges Team vom Dach-Fach aus. Unsere Dächer funktionieren!

BAUSPENGLEREI SCHWARZDECKEREI
PETER HARTMANN GESMBH

Peter Hartmann GesmbH
Wiedner Hauptstraße 46, 1040 Wien
Tel. 01 585 51 27, 01 585 51 28, Fax: DW 15
office@hartmann-gesmbh.at, www.hartmann-gesmbh.at

2006 RHEINZINK QUALITÄTS-SPENGLERBETRIEB

SICHERHEIT ist ...?

Zu tun worauf's ankommt, wenn man nicht sicher ist, ob man sicher ist!

B&P BEWACHUNG DIENSTLEISTUNG INFORMATION

Baecker & Partner GmbH

Die Baecker & Partner GmbH ist ein österreichisches Sicherheitsunternehmen mit über 150 Mitarbeitern. Das Führungsteam, eine seit über 15 Jahren bewährte Mannschaft, betreut Kunden im gesamten deutschsprachigen Raum. Die Zielsetzung der Firma ist das Erarbeiten und Umsetzen wirkungsvoller Sicherheitslösungen für die gesamte Wirtschaft. Seit vielen Jahren sorgen die Mitarbeiter der Baecker & Partner GmbH bei den Wiener Linien für die Sicherheit aller Personen, die im befahrenen Gleisbereich Wartungs- und Bauarbeiten durchführen müssen.

Aspangstraße 49
1030 Wien
Tel. 01/7 98 50 20
Fax 01/7 98 50 20-23
office@bewachung-baecker.at
www.bewachung-baecker.at

Mit 900 objektgeschulten Mitarbeitern, modernsten Geräten und ausgefeilter Arbeitslogistik ist Blitz Blank einer der führenden Dienstleister im Bereich Reinigung – und das schon seit dem Jahr 1935.
Die professionelle, schnelle und effiziente Reinigung unter Einsatz modernster, umweltschonender Methoden basiert auf dem Fachwissen, das über drei Generationen als Garant für unsere gleich bleibende Qualität kontinuierlich ausgebaut wurde. Unsere Geräte und Maschinen sind mobil und das europaweit. Blitz Blank ist absolut flexibel, insbesondere auch im Bereich der Arbeitszeit.

Unterhaltsreinigung

Büroreinigung
Einkaufszentren
Industriebetriebe
Hotelservice
Haustechnik/Hausbesorgerservice
Sonderreinigung

Technische Reinigung

Technische Instandhaltung
Maschinenreinigung
Trockeneisstrahlen
Fluid-Management

Blitz Blank Reinigung- Dienstleistungsunternehmen GmbH
Shuttleworthstraße 4–8/ Objekt 34, 1210 Wien
Tel. 01-20 20 100, Fax 01-20 20 101
office@blitzblank.net, www.blitzblank.net

Seit 25 Jahren für die Wiener Linien im Einsatz

BLITZ BLANK
... für eine saubere Lösung.

Center Communication Systems GmbH besteht seit 1968 und ist Spezialist für drahtlose Kommunikation.
Als einziger Gesamtanbieter in Österreich arbeitet Center Systems für öffentliche Institutionen, Industrie und Unternehmen verschiedenster Branchen. Über den gesamten System- und Produktlebenszyklus hindurch steht dabei die Zufriedenheit der Kunden – von Beratung, Planung, Design, Entwicklung, Engineering bis hin zur Inbetriebnahme und Service – im Mittelpunkt. Für die Wiener Linien realisiert Center Systems seit vielen Jahren erfolgreich Aufgaben aus den Leistungsbereichen Tunneltechnik und Leitstellentechnik.

Center Communication Systems GmbH
Headquarters Austria
Ignaz-Köck-Straße 19
A-1210 Wien
Tel. +43 (0)1 90 199-0
Fax +43 (0)1 90 199-19
office@centersystems.at
www.centersystems.at

center systems

BAWAG P.S.K. Leasing bietet seit mehr als 25 Jahren Immobilien-Leasing, samt umfangreichen Dienstleistungen, an. Egal ob es sich dabei um Schulen, Kindergärten, Feuerwehrgebäude, Bauhöfe, Verwaltungsgebäude und Kultur- und Sportzentren oder um die Entwicklung von Betriebsansiedlungsgebieten handelt: Die verschiedenen Leasingmodelle werden von der BAWAG P.S.K. Leasing mit der Zielsetzung entwickelt, für Gemeinden das Optimum an Wirtschaftlichkeit herauszuholen. Welches Modell am Besten geeignet ist, erarbeiten die Mitarbeiter der BAWAG P.S.K. Leasing gerne im persönlichen Kundengespräch.

www.leasing.at

Immobilien-Leasing:

Kontakt: BAWAG P.S.K. Leasing GmbH

Mag. Norbert Gröger, LL.M. Tel. 01/369 20 20/413 oder
Mag. Nikolaus Seifert Tel. 01/369 20 20/414

Informationen finden Sie auch unter **www.leasing.at.**

Platz zum Wachsen?

Mehr Spielraum mit Immobilien-Leasing.

Jetzt so günstig wie noch nie!

Wie schnell Ihre Anforderungen
im öffentlichen Bereich auch wachsen –
Ihre Infrastruktur wächst mit! Die Liquidität bleibt in der Gemeinde!
Ihr Spielraum bleibt dank BAWAG P.S.K. Leasing erhalten.

Info-Hotline 0810 20 52 51

Einfach mehr Spielraum. BAWAG P.S.K. Leasing

ZT- Kanzlei Dipl.- Ing. Gerhard Pranger

STAATLICH BEFUGTER u. BEEIDETER ZIVILINGENIEUR f. ELEKTROTECHNIK

Prüfingenieurtätigkeit
Gutachtertätigkeit

Hochfrequenz-
Mobilfunk- Radartechnik
EMV- Blitzschutztechnik

Energietechnik
Schwachstromtechnik

Elektronische Kommunikationstechnik
Netzwerktechnik
Elektroinstallationstechnik

Planung- Beratung- Bauaufsicht- Abnahme

Ausstellungsstrasse 45
A-1020 Wien
fon +43 1 728 21 22 -0
fax +43 1 728 21 22 -2
mail:g.pranger@EUnet.at

Waldweg, Nondorf 118
A-3945 Hoheneich
fon +43 2855 404
fax +43 2855 404
mail:g.pranger@EUnet.at

Die Dipl. Ing. Alfred Offner Gesellschaft m.b.H. ist mit über 150 Mitarbeitern und einem eigenen, hoch spezialisierten Planungsbüro in der Lage, auch komplexe Problemstellungen in den Bereichen Sanitär, Heizung, Klima und Lüftung optimal zu lösen und zuverlässig umzusetzen. Projekte wie das AKH Wien, öffentliche Schwimmbäder, das Wiener Rathaus und diverse U-Bahn-Stationen beweisen: hier arbeiten Profis für Profis.

 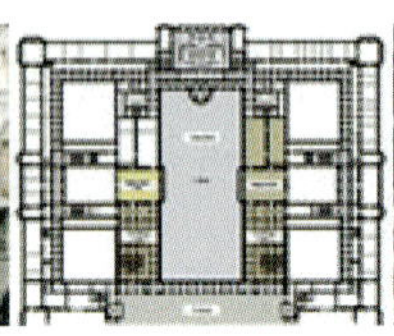 

Errichtung von Sanitär-, Heizungs-, Klima- und Lüftungsanlagen

DIPL. ING. ALFRED OFFNER
GESELLSCHAFT MBH

GEBÄUDETECHNIK

1210 Wien, Ignaz-Köck-Strasse 9 Tel. 01/278 98 88 http://www.offnerwien.at

Spezialisten in allen Bereichen
perfekter Kundenservice
persönliche Beratung
perfekte Durchführung

Installationscenter
Lieferservice
24-Std.-Notfallservice
Vor-Ort-Service

Reparatur-, Service- und Instandhaltungsarbeiten von Gas-, Wasser- und Heizungsanlagen Errichtung von Sanitär- und Heizungsanlagen in öffentlichen Objekten Komplettausstattungen von Ein- und Mehrfamilienhäusern

Die 1972 gegründete ERGE Installationen hat sich aus einer Zwei-Mann-Firma zu einem florierenden mittelständischen Betrieb mit ca. 100 Mitarbeitern entwickelt. Das durch den Staat ausgezeichnete und nach ISO 9001:2000 zertifizierte Unternehmen sorgt mit der kontinuierlichen Ausbildung von Lehrlingen für die Sicherstellung von qualifiziertem Personal auch in der Zukunft. Für das Ziel der Geschäftsleitung, in partnerschaftlichem Zusammenspiel mit den Kunden deren Vorstellungen und Visionen im Sanitär- und Heizungsbereich zu realisieren, stehen hoch motivierte Monteur- und Technikerteams zur Verfügung. Die Sanitärabteilung übernimmt die Planung und Durchführung sämtlicher Installationsarbeiten im öffentlichen wie privaten Bereich. Im Heizungssektor reicht die Leistungspalette von kleineren Reparaturarbeiten, über Wohnungsinstallationen, Anlagen- und Rohrbau, dem Bau von Kesselhäusern, Umformer- und Übergabestationen, Fernwärme-, Öl- und Gasleitungen, bis zur Errichtung mobiler Öl- und Gaskesselcontainer.

STAATLICHE AUSZEICHNUNG

TÜV CERT
EN ISO 9001: 2000
Zertifikat Nr. 20 100 7458

ERGE

ERGE InstallationenGes.m.b.H.
Vivenotgasse 29 A-1120 Wien
Tel. 01/ 8 12 15 22-0
Fax 01/ 8 12 15 22-6
zentrale@erge.at **www.erge.at**

Gas-Wasser-Heizung • Elektro • Isoliertechnik • Planung und Durchführung

Ein moderner Betrieb mit langer Tradition

Die Nowak & Steiner Bau- und Möbeltischlerei ist im Bereich Altbausanierung und Neubau tätig

Die Leistungspalette umfasst Türen, Isolierglasfenster, Wärme- und Schallschutzfenster, Eingangstore, Rahmenstockfenster und deren Reparaturen in sämtlichen Gliederungen der Geschichte. Es werden beispielsweise Steingewände mit Spangen, Leistenpfostenstöcke, Rahmenpfostenstöcke sowie nach innen und außen aufgehende Fenster gefertigt. Die Herstellung von Trennwänden und Fußböden gehört ebenso zum Leistungsbild wie deren Reparaturen und Instandsetzungen.

In der Möbelwerkstatt entstehen Wandverbauten, Wohn- und Schlafzimmer, begehbare Schrankräume, Küchen und Vorzimmer.

lattoflex

Lattoflex-Studio

TISCHLER? JA! IHR TISCHLER

NOWAK & STEINER
Tischlerei Ges.m.b.H.
Bau- und Möbeltischlerei seit 1875
1070 Wien
Hermanngasse 32
Tel. 1/526 06 70
Fax 1/526 06 709
nowak-steiner@aon.at
www.nowak-steiner.at

Die Firma NMP Naturstein Montage GmbH & CO KG. ging 1999 aus den Poschacher Natursteinwerken hervor. Ingenieure, Steinmetzmeister und Facharbeiter stellen ihr Können für Auftraggeber in ganz Österreich und Süddeutschland zur Verfügung. Sie planen, liefern und montieren Natursteinelemente für Massivwände, Verkleidungen, Fassaden, Treppenanlagen, Bodenbeläge und den Innenausbau. Von der Beratung, über die Ausführungsplanung, bis zur Realisierung einschließlich Baustellenmanagement kommt alles aus einer Hand. Neben so bekannten Bauvorhaben wie den oben abgebildeten Museumsbauten gehören der UNIQUA-Tower Wien und der Red Bull Hangar 7 sowie diverse U-Bahn-Stationen in Wien und München zu den Referenzobjekten der Firma NMP Naturstein Montage.

Museum Moderne Kunst – Stiftung Ludwig, Wien

Leopold Museum, Wien

NMP NATURSTEIN MONTAGE GMBH & CO KG.

A-1020 Wien, Engerthstraße 169
Tel. +43-1-955 14 55 Fax +43-1-955 14 55-65
office@natursteinmontage.com

TOBIAS

Tor- und Parktechnik ★ Zaunbau

Adolf Tobias Ges. m. b. H.

Eduard-Klinger-Str. 15
A-3423 St. Andrä-Wördern
Tel. +43 (22 42) 381 00
Fax +43 (22 42) 381 00-17
Email: tobias@tobias.at
Internet: www.tobias.at

Seit über 90 Jahren im

Die Eisenschutzgesellschaft m.b.H. wurde vor rund 95 Jahren gegründet und führt heute im Raum Wien, Niederösterreich und im Burgenland Maler-, Anstrich- und Beschichtungsarbeiten sowie weitere Leistungen aus dem Bereich der Oberflächenbehandlung aus. Ein motiviertes Team von 35 qualifizierten Mitarbeiter, das sich aus Meister, Gesellen und Lehrlingen zusammensetzt, erbringt mit großer Kenntnis über Materialien und Techniken die von den Auftraggebern gewünschten Leistungen. Neben den vielen Fassadengestaltungen im Raum Wien zählen die Malerarbeiten im Museum für Moderne Kunst, Bodenmarkierungsarbeiten auf dem Flughafen Wien-Schwechat und diverse Ausführungen für die Wiener Linien zu den Referenzen.

- **Malerarbeiten**
- **Anstreicherarbeiten**
- **Fassadenbeschichtungen**
- **Bodenbeschichtungen**
- **Tunnelbeschichtungen**
- **Bodenmarkierungen**
- **Korrosionsschutz**
- **Stahlentrostungen**
- **Betonsanierungen**

EISENSCHUTZGESELLSCHAFT M.B.H.
FASSADENBESCHICHTUNGEN, STRASSEN- UND BODENMARKIERUNGEN SOWIE SÄMTL. MALER- UND ANSTREICHERARBEITEN

seit 1911

QUALITÄTSMANAGEMENTSYSTEM ÖNORM EN ISO 9002 ZERTIFIZIERT ÖQS

Mitglied des VÖK VERBAND ÖSTERREICHISCHER KORROSIONSSCHUTZ UNTERNEHMEN

7. Haidequerstraße 3
1110 Wien
www.eisenschutz.at

Tel. 01/7 69 77 82
Fax 01/7 69 77 82-29 89
office@eisenschutz.at

DIPL. ING. DR. JOSEF PFLEGER

STAATLICH BEFUGTER UND BEEIDETER INGENIEURKONSULENT FÜR VERMESSUNGSWESEN

A-1230 Wien-Mauer, Endresstraße 121/1/6
Telefon: 01/888 21 15, 889 27 59, Fax: DW 15
E-mail: office@vermessung-pfleger.at
Web: www.vermessung-pfleger.at

Wir beraten Sie kompetent und zuverlässig !

Vor dem Grundstücksankauf bei Bauvorhaben, vor dem Grundstücksverkauf, bei Grundabteilungen, Parzellierungen und bei Grenzproblemen

Wir sind tätig für:

- Grundeigentümer und Bauherren
- Architekten und Planer
- Ingenieure und Fachleute für den Straßen-, Bahn-, U-Bahn-, Brücken-, Wohn-, Industrie-, sowie Siedlungswasserbau
- Baufirmen und Baumeister
- Bauträger und Wohnbaugesellschaften
- Gemeinden
- Immobilienmakler, Vermögenstreuhänder und Hausverwaltungen
- Kleingartenvereine
- Notare und Rechtsanwälte
- Versicherungs- und Bankfachleute

DIPL.-ING. JOSEF GEBESHUBER

Staatlich befugter und beeideter Zivilingenieur für Bauwesen
Krugerstraße 4/4 1010 Wien
e: gebeshuber@gmx.com
T: 01 5120152
01 5122785
F: DW. 22

STATIK
KONSTRUKTION
PRÜFINGENIEUR
BAUSTELLENKOORDINATION

TOTAL FIRE-STOP

TOTAL FIRE-STOP Brandschutztechnik GmbH.

Zentrale: 1220 Wien, Percostraße 15
Tel.: (01) 259 36 31-0 Fax: (01) 259 36 31/18
e-mail:info@total.at www.total.at

Jenseits der Normen

Lacker baut dichteste Lamellenfenster weltweit

Die Firma Lacker AG aus Waldachtal im Schwarzwald fertigt seit 40 Jahren Fenster und Fassadenkonstruktionen für die unterschiedlichsten Einsatzgebiete. Als besondere Spezialität des Hauses gelten jedoch Lamellenfenster für den Einbau in Dach und Wand. Jetzt hat sich zu den schon bewährten Systemen „bigAir 200“ und „bigAir 400“ eine weitere Baugruppe hinzugesellt: das „bigAir 300“, welches erstmalig auf der BAU 2005 in München vorgestellt wurde.

Besonderheiten beim „bigAir 300“

Die Besonderheiten beim „bigAir 300“: Der Elektroantrieb – mit Kettenumlenkung – ist im Profil integriert. Dies ist nicht nur eine gestalterische, sondern auch eine preislich interessante Alternative. Im Zusammenhang mit der Rahmenbreite (Innenansicht) von 40 mm erlaubt dies außerdem den Einsatz von nur einer Lamelle bei Fensteröffnungen mit einer Mindesthöhe von 400 mm. Dort war bisher nur der Einbau von Klappfenstern mit geringen Öffnungswinkeln möglich. Dank der Neuentwicklung von „bigAir 300“, kann jetzt ein Lamellenfester mit dem maximalen Lüftungsquerschnitt verwendet werden. Die neuen, innen liegenden Trageprofile mit eingebauter Ausstellmechanik, welche auch beim „bigAir 400“ eingesetzt werden, ermöglichen einen Öffnungswinkel von 90 Grad, wodurch sich die Lamellenfenster auch optimal als RWA-Öffnungen oder öffenbare Lichtbänder eignen. Elemente, die nur einen Motor als Antrieb benötigen, können auch mit einer Handkurbel betätigt werden. Weiterhin ist das „bigAir 300“, ebenso wie sein „großer Bruder“ „bigAir 400“ auch als Structural-Glazing-Ausführung („bigAir 300 SG“ bzw. „bigAir 400 SG“) – ohne von außen sichtbare Halteprofile – lieferbar. Außerdem können die beiden Systeme mit einem im Gummiprofil integrierten Einklemmschutz ausgestattet werden.

Bei allen Lamellenfenstern der Firma Lacker wird durch die besondere Art der Konstruktion kein umlaufendes Flügelprofil benötigt und dadurch ein Ganzglaseffekt

„bigAir 300“ mit seitlichem Halteprofil

Lamellenfenster für den Einbau in Dach und Wand: „bigAir 300“

erzielt. Die im Rahmen eingebauten Beschläge sind weder von außen noch von innen sichtbar. Der Drehpunkt befindet sich im oberen Bereich der Konstruktion, was den Einbau von zwei zueinander versetzten Anschlagdichtungen erlaubt. Dadurch sind die Fenster absolut dicht. In geschlossenem Zustand ergeben sich keinerlei Überlappungen, geöffnet ragen keine Teile in den Raum. Somit können auch alle handelsüblichen Fliegengitter verwendet werden.

Bei einer erst kürzlich durchgeführten Prüfung der geschuppten Ausführung von „bigAir 300“ und „bigAir 400“ lagen die Ergebnisse über den erforderlichen Werten der Normen. Die Prüfung der Luftdurchlässigkeit nach DIN EN 12207 ergab eine Klassifizierung in Gruppe 4, die Prüfung der Schlagregendichtheit nach DIN EN 12208 eine Gruppierung in Beanspruchungsgruppe E. Dies entspricht der Klasse 9A bei einem Druck von E 900 Pa der DIN EN 12208. Mit diesen einmaligen Ergebnissen gelten die Lamellenfenster von Lacker als die dichtesten weltweit.

Firmengeschichte

Die Firma Lacker in Waldachtal-Lützenhardt wurde im Jahre 1964 von Herbert Lacker als kleine Schlosserei gegründet. 1970 spezialisierte sich das Unternehmen auf die Herstellung und Montage von kittlosen Verglasungen unter Verwendung von unbesandeten Dachpappestreifen. Auf der Suche nach Lösungen für die Abdichtung von Glaselementen erfand Herbert Lacker 1971 die ersten Glasauflagen aus Gummi mit angeformten Wasser führenden Rinnen für alle handelsüblichen Stahlprofile. Ein System, das sich in den Folgejahren branchenweit durchsetzte und dem Metallbauer den Einstieg in den Bereich des Glasdachbaus und der schräg liegenden Verglasungen ermöglichte. Mit dem Erfolg wuchs das Unternehmen, Arbeitsplätze wurden geschaffen und die Produktionsfläche vergrößert. 1972 bereits erfolgte die Umfirmierung von der Einzelgesellschaft in die Lacker GmbH & Co. KG. Im Jahre 1984 wurde ein eigenes Dichtungs- und Verglasungssystem für den Fassaden- und Glasdachbau entwickelt und zum Patent angemeldet. Später wurde dieses System auch an andere Metallbauer vertrieben, woraus 1993 die Lacker Systemvertrieb GmbH entstand. Seit 1995 konzentriert sich das Schwarzwälder Metallbauunternehmen auf Entwicklung, Produktion und Vertrieb von flächenbündig schließenden Lamellen- und Klappfenstern zum Einbau in Dach und Wand.

Heute wird das Unternehmen, das im Rahmen der Nachfolgeregelung vor zwei Jahren in eine AG umgewandelt wurde, vom Sohn des Firmengründers, Frank Lacker, geführt. Die Lacker AG hat sich mit ihren vier Firmenbereichen Fenstertechnik, Objektbau (Produktion und Montage von Fassaden aus Metall und Glas), Oberflächenveredelung („Pearl Finish“) und der Herstellung und dem Vertrieb eines eigenen Verglasungssystems eine starke Marktposition erarbeitet.

Weitere Informationen:
LACKER AG
Schellenbergstraße 1
D-72178 Waldachtal-Lützenhardt
Tel.: +49 (0) 74 43/96 22-0
Fax: +49 (0) 74 43/96 22-77
E-Mail: info@lacker.de
Internet: www.lacker.de

Per Mausklick Überblick über Baubranche

Ausgaben der Architekturtitel des WV-Verlages unter www.bauenundwirtschaft.com als Vollversion im Internet. Wir stellen auch Ihr Angebot mit vielen Serviceleistungen ins Netz

Heute ist das Internet längst dabei, zum Massenmedium zu werden. Mit der Zahl der Zugriffe steigt auch die Bedeutung des Internet – egal ob es sich um die Informationsbeschaffung und Präsentation, elektronische Post (E-Mail), Videokonferenzen oder virtuelles Einkaufen (E-Commerce) handelt. Dieses neueste Medium der Kommunikation verändert die Welt wie einst Telefon oder Fax.

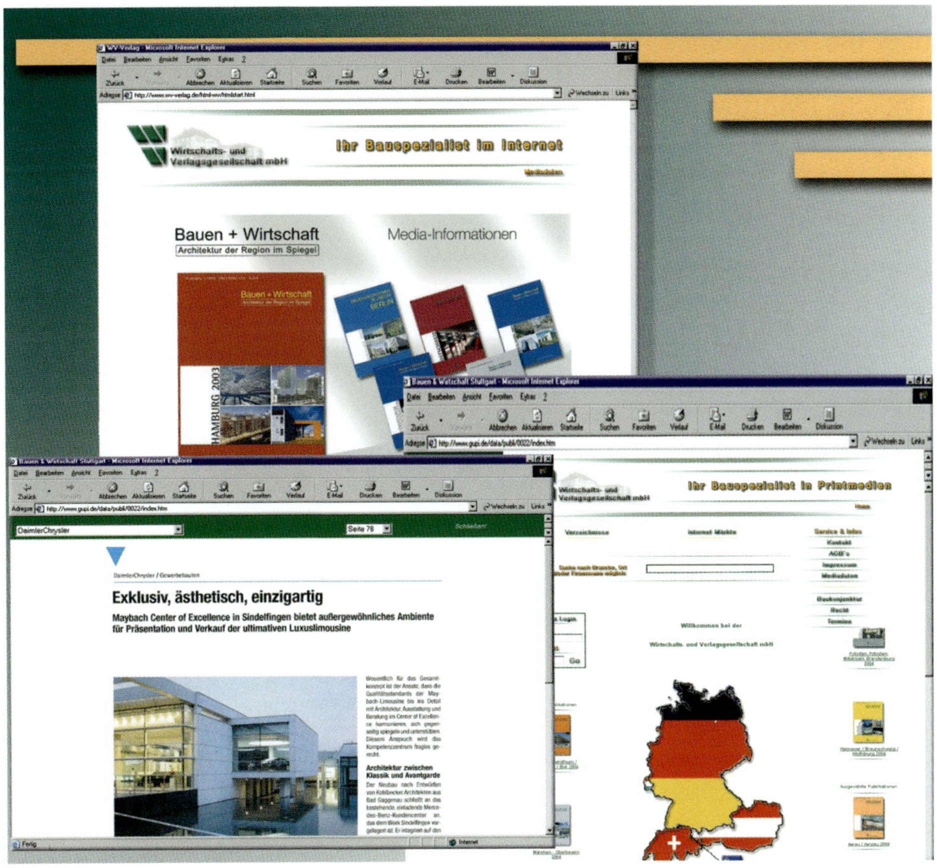

Architekturtitel im Internet

Eine Internet-Version aktueller Publikationen bieten inzwischen viele Verlage an – doch Internet-Präsentation ist nicht gleich Internet-Präsentation.

Der WV-Verlag, u.a. Herausgeber von Architekturfachbüchern, wartet im Internet unter www.bauenundwirtschaft.com mit einigen Details auf, die bisher nur wenige Internet-Auftritte in diesem Umfang bieten.

Sie wollen sich schnell über neue Architekturprojekte und/oder Handwerksfirmen informieren? Hier finden Sie Projekte, Architekten, Baugesellschaften, öffentliche Einrichtungen, ausführende Firmen und vieles mehr. Den Gesamtüberblick bieten Ihnen die Branchenverzeichnisse „Die Bauspezialisten" unserer Ausgaben, von dort erhalten Sie nach einem Mausklick auf die Adresse den entsprechenden Beitrag oder das gewünschte Firmenprofil angezeigt. Wurde in der Papierversion eine Homepage- oder E-Mail-Adresse gedruckt, so sind Sie durch die von uns als Service gesetzte Verlinkung wiederum nur einen Mausklick von der gewünschten Firmenhomepage bzw. der Kontaktaufnahme per E-Mail entfernt.

Auch ein Überblick über ausländische Bauprojekte und Architekturszene ist auf der Seite www.bauenundwirtschaft.com möglich: Die Ausgaben des WV-Verlages erscheinen mit regionalem Bezug in Deutschland, der Schweiz und Liechtenstein. Und wenn Sie uns mal in Deutschland besuchen möchten – unsere Wegbeschreibung via Kartenausschnitt hilft Ihnen, den Weg nach Worms zu finden.

Dass sich auch die elektronische Version unserer Architektur-Publikationen großer Beliebtheit erfreut, zeigt auch die hohe Listung in externen Suchmaschinen.

Wir gestalten auch Ihren professionellen Internet-Auftritt

Große Firmen haben längst die neue Internet-Plattform für sich entdeckt.

Die Unternehmen werben für sich (Imageaufbau), ihre Produkte und Dienstleistungen. Gleichzeitig haben sie per E-Mail den schnellen und direkten Kontakt zu ihren Kunden.

Auch für kleinere Unternehmen ist der Internetauftritt interessant. Die Seite im Netz schafft Raum, die Firmenphilosophie, Angebote, Leistungen und Referenzen vorzustellen. Die eigene Homepage kann alle Produkte mit Bild und Beschreibung präsentieren, eine gelungene, stets aktuelle Werbung mit geringem Aufwand – auch finanziell. Die eigene Firmen-Homepage ohne spezielles Fachwissen über Kommunikation und Programmierung zu erstellen, führt durch die unprofessionelle Außendarstellung unweigerlich zu Negativ-Werbung.

Wir beraten Sie gerne und gestalten Ihren Internet-Auftritt auf Ihr Unternehmen zugeschnitten mit vielen Serviceleistungen wie Anmeldung in Suchmaschinen oder regelmässiger Aktualisierungen – zu günstigem Preis. Angebote erhalten Sie unter www.bauenundwirtschaft.com oder telefonisch unter Tel. 00 49 (0) 62 47/9 08 90-0, Fax 00 49 (0) 62 47/9 08 90-10. Testen Sie uns!

Weitere Infos unter:
www.wv-verlag.de
www.bauenundwirtschaft.com

Anspruchsvolle Bauaufgaben im Stadtkern

„Vienna Twin Towers“ / Hochhaus „Neue Donau“ / Sanierung und Umbau Hotel „Le Meridien“ / Aufstockung „Donauzentrum“ / Erlebniscenter Donauplex / BIG POINT Wohnpark Hetzendorf / Bürogebäude „Big Biz“, Dresdner Straße 87–105

Über die Stadtgrenze hinaus prägnant: „Vienna Twin Towers“

„Stadt ist Energie und Spannung“, meinte Architekt Massimiliano Fuksas und entwarf mit den Vienna Twin Towers zwei Hochhaustürme, die genau dieses Konzept verkörpern sollen. 138 m und 127 m hoch erheben sich die beiden Glastürme am Südhang des Wienerbergs. Sie stehen nicht einfach nur da, sondern sie erzeugen durch ihre Positionierung zueinander ein Spannungsfeld, das den Betrachter in seinen Bann zu ziehen vermag. Die Türme sind in einem spitzen Winkel zueinander angeordnet und kommen sich bis auf 5 m nahe. Aus einem fahrenden Verkehrsmittel betrachtet, scheinen sich die Türme gleichsam zu bewegen, denn mal schiebt sich der eine vor den anderen, so dass sie wie eins wirken, dann wieder scheinen sie sich optisch voneinander zu lösen und stehen als Zwillingstürme nebeneinander. Ganz identisch sind sie jedoch nicht. Sie unterscheiden sich in ihrer Höhe und in ihrer Gestalt. Der eine Turm ist schlanker gestaltet und für Zellenbüros vorgesehen, während der andere mit seiner gedrungenen, breiten Form Platz für großflächige Büronutzung bietet.

Charakteristisch für das Erscheinungsbild der Vienna Twin Towers sind 19 verglaste Verbindungsbrücken zwischen den Türmen. Damit wurden kurze Wege geschaffen, so dass die Büroflächen bei Bedarf über die Türme hinweg horizontal flexibel vernetzt werden können. Da die Glasverbindungen selbst keine aussteifende Funktion übernehmen, machen sie jede Bewegung der Türme mit. Auch in der vertikalen Rich-

Zwillinge mit jeweils individuellen Eigenheiten: „Vienna Twin Towers“ prägen heute die Wiener Skyline und vermitteln dabei durch die Positionierung der Türme zueinander eine dynamisch veränderliche Wirkung: mal scheint es einer, mal scheinen es zwei Türme zu sein, die am Wienerberg in den Stadthimmel ragen

tung wurden durch Aussparungen in den Betondecken interne Treppenverbindungen zwischen den Geschossen konzeptionell vorweggenommen. So bietet der markante Bürokomplex eine optimale Nutzungsflexibilität. Transparenz, Verbindung und Offenheit sind die zentralen Konzepte, die der Architekt bewusst ausreizte. Die entspiegelte Ganzglasfassade vermittelt dem Hochhauskomplex eine edle Erscheinung nach außen. Indem die nötige Haustechnik in den obersten und untersten Geschossen untergebracht wurde, eröffnen die Twin Towers gleichermaßen den Blick hinein in die tieferen Schichten des Bauwerks und hinaus auf Stadt Wien und Alpenvorland des südlichen Niederösterreichs. Lichte Raumhöhen mit 2,80 m, auch in den Gängen, unterstützen die Gebäudewirkung.

Im Sockel, der weitläufigen Erschließungszone aus dem sich die Türme erheben, befindet sich ein „Urban Entertainment Center": Gastronomie, Läden und ein Kino mit zehn Sälen wurden hier zu einer gesamthaften Raumerfahrung verwoben, indem die Ebenen ineinander greifen und urbanes, pulsierendes Leben ins Haus holen. Hier ist auch der Sicherheitscheck angesiedelt. Vollautomatische Lifte – im schlanken Turm ist der Erschließungskern innen liegend und im gedrungenen Turm außen liegend angeordnet – führen von dort in die Bürogeschosse.

140 Mio. Euro investierte die Wienerberg City Errichtungsges. m. b. H. in das exponierte Highlight, das die Universale Hochbau Wien als Generalunternehmer in einer Arbeitsgemeinschaft innerhalb zwei Jahren errichtete. Zunächst wurden die fünf Tiefgaragengeschosse in Deckelbauweise hergestellt, bevor die Kernbereiche der beiden Türme ab Ebene 5 in Gleitbauweise im Taktverfahren folgten. In den Regelgeschossen wurden die Säulen als Stahlverbundstützen ausgeführt. Die Ortbetondecken wurden mit Schaltischen konventionell geschalt.

Vienna Twin Towers, das ist mehr als eine repräsentative Adresse. Es ist für Wien das wirtschaftlichste Bürogebäude, denn das Verhältnis von nutzbarer Fläche zur gesamten Fläche ist nahezu optimal. 48.500 m^2 Bürofläche stehen einer flexiblen Nutzung zur Verfügung.

Die Transparenz und Offenheit der Twin Towers erlauben Blicke bis in die tiefsten Schichten. Gleichwohl kann man von den flexibel konzipierten Büroarbeitsplätzen eine phänomenale, inspirierende Aussicht genießen

Geförderter Wohnungsbau: Hochhaus „Neue Donau"

70.000 geförderte Wohnungen wurden in den vergangenen zehn Jahren in Wien errichtet. Eines der Stadtentwicklungsgebiete ist das Gebiet rund um die Reichsbrücke. Hier investierte Wien in den vergangenen Jahren ebenfalls in den Wohnungsbau. Folgeinvestitionen in Bürogebäude, Freizeiteinrichtungen, öffentliche Einrichtungen und Gewerbe vervollständigten das Bild, so dass dort heute mehr als 20.000 neue Bewohner leben.

Die Stadt Wien legte bei ihrem groß angelegten Wohnungsbauprogramm bewusst Wert auf hohe architektonische Qualität. So sind schillernde Namen wie Zaha Hadid, Jean Nouvel, Manfred Wehdorn, Coop Himmelb(l)au und Harry Seidler in diesem Zusammenhang kein Zufall. Die Kompetenz der international erfahrenen Architekten soll sich gezielt auch im sozialen Wohnungsbau niederschlagen. Für die Donau-City entwickelte Architekt Harry Seidler neben Wohnpark Neue Donau und Kinocenter nun das Hochhaus Neue Donau, das weithin sichtbar und dynamisch in der Wiener Skyline leuchtet. Im Auftrag der ARWAG entstand das 150 m hohe, markante Gebäude, in dem neben einer breiten Palette von Wohnangeboten auch auf 2.000 m^2 moderne Büroarbeitsplätze zur Verfügung stehen.

Das komplexe Wohnkonzept für insgesamt 250 Wohneinheiten umfasst mit den High-End-Maisonetten eines der extravagantesten Domizile, die Wien zu bieten hat: Das Penthouse an der Turmspitze mit freizügig verglaster Galerie vermittelt Freiheit pur. 1- bis 4-Zimmer-Eigentumswohnungen sowie mit rund 5 Mio. Euro öffentlich geförderte Mietwohnungen verteilen sich ab Ebene 8. Hinzu kommen rund 140 möblierte Apartments für temporäres Wohnen bis Ebene 7. Die Apartments bieten Raum für je zwei Personen, die vorübergehend in Wien arbeiten oder studieren und können kurzfristig bezogen werden. Die Bewohner des Hochhauses Neue Donau sind somit gut durchmischt und tragen zur belebten Atmosphäre der Donau City bei. Sie profitieren von einem ausgedehnten In-House-Freizeitbereich mit Sauna und Fitness. Ein Terrassencafé steht ebenfalls zur Verfügung.

Harry Seidler konzipierte den Neubau so, dass er sich von der Hauptwindrichtung abwendet. Der Bürotrakt richtet sich zu Wagramer Straße, Reichsbrücke und Lassallestraße aus, während sich die Wohnungen, dem Verkehrslärm abgewandt, in zwei Flügel verteilt nach Süden und Osten öffnen. Teilweise verglaste Loggien und Terrassen stehen als private Außenräume zur Verfügung. In den beiden Untergeschossen befinden sich 220 Tiefgaragenstellplätze, Abstellräume sowie die gesamte Haustechnik. Nach außen ist diese Fläche, die das Hochhaus umgibt, als Plaza mit Kinderspielplatz und gartenartig naturbelassenen Grünflächen gestaltet.

Im Erdgeschoss befindet sich ein zentraler Kontrollpunkt, den alle Hausbesucher – ob Bewohner oder Büroangestellte – passieren. Zwei getrennte Erschließungskerne führen jeweils in die Wohnflügel und in den Bürotrakt. Um in die Tiefgarage zu gelangen, muss die Aufzugskabine im Erdgeschoss im Blickfeld des Kontrollpunkts gewechselt werden. Eine zentrale Abluftanlage mit Wärmerückgewinnung und eine separate Nutzwasserleitung tragen zum umweltfreundlichen Konzept bei. Rund 40 Mio. Euro investierte die ARWAG in das Hochhaus Neue Donau, für das die Universale Hochbau Wien als Generalunternehmer die Federführung in einer Arbeitsgemeinschaft übernommen hatte. Unter hohen technischen Anforderungen und mit präziser logistischer Feinabstimmung wurde das Projekt unter engsten Platzverhältnissen in nur 24 Monaten Bauzeit realisiert. 21.000 m^2 Aushub musste abtransportiert, 27.300 m^2 Beton angerührt und 3.500 t Stahl in der Bewehrung verbaut werden, um den eleganten Gebäudekomplex mit einem Volumen von 168.000 m^2 mit Leben zu füllen. Durch die Aufteilung der Nutzungen in drei Flügel wird das Volumen aufgelockert. Die schwungvolle Linienführung und weiße Farbgebung des Hochhauses Neue Donau vermitteln dem sozialen Wohnungsbau auch nach außen weithin sichtbar ein ganz neues Image.

Historisches Ensemble versprüht neuen Geist: „Le Meridien Vienna“

Unter der illustren Gesellschaft zahlreicher historischer Paläste, Hotels, Regierungsbauten, Museen, Theater und Hochschulen aus der zweiten Hälfte des 19. Jahrhunderts am Ring um die Wiener Innenstadt findet sich heute auch das Hotel Le Meridien Vienna. Der Hotelkomplex besteht aus drei denkmalgeschützten typischen Gründerzeithäusern an Ecke Opernring, Robert-Stolz-Platz und Ecke Elisabethstraße. Mit besonderem Bedacht wurde bei Sanierung und Umbau darauf geachtet, die historischen Vorgaben am besonderen Ort weiterzuführen und zusammen mit dem partiellen Neubau zu einer neuen repräsentativen Identität als topaktuelles Luxushotel zu integrieren. Dabei beauftragte die Objekt Opernring 13–15 Liegenschaftsverwaltungs GmbH die Universale Hochbau Wien als Generalunternehmer, um die nötigen Arbeiten am historisch sensiblen Gebäudekomplex durchzuführen.

Am Anfang standen verschie-

Hochhaus „Neue Donau“: Weithin sichtbar, prägnant in seiner schwungvoll anmutenden, eleganten Erscheinung und komplex in seinem anspruchsvoll durchmischten Nutzungskonzept setzt es neue Maßstäbe im sozialen Wohnungsbau

dene Abbrucharbeiten und Sicherungsmaßnahmen sowie die Unterfangungen der tragenden Aussenwände. Im Kellergeschoss musste beispielsweise das Bodenniveau um bis zu 1 m abgesenkt werden. Dies konfrontierte die Planer mit dem Problem, dass die Fundierung des historischen Baukomplexes zum Teil schon nach 50 bis 60 cm unter Kellerniveau endete. Bis Januar 2002 mussten die statischen Rahmenbedingungen an die künftige Gesamtgebäudelast angepasst werden. Massive Aussteifungen aus Stahl wurden zu diesem Zweck über alle Geschosse hinweg in Form von Raumfachwerken geschaffen. Die im März 2002 folgenden Rohbauarbeiten wurden in vier objektbezogenen Abschnitten ausgeführt. Säulen und Wände in Stahlbeton wurden dabei in das bestehende Ziegelmauerwerk integriert und auf diesen punktgelagerte Stahlbetondecken ohne lastabtragende Verbindung zu den Bestandswänden angeordnet. Das Dach des ersten Objekts verfügte schon im Herbst 2002 über eine dichte Dachkonstruktion, so dass dort mit den Innenausbauarbeiten begonnen werden konnte.

Im Spätsommer 2002 hatten die Fassadenarbeiten begonnen, die durch das Bundesdenkmalamt intensiv begleitet wurden. Auf dem Hintergrund von Zustandsaufnahmen und Bemusterungen sowie Archivrecherchen für die Rekonstruktion spezieller Fassadenteile im Erdgeschoss wurde das Mauerwerk innerhalb von zwölf Monaten erneuert. Seit Oktober 2003 strahlt die exquisite Fassade mit ihrer klaren Linienführung und lebhaften Ornamentik in neuem Glanz.

Nach einem präzisen Terminplan gestaltete sich auch der Innenausbau des 5-Sterne-Hotels. Zunächst wurden die Rohinstallationen für eine hochleistungsfähige Gebäude- und Kommunikationstechnik sichergestellt. 294 Gästezimmer entstanden, deren Abschlusswände zu den Gängen hin durch fünfschalige Trockenbauwände getrennt sind und nach außen durch Vorsatzschalen und neue Innenfenster verbessert wurden. Die bestehenden Kastenfenster wurden ersetzt. Dabei sind die Außenflügel nach historischen Vorgaben entsprechend nachgebaut, während Isolierglasfenster für die Innenflügel verwendet wurden. Doch nicht nur in Sachen Schallschutz genügen die Zimmereinheiten den höchsten Ansprüchen der hochklassigen Hotelgruppe. Die gesamte Hotelausstattung entspricht dem Designstandard „Art+Tech“ von Le Meridien, den die Architektin Yvonne Golds auch schon in anderen Hotels angewandt hatte. Understatement mit wenigen vorherrschenden Materialien wie Ahorn, satiniertem Chromstahl oder Glas wird durch besondere Lichteffekte raffiniert akzentuiert. Lichtszenen in verschiedenen Farben lassen sich stimmungsvoll den Tages- und Jahreszeiten anpassen. Im bewussten Kontrast zu „Art+Tech“ stehen die klassizistischen Treppenhäuser, deren Ornamentik und Linienführung, etwa der schmiedeisernen Geländer oder der Majolica-Fliesen, gemäß den Anforderungen des Denkmalschutzes an das ursprüngliche Erscheinungsbild des historischen Ensembles erinnern.

Betritt man heute das Le Meridien, gelangt man über die Lobby in den öffentlichen Gästebereich, deren großzügig dimensionierte und stilvolle Halle das Raumgefühl bestimmt. Café, Restaurant und Barbereich schließen direkt an die Lobby an. Die Innenarchitektur will die Quintessenz europäischen Lebensgefühls verkörpern. Dabei spielt für Le Meridien Vienna in Sachen Kunst eine Rolle, was für Wien von Einfluss ist, und verortet so als Ho-

High-Class-Luxus, stimmungsvoller Komfort, historisch gezeichnetes Ambiente, „Art+Tech“-Design: Hotel „Le Meridien Vienna“ am Ring

Zusätzliche lichte Mallfläche, zahlreiche Shops und weitere Gastronomie steigern die Attraktivität der Einkaufswelt im „Donauzentrum"

tel der neuen Generation auch die lokale Kunstszene.

Im 1. Untergeschoss befinden sich der Wellness- und Poolbereich, deren Wohlfühlfaktor durch die Berücksichtigung von Feng-Shui-Kriterien noch gesteigert wurde. Insgesamt zehn Tagungsräume mit High-End-Technikausstattung schaffen eine angenehme Konferenz-Atmosphäre, die durch die kulinarische Vielfalt der Hotel-Gastronomie ergänzt wird. Heute entspricht das revitalisierte Gebäudeensemble den Anforderungen an ein zeitgemäßes First-Class-Hotel und versprüht ein Ambiente, das Komfort, Eleganz und die Zugehörigkeit zu einem übergeordneten kulturellen Erbe vereint.

Aufstockung „Donauzentrum", Bauteil 9

Als Einkaufszentrum mit einer Vielfalt an Geschäften bewährt sich das Donauzentrum an Wagramer Straße und Donaustraße seit 1975. Die Donauzentrum Besitz- und Vermietungs AG hatte Ende der 90er Jahre die Aufstockung dieses Gebäudekomplexes in Auftrag gegeben. 23 weitere Geschäfte, eine Gastronomie, 2.735 m^2 zusätzliche Mallfläche, je zwei Stiegenaufgänge, Rolltreppen, Lastenaufzüge und Rollsteige sowie ein Panoramaaufzug erweitern heute unter einem luftigen Glasdach diese Einkaufswelt im 11. Bezirk.

Die Universale Hochbau Wien wurde als Generalunternehmer damit beauftragt, die Baumaßnahmen mit minimal störenden Auswirkungen auf den laufenden Geschäftsbetrieb im bestehenden Einkaufszentrum schlüsselfertig auszuführen. Diese Bauaufgabe gestaltete sich dementsprechend anspruchsvoll, denn außer den kompletten Innenausbauten und Installationen der erforderlichen Haustechnik mussten auch lärm- und schmutzintensive Abbrucharbeiten sowie komplizierte Unterfangungsmaßnahmen ausgeführt werden. Nach rund 15 Monaten Bauzeit konnte der neue Trakt eröffnet werden.

Erlebniscenter Donauplex

Weniger Einkauf, dafür mehr Vergnügen bietet das über eine Brücke ebenfalls an das Donauzentrum angebundene Donauplex. Damit ist das Donauzentrum heute ein gern besuchtes Einkaufs- und Vergnügungszentrum, das Besucher auch jenseits der

„Donauplex" bietet Vergnügung pur: Kinopolis, Diskothek, Bowling und Gastronomie vervollständigen das Angebot der benachbarten Einkaufswelt im „Donauzentrum"

„BIG POINT Wohnpark Hetzendorf" bietet mehr als nur Wohnen: Neben 312 attraktiven, modernen Wohneinheiten entstanden auf dem Gelände ein Ärztezentrum, top-moderne Büroflächen und ein Supermarkt

Stadtgrenzen anzulocken vermag.
Die Donauzentrum Besitz- und Vermietungs AG hatte bei der Bauausführung des Neubaus ebenfalls auf die Erfahrung der Universale Hochbau Wien als Generalunternehmer vertraut. Innerhalb 18 Monaten entstanden auf 22.689 m^2 Bruttogeschossfläche einladende Räumlichkeiten für 22 Gastronomiebetriebe, das Kinopolis mit 13 Sälen und Platz für insgesamt 3.400 Kinobesucher sowie eine Bowlinganlage und die größte Diskothek Wiens. Das Projekt Donauplex umfasste weiterhin die Erstellung einer Tiefgarage auf 14.864 m^2.

BIG POINT Wohnpark Hetzendorf

Insgesamt 312 2- und 5-Zimmer-Wohnungen wurden für BIG POINT Wohnpark Hetzendorf innerhalb 29 Monaten Bauzeit durch Universale Hochbau Wien als Generalunternehmer errichtet. Zu diesem Wohnpark gehören über die Wohneinheiten hinaus auch ein Ärztezentrum sowie ein Supermarkt und ein top-modernes Bürogebäude. Für Entwurf und künstlerische Leitung war das Wiener Büro Podrecca verantwortlich. Die Ausführungsplanung lag bei Architekturbüro Moser aus Wien.
Die Bebauungsstruktur des Wohnparks folgt der Form einer typischen Kleingartensiedlung. Zwei Hochhäuser mit 13 Geschossen sowie sieben und neungeschossige Bauweise prägen das Ensemble. Geparkt wird in einer Tiefgarage. Die 4- bis 5-Zimmer-Wohnungen verfügen über einen großzügigen Wohnbereich. Die privaten Gärten konnten entsprechend den individuellen Bewohnerwünschen gestaltet werden. An der Südost-Fassade bieten Loggien zusätzliche private Freiräume. Dafür wurde eine spezielle Verglasung mit Raumtemperierung konzipiert. Kühlleitungen in der Fundamentplatte saugen die warme Raumluft an, kühlen diese und führen sie wieder der Loggia zu. Ein Kleinkinderspielplatz ergänzt die landschaftlich gestaltete Grünanlage, die sich alle Bewohner teilen.
Als die Universale Hochbau Wien ihre Generalunternehmerleistungen im Auftrag der Wohnbau Gemeinnützige Wohn- und Siedlungsgenossenschaft Reg. Gen.m.b.H. aufnahm, war die Einreichplanung fertig gestellt, jedoch wurde die Polierplanung erst nach Arbeitsfortschritt erstellt. Zur Vorstatik lagen Projektunterlagen vor, für die Haustechnik und Elektrotechnik waren Vorprojekte vorhanden. Auch der Ablaufplan war zu diesem Zeitpunkt nur grob skizziert.
Für den Baugrubenaushub wählten die Projektverantwortlichen der Universale Hochbau Wien eine nicht alltägliche Variante. Mittels einer Spundwand mit Stahlausfachung wurde die Baugrube gesichert. Für das als Massivbau errichtete Wohngebäude wurde im Kellergeschoss eine Weiße Wanne ausgeführt. Ortbeton und teilweise Elementdecken bilden die Geschossdecken, während die tragenden Wände als Ortbeton- und Hohlwände hergestellt wurden. Umkehrdächer bilden die Flachdachabschlüsse.

„Big Biz" – Bürogebäude Dresdner Straße 87–105

An der Dresdner Straße 87–105 errichtete die Universale Hochbau Wien als Generalunternehmer im Auftrag der Grünberger & Seitschek Projekterrichtungs GmbH in drei Bauabschnitten einen modernen Bürogebäudekomplex. Der 1. Bauabschnitt wurde im Herbst 2002 fertig gestellt, der 3. im Herbst 2003 seinen Nutzern übergeben. Die Architektur folgt den Entwürfen des Wiener Architekten Dipl.-Ing. Podsedensek.

7.000 m² State-of-the-art-Büroflächen mit Doppelböden, die sich variabel als Zellen, Kombi- oder Großraumbüros nutzen lassen, stehen jeweils auf allen sieben Gebäudeebenen zur Verfügung. Die Bürowände lassen sich dabei im Raster von 1,40 m nach individuellen Nutzungswünschen versetzen. Im 7. Obergeschoss bilden Dachterrassen zusätzliche, interessante Außenräume. Im Erdgeschoss wurden attraktive Ladengeschäfte, Gastronomie sowie Konferenzräume errichtet. Die Lagerflächen im 1. Untergeschoss können mit Klein-Lkws befahren werden. Bis zu 972 Stellplätze sind in den drei Untergeschossen untergebracht. Die drei Gebäudeteile fassen jeweils einen glasüberdachten Innenhof. Sie sind jeweils geschossweise miteinander verbunden, jedoch mit einer eigenen Infrastruktur ausgestattet. Ein Bussystem sowie eine Gebäudeleit- und Zentralleittechnik steuern und überwachen die Haustechnik vollelektronisch. Für Heizung und Kühlung wurden 4-Leiter fan-coils installiert. Je nach individuellem Bedarf können die Fenster geöffnet und die außen liegenden Sonnenschutzjalousien eingesetzt werden. Den Büroangestellten stehen insgesamt 18 Lifte in sechs Liftgruppen zur Verfügung.

Zu den Mietern zählen derzeit das Österreichische Patentamt, die Österreichische Industrieholding AG, die Vienna International Hotels & Resort, KRAFT Foods International oder die Buchhaltungsagentur für Finanzwesen.

„Big Biz" an der Dresdner Straße 87–105, das bedeutet Büroflächen mit hochwertiger Ausstattung. Anspruchsvolle Mieter verteilen sich auf die drei Gebäudeteile, die sich jeweils um einen Innenhof gruppieren

Generalunternehmer:
Universale Hochbau Wien, Zweigniederlassung der Alpine Mayreder Bau GmbH

Architektur:
- „Vienna Twin Towers" Massimiliano Fuksas, Rom
- Hochhaus „Neue Donau" Prof. Harry Seidler & Associates, Sydney
- „Le Meridien"

Einreichplanung:
Prof. Wehdorn, Wien

Ausführungsplanung:
Arch. Schwaighofer, Innsbruck

Innenarchitektur:
Real Studios, London
- Aufstockung „Donauzentrum" Architekt Dipl.-Ing. Werner Paar, Wien
- Erlebniscenter Donauplex Künstlerische Gestaltung: Arch. Häuselmayer, Wien

Ausführungsplanung:
Arch. Schwaighofer, Innsbruck
- Wohnpark Hetzendorf Büro Podrecca, Wien
- Dresdner Straße 87–105 Arch. Dipl.-Ing. Podsedensek, Wien

Partner am Bau:
- Schindler Aufzüge und Fahrtreppen AG
- AIRFIRETECH Brandschutzsysteme GmbH
- freudensprung anlagen planungsges.m.b.h.
- ALS Haller Metallbau – Lamellentechnik – Zaunbau
- eibe Produktion + Vertrieb GmbH Kinderspielräume
- W. Heiss Ges.m.b.H. Bauunternehmen, Rammtechnik, Baumaschinenhandel und –reparatur
- EVVA Sicherheitssysteme GmbH
- All-Projekt Technisches Büro Gesellschaft m.b.H.
- Dipl.-Ing. Walter Prause Zivilingenieurbüro für Bauwesen
- RIHA Gesellschaft m.b.H. Feuerschutz, Zargen, Türen, Tore
- Vermessung Angst Ziviltechnikergesellschaft mbH
- Rosinak & Partner Ziviltechniker GmbH
- Bethmann Blitzschutz Gesellschaft mbH
- Grandits-Team Reprografie Ges.m.b.H.
- SFL Stahl-, Fassaden- und Lüftungsbau GmbH
- ALLITECH Allgemeine Isoliertechnik GmbH
- Ploberger & Stadler GmbH Dächer, Lichtkuppeln, Fassaden
- STEBA Brandschutztore GmbH
- SANITÄR – ELEMENTBAU Ges.m.b.H.
- MSB Metallsystembau GmbH
- Link ges.m.b.h. Schlosserei
- DCST Das Cleanteam
- SMDM Inneausbau GmbH
- Gerhard Braun TrennSysteme GmbH
- Peneder Service – Consulting GmbH Brandschutztore
- ITA Injektionstechnik Bauges. m.b.H.
- Antal Bauges.m.b.H.
- Ivan RIHA Lamellen Systeme Montagen
- Pflaum & Söhne Bausysteme GmbH
- Tischlerei Scheschy GesmbH & CoKG
- Josef Stadler Ges.m.b.H. Nfg.KG Oberlichttechnik
- Dr. HRUBESCH Fugenprofile
- Detlef Kenzian Sandstrahltechnik
- DI Ernst Kuttner Ingenieurkonsulent für Bauingenieurwesen
- Stanik Bau Ges.m.b.H.
- Allgemeine Reinigungs-Zentrale
- Dipl. Ing. Kukuruzovic Bau GmbH
- KA-RA Schilder und Gravuren Ges.m.b.H.
- GESTRA Spiel- und Freizeiteinrichtungen GesmbH
- Bauelemente Wagner Mobile Trennwände
- H. Katzenberger Beton- und Fertigteilwerke GmbH
- Robert Felsinger GmbH Asphalt-Unternehmung
- WIBEBA Wiener Betriebs- und Baugesellschaft mbH
- KAEFER Isoliertechnik Ges.m.b.H.
- Ing. Wilhelm Weisshörndl
- TOP Akustikbau GmbH
- Fliesen Ruprechter GmbH
- Hans Hager GmbH & Co. KG Blitzschutz
- IPM Schober Ges.m.b.H. Fenster
- Armstrong Metalldecken GmbH
- Jellinek KG. NfG. Ges.m.b.H.
- Schneiberg Erd- und Abbrucharbeiten GmbH
- Vermessung Eckharter ZT GmbH
- bst Brandschutztechnik Döpfl GmbH
- Ingenieurbüro ste.p Stella & Stengel Partner
- NMP Naturstein Montage GmbH & CO KG.
- rhtb: trockenbau GmbH
- DIMAS Betonbohr- und –sägedienst Ges.m.b.H.
- TPS Technik Personal Service
- Dr. Lichtblau GmbH Gartengestaltung
- Ingenieurbüro A. Pauser Ziviltechniker Ges.m.b.H.
- Österreichische Doka Schalungstechnik GmbH
- P. Dussmann GmbH Facility Management, Catering
- OBG Bau Ges.m.b.H.
- Zivilingenieurbüro Dipl. Ing. Dr. Helmut Effenberger
- G. Hackenberg Holzhandel
- Albrechtsberger Gesellschaft m.b.H.
- NOVOFERM Fenster GmbH
- Alu König Stahl GmbH
- OTIS GesmbH Aufzüge
- KONE AG Aufzüge, Rolltreppen
- P. H. I. Technisches Planungsbüro und Handelsgesellschaft m.b.H.
- Gaulhofer Vertrieb GmbH & Co. KG Fenster
- Meixner Vermessung

ALS Haller

Metallbau - Lamellentechnik - Zaunbau

Gewerbepark 1, 7423 Grafenschachen, Tel. 03359 29 329, Fax 03359 29 329-44, office@als-haller.at, www.als-haller.at

Ares Tower, Wien
- Hohlkörper-lamellensystem HATEC S-30/200
- Auskragender Sonnenschutz in Elementbauweise, für 39 Etagen

Die Lamellen wurden zur Erhöhung der Reflexion und des Selbstreinigungseffektes in A6C0 eloxiert. Durch Verwendung von speziellen Kunststofflagern ist unser System geräuschentkoppelt und längendehnungsentspannt

Solar City, Linz-Pichling
- HATEC S-10
- Über 17.700 Makralonhalter für rund 18.300 Laufmeter Sonnenschutzlamellen für eine aufwändig gestaltete Niedrigenergie-Reihenhausanlage

Diamond Airkraft, Wiener Neustadt
- Sonderlamellen
- Nach individuellem Wunsch des Bauherren und des Architekten im eigenen Metallbauwerk angefertigt und montiert

Berufsschule für Gartenbau & Floristik, Wien
- Eine von zahlreichen Referenzen im öffentlichen Bereich
- Neben weiteren Schulen, Krankenhäusern, Amtsgebäuden, Messegeländen, Technologiezentren, Kindergärten, ORF-Gebäude, OMV-Schulungszentrum, Flughafen u.v.m.

BMW Donaustadt, Wien
- Lamellensystem HATEC S-10 zur Beschattung + Fassadengestaltung
- C-förmig gezogene Lamelle aus dem hochwertigen Material der Legierung AlMgSi 0,5, mit eigens dafür gegossenen Makralonhaltern, in Trägerprofilen vertikal vor der Glasfassade

Euro Plaza, Wien
- Außen liegendes Sonnenschutzsystem HATEC S-10 als Teil der hochwertigen, prägnanten Stahl-Glas-Aluminium-Fassade

Die Gestaltung von Neubaufassaden ohne Metallelemente ist kaum noch denkbar. Um dabei Architektur, Technik, Wirtschaftlichkeit und Behaglichkeit in ein Gleichgewicht zu bringen, sollten Bauherren, Architekten und erfahrene Metallbaufachleute schon in der Projektphase eng zusammen arbeiten.
Mit der Lieferung und Montage von Aluminiumlamellen entwickelt sich ALS-Haller seit der Unternehmensgründung im Jahr 2000 zu einem ernst zu nehmenden Mitanbieter für Metallbauarbeiten in Aluminium, speziell für außen liegenden Sonnenschutz im Objektbau. Der Erfolg des Einzelunternehmens gründet auf dem hohen Qualitätsanspruch von Ing. Martin Haller. Mit dem Lamellensystem HATEC, speziell für ALS-Haller gezogene Aluminiumlamellen, bietet das Unternehmen ein eigenes Produkt in mehr als 20 verschieden Profilen, Oberflächen und Stärken.

In der Welt des Spielens und Lernens

Alles aus einer Hand: Wir liefern auf Wunsch auch gleich die gesamte Außenanlage mit

Seit 35 Jahren bietet die Firma eibe Produkte für „kindergerechtes Spielen und Erleben" an. Das erworbene Know-how und ein breites Sortiment mit nahezu unbegrenzten Möglichkeiten haben das Unternehmen zur Nr. 1 beim Einrichten von Kinderspielräumen gemacht. Die Fachleute von eibe erstellen bei der Planung von Spielplätzen und Spielbereichen für Innen- und Außenräume individuelle Konzepte vor Ort, erarbeiten optimale Lösungen für die Betreiber und stehen auch für die Nachbetreuung der Kunden zur Verfügung.

Qualität, die sich dauerhaft rechnet

Kinder lernen spielend am besten. eibe hat sich zum Ziel gesetzt, mit seinen Produkten und Dienstleistungen eine Umgebung zu schaffen, die Kinder darin unterstützt, sich positiv zu entwickeln, harmonisch aufzuwachsen und ihre Umwelt zu verstehen. Form, Ethik, Ergonomie, Sicherheit, Funktion und pädagogische Anforderungen der Spielgeräte, des Mobiliars und des Spielwarensortiments tragen dazu bei. Kinder und Jugendliche brauchen Orte, an denen sie ihren Bewegungsdrang ausleben können. eibe bietet für jede Altersklasse attraktive, innovative und hochwertige Spielgeräte, die gleichermaßen für behinderte und nichtbehinderte Kinder und Jugendliche geeignet sind. Sie ermöglichen Wahrnehmungserlebnisse, stärken das Selbstvertrauen und ermöglichen Grenzerfahrungen, sie fördern die Kommunikation, regen die Phantasie an und sind so konzipiert, dass Kinder körperlich gefördert werden. In der eibe-Kinderwelt findet man alles, was Kinderherzen höher schlagen lässt. Spielgeräte für jede Altersgruppe und jeden Einsatzzweck – ob im Innen- oder Außenbereich – stehen zur Verfügung. Die Produkte werden unter Einsatz modernster Technik entwickelt, geplant und gefertigt.

ohne Abb. Kinderspielräume nur von eibe: mit über 50 realisierten Objekten die Nr. 1 in Wien. Fordern Sie unseren 800-seitigen Möbelkatalog an.

Komplettlösung

Den Kunden werden Komplettlösungen geboten, die über die Lieferung von Spielgeräten und Ausstattung für Kindergärten, Schulen und jede Art von Kinderspielorten hinaus den gesamten Service der Realisierung umfassen. Das reicht von der Erarbeitung von Konzeptionen über die Planung unter Berücksichtigung individueller Zusammenstellungen bis zur Abnahme, Wartung und Inspektion. Damit ist man bei eibe in der Lage, für jeden Auftraggeber einzigartige, persönlich zugeschnittene Konzepte zu verwirklichen, die durch Qualität, ein gutes Preis-Leistungs-Verhältnis und langlebige Produkte überzeugen. So entstehen kindergerechte „Oasen", die den spezifischen Anforderungen der jeweiligen Aufgabenstellung entsprechen.

eibe

Produktion + Vertrieb GmbH
Liechtensteinstraße 52
1090 Wien
Tel. 01/317 21 90
Fax. 01/317 21 95
eibe@eibe.at
www.eibe.at

Kreativität ist unsere Stärke: aus einem Lüftungsschacht wird ein Spielgerät

Auch auf kleinstem Raum können ansprechende Spiellösungen verwirklicht werden

W. HEISS GES.m.b.H.

Rammtechnik • Bauunternehmen • Baumaschinenhandel u. -reparatur

Von der Projektierung, über die statische Bearbeitung, und Dimensionierung bis hin zur Ausführung

Rammtechnik

- Baugrubensicherung
- Spundwand
- Stahlbau-Baugrubenaussteifungen
- Trägerbohlenwand („System Heiss“) als erschütterungsarme Baumethode

Tiefbau

- Kabelbau
- Wasserleitungsbau
- Kanalbau
- Straßenbau
- Fernheizleitungsbau

Seit 1984 ist das Familienunternehmen unter Geschäftsführung von Baumeister Ing. Wolfgang Heiss mit einem leistungsstarken Team von rund 60 Mitarbeitern für Ihre Bauprojekte in Wien und Umgebung im Einsatz.
Die Leitung Stahlbau, Werkstätten, Geräte und Fuhrpark liegt bei Mechanikermeister Walter Heiss. 12 Mäklerrammgeräte mit Nutzlängen von 8–15 m stehen ebenso zur Verfügung wie zwei freireitende Rammgeräte, die auf hydr. Bagger aufgebaut sind. Rund 4.000 t Spundwände verschiedener Dimensionen sowie rund 2.500 t Träger mit HEA 200-HEB 500 sind Teil der eigenen Geräteausstattung. Der firmeneigene Fuhrpark umfasst drei Tieflader bis 55 t Nutzlast, acht LKW bis 40 t Ges.Gew, zehn Klein-LKW als Montage-Fahrzeuge sowie diverse Bagger und Baugeräte für den Tiefbaubereich.

W. HEISS Ges.m.b.H. Bauunternehmen - Rammtechnik - Baumaschinenhandel u. -reparatur
2380 Perchtoldsdorf Zwingenstraße 7 Tel. 01/869 32 66 Fax 01/869 32 66 20 email: office@w-heiss.com

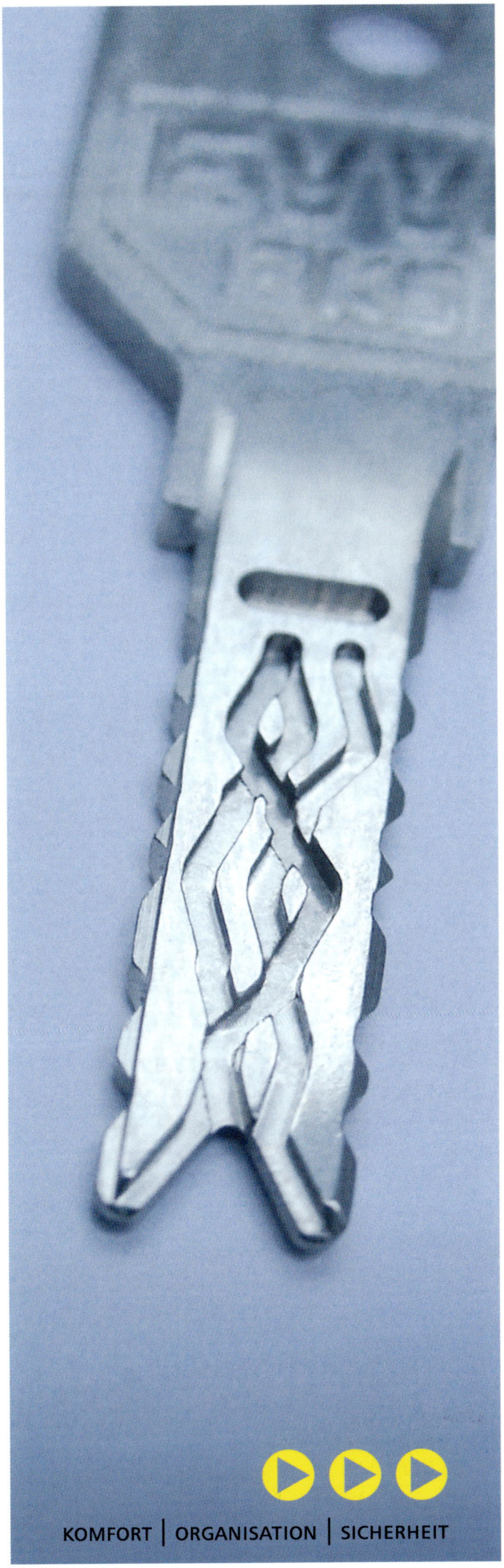

access to security

Unternehmensprofil

Als einer der traditionsreichsten und zugleich innovativsten Hersteller von Zylinderschließanlagen stattet EVVA weltweit moderne Trendbauten ebenso wie historisch bedeutsame Gebäude mit schließtechnischen Produkten höchster Qualität aus.

Immer wieder setzte das heimische Erfolgsunternehmen neue Maßstäbe am internationalen Sicherheitsmarkt mit Innovationen und Entwicklungen, die mittlerweile mehr als 150mal (inter)national patentiert wurden. Auch die erste Software zur Errechnung und lückenlosen Gegenkontrolle von Zylinderschließanlagen entstammt dem Wiener Traditionsbetrieb.

EVVA - rund um den Globus
Heute beschäftigt EVVA um die 670 MitarbeiterInnen, das Zentrum der Unternehmensgruppe liegt in Wien mit rund 430 MitarbeiterInnen.

Der weltweite Vertrieb von EVVA wird durch Niederlassungen in Deutschland, Frankreich, Ungarn, Tschechien, der Slowakei, den Niederlanden und Schweden sowie Händlerkooperationen in Belgien, der Schweiz, Italien, Slowenien, Griechenland, Großbritannien und Dänemark gewährleistet.
Auch Exporte nach Übersee zeugen vom internationalen Vertrauen in die Schließtechnik von EVVA.

Produkte und Dienstleistungen

Die Produktpalette umfasst neben den weltweit bewährten mechanischen EVVA-Schließsystemen auch modernste und für verschiedenste Einsatzbereiche flexibel adaptierbare elektronische Zutrittskontrollsysteme, welche untereinander voll kompatibel sind.

So sind auch perfekte Lösungen im mechatronischen Bereich garantiert, in denen Komponenten der Modultechnik, der elektronischen Vernetzungen und von Software-Paketen verbunden werden.

Neben elektronischen Zutrittskontrollanlagen für Industrie, Gewerbe und Hotellerie bietet EVVA auch Lösungen im Bereich Brandmelde- und Alarmtechnik sowie Videoüberwachung an. Der Vertrieb erfolgt durch das Tochterunternehmen EVVA Sicherheitssysteme GmbH.

www.evva.com

Aufzüge und Fahrtreppen auf höchstem Niveau

Innovation als Markenzeichen der Schindler Aufzüge und Fahrtreppen AG

Rooseveltplatz, Wien: Revitalisierter Altbau mit modernster Technik, eingefügt in ein stilvolles Ambiente

Twin Towers, Wien: Mit 6,3 m/s an die Spitze des Twin Towers am Wienerberg. Fahrtreppen von Schindler für das Entertainmentcenter

Hotel Le Meridien, Wien: Moderne Strukturen im revitalisierten Altbau. Aufzugskabinen mit geätzten Glasverkleidungen

Innovation ...

... ist ein entscheidendes Markenzeichen erfolgreicher Unternehmen.

Mit dem Namen Schindler Aufzüge und Fahrtreppen AG ist eine über 150 Jahre währende Unternehmensgeschichte verbunden, die Innovation und Tradition verbindet. Schindler – einer der Global Player bei der Herstellung von Aufzugsanlagen – ist der weltweit führende Hersteller von Fahrtreppen und Fahrsteigen und betreibt die einzige und weltweit modernste Produktionsstätte für Fahrtreppen und Fahrsteige Österreichs.

Technologie ...

... entwickelt und produziert in Österreich, für den internationalen Markt.

Mit Aufzügen, Fahrtreppen und Fahrsteigen befördert Schindler täglich weltweit über 700 Millionen Personen. Das umfassende Angebot an Dienstleistungen des Unternehmens mit weltweit 40.000 Mitarbeitern wird unterstützt durch eine 24h-Servicebereitschaft, welche mit einem firmeneigenen Call-Center gewährleistet werden kann.

Die Produktpalette umfasst:

- den Wohnhausaufzug für minimalistische Ansprüche bis zu stilvoll angepassten Lösungen im revitalisierten Altbau
- Aufzugsanlagen, Fahrtreppen und Fahrsteige für kommerziell genutzte Gebäude wie Hotels, Shopping Center, öffentliche Verkehrsbauten und Bürogebäude
- Hochleistungsaufzüge für Gebäude mit bis zu 500 m Förderhöhe
- Wartung, Instandhaltung und Modernisierung
- 24h-Einsatzbereitschaft mittels firmeneigenem Call-Center

So sind z.B. die beiden höchsten Bürogebäude Österreichs – die Twin Towers und der Milleniumstower –, Hotels wie das Bristol, Imperial bzw. das neu errichtete Hotel Le Meridien sowie die größten Shopping Center Österreichs – Shopping City Süd und die Shopping City Seiersberg – mit Schindler-Förderanlagen ausgerüstet.

Die neuen Aufzugsgenerationen von Schindler ...

... bieten dem Nutzer nicht nur einen raschen Transport, sondern auch ein angenehmes Ambiente während der Fahrt. Die neuesten Entwicklungen basieren auf Schwerpunkten wie Raum, Ruhe und Design, umgesetzt nach biomorphen Richtlinien in der Konzeption.

Einsatz für den Kunden rund um die Uhr ...

... weltweit, zuverlässig und vorbildlich – so lautet in knappen Worten die Firmenphilosophie. Denn nur so kann das wichtigste Ziel der maximalen Kundenzufriedenheit tagtäglich aufs Neue realisiert werden. Auf diese Weise können komplexe Anforderungen bei hohem Qualitätsstandard erfüllt werden. Die Sicherheit der Benützer, die hohe Verfügbarkeit und die Wartungsfreundlichkeit stehen dabei im Vordergrund.

Schindler
Aufzüge und Fahrtreppen AG,
Wien

(s. auch Umschlagseite 2)

Zwischen Umwelteinfluss und Behaglichkeit

Die Bauphysik, als relativ junger Fach- und Forschungsbereich der Naturwissenschaften, untersucht die Wechselwirkungen zwischen klimatischer Umwelt und menschlichem Aufenthalts- und Tätigkeitsbereich mit entsprechenden Simulations- und Berechnungsmodellen. Diese Wirkungsbereiche umfassen die physikalischen Einflüsse aus Wärme, Feuchte, Schall und Schwingungsanregungen, Sonneneinstrahlung, Licht, Niederschlag und Wind sowie Brandeinwirkungen. Diesbezüglich wird das Bauwerk als Pufferzone zwischen äußeren Umwelteinflüssen und Behaglichkeit im Innern gesehen. Die Bauphysik hilft Architekten und Bauingenieuren, die physikalischen Gesetzmäßigkeiten in Bauplanung und Nutzung richtig anzuwenden sowie im Hinblick auf Energieeffizienz und Nachhaltigkeit das Bauwerk von der Planung, über die Bauerrichtung, die Nutzungszeit inkl. Betrieb, Wartung, Reparatur- und Sanierungsphasen, bis zu Abbau, Umnutzung oder Recycling zu begleiten. Planer, Nutzer und Investoren erhalten die erforderlichen Informationen und Unterlagen für die optimierten Betriebs- und Nutzungsmodalitäten eines Bauwerks, so dass die wirtschaftliche Transparenz und Risikobewertung einzelner Bauwerks- und Objekteigenschaften möglich ist.

DIPL.-ING. WALTER PRAUSE
ZIVILINGENIEURBÜRO FÜR BAUWESEN
Univ. Lektor; Allg. beeid. gerichtl. Sachverständiger; VDI

Bauphysik
Baustofftechnologie, Meßtechnik

A-1130 Wien, Hietzinger Hauptstraße 36
Telefon: +43(0)1-877 62 42, Fax: -876 40 88
office@prause.co.at www.prause.co.at

Die langjährige Erfahrung des europaweit aktiven Zivilingenieurbüros Dipl.-Ing. Walter Prause bietet Gewähr für eine objekt- und nutzungsbezogene, firmenunabhängige Fachberatung, Planungs- und Gutachtertätigkeit – vom Großprojekt bis zum Kleinhaus. Dabei werden bauphysikalische Randbereiche wie Bauklimatik, Baubiologie, Ökologie und alternative Haustechnik mit einbezogen.

Für höchste Qualität in der Reprografie

GRANDITS

Ihr Profi-Team

PLANKOPIE
FARBKOPIE
PLOTTEN
SCANNEN

Persönliche Betreuung und individuelle, kompetente Bearbeitung sämtlicher Auftragswünsche von Bauträgern, Architekten, Zivilingenieuren und Baufirmen sind seit der Gründung 1980 die besonderen Stärken des heute als Familienbetrieb Grandits-Team Reprografie Ges.m.b.H. geführten Unternehmens. Sämtliche Daten, die für die Baudurchführung nötig sind, werden durch die Reprografie-Spezialisten rasch gefertigt, pünktlich geliefert, aktualisiert und verwaltet. Sämtliche Plandrucke, Fotokopien, Farbkopien, Plots und digitale Ausdrucke erfüllen dabei höchste Qualitätsstandards. Investitionen in die aktuell leistungsfähigsten Großflächensysteme ermöglichen eine Kapazität von bis zu 12.000 A0-Kopien pro Tag bei höchster Präzision. Doch nicht nur die hervorragende technische Ausstattung sorgt für den sehr guten Ruf des Grandits-Teams: Langjährig erfahrene und optimal geschulte Mitarbeiter garantieren den höchsten Qualitätsstandard, der 1998 gar die staatliche Auszeichnung einbrachte.

Grandits-Team
Reprografie Ges.m.b.H.
Schönburgstraße 26
1040 Wien
Tel. 01 505 98 53
Fax 01 505 98 534
info@grandits-team.at (sale)
plot@grandits-team.at (print)
www.grandits-team.at

L2Agentur

« The future is us »

Qualität, Termintreue, Verantwortungsbewusstsein und Zuverlässigkeit sind der Maßstab, den der Kunde an die Leistungen eines Unternehmens anlegt. Anspruchsvolle Architektur jeder Art ist uns eine Herausforderung, der wir uns mit Aufgeschlossenheit, langjährigem Know-how und handwerklichem Können stellen. Das Ziel ist die Zufriedenheit des Kunden über wirtschaftliche und qualitativ überzeugende Produkte.

SFL
STAHL- FASSADEN- UND METALLBAU

SABA
MASCHINEN- UND ANLAGENBAU KFT.

office@sfl-gmbh.at

www.sfl-gmbh.at

Wenn´s wirklich dicht sein soll – Fragen Sie uns!

Spezialisiert auf zuverlässige Abdichtungen

Seit 1979 hat sich die Allitech, Allgemeine Isoliertechnik GmbH, in Wien und Umgebung einen Namen als Spezialunternehmen für Isolierungen, Feuchtigkeitsabdichtungen, Schwarzdeckungen und Flachdachdeckungen gemacht. Mit rund 25 Mitarbeitern bietet Allitech heute auch leistungsstarke Plattenverlegearbeiten und ist darüber hinaus im Bereich Gartengestaltung gefragt.

Für das Bauvorhaben Seitenberggasse etwa dichtete das Fachunternehmen nicht nur sämtliche Dächer, sondern auch den Innenhof ab. Abdichtungen und Plattenbeläge wurden aktuell auch für den Wohnpark Hetzendorf oder die Dresdner Straße 87–105 ausgeführt – Wenn Termin, Dichtigkeit und Kundenbetreuung stimmen sollen, dann ist Allitech der richtige Partner.

ALLITECH
Allgemeine Isoliertechnik GmbH

SCHWARZDECKUNG
FLACHDACHDECKUNG
FEUCHTIGKEITSISOLIERUNG

Große Schiffgasse 2, 1020 Wien
Tel. 01 214 46 20, Fax 01 214 46 20-9
gesmbh.allitech@chello.at

PLOBERGER | STADLER

DÄCHER FASSADEN ABDICHTUNGEN BELICHTUNGSSYSTEME

Perfekte Lösungen
für Dächer, Lichtkuppeln und Fassaden

Profitieren Sie von über 60 Jahren ERFAHRUNG, unserer intensiven persönlichen BETREUUNG und der LEISTUNGSSTÄRKE als GENERALUNTERNEHMER in den Bereichen Flachdachbau, Abdichtungen, Bauspenglerarbeiten, Fassadenbau, Belichtungs- und Belüftungssysteme sowie Industrieverglasungen.

Ploberger & Stadler GmbH
Stammsitz: 1230 Wien, Richard-Strauss-Str. 27
Tel. 01/616 25 37-0, Fax 01/6162537-39
wien@ploberger-stadler.at, www.ploberger-stadler.at

Niederlassungen in Linz, Graz, Innsbruck

Ihr Instandhaltungsteam zur Wertsicherung

Als Meisterbetrieb im Denkmal-, Fassaden- und Gebäudereinigungshandwerk ist DCST Das Cleanteam seit 2002 in der Region Wien aktiv. Die umfangreiche Erfahrung in der Industrieanlagen-Reinigung wurde sukzessive durch die Ausweitung des Leistungsangebots auf Büro-, Grund- und Baustellenreinigung ausgedehnt. Heute gibt es kaum eine Aufgabe im Reinigungsbereich, für die das Cleanteam nicht die passende Lösung zur Hand hat.

Mit einer flachen Firmen- und Mitarbeiterstruktur bietet das dynamische Team um Erich und Christine Steetz flexible und auf die individuellen Ansprüche hin maßgeschneiderte Lösungen für sämtliche Bereiche, die mit Reinigung zu tun haben. Die umfangreiche Angebotspalette von DCST Cleanteam wird seit der Wintersaison 2003/2004 durch einen eigenen engagierten Winterdienst vervollständigt.

Das familiäre Arbeitsklima, gepaart mit einem Höchstmaß an Professionalität, garantiert den Kunden die optimale Werterhaltung ihrer Objekte zu absolut fairen Kosten.

Unterhaltsreinigungen
Bodenbelagsreinigungen
Wohnraumreinigung
Glasreinigung
Desinfektion und Hygiene-Service
Gebäudereinigung
Industrie-Reinigung
Hausbesorgerservice
Wohnungsausbesserungsarbeiten
Parkettböden
Marmor- und Steinpflege
Fassaden
Übersiedlungen
Räumungen
Garten- und Landschaftspflege
Dachrinnenreinigungen
Entrümpelungen

DCST Das Cleanteam
Dumreichergasse 85
A-1220 Wien
Telefon: (01) 774 68 93
Fax: (01) 774 69 93
Mobil: 0676/529 20 49
eMail: service@dcst.at

das cleanteam
christine steetz
dienstleistungen

Denkmal-, Fassaden- und Gebäudereinigung - Meisterbetrieb

SMDM Innenausbau GmbH

Ihr Partner für:

Trockenbau

Gipskartonwände

Ständerwände

Bodenaufbau

Estrich

Bodenbeläge

Wand- und Deckenverkleidungen

SMDM Innenausbau GmbH
Missindorfstraße 21
1140 Wien

Tel. 01/486 93 87
Fax 01/486 93 87-34
E-Mail: smdm-bau@aon.at

Individualität mit System

Gerhardt Braun TRENNSYSTEME

Schnell, pünktlich und zuverlässig erleben Architekten und Bauherren die Gerhardt Braun TrennSysteme GmbH. Seit rund 20 Jahren im Geschäft, hat sich das Unternehmen mit Hauptsitz in Deutschland und Niederlassungen in Österreich sowie in der Schweiz mit Trennwandsystemen im Kellerbereich europaweit einen Namen gemacht. Individuelle Lösungen und hohe Produktqualität sind die Stärken der Gerhardt Braun TrennSysteme GmbH. Die Systeme sind flexibel und können vor Ort an jede Situation angepasst werden. Produktion, Lieferung und Montage erhalten die Kunden aus einer kompetenten Hand.

Die Erfahrung mit Trennwandsystemen hat das Fachunternehmen inzwischen auch erfolgreich auf den Bereich Industrie, Gewerbe und sämtliche Bereiche rund ums Wohnen ausgeweitet. Die Gerhardt Braun TrennSysteme GmbH ist jeder Einbausituation gewachsen. Carports, Gartenhäuser, Fahrradabstellplätze, Müllsammelplätze, Geräte- sowie Balkonschränke sind heute Teil des umfassenden Leistungsspektrums. Nutzflächen werden nicht nur sinnvoll aufgeteilt, sie sehen zudem gut aus und werten Wohnräume auf.

Viele tausend Architekten und Bauherren irren nicht. Viele hunderttausend Einbaumeter sind Maßstab für die Qualität.

Gerhardt Braun TrennSysteme GmbH **Bietigheim Berlin Magdeburg Köln Wien Zürich**
Mautner Markhof-Gasse 40 1110 Wien Tel. 01/5322350-0 Fax 01/5322350-50 www.gerhardtbraun.com info@gerhardtbraun.com

Der Spezialist für Sonnenschutz-Lamellen-Systeme

Seit mehr als 15 Jahren werden unter der Leitung des Inhabers Ivan RIHA Lamellen für Sonnen- und Sichtschutz sowie Lüftungssysteme montiert. Mit qualifizierten und erfahrenen Facharbeitern werden Bauvorhaben in Österreich und den angrenzenden EU-Ländern ausgeführt. Zu den Auftraggebern gehören gleichermaßen private und gewerbliche Bauherren sowie die öffentliche Hand. Schnelligkeit, Flexibilität und Präzision bei der Durchführung all Ihrer Projekte werden garantiert.

R I H A
Lamelen Systeme Montagen
Luckenschwemmgasse 8 / 1 / 14
A – 1210 Wien

Tel./Fax +43 (0) 1/292 90 27
Mobil +43 (0) 664/431 23 17
E-Mail ivan.riha@chello.at

PFLAUM BAUSYSTEME

DIE NEUE DIMENSION DER FASSADENGESTALTUNG

Pflaum & Söhne
Bausysteme GmbH
Ganglgutstrasse 89
A-4050 Traun
Tel: +43-7229-64584
Fax: +43-7229-64584-43
e-mail: office@pflaum.at
homepage: www.pflaum.at

Verkaufsbüro Wien
Favoritenstrasse 130/2/3
A-1100 Wien
Tel: +43-1-6066500

Pflaum - Wegbereiter für moderne Architektur. Mit drei Produkten, **dem Brandschutzpaneel bis F120, dem Linear Fasadensystem und dem Sandwichpaneel**, bietet Pflaum ein breites Spektrum.

scheschy
HOLZ · OBJEKT · FUNKTION

TISCHLEREI SCHESCHY GesmbH & CoKG ▪ BERATUNG ▪ PLANUNG ▪ AUSFÜHRUNG

Das mittelständische Unternehmen Tischlerei Scheschy GesmbH & CoKG mit Sitz in Neufelden ist auf die Einrichtung und Ausstattung von Krankenhäusern und Laboratorien spezialisiert. Zum Leistungsspektrum gehören Einrichtungen für Gefachstationen ebenso wie die Anfertigung von Waschtischen, Duschtassen u. Ä. aus Corian sowie die Herstellung von Objekttüren und Reinraumkabinen. Die rund 50 Mitarbeiter des 1955 gegründeten Familienbetriebs bieten qualifizierte Leistung von der Beratung, über die Planung, bis zur Produktion und Montage für Bauvorhaben in ganz Österreich und den Nachbarländern. Zu den Referenzen zählen u. a. das Landeskrankenhaus Vöcklabruck, das Krankenhaus Schwarzbach, das Krankenhaus St. Pölten und das Unfallkrankenhaus Linz.

4120 Neufelden
Hintere Zeile 8

Tel. 0 72 82/66 33
Fax 0 72 82/66 33-20

buero@scheschy.at
www.scheschy.at

Experten auf dem Gebiet der Oberlichttechnik

Das Lieferprogramm der Firma Stadler Acrylline umfasst:

- Aufsatzkränze
- Lichtkuppeln
- Lichtbänder
- Lüftungssysteme
- RWA-Anlagen
- BRE-Lüftungen
- Wandverglasungen
- Satteloberlichten
- kittlose Verglasungen

Je nach Maßgabe werden individuelle Sonderanfertigungen aus GFK und Acrylglas hergestellt und montiert. Der mittelständische Betrieb bietet gute Qualität, zuverlässige und schnelle Auftragserledigung und garantiert mit geschultem Personal eine reklamationsfreie Ausführung. Die Firma Stadler Acrylline ist bei der Realisierung diverser Metro-Märkte und anderer Fachmarktzentren in Österreich beteiligt gewesen. Die Liste der Referenzbaustellen zeugt auch von zufriedenen Auftraggebern weit über die Landesgrenzen hinaus.

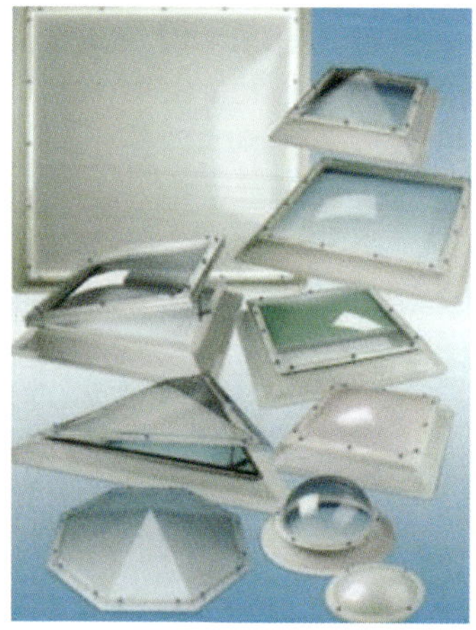

Stadler acrylline

Josef Stadler Ges.m.b.H Nfg.KG

1230 Wien
Richard-Strauß-Straße 27
Tel. 01/6 16 34 30
Fax 01/6 16 34 31
office@stadler-wien.at
www.stadler-acrylline.at

Wir geben Ihren Fugen Profil

Ein gutes Profil hat immer zwei Seiten. Die eine interessiert den Statiker. Die andere den Architekten. Uns interessieren beide. Weil wir meinen, was dem einen recht ist, sollte dem anderen billig sein. Und umgekehrt.

Deshalb haben unsere Profile nicht nur eine perfekte Funktion, sondern auch eine hervorragende Optik. Beide Seiten kommen also voll auf ihre Kosten. Unser Katalog zeigt Ihnen das schwarz auf weiß und in Farbe.

MIGUA®

MIGUA	Fugenprofile
MIGUTRANS	Fugenkonstruktionen für Schwerlastverkehr
MIGUTAN	Fugenkonstruktionen wasserdicht
MIGUPREN	Wellfugenband

Dr. HRUBESCH · Wipplingerstrasse 24 · 1010 Wien
Telefon (01) 5 33 35 31 · Telefax (01) 5 33 35 31 75

DETLEF KENZIAN
SANDSTRAHLTECHNIK

Sand - Wasserstrahlarbeiten
Althaussanierung
Beton - Holz - Eisen

Keplergasse 12 b
1100 Wien
Tel./Fax 00 43 - 1 - 6 04 07 54
Mobil: 0676 703 72 69

DI Ernst KUTTNER

INGENIEURKONSULENT FÜR BAUINGENIEURWESEN

STATIK • PRÜFINGENIEUR • BAUPHYSIK • BAUAKUSTIK • GUTACHTEN

A-2331 VÖSENDORF, LAXENBURGERSTRASSE 196 • T: (01) 6981054 • E: office@zt-kuttner.at

▶Produktinfo

Lebendige Farbenspiele im eigenen Heim

Lebensqualität und Individualität stehen bei der Raumgestaltung im Vordergrund

(djd/pt) Ganz in Weiß begehen Verliebte heute vielleicht noch den schönsten Tag im Leben. Was die Gestaltung von Wohnräumen betrifft, so geben jetzt klangvolle Namen wie Mango, Papaya, Limone, Cashmere oder Cotto den Farbton an. Sie tauchen Wände und Decken in ein faszinierendes, harmonisches Licht und sind außerdem auch noch perfekt miteinander kombinierbar. Damit der Griff in den Farbtopf gelingt, hilft Schöner Wohnen Farbe mit dem Trendfarbensortiment, das insgesamt 22 aktuelle und zeitlos schöne Farbtöne enthält. Sie bilden die ideale Basis für eine individuelle und stilsichere Raumgestaltung, und sie genügen auch in der Qualität höchsten Ansprüchen: So tragen die Wand- und Deckenfarben den „Blauen Engel“, weil sie emissionsarm sind. Die Seidenmattlacke werden ohne aromatische Kohlenwasserstoffe hergestellt, was der Verbraucher am Signet „Geruchsmild und aromatenfrei“ erkennt. Maler und die Umwelt dürfen also aufatmen. Und wer sein trautes Heim entgegen dem Farbtrend doch ganz in Weiß halten möchte, wird bei Schöner Wohnen Farbe ebenfalls fündig. „Polarweiss softcolor“ heißt das Programm für die zarte, feinfühlige Wohnraumgestaltung. Informationen findet man im Internet unter www.schoener-wohnen-farbe.de. Hier kann auch die kostenlose Broschüre „Inspirationen“ angefordert werden, die hilfreiche Ratschläge und Ideen vermittelt.

Ganz in Weiß ist out – stattdessen: warme Harmonie mit Schöner Wohnen Farbe

Online-Dienst für Bauen und Architektur

www.bauinsel.com – die Internet-Insel für alle Bauinteressierten / Unabhängiger, überregionaler Online-Dienst der Insel online GmbH, der Partnerfirma des WV-Verlages

Sie sind Architekt, Handwerker oder arbeiten in der Immobilienbranche und sind auf der Suche nach unabhängigen, überregionalen Informationen zum Thema „Bauen und Architektur"? Unter www.bauinsel.com finden Sie einen zentralen Internetdienst, der Ihnen als spezialisierte Plattform der Bau- und Architekturbranche viele wertvolle Hinweise frei Haus liefert.

Vielseitiges Internet-Angebot

Zum vielseitigen Angebot von bauinsel.com gehören aktuelle Infos und Service-Rubriken, wie z.B. „Karriere", „Finanzierung", „Projekte", „Recht", „Technik" „Termine" oder der monatlich erscheinende Newsletter. Unter den spezialisierten Verzeichnissen, einem weiteren Angebot von bauinsel.com, finden Sie schnell und übersichtlich Informationen zu Architekten, Baufirmen, Ingenieurbüros, Objekten u.v.m. – sortiert nach Firmenname oder Standort, ganz wie Sie möchten. Des Weiteren stehen Ihnen interaktive Internetmärkte zu den Bereichen „Immobilien" und „Büroräume" zur Verfügung.

Werden Sie aktiv

Auf der benutzerfreundlichen Internet-Plattform www.bauinsel.com haben auch Sie die einmalige Möglichkeit, sich gemeinsam mit Ihren Partnern vorzustellen. Durch bauinsel.com führen viele Wege zu Ihnen: Ihr Unternehmen kann u.a. durch die Objekte, die gebaut wurden, durch Ihre Anschrift, durch spezialisierte Verzeichnisse, durch die Partner, mit denen Sie gearbeitet haben, oder sogar durch Ihre künftigen Auftraggeber erreicht werden.

Vielleicht haben Sie ja schon eine Internet-Seite? Kein Problem: Durch die Vernetzung innerhalb unserer Plattform ist bauinsel.com die effektivste Lösung, Ihre Leistungen und Ihre Internet-Präsenz bekannt zu machen.

Ihre Vorteile bei bauinsel.com

- Ihr Unternehmen ist weltweit präsent: Ihre Präsentation im Internet kennt keine Grenzen – Sie brauchen Ihre Werbung nicht mehr zu versenden, denn unter www.bauinsel.com können Ihre Kunden sofort Ihre Referenzen einsehen.
- Ihr Unternehmen ist direkt erreichbar: Sie haben Ihre eigene Internet- und E-Mail-Adresse. Rund um die Uhr ist Ihre Firma durch das Internet erreichbar.
- Ihre Arbeit wird anspruchsvoll gestaltet: Hochqualitative Bilder und ein übersichtliches Design sorgen für eine beeindruckende Gestaltung.

- Ihre Arbeit wird von potenziellen Kunden entdeckt: Egal, ob durch unsere Verzeichnisse, unsere Internetmärkte oder eigene Werbung – Ihre Präsentation wird in jedem Fall optimal wahrgenommen.
- Gleiche Chancen für alle: Groß-, Mittel- oder Kleinunternehmen haben die gleichen Chancen im Internet. Ihre Internet-Homepage ist der ideale Weg für den Kundengewinn.

bauinsel.com für Architekten

Präsentieren Sie Ihre Zusammenarbeit mit Bauherren, Bauunternehmungen und Baufirmen. Erklären Sie die Philosophie Ihrer Objekte, und stellen Sie sich einen Internetkatalog mit Ihren Projekten zusammen, der für alle zugänglich ist.

bauinsel.com für Bauunternehmen

Unter www.bauinsel.com bieten wir Ihnen die Möglichkeit, die Konzeption und Realisierung Ihrer Objekte weltweit darzustellen. Zur Ausarbeitung dieser Präsentation stellt Ihnen die Insel online GmbH ggf. einen Webdesigner zur Verfügung. Um Ihre Projekte zusätzlich bekannt zu machen, wird Ihr Objekt auch auf den bauinsel.com-Internetmärkten sichtbar.

bauinsel.com für Handwerksfirmen

Unter www. bauinsel.com können Sie die Werbe-Wege zu Ihnen multiplizieren: Ihr Unternehmen kann durch die ausgeführten Arbeiten, durch Ihre Anschrift, über die spezialisierten Verzeichnisse oder durch die Partner, mit denen Sie gearbeitet haben, erreicht werden.

bauinsel.com für Immobilienmakler

Sie haben Objekte zu vermieten oder zu verkaufen und suchen einen effektiven Weg, Ihre Werbe-Investitionen zu optimieren? bauinsel.com bietet Ihnen Immobilien- und Bürointernetmärkte an, durch die Sie sich und Ihre Objekte vorstellen können. Auch Privatkunden oder Firmen, die Büroräume suchen, kommen auf unsere Internetmarktseiten, um Ihre Traumobjekte zu finden.

Ihr Partner: technisch und konzeptionell

Die Insel online GmbH – Partnerfirma des WV-Verlages – ist Ihr professioneller Ansprechpartner für Ihre Präsentation beim Online-Dienst bauinsel.com – egal, ob es sich um die Vorstellung Ihres Unternehmens und Ihrer Projekte oder um einen Werbebanner handelt. Doch die Insel online GmbH bietet Ihnen noch weit mehr: Sie entwickelt Ihre Firmen-Homepage und damit Ihren ganz persönlichen und auf Sie zugeschnittenen Auftritt im Internet. Die Insel online GmbH stellt Ihnen darüber hinaus Web-Lösungen vor, die die verschiedenen Aspekte der Kommunikation in Ihrem Unternehmen (Internet und Intranet) mit einbeziehen und die Verteilung der Informationen an jeden Ihrer Mitarbeiter organisiert.

Das Team der Insel online GmbH setzt sich aus einem Projektleiter, Designern, Programmierern, Redakteuren und IT-Spezialisten zusammen. E-Commerce-Solutions, IT-Consulting oder Global e-Marketing Strategies lauten weitere Schlagworte der abgerundeten Angebotspalette der Insel online GmbH. Testen Sie uns! Kontakt unter verwaltung@inselonline.com, Tel. 00 49 (0) 62 47/9 08 90-92 oder Fax 00 49 (0) 62 47/9 08 90-90.

Weitere Infos unter:
www.bauinsel.com

Für morgen bauen, dabei an übermorgen denken

Flugsicherungstower Wien-Schwechat / Revitalisierung „Vienna Hilton Complex" / Amtshaus Ramperstorffergasse 67–69 / MFH Braunschweiggasse 3a / Büro- und Wohngebäude Dresdnerstraße 68 / Institutsgebäude Österreichische Akademie der Wissenschaften / Tragwerksverbreiterung St. Marx A22 / Borealis Wien-Schwechat

Unübersehbar: Flugsicherungstower Wien-Schwechat

Die Flugsicherungsstelle des Vienna International Airport verfügt mit ihrem neuen 109 m hohen Kontrollturm in Wien-Schwechat nicht nur über einen guten Überblick, sondern gleichzeitig über einen der höchsten Flugsicherungstürme der Welt. Die HABAU Hoch- und Tiefbaugesellschaft m.b.H. realisierte als international erfahrenes österreichisches Bauunternehmen die Baumeisterleistungen dieses architektonisch prägnanten Bauwerks nach Entwürfen der Generalplaner-ARGE Zechner-Lorenz.

Im Rahmen des Flughafenausbaus erhält Schwechat ein markantes neues Wahrzeichen. An der Haupteinfahrt zum Flughafen setzt der Tower gleichsam ein städtebauliches Zeichen mit Signalcharakter. In der sechsgeschossigen Sockelzone, die das orthogonale Straßenraster aufnimmt, befinden sich Büroräumlichkeiten der Flugsicherung. Optimale Sichtbeziehungen zu den Rollfeldern bietet die Spitze der Towers, die dazu um 45 Grad verdreht wurde. Mit transluzenter PTFE-Membran bespannt ist der Mittelbereich, in dem sich lediglich der Erschließungskern befindet, bestens für multimediale Projektionen geeignet. Das Profil verformt sich stufenlos von der Basis bis zum Kontrollturm. In das Gelände fügt sich der Tower mit einer attraktiv gestalteten künstlichen Landschaft. Die Ränder dieses abgesenkten, ruhigen Patios akzentuieren die Baufluchtlinien, indem deren Dominanten gleichsam ausgestanzt wurden. Mit einem

Eindrucksvoller Flugsicherungstower für den Flughafen Wien. Bei Nacht wird der Mittelteil geradezu körperhaft und entwickelt durch Projektionen auf seiner transluzenten Membranhaut ein reizvolles Eigenleben

Luftschlitz rund um das Bauwerk wird der Solitär-Charakter des Flughafentowers zusätzlich betont.

Die Platzverhältnisse für die Bauarbeiten waren sehr beengt. Für den Bau des Towers wurden daher zusätzlich zu einem Turmdrehkran mit einer Traglast von 4 t und einer maximalen Auslenkung von 30 m noch zwei sehr nah am Tower platzierte Wippkräne eingesetzt. Innerhalb von 27 Tagen erfolgte die Errichtung des Turmschaftes fugenlos im Gleitbauverfahren. Dabei wurde die vor Ort vorgefertigte Schalung über Hydraulikstempel insgesamt 101 m nach oben bewegt und dabei kontinuierlich Beton eingebracht. Diese Arbeit fand im Zweischichtbetrieb, auch an Sonn- und Feiertagen, statt. Denn eine Unterbrechung der Bauarbeiten hätte zur Folge gehabt, dass der in die Schalung eingebrachte Beton abbinden und diese unbeweglich machen würde. Nur einmal, nach etwa zwei Wochen, wurde das Verfahren unterbrochen, damit der Kran verankert werden und weiterklettern konnte. Auch der Gleitbeton selbst musste nach einer besonderen Rezeptur erstellt werden, die innerhalb von sieben Stunden ihre Grundfestigkeit erreichte. Pro Stunde wurden i.M. 3 m^3 Beton eingebaut. Dabei wurden rund 600 Öffnungen, etwa für Türen oder Leitungsdurchführungen, ausgespart.

Parallel zu den Gleitbauarbeiten erfolgte der Bau des Untergeschosses, in dem die Haustechnikzentrale untergebracht ist, sowie die Realisierung der Sockelgeschosse, die als Bürotrakt konzipiert wurden. Fertigteiltreppen, die zuvor zur Simulation auftretender Lasten im Rahmen der Betonarbeiten für die Turmkopfdecken getestet wurden, wurden im Schaftinneren aufgebaut. Insgesamt 46 Stiegenläufe mit 23 Fertigteilzwischenpodesten im Fluchtstiegenhaus mussten für den Treppenturm versetzt werden.

Um die an den Kontrollturm anschließenden Turmkopfdecken mit ihrem auskragenden, statischen System ausführen zu können, kamen zwölf Sonderdeckentische zum Einsatz, die vor Ort an der Baustelle vormontiert wurden. Diese Deckenmontage wurde durch Zusatzmaßnahmen begleitet, da die exponierte Lage sehr hohen Windgeschwindigkeiten ausgesetzt war. So erhielt beispielsweise die Unterseite der Schalung eine Dämmung, und die Zementfestigkeitsklasse wurde bei niedrigen Temperaturen während der Wintermonate entsprechend erhöht. Bevor die betonierten Decken nicht mindestens 80 Prozent ihrer Endfestigkeit erreicht hatten, konnte nicht mit der nächsten Decke begonnen werden.

„Vienna Hilton Complex" revitalisiert

Der „Vienna Hilton Complex" am Stadtpark steht seinen Gästen seit Mai 2004 nach eineinhalb Jahren Sanierung wieder in frischem Look zur Verfügung. Nach den Plänen des Architekten Hans Hollein präsentiert sich der Gebäudekomplex aus den 70er Jahren mit neuem Gesicht – wenn auch ohne das ursprünglich geplante, markante Wolkendach aus gläsernen Kästen, in denen Hans Hollein Luxusappartements und weitere Suiten vorgesehen hatte. Aber angesichts der Hochhausdebatte am gegenüber liegenden Bahnhof Wien-Mitte wurde statt prägnantem 7 m hohem Aufbau ein Leuchtkasten auf dem Dach angebracht, der als „Magic Cube" die Fassade in weißes Licht taucht und dem Gebäudekomplex so seine persönliche Note verleiht. Die Fassade des 20-geschossigen Gebäudes wurde auf 20.000 m^2 erneuert.

Hilton ist weiterhin nur Mieter, hatte jedoch für die Innenausstattung das Hilton-erfahrene Architekturbüro Robinson Conn aus London gewonnen. 579 topmoderne Zimmer, die ihre ursprüngliche Struktur beibehielten, warten auf ihre Gäste. Ein neu angebautes Konferenzzentrum bietet rund 900 Personen Platz. Das Kongresszentrum gilt als das derzeit größte in Österreich und unterstreicht den Anspruch des Hotels, vor allem Kongresstouristen ein optimales Umfeld zu bieten. Neu sind zudem ein weiteres Restaurant, eine Bar und ein großer Fitnessbereich. Im 13. und 14. Stock befinden sich Büros.

Die Arbeitsgemeinschaft Weissel-HABAU unter der Bauleitung von HABAU war zeitweise mit bis zu 120 Arbeitern vor Ort. So konnten die umfangreichen Umbau- und Sanierungsmaßnahmen sowie der Neubau des Ballsaals im vorgegebenen Zeitplan, nach insgesamt 13 Monaten Bauzeit, erfolgreich abgeschlossen werden.

Amtshaus im 5. Bezirk erweitert

An das bestehende Bezirksamt Ramperstorffergasse 68–69 baute HABAU einen weiteren Bürotrakt an, der mit 20 m an die Traufhöhe der Nachbarbauten anschließt. Die Entwürfe stammen vom Wiener Architekturbüro Kiekenap. Beauftragt wurde HABAU mit den Generalunternehmerarbeiten von der EPU Bau-Projektmanagement Gesellschaft m.b.H. Durch die unmittelbare Nähe zu den Nachbarbauten erfolgte die Baugrubensicherung durch Unterfangung mit HDBV. Der 7-geschossige Anbau ist behindertengerecht ausgeführt und bietet den Bediensteten rund 2.100 m^2 Nutzfläche. Das Erscheinungsbild setzt sich im bewussten Kontrast vom bestehenden Bezirksamt ab. So bekennt sich das in knapp einem Jahr schlüsselfertig errichtete Eckgebäude als Kind seiner Zeit zu Licht, Transparenz und Individualität.

Frisches Ambiente für modernes Wohnen: MFH Braunschweiggasse 3a

Es ist durchaus möglich, auch mit Wohnbauten frische Akzente in Wiener Quartieren zu setzen. Das nach Entwürfen von Prof. Dr. Manfred Wehdorn durch den Generalunternehmer HABAU zwischen Mai 2004 und Mai 2005 fertig gestellte Mehrfamilienhaus in der Braunschweiggasse 3a ist ein solches Beispiel. Geprägt durch eine klare Linienführung, scharfe Kanten sowie eine markante Farbgebung in warmem Orangeton, vermittelt der Gebäudekomplex seine starke Identität.

Insgesamt 15 Wohneinheiten befinden sich in diesem 4-geschossigen, lang gestreckten Baukörper, der für die Bewohner in einer Tiefgarage die nötigen Pkw-Stellplätze bereit hält. Erschlossen werden die Wohnungen über Aufzug und Treppenhaus. Laubengänge führen zu den einzelnen Wohnungen und bieten zudem kommunikative, halbprivate Aufenthaltsorte für die Bewohner. Großzügige Balkone sowie Mietgarten ergänzen das Wohnraumangebot.

Bürobau der anderen Art für neue HABAU-Zweigniederlassung

Im September 2005 bezog HABAU in der Dresdnerstraße 68 die Räumlichkeiten seiner neuen Zweigniederlassung. Zwei großen Kieselsteinen gleich, dazwischen eine verglaste Fuge, schwebt die Bebauung über dem Boden. Bei

Face-Lifting für den „Vienna Hilton Complex" – innen und außen: erneuerte Fassade, modernisiertes und erweitertes Konferenzzentrum sowie 579 topmodern ausgestattete Gästezimmer

Das Bezirksamt für den 5. Bezirk in der Ramperstorffergasse wurde durch einen modernen Eckbau erweitert

diesem Neubaukomplex nach Entwürfen der französischen Architektin Françoise-Hélène Jourda handelt es sich um ein Büro- und Wohngebäude, das sich – statt modisch geprägt durch Glas und Stahl – dem Straßenbild gleichsam als modellierter Stein mit Löchern und Auswucherungen präsentiert. Für ein Wohngebäude wäre das nicht allzu ungewöhnlich, für ein modernes Bürogebäude hingegen schon.

Runde Ecken, 180 Fenster, die sich jeweils ein bisschen anders ausrichten und dabei nicht in die Fassadenebenen eingeschnitten sind, sowie ungerade Wände vermitteln „Le Bureau“ ein besonderes Image. Mit Siebdruckmustern gestaltete architektonische Elemente mit unterschiedlichen repräsentativen Nutzungsoptionen kragen vereinzelt aus der Fassade aus. Geborgenheit im Raum, verbunden mit klimatischer Behaglichkeit durch Bauteilheizung und Kühlung, ist gebaute Realität für die Nutzer des Gebäudes.

Zwölf Wohnungen, darunter acht Maisonetten mit Dachterrassen sowie vier Garçonnièren mit Balkonen befinden sich im Dachgeschoss. Das Erdgeschoss ist Ladengeschäften vorbehalten. Vom 1. – 5. Geschoss finden sich flexibel nutzbare Büroeinheiten. Ein ruhiger Innenhof mit Garten, Teich und Besprechungsterrasse lädt zum Erholen und entspannten Arbeiten ein. Künstlerisch gestaltete, helle Aktivstiegenhäuser mit Trinkbrunnen und Herzfrequenzmesser sollen die Fitness fördern. Von HABAU forderte das anspruchsvolle architektonische Konzept kreative Kleinarbeit schon in der Rohbauphase. Die schrägen und runden Außenwände waren als tragende Konstruktion ungeeignet. Der Statik des Gebäudes dienen daher runde Säulen etwas versetzt auf allen Stockwerken im Innern des Gebäudes, die gleichsam die bauchige Außenform nachzeichnen. Um den runden Ecken gerecht zu werden, kamen Halbfertigteile zum Einsatz. Schwierig gestalteten sich dabei die schrägen Außenwände, die

Zeitgemäßes Lebensgefühl für 15 Wohneinheiten im markanten MFH in der Braunschweiggasse

Büro- und Wohnhaus mit runden Ecken, schrägen Wänden und Wohlfühlklima vom Feinsten: „Le Bureau“ in der Dresdnerstraße ist die neue Adresse der HABAU-Zweigniederlassung in Wien sowie diverser Büro- und Ladenmieter. In den zwölf attraktiven Dachappartements wird auch gewohnt

Neue Forschungslabors und mehr für die Österreichische Akademie der Wissenschaften befinden sich heute in der Dr.-Bohr-Gasse

Borealis in Wien-Schwechat mit neuem Silolager, Blender-&-Storage sowie neuer Produktionsanlage für Polyethylen

etwa auf ein gerades Fensterbrett anschlossen oder Fenstergrößen, die teilweise die Größe der Halbfertigteil-Wände überstiegen. Die runden Ecken wurden vor Ort mit Hilfskonstruktionen gegossen. Schließlich erforderte auch die Deckenschalung ein individuelles Eingehen auf jeden Grundriss.

Labortrakt für Akademie der Wissenschaften

Im neuen Wiener Laborgebäude der Österreichischen Akademie der Wissenschaften (ÖAW) wird seit Sommer 2005 geforscht. Die Architektur stammt vom Wiener Architekturbüro Prof. Mag. Arch. Boris Podrecca, der auch das unmittelbar benachbarte „Vienna Bio Center 2" entworfen hatte. Beide Gebäude teilen sich denselben Sockel und bilden gleichsam eine Symbiose. Im ÖAW-Gebäude sind neben Labors und Büros auch Speziallabors mit einer spezifisch pathogenfreien Zone, Gewächshäusern, einem Hörsaal sowie entsprechenden Seminarräumen untergebracht. In einem Schaulabor können Schüler ihre molekularbiologischen Versuche für die Öffentlichkeit zugänglich durchführen.

HABAU war mit Teil-Generalunternehmerleistungen an der Realisierung des Neubaus beteiligt. Die Bauarbeiten für das nicht nur in seiner technologischen Infrastruktur anspruchsvolle Gebäude dauerten von Juni 2003 bis Juni 2005.

Tragwerksverbreiterung Hochstraße St. Marx

Zwischen Knoten Prater und Anschluss Landstraße fahren auf der A23 täglich durchschnittlich rund 211.000 Kraftfahrzeuge. Um die Hauptfahrbahn im Bereich Anschluss St. Marx zu verbreitern, musste HABAU die beiden Rampentragwerke auf Stahlträgern mittels hydraulischer Pressen räumlich verschwenken bzw. teilweise erneuern. Grundsätzlich wurde das Tragwerk im Durchschnitt um 6,25 m verbreitert. Dazu wurde eine neue Pfeilerreihe errichtet. Für die Brückenrandstreifen, Rampentragwerke und Außenkurven der Dammstrecken wurde ein komplett neues Stahlleitwandsystem realisiert. Nachdem die Verbreiterung fertig gestellt war, musste der Mittelstreifenbereich seitlich versetzt neu hergestellt und auf 1,50 m verbreitert werden. Im Zuge der Maßnahmen genügt die statische Tragfähigkeit auch den Anforderungen an die Höhe von Lärmschutzwänden. Die A23 verfügt im verbreiterten Bereich über ein modernes Belags- und Abdichtungssystem nach neuestem technischen Stand.

Insgesamt 30 Monate ist die ARGE Verbreiterung A23 HABAU-AMRO im Auftrag der ASFINAG beschäftigt. Ein Großteil der Maßnahmen, etwa das Einrichten und Umstellen von Verkehrsphasen, wurde ausschließlich bei Nacht durchgeführt. Die Bauarbeiten werden voraussichtlich im Januar 2006 abgeschlossen sein.

Produktionsanlagen für Borealis

Borealis beauftragte HABAU mit den Generalunternehmerleistungen für das „Borstar PE 4 Projekt" in Schwechat. Zwischen März 2004 und August 2005 errichtete HABAU eine neue Produktionsanlage für Polyethylen. Zum Leistungsumfang zählte dabei neben Rohbau- und Ausbauarbeiten auch die nötige Infrastruktur. Bis zu 140 Arbeiter kamen zum Einsatz, um 27.000 m³ Beton, 2.800 t Bewehrung und 52.000 m² Schalung zu verbauen. Nachdem HABAU schon 2003 das „Silolager PP5" erweitert hatte, wurde der Generalunternehmer ebenfalls mit dem Neubau von Blender-&-Storage-Silos beauftragt, die im Juni 2005 fertig gestellt wurden.

Generalunternehmung:
HABAU Hoch- und Tiefbaugesellschaft m.b.H.

Partner am Bau:

- TPS Technik Personal Service
- PPS Pipeline Services GmbH
- Bex Baugesellschaft m.b.H.
- H.B. Beton GmbH & Co KG
- Albrechtsberger Gesellschaft m.b.H.
- Styroplan Lakatos KEG
- BLASL Vertriebsges. m.b.H. Türen, Tore
- Pius P. Weckerle GmbH Malerei, Anstrich, Tapeten, Fassaden
- Weiß Trockenbau KEG
- KAEFER Isoliertechnik Ges.m.b.H.
- Bethmann Blitzschutz Gesellschaft mbH
- Stanik Bau Ges.m.b.H.
- Grandits-Team Reprografie Ges.m.b.H.
- W. Heiss Ges.m.b.H. Bauunternehmen, Rammtechnik, Baumaschinenhandel und –reparatur
- Ivan RIHA Lamellen Systeme Montagen
- AIRFIRETECH Brandschutzsysteme GmbH
- PKM-MULDENZENTRALE GmbH
- ATB Spezialbau GmbH
- Hans Hager GmbH & Co. KG Blitzschutz
- Bauservice Rosenauer GmbH
- Armstrong Metalldecken GmbH
- Ingenieurbüro Neukirchen Ziviltechniker Gesellschaft m.b.H.
- FCP Fritsch, Chiari & Partner ZT GmbH
- Jellinek KG. NfG. Ges.m.b.H.
- Schneiberg Erd- und Abbrucharbeiten GmbH
- Hirschbeck & Plank Isolierungen GmbH
- Vermessung Eckharter ZT GmbH
- bst Brandschutztechnik Döpfl GmbH
- DIMAS Betonbohr- und –sägedienst Ges.m.b.H.
- Ingenieurbüro A. Pauser Ziviltechniker Ges.m.b.H.
- Troges Ges.m.b.H. Lüftungstechnik
- Österreichische Doka Schalungstechnik GmbH
- G. Hackenberg Holzhandel
- RIHA Gesellschaft m.b.H. Feuerschutz, Zargen, Türen, Tore
- Alu König Stahl GmbH
- OTIS GesmbH Aufzüge
- P. H. I. Technisches Planungsbüro und Handelsgesellschaft m.b.H.
- Meixner Vermessung
- Dipl.Ing. Josef Mayer ZT Ges.m.b.H. für Bauwesen
- TOTAL FIRE-STOP Brandschutztechnik GmbH.

KUNDENNÄHE SCHAFFT VERTRAUEN

TPS Zeitarbeit **TPS Integrationsleasing/Integrationszeitarbeit** **TPS Arbeitsvermittlung**

TPS Personalberatung/Personalvermittlung **TPS Payrollservice**

TPS steht für Seriosität und Qualität

TPS steht für Technik Personal Service und ist ein konzessioniertes Unternehmen, das in Wien, Niederösterreich und ganz Oberösterreich sorgfältig ausgewählte, qualifizierte Mitarbeiter bereitstellt und als Personalberatung für die Kunden tätig ist. Recruiter und Personalberater mit Know-how, langjähriger Erfahrung und dem erforderlichen Urteilsvermögen treffen mit Sorgfalt für Privatunternehmen ebenso wie für große und internationale Konzerne die Personalauswahl für Mitarbeiter aus den kaufmännischen und technischen Berufssparten sowie Fach- und Hilfskräfte für Gewerbe und Industrie und insbesondere für das Bau- und Baunebengewerbe. Ob Projektleiter, Sekretärin, qualifizierter Facharbeiter oder Hilfskraft: TPS nimmt den Unternehmern die mühevolle Mitarbeitersuche und -auswahl ebenso ab wie deren Lohnverrechnung.

Geänderte Arbeitswelten

Ingenieur Günther Leupert war 20 Jahre in einem großen österreichischen Industriekonzern beschäftigt, bevor für ihn – bedingt durch eine Personalreduktion – eine berufliche Neuorientierung notwendig wurde. Sein Interesse an Personalleasing, eine Tätigkeit in diesem Bereich und die Ablegung aller erforderlichen Prüfungen mündete 1998 in die Gründung der TPS – Technik Personal Service Personalbereitstellung und Handels Ges.m.b.H. in Wien mit Filialen in Wiener Neustadt, St. Pölten und Wels. Das vorrangige Ziel, durch seriöse Dienstleistung langsam, aber gesund zu wachsen, wurde erreicht. Filialen in Wels und St. Pölten stellen das ebenso unter Beweis, wie die Tatsache, dass sich TPS mit der Filiale in der Praterstraße 33, die sich ausschließlich auf Personal für das Bau- und Baunebengewerbe spezialisiert hat, zum größten Personalbereitsteller für diese Branche entwickelt hat. Nicht zuletzt ein Verdienst des Bereichsleiters Dieter Ottenschläger, der mit Unterstützung seiner Mitarbeiter den Bedürfnissen der Kunden entsprechendes Personal anbietet.

Die richtige Personalwahl ist entscheidend

Über Inserate und in Zusammenarbeit mit dem Arbeitsmarkt-Service finden TPS und Arbeitssuchende zueinander. In Sondierungsgesprächen wählen die Berater, die aus der Wirtschaft kommen, jene Mitarbeiter aus, die dann in den Personalstand übernommen werden. Die entsandten Arbeitskräfte sind selbstverständlich angemeldet und versichert. Ausländische Dienstnehmer – und das ist der einzige Unterschied zwischen Personalleasing und direkter Beschäftigung – dürfen mit Befreiungsschein angestellt werden. Eine Arbeitsbewilligung allein reicht nicht. Der Anteil der in Österreich in Personalbereitstellungsfirmen arbeitenden Beschäftigten lag lange Zeit unter dem Durchschnitt der europäischen Nachbarländer. Das Interesse für diese Form der Tätigkeit nimmt aber seit einigen Jahren kontinuierlich sowohl von Seiten der Arbeitnehmer wie Arbeitgeber zu. Die Zusammenarbeit der Wirtschaft mit einem seriösen Personalbereitstellungsunternehmen hat ökonomische Vorteile, insbesondere bei kürzeren Anstellungsverhältnissen. Der Unternehmer kann flexibler auf saisonale Schwankungen und Spitzenbelastungen reagieren und muss keine langen Kündigungszeiten einkalkulieren. Unterschiedlichste Motive – beispielsweise schwieriger werdende Arbeitsmarktsituationen, aber auch Neugier oder der Wunsch nach Abwechslung in der Tätigkeit – führen zum Einstieg von Arbeitssuchenden in eine Leasingfirma. Wenn die Qualifikation und die Lohnvorstellungen stimmen, finden auch Arbeitssuchende jenseits der Fünfzig durch TPS einen neuen Arbeitsplatz. Selbst Lohnpfändungen sind kein Anstellungshindernis, trotz der aufwendigeren Lohnverrechnung. Personalleasingunternehmen werden vom Bundessozialamt, den Sozialversicherungen und dem Finanzamt sehr genau beobachtet. Die Überprüfung von Arbeitsverträgen und Überlassungsmitteilungen verschafft dem entsandten Personal Sicherheit.

Ein verlässlicher Partner

Der Wunsch der in der Firmenphilosophie fest verankerte Nähe zum Kunden wird durch eine intensive Betreuung garantiert. Die Berücksichtigung der Mitarbeiterbelange ist wichtig. Die Zufriedenheit der Partnerfirmen wird stetig nachgefragt. Die Personalberater besuchen regelmäßig die Auftraggeber und vergewissern sich an Ort und Stelle über den Erfolg der Zusammenarbeit.

Filiale Wien:
Bau- und Baunebengewerbe
Praterstraße 33
1020 Wien
Tel. +43/1/2 18 55 95
E-Mail: bau@tps-personal.at

tps Personalservice
www.tps-personal.at

TPS
Technik Personal Service
Zentrale:
Perfektastraße 69
1230 Wien
Tel. +43/1/6 98 22 22-0

Die PPS Pipeline Services GmbH ist eine 100%ige Tochter der HABAU Hoch- und Tiefbaugesellschaft m.b.H., Perg (OÖ), mit folgenden Aktivitätsschwerpunkten:

- Generalunternehmer (Erd- und Baumeister-, Rohrverlege- und Isolierarbeiten)
- Allgemeiner Rohrleitungsbau (Nah- und Fernwärmeversorgungsanlagen, Nieder-, Mittel- und Hochdruckleitungen, Umformerstationen, Verrohrung von Heizzentralen)
- Industrieanlagenbau (Lebensmittel-, Auto-, Papier-, Holz-, chemische und petrochemische, Erdöl- und Gasindustrie)
- Pipelinebau (Erdöl-, Gas- und Wasserleitungen)
- Gas-, Wasser und Zentralheizungsbau (Industrieheizungen, Steigleitungen, Kellerverrohrungen und Nachrüstungen)
- Städtischer Tiefbau (für Kabelbau, Fernwärme-, Erdöl-, Gas- und Wasserleitungen)
- Schweißarbeiten aller Art (durch staatlich geprüfte Schweißer)

Qualität, Kundenorientierung, Flexiblität und fachliche Kompetenz sind die Grundvoraussetzungen bei der Umsetzung unserer Projekte.

PPS PIPELINE SERVICES

PPS Pipeline Services GmbH

A-4320 Perg, Greiner Straße 63
Tel +43 (0) 7262 / 555-0

office@pipelineservices.at
www.pipelineservices.at

HABAU
UNTERNEHMENSGRUPPE

Ein Unternehmen, auf das Sie bauen können

BEX BAU GMBH, ein Unternehmen der seit 25 Jahren international agierenden BEX-Gruppe, ist weltweit in den Bereichen der Bauausführung und Industriemontage tätig. Niederlassungen und Repräsentanzen in Österreich, Deutschland, Portugal, der Slowakei, Serbien und Montenegro sowie Russland beschäftigen einen qualifizierten Mitarbeiterstab von Bau- und Montagefachkräften mit entsprechenden Spezialisierungen in den Geschäftsbereichen Bau- und Baunebengewerbe, Anlagenmontage und Produktion. Im Baubereich hat sich das Unternehmen auf die Ausführung von Rohbauarbeiten spezialisiert und ist dadurch in der Lage, auch bei zunehmendem Kostendruck erstklassige Qualität bei gleichzeitiger Termintreue zu liefern.

Speziell beim Projekt Gasometer B Wien waren diese Eigenschaften aufgrund des großen Bauvolumens und eines straffen Bauzeitenplanes gefragt. Der Umbau der Gasometer in Wien-Simmering ist mit einem Gesamtbauvolumen von ca. 174 Mio. Euro nicht nur die größte Investition dieser Art, sondern auch das innovativste städtebauliche Projekt der letzten Jahre. Die Planung wurde nach einem internationalen Wettbewerb von vier verschiedenen Architekten durchgeführt. In den Gasometern und im Hochhaus befinden sich Wohnungen, ein Studentenwohnheim, Büros, Tiefgaragen, eine U-Bahn-Station sowie eine Shopping Mall, welche sich über alle vier Gasometer erstreckt. Eine Glasbrücke verbindet die Baukörper darüber hinaus mit einem Kino- und Entertainment-Center.

Die Firmengruppe betreibt weiters in der Slowakei eine Produktionsanlage für Aluminiumkonstruktionen, -fassaden und -fenster mit angeschlossener Fertigungsanlage für Isolierglas, welche speziell für den osteuropäischen Markt plant und produziert. In Serbien und Montenegro bestehen Produktionsbetriebe für Aufzüge und Rolltreppen sowie für Bewehrungsfertigteile.

Alle Betriebe befinden sich auf dem letzten Stand der Technik und stellen mit ihrem geschulten Personal jederzeit höchste Qualitätsstandards sicher.

Ein Besuch auf den Internetseiten der Bex Baugesellschaft m.b.H. bietet die Möglichkeit, sich mittels einer Referenzliste von fertig gestellten Bauvorhaben einen Eindruck über die Kompetenz und Leistungsfähigkeit des Unternehmens zu verschaffen.

Bex Baugesellschaft m.b.H.

Hedwiggasse 4
1020 Wien
Tel. 01/218 26 84-0
Fax 01/218 26 84-20
office@bex.at
www.bex.at

BEX BAU
HOCH- U. TIEFBAU

Wohnen wie im Italienurlaub: mediterraner Lifestyle

(djd/pt) Wenn der Winter die Stimmung mit Minusgraden drückt, wird bei vielen Menschen der Wunsch wach, in warmen, südlichen Gefilden Zuflucht zu finden. Genau der richtige Moment, die eigene Wohnung zum Feriendomizil umzugestalten.
Diese Zeichen der Zeit hat das österreichische Traditionsunternehmen Voglauer (Infos unter www.voglauer.com) erkannt: Für Liebhaber des italophilen Landhaus-Stils, die sich diese Atmosphäre jetzt nach Hause holen wollen, sind Möbel für Wohnen, Speisen und Schlafen à la „Monte Mare“ gedacht. Sie erinnern an die Lebensart im altösterreichischen Triest. International erfolgreiche Designer sorgten für die moderne Ausstrahlung, außerdem wird viel Wert auf Funktionalität gelegt: Steckdosen und TV-Anschluss sind bei der Anrichte in die Platte eingelassen – so gibt es keinen Kabelsalat. Vitrinen werden durch das Berühren eines Designelementes beleuchtet, Schubladen schließen fast wie von selbst, und ein im TV-Schrank integrierter CD-Einsatz bietet einen übersichtlichen Platz für die CD-Sammlung. Hergestellt werden die Möbel mit bewährten Handwerkstechniken.

Mediterraner Lifestyle: die Modellreihe „Monte Mare“ von Voglauer

Neuer Geist für eine

Innovative Produkte und Lösungen für Anforderungen im Innenausbau

Mehr als gute Ideen: immer die berühmte Nasenlänge voraus ...

KAEFER Isoliertechnik Ges.m.b.H. ist ein Unternehmen der KAEFER-Gruppe. 1969 in Wien gegründet, gilt KAEFER Isoliertechnik heute als das führende Unternehmen in den Bereichen Wärme-, Kälte-, Schall-, Brandschutz sowie Stuckateurarbeiten und Trockenbau in Österreich. Die überzeugenden Ideen sind das Ergebnis einer nahezu selbstverständlichen Innovationsfreude, hohen Qualitätsansprüchen und dem Willen, höchst kreativen Anforderungen gerecht zu werden. KAEFER-Leistungen sind daher Kombinationen aus leistungsstarkem Engineering, handwerklichem Know-how und geprüften Materialien.

Transparenz akustisch optimieren: flexibler Schallabsorber

Mit dem MICROSORBER® bietet KAEFER Isoliertechnik einen hochleistungsfähigen, innovativen Schallabsorber der besonderen Art. Er besteht aus transparenten, transluzenten sowie bedruckten Folien und Kunstglasscheiben. Reflexionsschall und Nachhallzeit werden damit merklich gesenkt. In enger Zusammenarbeit mit dem Fraunhofer-Institut für Bauphysik in Stuttgart entwickelte KAEFER diese leicht und flexibel einsetzbaren Folien, die Visionen von Transparenz und Raum auch akustisch optimal Wirklichkeit werden lassen.

Die mikroperforierten Schallschutzfolien lassen sich zudem

Innenausbau, der sich flexibel jeder Raumsituation anpasst

Seit über 30 Jahren hat sich KAEFER Isoliertechnik darauf spezialisiert, nahezu jede Deckengestaltung zu realisieren. Ob Schwimmbad, Hotel, Repräsentationsräume oder Kreuzfahrtschiffe, ob im öffentlichen oder im privaten Bereich: Individuell angepasste Glaswände vermitteln Transparenz und Leichtigkeit. KAEFER verlegt als einziger Innenausbau-Spezialist für Österreich auch Spanndecken.

mit thermoaktiven Decken (TAD) kombinieren – für ein angenehmes Raumgefühl in Sachen Klima und Akustik. Die hohe raumakustische Wirksamkeit von MICROSORBER® beruht auf der spezifischen Mikroperforation: Folien und Kunstglaselemente sind mit Löchern zwischen 0,2 mm und 0,8 mm Durchmesser versehen. Schallwellen, die auf den MICROSORBER® treffen, erzeugen eine physikalische Re-

erfolgreiche Zukunft

die Realisierung höchst kreativer

Höchste handwerkliche Perfektion für höchste ästhetische Ansprüche

aktion: Die Schallenergie wird an den Lochrändern durch die entstehende Reibung in Wärme umgewandelt, Nachhallzeiten und Schallpegel werden deutlich reduziert. Die schallabsorbierende Wirkung der Folien lässt sich noch erhöhen, indem zwei Lagen verwendet werden. Beim Einsatz einer bedruckten Folie mit reflektierendem Silberdesign, z.B. unter einem horizontalen Glasdach, hat der MICROSORBER® darüber hinaus einen klimabegünstigenden Effekt.

MICROSORBER®-Folien wurden in mehreren Schwimm- und Erlebnisbädern sowie akustisch besonders sensiblen Innenräumen eingesetzt, darunter auch in Probenräumen der Bayerischen Staatsoper in München, in den ORF-Newsrooms und Studios in Wien.

Trockenbau:
Kaefer Isoliertechnik Ges.m.b.H., Wien

Optisch und akustisch wirksame Deckensysteme

An alle Buben und Damen: Ein Besuch im Wien Energie Haus sticht alles.
Jetzt Beratungsgespräch vereinbaren!
Ganz egal, welche Fragen Sie zum Thema Energie im Talon haben. Unsere freundlichen, kompetenten MitarbeiterInnen im Wien Energie Haus, Mariahilfer Straße 63, 1060 Wien, geben Ihnen alle Antworten und freuen sich schon jetzt auf Ihren Besuch. Mehr unter 01/58 200 oder www.wienenergie.at
WIEN ENERGIE
DA BIN ICH MIR SICHER.
www.wienenergie.at
Wien Energie, ein Unternehmen der Wiener Stadtwerke und Partner der EnergieAllianz Austria.

Das WIEN ENERGIE Haus – immer für Sie da

Im Energieberatungs- und Kommunikationszentrum wird die Welt der Energie anschaulich für Jung und Alt erklärt

Zentral gelegen, bietet das WIEN ENERGIE Haus in der Mariahilfer Straße 63 eine Vielfalt von Beratungs- und Informationsangeboten
Foto: Anna Blau

Das Energieberatungs- und Kommunikations-zentrum WIEN ENERGIE Haus

Im WIEN ENERGIE Haus wird das Thema Energie auf spannende Weise thematisiert. Der Bevölkerung steht ein Ort der Information und des Wissens zur Verfügung, der in einer Ausstellung auf 18 Stationen erfahrbar macht, wo Energie herkommt, wie sie gewonnen wird und wie sie bestmöglich genutzt werden kann. Vom Entstehungsort bis in den Heizkessel oder in die Glühbirne führt die Reise in die Welt der Energie. Für Führungen und Fragen rund um das Thema stehen kompetente Mitarbeiter des Hauses mit Rat und Tat zur Seite und bieten den Interessierten eine Vielfalt von Beratungsangeboten.

Die Lichtstation im WIEN ENERGIE Haus lässt Energie erleben und erfühlen
Foto: Anna Blau

Die Beratung

In individuellen und kostenlosen Gesprächen werden Konzepte zur optimalen Beheizung und Warmwasserbereitung von Eigenheimen oder Wohnungen erörtert. Um den Energieverbrauch von vorhandenen Geräten im Haushalt messen zu können, werden Stromverbrauchs-Messgeräte verliehen. Spezialmessgeräte, die beispielsweise zur Analyse der Gefährdung durch den Befall von Schimmelpilzen dienen, ergänzen diesen Service. Neben der persönlichen Beratung im Haus, das von Montag bis Freitag geöffnet ist, kann man sich auch telefonisch und auf den Internetseiten unter www.wienenergie.at informieren und Tipps zum Energiesparen sowie über Tarife und Energiekosten erhalten. Die Kundenzeitung „24 Stunden für Wien" und ein umfangreiches Broschürensortiment ergänzen das Informationsangebot des Energieberatungs- und Kommunikationszentrums.

Ausstellungen und Informations-Veranstaltungen

Neben der permanenten Ausstellung, die mit interaktiven Objekten die Welt der Energie erleben und erfühlen lässt, werden in dreimonatlichem Wechsel in Sonderausstellungen interessante Themen aus Kunst und Wissenschaft präsentiert. Die Komplexität und Faszination des Themas Energie wird auch in den regelmäßig stattfindenden Informationsveranstaltungen aufgezeigt. Der Bogen des Vortragsangebots spannt sich vom richtigen Hausbau bis zum Thema Feng Shui.

Damit auch das Bewusstsein zukünftiger Generationen für den sinnvollen und nachhaltigen Umgang mit Energie und Ressourcen geweckt wird, bietet das WIEN ENERGIE Haus eine Fülle von Angeboten für Kinder und Jugendliche, die dazu beitragen, das Interesse für die Welt der Energie zu wecken und schon den Kleinsten auf spielerische Weise Wissen und Verständnis vermitteln. Dieser Service des WIEN ENERGIE Hauses wendet sich an Schüler ab der dritten Klasse.

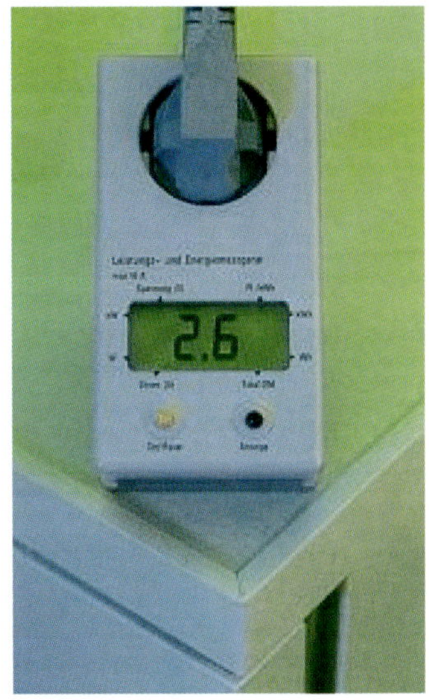

Das WIEN ENERGIE Haus verleiht Messgeräte zur Ermittlung des Strombedarfs von Geräten Foto: Hr. Prammer, WE

Schon den Kleinsten wird die Welt der Energie im WIEN ENERGIE Haus anschaulich vermittelt Foto: Hr. Prammer, WE

WIEN ENERGIE Haus

Mariahilfer Straße 63
1060 Wien
Service-Telefon: 01/58 200
haus@wienenergie.at

Öffnungszeiten:
Montag bis Mittwoch: 9 bis 18 Uhr
Donnerstag: 9 bis 20 Uhr
Freitag: 9 bis 15 Uhr

In Hoch- und Tiefbau für Wien stadtbildprägend

STRABAG-Konzernzentrale / „Uniqa Tower“ / Verwaltungsgebäude Großmarktstr. 5 / Wohnanlage Breitenfurter Straße / Generalsanierung Parlament / „Columbus-Center“ / Bahnbau U2/4+5 und U1/4 / S1-Tunnel Rannersdorf / Erneuerung Knoten Vösendorf / Freilandstrecke Wien–St. Pölten / Altlastensanierung Wiener Neudorf

Blickfang im Wiener Stadtbild: das STRABAG Haus

Konzernzentrale der STRABAG als neue Mitte der Donau-City

Mit dem Ziel, die Unternehmenskräfte an einem Ort zu bündeln, entschied die Konzernleitung der STRABAG AG, ihre Mitarbeiter aller Wiener Standorte an einem repräsentativen Ort zu konzentrieren. Die Entwürfe stammen aus dem Wiener Architekturbüro Hoffmann und Janz, wobei das Wiener Ingenieurbüro Gmeiner und Haferl für die statische Konzeption verantwortlich zeichnete. Als Projektentwickler und Generalunternehmer trat die STRABAG AG selbst auf.

Die neue Konzernzentrale erstreckt sich über 17 Geschosse. Mit einer blitzförmigen Grundrisskonzeption nimmt das Bürogebäude die Richtungen von Donau-City-Straße und Donau-City-Diagonale auf. Zu künftigen Bebauungen auf Nachbargrundstücken wird Distanz gewahrt. Das Gebäudeensemble selbst scheint über der Plaza zu schweben. Inmitten der Donau-City gelegen, definiert der Gebäudekomplex diese Mitte somit bewusst als attraktiven urbanen Ort: als Donau-City-Plaza, die hauptsächlich Fußgängern vorbehalten ist. Am Kreuzungspunkt Donau-City-Straße und Donau-City-Diagonale bieten verschiedene gastronomische und für Nahversorgung bestimmte Einrichtungen über unterschiedliche Verbindungswege ein ansprechend gestaltetes Ambiente, das auch für Freiluftveranstaltungen bestens geeignet ist.

Die so genannten „Kristalle“ vermitteln der Plaza ihr charakteristisches Erscheinungsbild. Innerhalb der Betonskulptur der Gesamtanlage schaffen sie in ihrer semi-transparenten Gestalt ansprechende begehbare Räume mit unterschiedlichsten Funktionen. Der Haupteingang des Gebäudes ist einer dieser Kristalle. Ein weiterer ist zweigeschossig für Veranstaltungen und Ausstellungen vorgesehen. In Kristall 3 befindet sich im Erdgeschoss ein Shop. Weitere Kristalle werden auf die konkreten Mieterinteressen abgestimmt.

Die STRABAG-Konzernzentrale setzt sich aus drei Bauteilen zusammen, die jeweils über einen eigenen Erschließungskern verfügen. Ein Verknüpfungstrakt mit Empfangsbereich bildet dabei die zentrale Erschließung. Von hier aus werden die Besucher und Mitarbeiter über vier Erschließungslifte zu ihren Abteilungen geführt. Die Konzernfirmen befinden sich in den Geschossen 4–9 und 12–13, während die Geschosse 10 und 11 fremdvermietet sind.

Es dominieren hochwertige modulare Büromöbel in eleganten Grautönen. Qualitätsabstufungen auf Grund der Firmenhierarchie gibt es nicht. Das Arbeitsumfeld der STRABAG-Mitarbeiter ist durch transparentes 12-mm-Sicherheitsglas geprägt. Als raumhohe Glaswände zu den Fluren und als Glasschiebetüren sind sie mit Siebdrucken versehen und betonen, abgesehen von den Bürotrennwänden, den kommunikativen Anspruch des Bürogebäudes. Im zweigeschossig konzipierten Dachgeschoss befinden sich das Betriebsrestaurant (Art Lounge) und das Kunstforum der BAUHOLDING STRABAG SE. Um den markant „schwebenden“ Effekt des STRABAG-Hauses zu erreichen, wurde ein entsprechend komplexes Tragsystem ausgeklügelt. Die drei zentral gelegenen Fluchtstiegenhäuser sowie 12–18 m hohe Stützen tragen die Lasten der Regelbüros in den Geschossen 4–11. Umlaufend freie Auskragungen von bis zu 7 m im Regelschnitt und bis zu 15 m in den spitzen Bereichen sind für die schwebende Wirkung verantwortlich. Lastabtragend wirkt eine über acht Geschosse reichende Hängekonstruktion.

Die Haustechnik der neuen STRABAG-Konzernzentrale erfüllt höchste Ansprüche. Rund 100.000 m² Büro- und Geschäftsräume werden durch eine Anlage versorgt, die keiner weiteren Energiemedien bedarf. Bodenkonvektoren an der Elementfassadenflucht heizen die Büroräume, während mikroperforierte Blechkühldecken für die Kühlung sorgen. Im Bereich zwischen Fassade und Sonnenschutz wird die Abluft abgesaugt. Zusätzlich können die Mitarbeiter die Fassadenfenster auch nach individuellem Bedarf öffnen und schließen. Für dieses Energiekonzept wurden insgesamt 4.000 m selbstbohrende Ortbetonpfähle mit einer durchschnittlichen Tiefe von 17 m sowie 6.500 m² Bodenplatte mit Medienrohren belegt. Kälte und Wärme wird dabei in 800 Wasser führenden Kreisen getauscht. So erfolgt die Energiebereitstellung allein durch diese in die Fundierung eingebauten, wassergefüllten Kunststoffrohre. Nur der Betrieb des Energietauschers erfordert zusätzlichen Strom.

„Uniqa Tower“: Corporate Design als Blickfang am Wiener Donaukanal

21 Geschosse umfasst die neue Konzernzentrale der UNIQA Versicherungs AG in Wien. Neumann und Partner entwarfen diesen 75 m hohen Tower in Anlehnung an das Firmenlogo des Versicherungsunternehmens. Herausgekommen ist eine außergewöhnlich einprägsame Architektur für das Wiener Stadtbild, an der man einfach nicht vorbeisehen kann. Der ellipsenförmige Grundriss trägt zur markanten Gebäudewirkung ebenso bei wie die Geschosse, die sich spiralförmig nach oben zu winden scheinen. Trotz der eigenwilligen Formgebung passt sich der Tower in seine durch Gründerzeitbauten geprägte Umgebung am Donaukanal mühelos ein. Die STRABAG AG errichtete den neuen Firmensitz zwischen 2001 und 2004 mit dem Zuschlag für Baumeisterarbeiten, Spezialtiefbau und Energiepfähle.

17 m unter Geländeniveau lag die Baugrubensohle. Auf insgesamt 34 Gründungspfählen lagert der Gebäudekern. 6.500 m² Bodenplatte ist als „Weiße Wanne“ ausgeführt und wurde in zwei Abschnitten mit 1.700 m² bzw. 2.300 m² betoniert. Von dieser Bodenplatte ausgehend wurden

So genannte „Kristalle“ bilden als semi-transparente Körper den Kontrast zur Betonskulptur der Gesamtanlage. Hier ist der optimale Raum für Dienstleistung, Geschäfte, Wirtschaft und Kultur, die zum öffentlichen Leben auf der Plaza beitragen

Architektur, Design und ein insgesamt vorzüglich geregeltes Raumklima zeichnen das STRABAG (Nichtraucher) Haus aus

die elliptischen Kerne in Kletterbauweise errichtet, wobei sich die Ellipse mit zunehmender Höhe öffnet.

Als Tragstruktur der 21 Geschosse dient der Stahlbetonkern, der in insgesamt fünf Untergeschossen eingespannt ist. 20 cm starke Regelgeschossdecken gliedern sich in einen „Regelbereich" mit lotgerecht angeordneten Traggliedern und einen auskragenden Bereich, der sich mit jedem Geschoss weiter nach außen lehnt. Vertikale Stahlbeton- bzw. Verbundstützen bis ins Untergeschoss tragen den Regelbereich, während die Stützen im auskragenden Bereich ab dem 4. OG in sich gerade, jedoch auf Grund der zunehmenden Ausladung unterschiedlich geneigt sind. Der offen und repräsentativ gestaltete Foyerbereich wird durch Bockstützen zwischen 1. UG und 3. OG ermöglicht, durch die die Vertikallasten in die Untergeschosse abgeleitet werden.

Mit dem prägnanten architektonischen Erscheinungsbild des „Uniqa Tower" erhält das Logo des Versicherungskonzerns gleichsam seine dritte Dimension

In 35 m Tiefe erfolgte die Baugrubenumschließung mit rund 7.500 m² Schlitzwandfläche. Auf Grund der großen Kontaktfläche mit dem Erdreich bzw. mit dem Grundwasser waren die Voraussetzungen für die Nutzung der Erdwärme bestens gegeben. 41 km Absorberleitungen zur Erdwärmenutzung wurden dementsprechend in die Schlitzwände eingelegt.

Die beengten Platzverhältnisse in der Unteren Donaustraße und die spezielle Gebäudegeometrie forderten die Bauspezialisten der STRABAG AG ebenso wie das hohe technische Niveau und die logistischen Feinheiten bei den detailliert geplanten Arbeitsabläufen. Nach knapp drei Jahren Bauzeit waren 50.000 m³ Erdreich ausgehoben, 33.000 m³ Beton und 4.200 t Stahl eingebaut sowie rund 31.000 m² Nettogeschossfläche und Platz für 200 Pkws in den fünf Untergeschossen des Bürotowers geschaffen.

Betriebsaußenstelle Süd für die MA 30, Großmarktstraße 5, Wien

Der Neubau der Betriebsaußenstelle Süd für die MA 30 in der Großmarktstraße 5 in Wien ist in ein dreigeschossiges Verwaltungsgebäude mit Werkstätten und Lagergebäude sowie ein Portiergebäude gegliedert. Der Magistrat der Stadt Wien beauftragte die STRABAG AG als Generalunternehmer mit dem Neubau des Ensembles, das innerhalb 16 Monaten für insgesamt 12,2 Mio. Euro errichtet wurde.

Im Keller des Verwaltungsbaus sind Heizung, Lüftung, Warmwasseraufbereitung sowie Archive und Lagerflächen untergebracht. Das Erdgeschoss bietet die nötigen Räume für Garderoben, Duschen, WCs, Stiefelreinigung sowie die notwendigen Abstellräume. Die Verwaltungsbüros selbst befinden sich in den beiden Obergeschossen. Auch ein Speisesaal mit Kantine und

Einheitlicher Auftritt für die Betriebsaußenstelle Süd mit Verwaltungsgebäude, Werkstätten und Lager in der Großmarktstraße 5

ein Schulungsraum sind in den Obergeschossen vorgesehen. Die Betriebsaußenstelle präsentiert sich mit einer Glasfassade, die als dreischichtige Konstruktion mit hinterlüfteter Zementfaserplattenoberfläche ausgeführt wurde.

Die Werkstätten und Lager fügen sich zweigeschossig in das Gelände. Sie gliedern sich in ein Untergeschoss mit Tiefgarage, ein Erdgeschoss und ein Obergeschoss. Lkws bis zu 3,5 t kommen in der Tiefgarage unter. Die Aufbauhöhe beträgt dabei bis zu 2,80 m. Im Untergeschoss befinden sich ebenfalls Kellerräume, zwei Außendienstlager sowie Technikräume für die Hoch- und Niederspannung. Eine Tischlerei, und eine Schlosserei samt Kranbahn befinden sich im Erdgeschoss, die Lagerräume, Arbeitsräume für die TV-Gruppe sowie eine Schusterwerkstätte im Obergeschoss. Die Fassadengestaltung greift die Materialien des Verwaltungsgebäudes auf, wobei lediglich der Sockelbereich bis ca. 2,20 m Höhe in Beton ausgeführt ist, um eine Beschädigung der Fassadenflächen möglichst auszuschließen. Je zwei Lkw- und Pkw-Hebebühnen und Waschplätze sind in diesem Bereich ebenfalls geplant.

Das Portiergebäude richtet sich zum Betriebsgebäude aus und wirkt durch ein über dem Gebäude schwebendes Flugdach, das zur Beschattung und als Witterungsschutz dient. Zwei weitere Flugdächer kommen zwischen dem Werkstätten- und dem Garagengebäude sowie zwischen Werkstättengebäude und Tankstelle auskragend zur Wirkung.

Im Zuge dieser Neubaumaßnahme wird auch eine Dieseltankstelle mit je einer Zapfstelle für Pkw und Lkw realisiert. Auf dem Areal befindet sich ein bestehendes Betriebsgebäude, das im Anschluss an die Fertigstellung der Hochbauten abgebrochen wird. Dafür entsteht dort ab Januar 2006 ein Außenlager für den Betrieb.

Wohnanlage Breitenfurter Straße, Wien

Ehemals befand sich auf dem Gelände an der Breitenfurter Straße im 23. Bezirk eine Tischlerei. Die Migra GmbH und Wiener Heim Wohnbau GmbH hatten eine Arge aus STRABAG und Mischek beauftragt, die Wohnanlage mit Stadtvillen, Stadtappartements und Maisonetten zu errichten. Die

Für jeden Wohnwunsch und jede Wohnsituation ist hier etwas dabei: Wohnanlage Breitenfurter Straße mit „gestapelten Reihenhäusern", großzügigen Stadtappartements, Betreuungskonzept und attraktiven Grünanlagen

Entwürfe für zeitgemäßes Wohnen zwischen Atzgersdorf und Liesing stammen von den Architekten Helmut Wimmer und Herbert Ursprunger.

Acht Wohngebäude gruppieren sich um die grünen Innenhöfe. Mit drei dreigeschossigen Baukörpern wird die Anlage zur Breitenfurter Straße abgeschlossen. Hier ist auch ein Geschäftslokal untergebracht. Die Wohneinheiten richten sich nach Westen zum Garten hin aus. Inmitten des durch alten Baumbestand geprägten Gartens befinden sich gegen Westen des rund 10.000 m^2 großen Grundstücks drei weitere viergeschossige Wohnhäuser mit zurück gesetzter Attika. Hier sind Maisonette-Wohnungen nach Süden hin orientiert. Zwei viergeschossige Stadtvillen bilden die Mitte der Wohnanlage. Großzügig ausgelegte Wohneinheiten richten sich nach Westen und Süden aus. Eigengärten und allgemein zugängliche Grünflächen mit Kleinkinderspielplätzen wechseln einander im Bereich der Grünflächen ab. 158 der 167 Wohnungen sind geförderte Miet- und Eigentumswohnungen.

Das charakteristische Merkmal der auf zeitgemäßes Wohnen ausgerichteten Anlage bilden die zweigeschossig konzipierten Wohnungen, die im Sinne gestapelter Reihenhäuser hohe Wohnqualitäten bei gleichzeitig lebendiger, urbaner Dichte aufweisen. Auf Eigengärten, Loggien, Terrassen oder Dachterrassen muss an der Breitenfurter Straße niemand verzichten. Die als Etagenwohnungen entworfenen Stadtappartements wiederum verfügen über zwei bis vier Zimmer. Über dem Geschäftslokal im Mitteltrakt an der Breitenfurter Straße betreut die evangelische Diakonie Integrationswohnungen. Eine eingeschossige Tiefgarage erschließt alle acht Häuser barrierefrei über die entsprechenden Stiegenhäuser mit Aufzügen.

Ein System aus Dichtbeton mit innen liegenden Fugenbändern bildet die Fundierung der Anlage auf dem durch hohen Grundwasserstand geprägten Grundstück. Die Untergeschosse wurden in Ortbetonbauweise errichtet, die Obergeschosse hingegen in Mischek-Fertigteilbauweise. Die Bauzeit war auf 18 Monate begrenzt. Daher montierte die Arge die 4.430 Fertigteilelemente im Zweischichtbetrieb.

Wenn Ende 2005 die Bauarbeiten am Parlamentsgebäude abgeschlossen sind, erstrahlen nicht nur Rampe und Brunnenanlage mit all ihren historischen Verzierungen in neuem Licht. Darunter wurden 4.500 m^2 Nutzfläche neu geschaffen

Generalsanierung für das Parlamentsgebäude

Ende 2005 wird der Bauzaun vor dem Parlamentsgebäude entfernt. Dann bietet sich den jährlich bis zu 65.000 Besuchern des Ende des 19. Jahrhunderts errichteten Monuments wieder ein architektonisch weitgehend ursprünglicher Anblick des Regierungsgebäudes.

Die Folgen des Zweiten Weltkriegs, Witterungseinflüsse und Materialabnutzungen hatten der gesamten Rampen- und Brunnenanlage Schaden zugefügt, die Tragkonstruktion der Rampe war durch Wassereintritt an Stellen der Ziegelpfeiler und -gewölbe brüchig. Die neue Abdichtung des Athenebrunnens sollte verhindern, dass weiterhin wöchentlich bis zu 8.000 l Wasserverlust durch undichte Fugen zu Stande kommt. Die aktuelle Generalsanierung basierte auf den Plänen des Wiener Architekten Herbert Beier, der sich eng an die historischen Vorgaben gehalten hat. Sämtliche Statuen der Brunnenanlage, die Steinverkleidungen und auch der figurale Schmuck an der Rampe sollte detailgetreu restauriert werden.

Die Baumaßnahmen umfassten in einer ersten Phase den Einbau unterirdischer Klima- und Kältezentralen für die Wirtschaftshöfe an der Ringstraße. Mit zwei Aufzügen in den ehemaligen Lichthöfen wird das historische Bauwerk einer zeitgemäßen barrierefreien Erschließung gerecht. Neue Sanitäranlagen befinden sich in den angrenzenden Bereichen des EG und 1. OG.

Mit der zweiten Bauphase wurden die Rampen entfernt und darunter zwei neue Kellergeschosse realisiert. Damit konnten zusätzlich 4.500 m^2 Fläche gewonnen werden, die zukünftig als Archive und zusätzliche Verwaltungsräume genutzt werden. Schließlich rundet die neu aufgebaute Rampenanlage diese Erweite-

Markantes Image für das innerstädtische Einkaufszentrum „Columbus-Center" mit Tiefgarage, eine zusätzliche Volksgarage zur Entlastung der Parksituation in Wien-Favoriten und ein attraktiv gestalteter Columbusplatz im Anschluss an die Fußgängerzone – heute erinnert nichts mehr an die anspruchsvolle Bauphase

rung im historischen Sinne ab.

Einkaufscenter „Columbus-Center" mit zwei Tiefgaragen

Seit Mai 2005 kann man das Ei des Columbus in Wien-Favoriten bestaunen. Hier ragt es markant über vier Geschosse aus der Glasfassade des Columbus-Center und eröffnet einen eindrucksvollen Ausblick. Das Columbus-Center bietet nicht nur vielfältige Einkaufsmöglichkeiten auf 13.000 m² in unmittelbarer Anbindung an die Fußgängerzone sowie rund 6.500 m² Büroflächen in den oberen drei Geschossen, sondern eine Vielzahl Tiefgaragenstellplätze in der durch Parkplatznot geprägten Umgebung des Columbusplatzes.

STRABAG errichtete das Einkaufscenter und für das Columbus-Center auf drei Ebenen 415 Tiefgaragen-Stellplätze. Die Tiefgarage ist über einen Tunnel unterhalb der Fußgängerzone mit einer weiteren Tiefgarage verbunden. Diese wurde viergeschossig als öffentliche Volksgarage unter dem Columbusplatz gebaut und bietet insgesamt Parkflächen für 319 Fahrzeuge. Beide Tiefgaragen werden über dieselbe Rampe erschlossen. Vier Stiegenhäuser führen ans Tageslicht.

Für die STRABAG AG stellte der Neubau auf Grund der innerstädtischen Lage und engen Terminvorgaben eine gewisse Herausforderung dar, der sich die Direktion IC-Ingenieurtiefbau und Direktion IF-Spezialtiefbau gemeinsam stellten. Deckelbauweise war die Methode der Wahl, um die Untergeschosse der beiden Bauwerke herzustellen. Dabei ist die Menge an Stahlhilfsstützen – insgesamt 191 an der Zahl – ebenso bemerkenswert wie die diversen Stahlaussteifungen der Schlitzwände und die Aussteifungshorizonte in Form der Geschossdecken.

Die Ingenieure der STRABAG legten weiterhin ihr gesondertes Augenmerk auf den Verbindungstunnel unter der Favoritenstraße. Darunter nämlich befinden sich die U-Bahnröhren der Linie U1. Drei Vakuumbrunnen installierten die Tiefbauspezialisten zur Absenkung des Grundwassers. So konnte verhindert werden, dass nach der Wegnahme der Erdauflast die Tübbingröhren aufschwimmen. Zudem erstellte die STRABAG den 27 m langen Tunnel in drei Schritten, um die Hebung der U-Bahnröhren durch Wegnahme der Erdlast zu minimieren und den U-Bahnbetrieb damit möglichst nicht zu gefährden.

Die Gebäudeheizung übernimmt ein Erdwärmesystem der Firma Nägele, das schon im Vorfeld in die Schlitzwände und Bohrpfähle integriert wurde. Eine Wärmepumpe entzieht dem Erdreich Energie und führt sie emissions- und kostenlos der Heizung zu. In einem geschlossenen Rohrleitungssystem zirkuliert Absorberflüssigkeit, die schon durch das Umwälzen der Flüssigkeit gleichzeitig als Gebäudekühlung wirkt. Mit 1 kW Pumpleistung der Umwälzpumpe können schon 50 kW Kühlleistung gewonnen werden. Die Leistungsfähigkeit des Erdspeichers beläuft sich auf rund 1.400 MWh. Die Mehrkosten

werden sich nach rund acht Jahren amortisiert haben.
Die Baumeisterarbeiten wurden durch vier beachtliche Turmdrehkräne unterstützt, die sich beispielsweise durch eine Hubleistung von 4 t bei einer Ausladung von 60 m auszeichneten. Unzählige Höhensprünge stellten Herausforderungen an die Schalung der Decke über dem 1. UG. Auch der Ladehof mit Drehbühne für Lkws im Innern des Gebäudes stellte eine besondere Anforderung dar.
Als schwierig für die Ausführung erwies sich ebenfalls die statische Konzeption für die Decke über dem EG. Ein Deckenanteil kragt 8 m über die gesamte Fassadenlänge aus und wird dazu über Stahlbetonhängestützen auf die Decke über dem 1. OG abgehängt. Von dort leiten zwei geschosshohe Stützen die Lasten in die Untergeschosse. Auf Grund des hohen Frischbetongewichts war es notwendig, diese Lasten mit Deckenstützen bis zur Bodenplatte im untersten Kellergeschoss zu übertragen. Teilweise 7,80 m hoch, in einem Bereich von 1.200 m², wurde das Bauwerk eingerüstet. So konnten die Bauarbeiten weiter zügig voranschreiten und die Ausschalzeiten eingehalten werden.
Nicht zuletzt war die Unterkonstruktion für das prägnante Ei ein Projekt für sich. Hierfür wurde über vier Geschosse hinweg ein schlanker elliptischer Stahlbetonkranz ausgeführt, der zudem 15° in das Gebäude geneigt und auf der Rückseite dreifach abgetreppt ist. Schweißgründe mit bis zu 140 kg Einzelgewicht mussten in die Schalung eingelegt werden, die ihrerseits durch einen hohen Bewehrungsgrad charakterisiert war.

U-Bahnbau für Wien: Erweiterungen der U1 und U2

Im Rahmen der Erweiterung der U-Bahn-Linien 1 und 2 beauftragte die Wiener Linien GmbH & Co. KG die STRABAG AG mit 40 Prozent bzw. 50 Prozent der anfälligen Baumeisterarbeiten. Für die Verlängerung der U2 fiel darunter insbesondere der Neubau und die Erhaltung von innerstädtischen Gleisen sowie von Industrie- und Anschlussbahngleisanlagen. Diese Gleisbauarbeiten wurden auf den Tragwerken bzw. im Verbindungstunnel zur U3 realisiert. 8.000 m Schottergleis, darunter 850 m Weichenanlagen wurden in 12.600 m² Oberbauschotter verlegt. Außerdem kamen 5.000 m Kabelkanäle und 45.000 m² Gummigranulatplatten zum Einsatz. 250 Bedienungsstege wurden gebaut.
Die Erweiterung der U1 im Bereich Leopoldau führte STRABAG unter sehr beengten Platzverhält-

Die Gleisbauarbeiten für die Erweiterungen der U1 im Bereich Leopoldau sind seit November 2004 abgeschlossen. Die Verlängerung der U2 in den Bauabschnitten 3 und 4 läuft seit Juli 2005 und wird bis Oktober 2006 andauern

nissen in Hallen bzw. im überplatteten Bereich der U1 „Leopoldau" aus. Rund 2.500 lfd.M Betonoberbau erstmals ausgeführt mit Betonschwellen, rund 550 lfd.M geklebter Oberbau auf Unterbeton und Säulen sowie rund 2.300 lfd.M Schotteroberbau mit Betonschwellen zählten zum Leistungsumfang der Gleisbauarbeiten, die im November 2004 abgeschlossen wurden.

Schnellstraßenverbindung S1: Tunnel Rannersdorf

In Arbeitsgemeinschaft aus STRABAG AG und Ed. Züblin AG unter der Projektbetreuung von PERI entsteht seit Juni 2003 im Rahmen der Schnellstraßenverbindung S1 zwischen Vösendorf und Schwechat der Tunnel Rannersdorf. Die S1 ist Teil des Verkehrskonzepts Südraum Wien, das seit 1994 in Etappen umgesetzt wird. Darunter fallen etwa auch der Ausbau der S7 oder die Realisierung des „CAT" zwischen Flughafen Wien-Schwechat und Stadtzentrum. Wenn nach knapp drei Jahren Bauzeit die insgesamt 16 km lange Trasse zwischen A2 und A4 in Betrieb genommen werden kann, wird dies die Verkehrslage im Wiener Süden spürbar verbessern. Teil dieser Ausbaumaßnahme der ehemaligen Südrand Straße B301 sind insgesamt fünf Tunnelbauwerke auf insgesamt rund 4 km.

Das Herzstück der neuen Wiener Südumfahrung ist der knapp 2 km lange Tunnel Rannersdorf, der durch die Arge aus STRABAG und Züblin komplett geplant, gebaut und einschließlich Betonfahrbahn fertig gestellt wird. Zwei Fahrspuren und ein Seitenstreifen pro Röhre ergeben den zweizeiligen Kastenquerschnitt mit einer lichten Weite von 12,50 m und einer Breite von rund 6 m je Röhre. Insgesamt vier Gerinne und drei Straßen werden gequert, so dass zum Teil Umverlegungen und die Verrohrung einzelner Flussläufe mit zu berücksichtigen waren.

Errichtet wird das Tunnelbauwerk in offener Bauweise und nach dem Prinzip der „Weißen Wanne". Vier Bauabschnitte gliedern das Vorhaben. Zunächst wird die Baugrube in den beiden Portalbereichen, die noch oberhalb des Grundwasserspiegels liegen, ohne Wasserhaltung geböscht. Im Wochenrhythmus stellt ein Schalwagen das Tunneltragwerk mit Blocklängen von rund 15 m her.

In einem 2. Bauabschnitt schließen diejenigen Tunnelteile an, die im Grundwasser liegen. Spundwände – im Kopfbereich über eine Tottmannkonstruktion gehalten – wurden dazu als temporäre Baugrubensicherungsmaßnahme in die tertiären Sande geschlagen. Das Wasser wurde in rund 100 m langen, geschlossenen Trögen über drei bis vier Quartärbrunnen bis auf Aushubtiefe abgesenkt.

Im 3. Bauabschnitt musste ab einer gewissen Einbindetiefe des Tunnels auf eine verankerte Unterwasserbetonsohle umgestellt werden, da die maximal zulässige Grundwasserentnahmemenge ansonsten überschritten würde. Dazu wurde die Baugrube in diesem Bereich nach Einbringen der Spundwandtröge unter Wasser ausgehoben. Taucher kamen hier zum Einsatz, die mit Saugpumpen das Planum herstellten. Nach Fertigstellung der GEWI-Anker wurde die 1,50 m starke unbewehrte Unterwasserbetonsohle ohne Unterbrechung betoniert – dies bedeutet rund 3.000 bis 4.000 m³ Beton in Tag- und Nachtschichten. Nach Aushärtung und Reinigung folgte eine Betonausgleichsschicht, worauf Bodenplatten und Rahmentragwerke betoniert werden.

Der letzte Bauabschnitt bezieht sich auf den Tunnelbereich im Bereich der Schwechatquerung und der tiefsten Einbindung. Hier wird der Tunnel in zweischaliger Deckelbauweise in zwei Abschnitten zu je 60 m gebaut. Sobald der erste Abschnitt abgeschlossen ist, kann der Fluss auf die schon fertig errichtete Tunneldecke rückverlegt und mit dem zweiten Abschnitt begonnen werden.

Zusätzlich zum Tunnelbauwerk selbst errichtet die Arge zwei Betriebsgebäude sowie eine Druckwassererhöhungsanlage, eine Gewässerschutzanlage und ein Fluchtbauwerk in Ortbeton. Nach der Montage der Kabelkanäle folgt als Letztes der Einbau der Betonfahrbahn, durch die der Tunnel mit der Gesamtstrecke S1 verbunden wird.

Die Brücken, Grünbrücken und Tunnel der S1 folgen einem einheitlichen architektonischen Kon-

Wenn der Tunnel Rannersdorf im Januar 2006 fertig gestellt ist, wird er als Herzstück der S1 wesentlich zur Entlastung des Verkehrs im Wiener Süden beitragen. Der Weg dorthin führt tief ins Grundwasser und erfordert höchste Kompetenz im Spezialtiefbau

zept, das etwa in den Tunneleinfahrtsbereichen ein Tageslichtsystem integriert und zusammen mit der markanten Portalgestaltung in Form einer großflächigen dreieckig geformten Betonplatte einen fließenden Übergang zwischen senkrechten Objektwänden und flacher geneigten Freilandbereichen erzeugt. Die in dunkelgrau gehaltenen Portale und Fahrbahnbeläge schon im Tunnelvorbereich leiten in die Lichtverhältnisse im Tunnel über und bereiten somit das Auge vor. Insgesamt begleiten Lärmschutzdämme, Grünbrücken, Erdstädte und ökologische Ausgleichsflächen das Bauvorhaben, so dass dem Autofahrer durch unterschiedliche Wahrnehmungs- und Orientierungspunkte Abwechslung im ansonsten eher strukturarmen Landschaftsraum geboten ist.

Generalerneuerung A2, Knoten Vösendorf

Zwischen km 1,700 und km 7,800 erneuert die Arge GE Vösendorf, bestehend aus STRABAG und Heilit + Woerner, die Betonfahrbahndecke der A2. Dabei wird die Autobahnstrecke auf jeweils vier Spuren pro Fahrtrichtung ausgebaut. Neben rund 265.000 m^2 neuer Betonfahrbahndecke und Asphaltierungsarbeiten mussten auch Brückenbauarbeiten ausgeführt werden. Dazu wurden im Wesentlichen zwei Brücken abgetragen, ein Brückentragwerk neu erstellt und ein Brückenobjekt im Knoten Vösendorf instand gesetzt und verbreitert.
Zum gegenwärtigen Baulos der Arge zählen ebenfalls der Bau des Kollektor Vösendorf, Rampenbauwerke im Knoten Vösendorf sowie rund 20.000 m^2 Lärmschutzwand, Entwässerungs-, Leitschienen und Elektroarbeiten sowie die Fundamente für Verkehrsbeeinflussungsanlage und Schilderbrücken. Das Straßenbauprojekt wurde in 16 Bauphasen unterteilt und der Brückenbau in wesentlichen Teilen schon 2004 abgeschlossen.

Verkehrsentlastung: je vierspuriger Ausbau der A2 im Knoten Vösendorf

Neubaustrecke Wien–St. Pölten als Teil der Hochleistungsstrecke Wien–Salzburg

Die Westbahn Wien–Salzburg wird als viergleisige Hochleistungsstrecke ausgebaut. Damit sollen Engpässe in der Betriebsabwicklung der Bestandsstrecke beseitigt werden. Gleichzeitig werden damit ausreichend Kapazitäten für den zukünftigen Güterverkehr und die Voraussetzungen für verkürzte Fahrzeiten im hochrangigen Personenfernverkehr geschaffen.
Im Auftrag der ÖBB Infrastruktur Aktiengesellschaft realisiert STRABAG in diesem Zusammenhang die 42,3 km lange Neubaustrecke Wien–St. Pölten. Diese Trasse wird im Osten an die Verbindungsstrecke zwischen West-, Süd- und Donauländebahn („Lainzer Tunnel“) an der Landesgrenze Wien/NÖ anschließen. Der erste, rund 12,7 km lange Abschnitt quert den Wienerwald mit dem rund 11,6 km langen Wienerwaldtunnel, der in das Tullnerfeld und eine anschließende Freilandstrecke überleitet. Die Trasse verläuft weiterhin rund 10 km am Südrand des Tullnerfeldes, wobei in diesem Streckenabschnitt der Regionalbahnhof Tullnerfeld mit einer entsprechenden Park&Ride-Anlage sowie eine Verknüpfung mit der bestehenden eingleisigen Bahnlinie Tulln–Herzogenburg vorgesehen sind. Danach schwenkt die Neubaustrecke in das Perschlingtal, verläuft an dessen Südrand mit einer Abfolge von Freilandstrecken und in offener Bauweise errichteten Tunnelbereichen bis in den Bereich Diendorf. Es folgt eine weitere Freilandstrecke. Schließlich quert die Trasse abwechselnd in bergmännisch errichteten Tunnelbereichen und Freilandstrecken das Perschlingtal, um durch einen weiteren Tunnel ins Traisental zu gelangen, wo sie kurz vor der Stadt St. Pölten in den im Bau befindlichen Knoten Wagram mündet und damit in die bestehende Westbahn eingebunden wird. Die Fertigstellung dieses umfangreichen Neubauvorhabens ist für 2011 vorgesehen und wird rund 1,1 Mrd. Euro kosten.
Das Projekt Neubaustrecke Wien–St. Pölten ist in drei Abschnitte, „Wienerwald“, „Tullnerfeld“ und „West“ gegliedert und wird durch die STRABAG Arbeitsgemeinschaft mit Pittel & Brausewetter durchgeführt.
Überführungen der Bundesstraße LB19 und des Donau–Zubringerflusses „Große Tulln“ zählen ebenso zu den Herausforderungen im Abschnitt „Tullnerfeld“ wie vier Unterführungen. Die Bauwerke werden im Schutz von Stahlspundwandkästen und einer umfangreichen Grundwasserabsenkung realisiert. Im Hochwasserabflussbereich der Großen Tulln, wo eine Brücke für die künftige Bahnstrecke und eine weitere Brücke als Zufahrtsstraße zum künftigen Bahnhof Tullnerfeld errichtet werden, gestalten sich die Arbeiten besonders anspruchsvoll, denn hier kommen die Folgen der Hochwasserkatastrophe aus dem Jahre 2002 in Form von umfangreichen und strengen Auflagen hinsichtlich der Bauausführung zum Tragen.
Zwischen Juni 2004 und Juni 2005 realisierte die STRABAG eines der anspruchsvollsten und optisch ansprechendsten Bauwerke im Zuge der gesamten Projektabwicklung. Im Abschnitt „West“ realisierten die Ingenieure für den Wildwechsel und einen Wirtschaftsweg eine auffällig niedrige Überführung mit dennoch markanter Formensprache. Dazu wurde eine gewölbeartige Rahmenkonstruktion mit einer lichten Stützweite von 24,5 m und einer Gesamtbreite von 36,2 m gewählt, die im Grunde für eine Tunnelschalung zu kurz und für eine konventionelle Brücken-

schalung zu rund ist. Zur Verstärkung der Formensprache wurden die Böschungsflügel noch zusätzlich mit einer Krümmung im Grundriss versehen. Besonders hervorzuheben ist die konstruktive Ausbildung der Unterstellung, die das Umsetzen einer gesamten Bogenschalung mittels 300-t-Autokran in kürzester Zeit ermöglicht.
Neben der Errichtung der Wildbrücke wurden umfangreiche Erdbauarbeiten, ca. 1.100 lfd.M bahnbegleitende Lärmschutzdämme, die Aushubarbeiten für anschließende Tunnel einschließlich Baugrubensicherung mittels Spritzbeton und Injektionsbohranker sowie umfangreiche Entwässerungsmaßnahmen und der Neubau sämtlicher Wirtschaftswege bzw. einer Landesstraße durchgeführt.

Altlastensanierung Wiener Neudorf

Rund 180.000 m² Fläche in der Marktgemeinde Wiener Neudorf sollten im Auftrag der ASG Altlastensanierungs-GesmbH Wiener Neudorf von Altlasten befreit werden. Dieses Sanierungsprojekt umfasste Deponie und Sportplatz Wiener Neudorf und gliederte sich in zwei grundsätzlich verschiedene Teile: während das 85.000 m² große Areal im Süden gesichert wurde, sollten die belasteten Inhalte im 95.000 m² Nordteil geräumt werden.
Um überhaupt mit der Räumung beginnen zu können, musste der zu räumende Bereich mit einer Schmalwand bis in den dichten Tegel umschlossen werden. Das auf diese Weise eingeschlossene Deponiewasser wurde vorgereinigt, mittels Brunnen über eine entsprechend leistungsstarke Reinigungsanlage abgepumpt und in das kommunale Abwassernetz eingeleitet.
Förderbänder transportierten das kontaminierte Material daraufhin in eine Halle, von wo aus es auf Lkw oder mit ACTS-Container auf die Bahn verladen und zu den entsprechenden Behandlungsanlagen geführt wurde.

Altlastensanierung: Große Areale in Wiener Neudorf wurden von kontaminiertem Material befreit

STRABAG AG, Wien

Partner am Bau:
- ThyssenKrupp Aufzüge GmbH
- Sauter Mess- und Regeltechnik GesmbH
- Architekt Dipl.-Ing. Herbert Beier
- KONE AG Aufzüge, Rolltreppen
- OTIS GesmbH Aufzüge
- Waagner-Biro AG Bühnentechnik, Systembrücken
- Armstrong Metalldecken GmbH
- Raiffeisen-Leasing GmbH
- INTERGEO Umwelttechnologie und Abfallwirtschaft G.m.b.H.
- GU Baugesellschaft m.b.H. Generalunternehmen
- OBG Bau Ges.m.b.H.
- kopp + hille Ges.m.b.H. Heizung, Lüftung, Sanitär
- Ingenieurbüro ste.p Stella & Stengel Partner Ziviltechnikergesellschaft m.b.H.
- Vermessung Eckharter ZT GmbH
- TECTON consult Verkehrsplanung & Konstruktiver Ingenieurbau, Baumanagement
- Bauservice Rosenauer GmbH
- Schneiberg Erd- und Abbrucharbeiten GmbH
- Hirschbeck & Plank Isolierungen GmbH
- Hopferwieser + Steinmayr Installations Ges.m.b.H.
- HALI Büromöbel GmbH
- ES-Restaurierungstechnik G.m.b.H.
- HOTEC Gebäudetechnik
- Tauchunternehmen Leunert
- TOP-Akustikbau GmbH
- UNIPROJEKT Bau- und Innenbau GmbH
- Architekten Dürschmid + Dürschmid Ziviltechniker KEG
- Dipl.-Ing. Dr.techn. Manfred FROSS
- ENERCRET Nägele Energietechnik GmbH & Co
- IPM Schober Ges.m.b.H. Fenster
- GUTH GERHARD FLIESENVERLEGUNG
- M+W Zander Gebäudetechnik GmbH
- DIMAS Betonbohr- und -sägedienst Ges.m.b.H.
- Gmeiner Haferl Bauingenieure
- Grissenberger & Partner Elektrogesellschaft m.b.H.
- Penetsdorfer ELEKTROTECHNIK Ges.m.b.H.
- Alu König Stahl GmbH
- MCE Building & Infrastructure Solution GmbH
- Link ges.m.b.h. Schlosserei
- KAEFER Isoliertechnik Ges.m.b.H.
- ALS Haller Metallbau - Lamellentechnik – Zaunbau
- Detlef Kenzian Sandstrahltechnik
- Vermessung Angst Ziviltechnikergesellschaft mbH
- Grandits-Team Reprografie Ges.m.b.H.
- W. Heiss Ges.m.b.H. Bauunternehmen, Rammtechnik, Baumaschinenhandel und –reparatur
- AIRFIRETECH Brandschutzsysteme GmbH
- H. Katzenberger Beton- und Fertigteilwerke GmbH
- PKM-MULDENZENTRALE GmbH
- TransportBeton Gesellschaft m.b.H. & Co.
- ITA Injektionstechnik Bauges. m.b.H.
- SFL Stahl-, Fassaden- und Lüftungsbau GmbH
- ATB Spezialbau GmbH
- Hans Hager GmbH & Co. KG Blitzschutz
- Ingenieurbüro Pistecky
- Jellinek KG. NfG. Ges.m.b.H.
- bst Brandschutztechnik Döpfl GmbH
- Potyka und Partner ZT GmbH
- Staatl. befugter und beeideter Ziviltechniker Dipl.-Ing. Josef Jorda Zivilingenieur für Bauwesen
- Peter Hartmann GesmbH Bauspenglerei, Schwarzdeckerei
- NMP Naturstein Montage GmbH & CO KG.
- Getzner Werkstoffe GmbH
- SW Umwelttechnik Österreich GmbH
- Vermessung VSP Stolitzka & Partner ZT GesmbH
- TPS Technik Personal Service
- Ingenieurbüro A. Pauser Ziviltechniker Ges.m.b.H.
- Troges Ges.m.b.H. Lüftungstechnik
- Österreichische Doka Schalungstechnik GmbH
- P. C. Wagner Elektro-Thermit Schweißgesellschaft m.b.H.
- Zivilingenieurbüro Dipl. Ing. Dr. Helmut Effenberger
- desco – Kälte-Klima-Rückkühltechnik GmbH
- Herrenknecht AG Tunnelvortriebstechnik
- DonauConsult Zottl & Erber Ziviltechnikergesellschaft m.b.H.
- G. Hackenberg Holzhandel
- Albrechtsberger Gesellschaft m.b.H.
- NOVOFERM Fenster GmbH
- RIHA Gesellschaft m.b.H. Feuerschutz, Zargen, Türen, Tore
- Meixner Vermessung
- TOTAL FIRE-STOP Brandschutztechnik GmbH
- Steppi & Co Gesellschaft m.b.H. Heizung – Lüftung – Sanitär

Modern, transparent, geistreich

ThyssenKrupp Aufzüge verwirklicht Ihre Ideen

ThyssenKrupp Aufzüge liefert in über 40 Länder der Welt Aufzüge und Aufzugssteuerungen und verfügt mit seiner Produktionsstätte in Gratkorn nahe Graz über das größte Aufzugswerk Österreichs. Diese Erfahrung läßt ThyssenKrupp Aufzüge in jedes Projekt einfließen und garantiert mit der über 30-jährigen Erfolgsgeschichte im Aufzugsbau eine reibungslose Realisierung Ihrer Ideen.

Neben den **standardisierten**
» Personen- und
» Lastenaufzügen
hat sich ThyssenKrupp Aufzüge in Österreich aber vor allem auf drei Segmente spezialisiert:

» Panoramaaufzüge
» Modernisierung
» Aufzugssteuerungen

Während bei Panoramaaufzügen die Kreativität im Vordergrund steht, da so gut wie alles möglich ist, stellt ThyssenKrupp Aufzüge bei Modernisierungsprojekten eindeutig die Sicherheit in den Vordergrund. Die neue Aufzugssteuerung LS-3 [uni]control wird selbstverständlich allen Anforderungen gerecht.

Fotos: Werner Krug

Modern

Neue Sicherheitsstandards verlangen den zuverlässigen Betrieb alter Aufzüge in beide Richtungen. ThyssenKrupp Aufzüge bietet unterschiedliche Pakete zur Nachrüstung von Aufzugsanlagen und zur Adaptierung an den Stand der Technik. Vom Antrieb mit Notbremssystem über Seil- und Schienenbremsen bis hin zur auf- und abwirkenden Fangvorrichtung. Das wesentlichste Element bei der Modernisierung von Aufzügen ist aber zumeist die Nachrüstung einer Türe, oder Umrüstung von einer Lichtschranke zu einem modernen Lichtgitter. Auch dafür bietet ThyssenKrupp Aufzüge eine mannigfaltige Auswahl an Ergänzungen, Erweiterungen und Adaptierungen an. Die innovative Aluminium-Leichtbaukabine von ThyssenKrupp Aufzüge ist dabei nicht nur sehr schön, sondern ermöglicht durch ihr ausgeklügeltes Gewichtskonzept die Nachrüstung einer Fahrkorbtüre ohne Tausch des Antriebes oder tragender Teile.

Transparent

ThyssenKrupp Aufzüge hat für alle Anwendungsbereiche von Panoramaaufzügen spezielle Lösungen und Konzepte entwickelt. So gibt es Businesslösungen für Officetowers und Bürogebäude, eigene Shoppingsysteme für Geschäfte und Einkaufscenter, transparente Tourismusmagnete für Thermen und Hotels, Kulturhighlights für Opernhäuser, Galerien und Museen, Verkehrskonzepte für alle öffentlichen Gebäude wie Flughäfen, Bahnhöfe oder U-Bahnstationen und natürlich unbegrenzte Möglichkeiten der Fassadengestaltung für Außenaufzüge.

Foto: Werner Krug, KIKA Hadikgasse, Wien

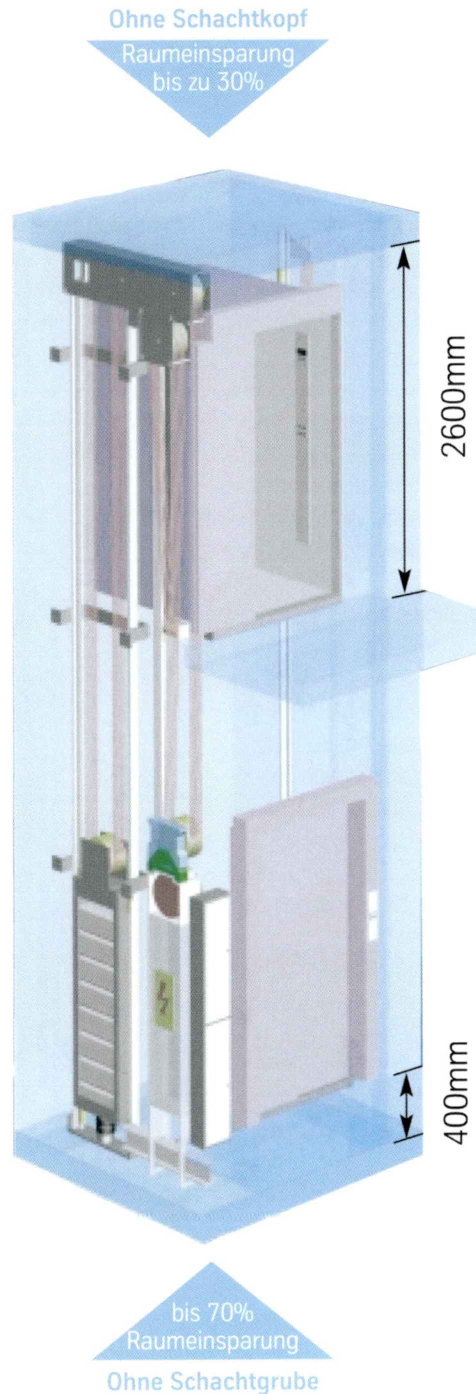

Spirit

Als revolutionär kompakte Innovation ist der funktionale Spirit® exakt auf die Gebäudegrenzen ausgerichtet und bietet bei bestehenden Gebäuden eine bisher unbekannte Flexibilität. Hinzu kommen kürzeste Lieferzeiten sowie ein herausragendes Preis-Leistungsverhältnis, das auf einem klar festgelegten, attraktiven Ausstattungspaket mit ansprechendem Kabinendesign sowie moderner Technik basiert. Ausführliche Informationen erhalten Sie bei unseren Niederlassungen in Wien, Linz, Salzburg, Innsbruck, Dornbirn, Villach und Graz oder im Internet unter:

www.thyssenkrupp-aufzuege.at

ThyssenKrupp Aufzüge GmbH
Slamastraße 29
A-1230 Wien
Tel.: +43 (0)1/865 17 51-0
Fax: +43 (0)1/865 17 51-299

Ein Unternehmen von ThyssenKrupp Elevator

ThyssenKrupp Aufzüge

ThyssenKrupp

Gebäudeautomation komplett im Griff

In dieser Größe einzigartig für Europa: Erdwärmeanlage für das Strabag-Haus in Wien

Perfektionierte Gebäudeleittechnik für die Strabag-Zentrale in Wien

Markant und eindrücklich präsentiert sich die Architektur der neuen Strabag-Zentrale inmitten der Donau-City. Hinter der Fassade – auf rund 22.000 m^2 Bürofläche und selbst in der Tiefgarage – erleben die Mitarbeiter ein erfreulich angenehmes Raumklima. Denn High-End State-of-the-Art zeichnet das technische Innenleben des repräsentativen Hauses aus. Umweltbewusst und mit Blick in die Zukunft forderten die Verantwortlichen für ihren Firmensitz eine Ressourcenschonende Gebäudetechnologie mit möglichst geringen Energiekosten und optimalem Komfort.

Jede Gebäudeautomation durchläuft mehrere Phasen: die Planung und Realisierung, die Jahre der Nutzung und zu gegebener Zeit die Anpassung an die inzwischen fortgeschrittene Technik. Die neue Strabag-Zentrale in Wien ist mit dem leistungsstarken Gebäudemanagementsystem EY3600 von Sauter konsequent und zukunftssicher gestartet. EY3600 perfektioniert Leittechnik auf höchstem Niveau.

Das System zeichnet sich durch eine optimierte, effiziente Datenübertragung aus. Dank freier Bustopologie sind Netze bis 4 km Länge ohne Repeater möglich. Durch die Verteilung der Intelligenz funktionieren die Automationsstationen zudem vollständig autonom und sind unabhängig von einem zentralen Leitrechner. Zum Vorteil der Sicherheit kommt die Flexibilität. Der modulare Aufbau des Systems ermöglicht einen schrittweisen Ausbau, ohne eine einzige Komponente zu ersetzen.

Benutzerfreundlich ist das EY3600 ohnehin. Aufbauend auf der anwendergeführten Windows-Oberfläche lässt sich das System mit einem Minimum an Eingabeschritten bedienen. Auf Grund der Netzwerkfähigkeit und dank der Verwendung von Standardschnittstellen ist das Gebäudeleitsystem ganz problemlos in die Welt der Büroautomation integriert.

Im Strabag-Haus werden sämtliche haustechnischen Anlagen in den Bereichen Heizung, Kälte, Lüftung und Sanitär, inklusive MSR-Schaltschränke und Büroeinzelraumregelungen, mit dem Gebäudemanagementsystem EY3600 geregelt, gesteuert und überwacht. 51 Automationsstationen wurden installiert und 10.000 Datenpunkte abgedeckt.

Strabag-Zentrale: umweltfreundliche Gebäudetechnologie und leistungsstarke Leittechnik, die auch flexible Büroeinzelraumregelungen erlaubt

Highlight: vorbildliche umwelt- und nutzerfreundliche Klimatechnik

Ein gebäudetechnisches Highlight ist die schon allein auf Grund ihrer Größe für Europa einzigartige Wärmepumpenanlage, deren Regelung Sauter für das Strabag-Haus realisierte. Nach dem Prinzip der Konvektion wird die Erdwärme analog der jeweils individuell für die Einzelräume regulierbaren Solltemperatur den Büros zugeführt. Die Abluft wird hinter den Jalousien nach oben abgesaugt. Kühlbalken, Coolwaves und Konvektoren ergänzen die Klimaregelung und werden speziell über 516 Einzelraumregler ECOS-EY3600 gesteuert.

Gebäudemanagement:
Sauter Mess- und Regeltechnik
Gesellschaft m.b.H., Wien

SAUTER

Intelligenz für ein zukunftsfähiges Gebäudemanagement

Integrale Planung mit Beteiligung von Sauter hilft, Bauten rascher, kostengünstiger und im Betrieb ökonomischer zu erstellen.
Im Interesse der Energieeffizienz und des Gebäudekomforts ist es wichtig, schon in den ersten Planungsphasen die Spezialisten der Gebäudemanagementtechnik von Sauter ins Projektteam zu integrieren. Auf diesem Weg entstehen intelligente zukunftsfähige Lösungen.
Sichern Sie sich mit Sauter und dem Gebäudemanagementsystem EY3600 von allem Anfang an die uneingeschränkte vertikale und horizontale Integration.

Gebäudeautomation mit Sauter. Unabdingbar für anspruchsvolle Aufgaben

- Regelanlagen für Heizungs-, Lüftungs- und Klimatechnik
- Gebäudeleittechnik
- Energiemanagementsysteme
- Professionelle Wartung zum Schutz Ihrer Investition
- Wasser- und Wärmemengenzähler

Sauter Mess- und Regeltechnik GesmbH
A-1220 Wien, Niedermoserstraße 11
Tel.: 01/250 23-0, Fax: 01/259 95 35
www.sauter-controls.at

architekt dipl.-ing. herbert beier
ziviltechniker ges.m.b.h.

architekt dipl.-ing. herbert beier
staatlich befugter und beeideter ziviltechniker
allgem. beeideter und gerichtl. zertifizierter sachverständiger
geschäftsführer

1100 wien
puchsbaumgasse 23
tel. 01/6 02 11 37
fax 01/6 02 11 37-9
www.beier.at
office@beier.at

Unser absoluter Schwerpunkt ist jedoch die Revitalisierung, Restaurierung bzw. der Um- und Ausbau von Altbauten – vom Parlamentsgebäude bis zum Einfamilienhaus, vom Krankenhaus bis zum Einkaufszentrum.

Natürlich sind wir auch auf dem Neubausektor tätig, wobei der Wohnbau im Vordergrund steht.

Unser Büro deckt ein breites Spektrum architektonischer und generalplanerischer Anforderungen ab.

Immer jedoch suchen wir den Dialog mit dem Auftraggeber, aus der Überzeugung heraus, nur gemeinsam qualitativ Hochwertiges schaffen zu können.
Das gesamte Team setzt sich dafür ein, dass durch höchsten Qualitätsstandard, Kosten- und Termintreue die Voraussetzung für weitere Aufgaben geschaffen werden.

ARCHITEKT DIPL.-ING HERBERT BEIER

Tradition verbindet

Waagner-Biro prägt Stadtbild von Wien

Heute ist Waagner-Biro ein Konzern mit über 20 Standorten auf drei Kontinenten. Mit der weltweiten Marktführerschaft in der Bühnentechnik oder als zweitgrößter globaler Anbieter von Systembrücken hat sich das Unternehmen ausgezeichnete Marktpositionen erworben. Doch seinen Anfang nahm alles in Wien.

Vor 150 Jahren erhielt Rudolph Philipp Waagner vom Magistrat der Stadt Wien die Eisenhandelsgerechtigkeit. Damals wurde der Grundstein zur heute weltweit tätigen Waagner-Biro Gruppe gelegt. Seitdem ist das Unternehmen zu einem Global Player geworden. Im Auftrag international führender Architekten realisiert Waagner-Biro auf der ganzen Welt spektakuläre architektonische Zeichen oder setzt mithilfe einzigartiger technischer Lösungen Menschen in Opern- und Theaterhäusern von Madrid bis Shanghai bemerkenswert in Szene.

Oben: Donaustadtbrücke – eine der vielen Donaubrücken made by Waagner-Biro

Wien als „Heimatstadt" von Waagner-Biro wurde jedoch am meisten von den Leistungen des Stahlbau- und Engineering-Konzerns geprägt. Die Liste an Projektbeteiligungen liest sich eindrucksvoll: Fernheizwerk Spittelau, Technisches Museum Wien, Millenniumstower, IZD Tower, Strabag-Zentrale oder das Palmenhaus in Schönbrunn – um nur ein paar zu nennen. Zuletzt verwirklichte Waagner-Biro das viel beachtete Titanendach für die Albertina Wien.

Links: Viel beachtetes Titanendach Albertina Wien

Rechts: British Museum. In London reüssierte Waagner-Biro mit der Überdachung des British Museum

Waagner-Biro verbindet Wien

Waagner-Biro machte sich auch als Brückenbauer einen Namen. In der Stadt an der Donau errichtete das Unternehmen eine Reihe von Auto- und Fußgängerbrücken, die Wien näher zusammenwachsen ließen. Von der Floridsdorferbrücke, über die Prater- und die Nordbrücke, bis zur Donaustadtbrücke oder einer erst 2003 fertig gestellten Paneelbrücke (= modulares Brückensystem) bei Klosterneuburg – sie alle dienen dem Zweck, den Wienerinnen und Wienern den Weg über die Donau zu erleichtern.

Individuelle Metalldeckensysteme – Lösungen auf höchstem Niveau

Armstrong Metalldecken gilt weltweit als herausragender Hersteller von Metalldecken mit System und hoher Qualität auf allen Ebenen: kompetent im Dialog mit den Kunden, effizient in der Planung, innovativ in der Herstellung, edel im Design und zuverlässig bei der Montage.

Mit einer mehr als 100 Jahre andauernden unternehmerischen Tradition, rund 400 bestens geschulten und engagierten Mitarbeiterinnen und Mitarbeitern sowie drei modern ausgestatteten Armstrong-Werken in Stafford (UK), Rankweil (A) und St. Gallen (CH) bietet die Unternehmensgruppe leistungsstarke Prozessabläufe und Projektkompetenz. Ein weltumspannendes Netz von Niederlassungen sorgt dafür, dass auf allen Kontinenten inzwischen Millionen von Quadratmetern Metalldecken von Armstrong realisiert wurden.

Licht, Klima, Akustik, Informatik, Brandschutz und Ökologie sind in der Systementwicklung bereits berücksichtigt. Dank der modularen Unterkonstruktionssysteme GemaGrid und Classic können die Metalldecken einfach, schnell und sicher in verschiedenen Systemvarianten montiert werden: etwa als Quadratkassetten-Systeme, Rechteckplatten-Systeme, Bandraster-Systeme, Knotenraster-Systeme, Vertikallamellen-Systeme, Korridor-Systeme, Wand-Systeme, Deckensegel, Kühldecken oder Brandschutzdecken.

Denn überall dort, wo ein besonderer Raum einen einzigartigen Abschluss erfordert, verlassen sich Architekten Planer, Generalplaner und Bauherren auf die Innovationskraft und den bewährten Leitsatz von Armstrong: „Zusammen verwirklichen wir Ideen".

gema
Metalldecken von Armstrong

Armstrong Metalldecken GmbH
A-6830 Rankweil, Bundesstr. 70
Tel.: +43 5522 34 44-0
Fax: +43 5522 34 44-8
E-Mail: gema@armstrong.com
www.gema.biz

Niederlassungen:
A-4600 Wels, Linzerstr. 139
Tel.: +43 7242 56 901
Fax: +43 7242 56 901-75

A-8041 Graz, Messendorferstr. 6
Tel.: +43 316 47 15 84
Fax: +43 316 47 15 84-10

UNIQA Tower, Wien

RAIFFEISEN-LEASING: Erfolgreicher Finanzier und Projektentwickler

Die Raiffeisen-Leasing ist eine 100%ige Tochtergesellschaft der Raiffeisen-Bankengruppe, wurde 1970 gegründet und ist seitdem erfolgreich in ganz Österreich und im Ausland tätig.

Als Universal-Leasinginstitut bieten wir unseren Kunden im privaten, gewerblichen und kommunalen Bereich sämtliche Formen des **Kfz-, Mobilien-** und **Immobilien-Leasings** sowie **Fuhrpark-** und **Baumanagement-Dienstleistungen.**

„vez" Villacher Einkaufszentrum, Kärnten

„Etap hotel", Wien

Büro- und Geschäftshaus „Columbus Center", Wien

Pflegeheim „Rosenheim Tulln", Niederösterreich

Die Raiffeisen-Leasing bietet ihren Kunden nicht nur Leasingfinanzierungen, sondern nutzt das im Immobilien-Leasing gewonnene Know-how auch für die eigene Projektentwicklung. Neben gewerblichen Objekten, wie etwa **Einkaufs-** und **Fachmarktzentren, Hotels, Büro-** und **Geschäftshäusern** sowie **Pflegeheimen**, ist die Raiffeisen-Leasing auch im **freifinanzierten Wohnbau** tätig.

Wohnbauprojekt „The Max" am Kohlmarkt, Wien

Kontakt:

Raiffeisen-Leasing GmbH
Hollandstraße 11-13, 1020 Wien
Tel. +43 (0)1 716 01-8231, Fax +43 (0)1 716 01-8239
leasing@rl.co.at, www.raiffeisen-leasing.at

Leasing

Weltweit erfolgreich agierend im Umweltbereich

Consulting-Unternehmen und Altlastensanierungsspezialist INTERGEO bearbeitet derzeit weltweit mehrere hundert Umweltschutzprojekte

Umfangreich und effizient: Altlastensanierung Wiener Neudorf

Im Rahmen der Deponieräumung bzw. Altlastensanierung Wiener Neudorf wurde INTERGEO mit der Grundwassersanierung beauftragt. Dieses Großprojekt erforderte die sorgfältige Vorreinigung des Grundwassers, das aus dem gesamten Aushubbereich abgepumpt und in das kommunale Abwassernetz eingeleitet wurde.

Eine leistungsstarke Grundwasservorreinigungsanlage mit maximaler Reinigungsleistung von 25 l/sec reinigte das während der Deponieräumung abgepumpte Grundwasser. Neben dieser zuverlässigen Vorreinigung des Abwassers war die Grundvoraussetzung für das Gelingen des Projektes der ununterbrochene Betrieb der Sanierungsanlage. Dabei musste die Sanierungsanlage zur Reduzierung der erforderlichen Durchflussmengen von 25 l/sec auf 10 l/sec und schließlich auf nur mehr 1–1,5 l/sec mehrfach umgebaut werden – ohne dass dabei die Bauarbeiten behindert wurden! Nur so konnte der zügige Fortschritt der Deponieräumungsarbeiten, insbesondere während des Aushubes im Grundwasserbereich, sichergestellt werden.

Die jahrzehntelange Erfahrung, über 300 hochspezialisierte, engagierte Mitarbeiter und die international erfolgreiche Tätigkeit der INTERGEO Umwelttechnologie und Abfallwirtschaft garantieren das höchste Maß an Zuverlässigkeit und Flexibilität bei der Lösung komplexer umwelttechnischer Problemstellungen – insbesondere bei Großprojekten.

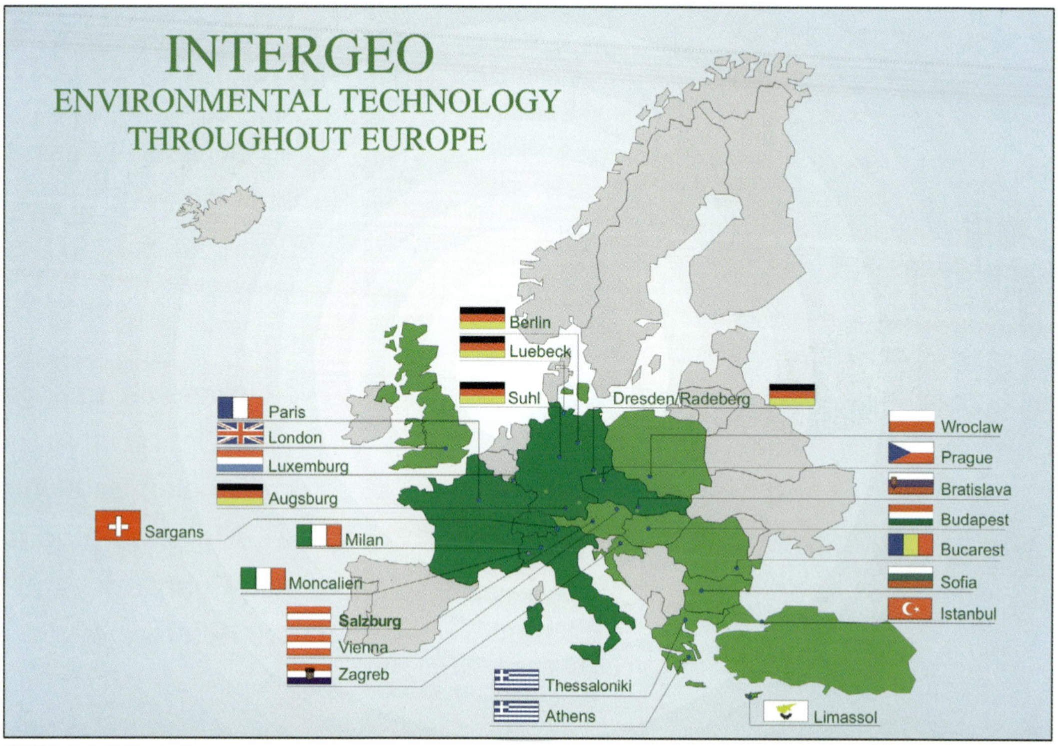

- Umweltberatung - Consulting
- Altlastenerkundung: Untersuchung in Boden und Grundwasser
- Altlastensanierung: weltweit mehr als 2.000 Boden- und Grundwassersanierungen
- Vor-Ort-Analytik und Geruchsmessungen gemäß EU-Recht
- Anwendungsgebiete: Industrie, Dienstleistung, öffentliche Einrichtungen
- Sanierungstechnologien für Boden- und Grundwasserverschmutzungen
- Übersicht über Schadstoffe in Boden und Grundwasser
- Geruchsmessung gem. EN 13725 in Gewerbe, Industrie und bei Filteranlagen

Leistungsstarke Umwelttechnologie, gepaart mit Erfahrung und Know-how auf höchstem Niveau, legten den Grundstein für die erfolgreiche Räumung der Deponie Wiener Neudorf. Die Grundwasservorreinigungsanlage für die Altlastensanierung Deponie Wiener Neudorf verfügte über eine Reinigungsleistung für 25 l/sec Wasserdurchsatz.

INTERGEO

www.intergeo-consulting.com

INTERGEO Umwelttechnologie und Abfallwirtschaft G.m.b.H

Robinigstraße 93 • 5020 Salzburg • Tel. + 43/662 45 50 09 • Fax. + 43/662 45 73 16
Wallagasse 4a • 1110 Wien • Tel. +43/1 81 77 251• Fax. + 43/1 81 77 251-25
salzburg@intergeo-consulting.com • vienna@intergeo-consulting.com

Maschinenputze aller Art

Die GU Baugesellschaft m.b.H ist seit gut 25 Jahren auf die Verarbeitung von Maschinenputzen aller Art spezialisiert. Das in Wien ansässige Unternehmen, das sich bis heute in Privatbesitz befindet, ist mit einem fachkundigen Mitarbeiterstamm in der Lage, unterschiedlichste Putze für Innen und Außen im Großraum Wien und Umgebung auszuführen. Ob Großbaustelle, Bauten für Industrie und Gewerbe, Wohnanlage oder Einfamilienhaus, die Auftraggeber können sich auf die zuverlässige Ausführung der beauftragten Arbeiten verlassen. Das technische Know-how, ein umfangreicher Maschinenpark und ausgesuchte Materialwahl versetzen das überwiegend langjährig beschäftigte und motivierte Personal in die Lage, alle Putzarbeiten und gegebenenfalls notwendige Vorarbeiten unter Beachtung der so genannten Schnittstellenproblematik detailgenau durchzuführen. Für Außenfassaden werden überwiegend Kalk-Zement-Putz und Kalk-Zement-Leichtputz als Thermoputz aufgebracht, für den Fassaden-Vollwärmeschutz kommen Styropor, Mineralwolle und Kork zum Einsatz. Für Innenräume werden Putze in verschiedenen Ausführungen angeboten. Darüber hinaus erstellen die Fachleute der GU Baugesellschaft auf Anfrage gerne Angebote für Sonderausführungen. Eine umfangreiche Referenzliste verschafft Neukunden Einblicke in die Leistungsfähigkeit des Unternehmens.

FASSADEN UND PUTZTECHNIK GESMBH

2700 Wiener Neustadt
Günserstraße 91
Tel. 0 26 22/8 22 50
Fax 0 26 22/8 22 50-5
afp-bau@aon.at
www.afp-bau.at

BAUGESELLSCHAFT M.B.H.
GENERALUNTERNEHMEN

1230 Wien
Draschestraße 91
Tel. 01/6 15 56 05
Fax 01/6 15 50 83
gu-bau@aon.at
www.gu-bau.at

Es werden Maschinenputze vom **KALKWERK ERNSTBRUNN** verarbeitet

MIT LEISTUNG ÜBERZEUGEN

Beim Columbus Center in Wien-Favoriten stellte die **OBG Bau Ges.m.b.H** ihre Leistungsfähigkeit unter Beweis

Folgende Leistungen aus dem Bauhaupt- und Baunebengewerbe werden erbracht:

- **Rohbau**
- **Schlüsselfertiges Bauen**
- **Stahlbeton - Schalen + Betonieren**
- **Mauerwerks- und Versetzarbeiten**

Das „Ei des Columbus“ – eine Stahl-Glas-Konstruktion, die wie ein Ei aus der Glasfassade herausragt – wurde zur signifikanten Landmark, die das Columbus Center auch weit über die Favoritenstraße hinaus bekannt macht. Als Anfang Januar 2003 der erste Spatenstich für das Columbus Center fiel, war man sich allenthalben über die große Bedeutung des Bauvorhaben für den gesamten Bezirk bewusst.
Das Projekt umfasste den Bau eines Einkaufszentrums, samt Tiefgarage, gekoppelt mit der zeitgleichen Errichtung einer neuen Volksgarage unterhalb des Columbusplatzes. Man verspricht sich von dem Projekt große wirtschaftliche Impulse für die Wiederbelebung der gesamten Fußgängerzone Favoritenstraße.
Auf insgesamt 13.500 m² Geschäftsfläche und 6.500 m² Bürofläche wird ein ausgewogener Branchenmix geboten, der mit ausreichenden Stellplätzen im Haus und einer ausgezeichneten Verkehrsanbindung lockt.

Als Nachunternehmer der mit der Errichtung des Bauvorhabens beauftragten STRABAG AG führte die OBG Bau Ges.m.b.H. die gesamten Rohbauarbeiten für das Columbus Center aus. Vier Untergeschosse, EG und sechs Obergeschosse entstanden auf einer Grundfläche von 75 m mal 85 m. Die vier Baustellenkrane wurden großteils mit OBG Kranführern bestückt. 14 Aufzüge, 35.000 m² Deckenschalung, 25.000 m² Wand- und Säulenschalung und 18.000 m³ Beton wurden in der knapp bemessenen Zeit von Januar bis November 2004 eingebracht. Eine nicht geringe Anzahl technischer Schwierigkeiten galt es zu meistern: Deckelbauweise, sämtliche Deckenflächen mit quadratischen Pilzköpfen, teilweise Sichtbetonanforderungen, Betonpumpleitungen über 100 m, kein Ausführen von Fertigteilstiegen, Zufahrtslogistik und einiges mehr.

Die anfängliche Skepsis dem relativ kleinen Bauunternehmen aus Favoriten gegenüber war unbegründet. Zusammen mit dem vertraglich vereinbarten Einsatz von STRABAG-Personal und einem personell sehr intensiven Programm mit monatelangen 6-Tage-Wochen wurden sämtliche Termine eingehalten und alle technischen Schwierigkeiten zur Zufriedenheit des Auftraggebers gemeistert.

Zurzeit ist die **OBG Bau Ges.m.b.H** neben mittleren und kleineren Projekten auch an der Realisierung des Bauvorhabens „ezone“ in der Lassallestraße beteiligt. Die EZL Entwicklung Zone Lassallestraße GmbH & Co. KEG baut mitten im Business Cluster ein 20.700 m² großes Bürohaus.

O B G Bau Ges. m. b. H

Karmarschgasse 72/8
1100 Wien
Tel. 01/6 06 71 16
Fax 01/6 06 71 16-23
office@obg-bau.at
www.obg-bau.at

Komplettlösungen aus einer Hand

Planung und Ausführung von haus- und reglungstechnischen Anlagen

Unser Team Ihr Partner

Die Basis für die Entwicklung und den Erfolg seines Unternehmens sieht Ing. Walter Hille sowohl in der technischen und qualitativen Leistung wie auch der Pflege von partnerschaftlichen Verhältnissen zu Kunden und Lieferanten. Das Unternehmen bietet seit rund 15 Jahren seine Dienste im HLKS-Bereich beginnend von der Beratung, über die Planung und Ausführung, bis zur späteren Betriebsbereithaltung mit Fernbetriebsführung an. Qualitativ gute und fachmännische Ausführung ist dabei etwas, worauf jeder Kunde einen Anspruch hat. Jeder Auftrag ist somit kulant, schnell und endgültig zu erledigen. Dadurch gelingt es, Erstkunden und Geschäftspartner als Stammkunden zu gewinnen. Vom gut ausgerüsteten Einfamilienhaus zu Büro- und Industriegebäuden, von Dampferzeugung für industrielle Anwendung, über Lüftungs- und Klimaanlagen für den Komfortbereich, bis hin zur hochwertigen Anlagentechnik mit komplizierten Steuerungssystemen reicht das umfangreiche Angebot. Mit überschaubarer Betriebsgröße und hoch qualifizierten Mitarbeitern ist es möglich, die angebotenen Leistungen aus einer Hand zu liefern. Das umfasst auch die technische Anlagenbetreuung mit Wartungsdienst, Störungsbehebung und technischer Fernbetriebsführung. Die kontinuierliche Weiterbildung des Mitarbeiterstamms garantiert einen gleich bleibenden Qualitätsstandard, der gerade auf dem Dienstleistungssektor im Servicebereich für bereits in Betrieb befindliche Anlagen, für Umbauten und Erweiterungen gefordert ist. Auch der Juniorchef des privaten Unternehmens, Ing. Gerhard Hille, setzt voll auf die vom Unternehmensgründer vorgegebenen Qualitätsstandards.

Der Firmensitz in Wien 23

Ein komplexes Projekt Faro Pharma

Die Darstellung der ausgeführten Arbeiten beim Neubau dieses Pharma Betriebes soll stellvertretend die Leistungsfähigkeit von kopp + hille unter Beweis stellen: Sieben Lüftungsanlagen versorgen ca. 92 Volumenstromregler mit Raumdruckregelungen, neben diversen Abluftventilatoren wurde ein Schnelldampferzeuger für zwei verschiedene Warmwassersysteme und die Produktion errichtet, ein Brennwertkessel mit 510 KW versorgt die Lüftungsanlagen, Nachwärmer und einen Radiatorenkreis für die Büros. Für die Produktion wurden zwei Staubsaugeranlagen, ein Druckluftkompressor und ein Fettabscheider eingebaut. Die Kaltwasserversorgung wird durch zwei Kältemaschinen mit 300 KW gesichert. Ein im Produktionsbereich angeordnetes Gebäudeleitsystem überwacht neben den für die Produktion wichtigen Raumkonditionen auch diverse ZLT-Datenpunkte wie Kleinhebeanlagen, Sumpfpumpen usw. Sämtliche Lüftungsteile wurden den besonderen Anforderungen entsprechend vor und nach der Montage in Folie verpackt. In Risikoanalysen, die ein wesentlicher Teil der Designqualifizierung sind, wurden mögliche Störfälle der Anlagenteile und deren Auswirkung auf Produktion und Umwelt aufgezeigt und bei Bedarf notwendige Gegenmaßnahmen in das Pflichtenheft übernommen. Sowohl die Verpackung der oben beschriebenen Geräteteile sowie der Montageort und die Art der Montage als auch die neuerliche Überprüfung der zum Teil voreingestellten Anlagenteile wurden in der Installationsqualifizierung schriftlich festgehalten. Bei der nachfolgenden Funktions- und Leistungsqualifizierung – unter Einbindung der Betreiberpersonals – wurden die besonderen Anforderungen der Anlagenteile nachgewiesen. Die kompletten MSR-Anlagen mit allen Steuer- und Sicherheitsüberwachungen kommunizieren über ein Telefonmodem und einen Router. Sie können aus der Ferne überprüft oder geändert werden.

kopp+hille
HEIZUNG
LÜFTUNG
SANITÄR
GES.M.B.H.

kopp.hille@aon.at
www.kopp-hille.at

1230 Wien
Salmhoferstraße 5

Tel. 01/8 69 41 86
Fax 01/8 65 10 71-22

Verkehrsplanung & Konstruktiver Ingenieurbau
T: 01 5870958
F: 01 5870958 DW 24

Baumanagement
T: 01 5123635
F: 01 5123635 DW 33

TECTON consult

Barnabitengasse 8, 1060 Wien
office@tecton-consult.at, www.tecton-consult.at

Qualität und Flexibilität der Bauservice Rosenauer GmbH, die von 1997 bis 2004 als Einzelunternehmen von Frau Alice Rosenauer firmierte, haben sich bewährt. Die Spezialisten für Schwarzdeckerarbeiten, Abdichtungen und Betonplattenverlegung überzeugen durch die hochwertige und einwandfreie Verarbeitung der verwendeten Materialien. Bauwerksschäden, wie etwa Wassereintritte wegen schadhafter oder falsch verarbeiteter Bitumenbahnen, wird es mit der Bauservice Rosenauer GmbH nicht geben.

Ihre Zuverlässigkeit konnte das erfahrene Team aktuell bei Parlament, Donaubrücke Hainburg, mit der U-Bahndecke für U2/4 Messe, dem Schulhaus Hertha Firnbergstraße, Talübergänge „Wolfgraben" und „Brentenmais", einem Wohnhausbau in der Kurt-Tichy-Gasse sowie mit der Bodenplattenverlegung für T-Mobile St. Marx unter Beweis stellen.

BAUSERVICE
Rosenauer GmbH
Abdichtung-Schwarzdeckung-Betonplattenverlegung

1210 Wien, Rußbergstr. 87 Tel: 01/2900011 Fax DW 21 www.rosenauer.or.at

Hopferwieser + Steinmayr Installations Ges.m.b.H.
A. Kruppstraße 10a, 3300 Amstetten
Tel.: 07472/62071-0, Fax DW 86 oder 30
office@howi.at, www.howi.at

h+s HOPFERWIESER STEINMAYR
INSTALLATIONS Gesellschaft m.b.H.

HEIZUNG SANITÄR LÜFTUNG KLIMA

h+s ***Ihr kompetenter Partner für Haustechnik***

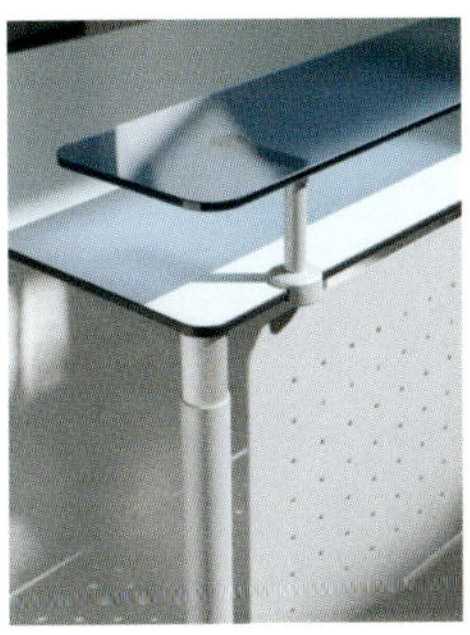

HALI Büromöbel – ist der führende Spezialist für die Gestaltung und Einrichtung von Büroräumen, die Menschen bei ihrer Arbeit motivieren und somit für mehr FUN AT WORK sorgen.
Neben einer Vielfalt an Produktlinien in den Bereichen Büromöbel, Schrank- und Trennwandsysteme sowie Dreh- und Besucherstühle stehen individuelle Beratung, eine genaue Analyse, die optimale Planung und kundenorientierter Service im Vordergrund. HALI beschäftigt heute bei einem Umsatz von 50 Mio. Euro 390 Mitarbeiter und dokumentiert in unzähligen Referenzprojekten seine Leistungsstärke. Darüber hinaus können Sie sich auch im HALI-Schauraum von unseren Möglichkeiten überzeugen.

HALI Büromöbel GmbH
Handelskai 94-96
Millennium Tower Top 22
A-1200 Wien
Tel. +43-1-240 99 99
Fax +43-1-240 99 99-5206
Email office.wien@hali.at
www.hali.at www.halivision.at

Büromöbel
Medientechnik
Officemanagement

HALI
FUN AT WORK

Wir tauchen für Sie unter

www.leunert.de

- **Bautauchen**
- **Talsperrentauchen**
- **Kraftwerkstauchen**

Wir tauchen und arbeiten in den Bereichen:

- **Tiefbau**
- **Spezialtiefbau**
- **Wasserbau**
- **Stahlwasserbau**

Wir führen Unterwasserarbeiten in:

- **Klärwerken**
- **Wasserkraftwerken** und
- **Wehranlagen** aus

Wir übernehmen:

- **Bergungs-,**
- **Untersuchungs- und**
- **Dokumentationsarbeiten**

Das Tauchunternehmen Leunert ist in der Lage, sämtliche im Unterwasserbereich erforderlichen Arbeiten, speziell im Spezialtiefbau, an Talsperren und in Wasserkraftwerken auszuführen.

Diese Leistungen werden sämtlich mit eigener Technik erbracht, die Ihnen bei einem Besuch auf unseren Internetseiten umfassend gezeigt und erläutert wird.

Tauchunternehmen Leunert

Fürstenwalder Chaussee 27h
D-15526 Bad Saarow-Pieskow
Tel. +49/3 36 31/8 67-0
Fax +49/3 36 31/8 67-140
Funk 01 71/382 01 76
www.leunert.de
tu.leunert@t-online.de

Die Qualität der Leistungen ist ausschlaggebend!

Deckenlösungen - Wandkonstruktionen - Schallschutz - Brandschutz

TOP - AKUSTIKBAU GMBH

St. Veit Gasse 46
1130 Wien
Tel. 01/879-94 96-0
Fax 01/879-94 96-30
topakustik@aon.at
www.mittmasser.com

Sie brauchen Akustiklösungen im Trockenbau? Sie wollen einen Wintergarten errichten?
Sie suchen eine gute und sichere Kapitalanlage, am besten gleich verbunden mit einem Feriendomizil?
Dann kontaktieren Sie uns! E-Mail: johann@mittmasser.com oder telefonisch: 01/879-94 96-10

ZAK-INVEST Sp.z.o.o.

Günstige Ferien-Wohnungen in Zakopane

INTERBAUVERTRIEB KEG

Baumaterialen
Fliesen - Möbel
Wintergärten

Die Unternehmungen und Partner der Familie Mittmasser überzeugen einen langjährigen Kundenstamm

KNAUF · m.b.d. · scholly MONTAGEZUBEHÖR · URSA Grupo Uralita · BPB Rigips

Wandverkleidungen
Ständerwände
Decken
Stuck
Brandschutz

Referenzen:
Strabag Haus
Columbuscenter
Therme Laa a.d. Thaya
Wienerberg City BT A+D
Stadtbahnbögen Spittelau

UNI PROJEKT

UNIPROJEKT Bau- und Innenbau GmbH
Donau-City-Straße 9, 1220 Wien
Tel. 01 224 22-1502, Fax 01 224 22-1505
www.bauholding.at

ARCHITEKTEN
DÜRSCHMID+DÜRSCHMID
ZIVILTECHNIKER KEG

BÜRO - INDUSTRIEBAU

WOHNBAU

UMBAU - SANIERUNGEN

HEIMBAU

A - 1090 WIEN, BERGGASSE 20 TEL.: ++43 / 1 / 319 95 46 DD. 48 FAX.: 319 95 46/ 21
e-mail: office@architekt-duerschmid.at http://www.architekt-duerschmid.at

---

GRUPPE GEOTECHNIK
FROSS
KREJCI
PÜCHL

Dipl.-Ing. Dr.techn. Manfred FROSS
Geotechnische Beratung
c/o Ingenieurbüro GRUPPE WASSER Ziviltechnikerges.m.b.H.
Wiedner Hauptstraße 19, A -1040 Wien, Tel.: +43 - 676 - 344 1560
Fax: +43-1-505 19 84 – 43, E-mail: m.fross@gruppewasser.at

enercret®

Seit mehr als 20 Jahren befasst sich das Unternehmen ENERCRET Nägele Energietechnik GmbH & Co mit der Nutzbarmachung von geothermischer Energie über erdberührte Betonbauteile wie Pfahlfundierungen oder Schlitzwände. Durch das eigen entwickelte enercret-System werden diese ohnehin benötigten Gründungselemente zusätzlich als Erdwärmetauscher ausgebildet und versorgen die darüber befindlichen Gebäude mit umweltfreundlicher Erdwärme und Erdkühle. Die Internetseiten des Unternehmens informieren Sie umfassend und liefern detaillierte Projektbeschreibungen realisierter Bauvorhaben.

ENERCRET Nägele
Energietechnik GmbH & Co
Bundesstraße 24
6832 Röthis
Tel. 0 55 22/36 27-401
Fax 0 55 22/36 27-400
info@enercret.com
www.enercret.com

Ein Unternehmen der Firmengruppe **nägelebau**

Die IPM Schober Gesellschaft m.b.H. ist ein leistungsfähiges Unternehmen für die Abwicklung von großen und technisch anspruchsvollen Objektbauvorhaben. Die 1935 gegründete und in dritter Generation als Familienbetrieb geführte Firma beschäftigt zurzeit rund 150 Mitarbeiter. Die langjährige Erfahrung in der Produktion von Fenstern, Türen und Fassadenbauelementen aus Holz, Holz-Aluminium, Voll-Aluminium und Kunststoff in großen Stückzahlen sowie die reibungslose Abwicklung großer Bauvorhaben überzeugen Auftraggeber im In- und Ausland. Die Kompetenz der technischen Abteilung, bestens ausgebildete Facharbeiter und die eigene Montageabteilung bilden die Basis für den Erfolg des Unternehmens und haben IPM Schober zum verlässlichen Partner für Architekten, Bauunternehmen, Wohnungsgenossenschaften und öffentliche Bauträger werden lassen.

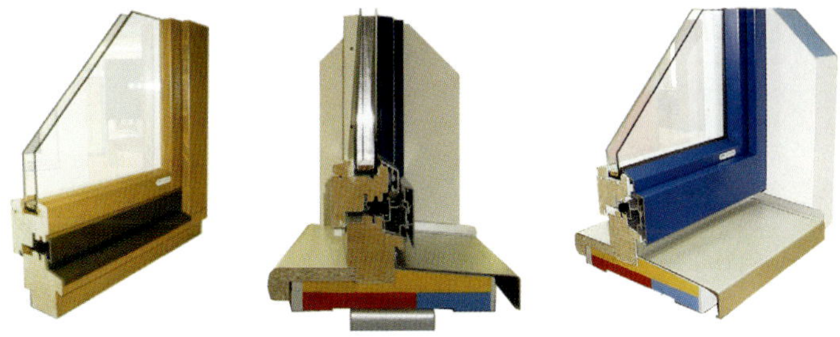

neue perspektiven

IPM · schober *fenster* Ges.m.b.H.

Büro & Produktion
Ascheter Straße 44
4600 Wels/Thalheim
Tel. 0 72 42/4 72 71-0
Fax 0 72 42/4 72 71-34
www.ipm-schober.com

Büro Wien
Friedensstraße 7
1230 Wien
Tel. 01/7 26 61 06-0
Fax 01/7 26 61 06-11
info@ipm-schober.com

Fantasie, Maß und Präzision und solide Ausführung

Die Tätigkeit der Firma GUTH GERHARD FLIESENVERLEGUNG erstreckt sich von objektbezogenen, umfangreichen Arbeiten, wie Schulen, Wohn- bzw. Bürogebäuden bis hin zur von individuellen Wünschen geprägten Verlegung im Privatbereich. Mit einem leistungsstarken Stamm von 37 Mitarbeitern werden unterschiedlichste Arten von Steinzeug und Keramik verarbeitet. Ob traditionsreiche Techniken wie Mosaik – die auch in intensiv genutzte Bereiche eingesetzt werden kann – individuelle Wand- und Bodengestaltungen, Standardausführung oder Reparaturarbeiten, man legt im Unternehmen großen Wert auf Kundennähe. Auf Wunsch ist ein Besuch des Chefs, Herrn Gerhard Guth und die Erstellung eines ersten unverbindlichen Kostenvoranschlags allen Interessenten gewiss.

GUTH GERHARD
FLIESENVERLEGUNG
BERATUNG-PLANUNG-VERKAUF
1090 Wien
Sobieskigasse 1b
Tel. 1/3 17 62 48
Fax 1/3 10 04 93
fliesen.guth@aon.at
www.fliesen-guth.at

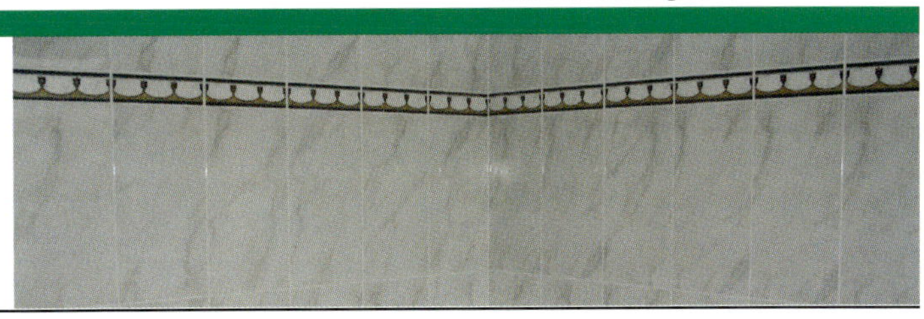

m+w zander

total facility solutions

Wir haben die Technik für Ihre Gebäude

M+W Zander
Gebäudetechnik GmbH
Rollnerstraße 111
90408 Nürnberg
Telefon 0911 3608-0
Telefax 0911 3608-3283
www.mw-zander.com/gt

JENOPTIK Group.

DIMAS Betonbohr- und -sägedienst Ges.m.b.H

DIMAS

1230 Wien, Lamezanstraße 9
Tel. 01/ 61 60 824 • Fax 01/ 61 53 618
e-mail: office@dimas.co.at
www.dimas.co.at

Die Firma **DIMAS** Betonbohr- und -sägedienst Ges.m.b.H. ist ein Betrieb mit dem Standort im 23. Bezirk. Von dort aus werden Bohr- und Sägearbeiten in Wien, Niederösterreich und dem Burgenland durchgeführt.

Durch unser junges und dynamisches Team sind wir in der Lage, sämtliche Aufträge rasch, flexibel und kurzfristig zu erledigen.

Unsere Arbeit erfolgt:
- prompt
- professionell
- staubfrei
- erschütterungsfrei

Wir führen folgende Arbeiten durch:
- Wand- und Bodensägen
- Kernbohren
- Seilsägen
- Tauchsägen – Tauchseilsägen – Zirkelsägen
- Handsägen – Stichsägen
- Betonpressen

www.dimas.co.at

DIMAS
DIMAS Betonbohr- und -sägedienst Ges.m.b.H

Zertifiziert nach
ÖNORM EN ISO 9001:2000

Wir arbeiten gerne für Sie!

Gmeiner Haferl Bauingenieure stehen seit 15 Jahren für Tragwerksplanung mit hohem Anspruch an die Konstruktion. Ziel ist das Optimum an architektonischer Qualität und Wirtschaftlichkeit.

gmeiner | haferl
bauingenieure
www.gmeiner-haferl.com

Schmutzfangmatten als Designobjekte

Die tritt jeder gerne mit Füßen

(djd/pt) Gäste ignorieren sie gerne – trotz Straßenschuhen –, und selbst Haus- oder Wohnungseigentümern fallen sie nur noch beim Saubermachen auf: Fußabtreter fristen die meiste Zeit ein unbeachtetes Dasein. Das ist bedauerlich, denn neben ihrer unzweifelhaften Nützlichkeit können diese auch ein echter Hingucker sein. Mit ein paar pfiffigen Ideen lassen sich nämlich mit solch einer Schmutzfangmatte noch vor der Haustür stilvolle, persönliche Akzente setzen. Ein flotter Spruch oder ein nettes Bild in die Matte eingearbeitet, verleihen dem Eingangsbereich eine fröhliche Note.

Wie so etwas funktioniert? Einfach online gehen und unter www.mattendesigner.de den persönlichen Fußabtreter kreieren. Ob Farbe, Schrift, Symbol oder Text, hier kann alles nach Belieben auf einer virtuellen Matte ausprobiert und arrangiert werden. Dem Ideenreichtum ist kaum eine Grenze gesetzt. Auch ein vorhandenes Logo oder Wappen kann man auf Wunsch einfügen. Auf diese Weise wird ein fader Fußabtreter rasch zum individuellen Designobjekt. Die Bestellung erfolgt ebenfalls online.

Die Matten des Herstellers Amm überzeugen natürlich nicht nur durch ihr Aussehen, sondern auch durch ihre qualitative Verarbeitung: Der Flor ist aus strapazierfähigem High-Twist-Nylon gearbeitet, das viel Schmutz aufnehmen kann und Feuchtigkeit schnell wieder abgibt. Die Unterseite der Matten besteht aus Nitrilgummi. Er sorgt für planes und sicheres Liegen auf allen Böden.

Mehr als nur ein Fußabtreter: Die Design-Matten setzen stilvolle Akzente

Deutschsprachiges Architekturlexikon auf CD-ROM erschienen

Wer ist Alvar Aalto? Worin liegen die Unterschiede zwischen einem Walmdach und einem Satteldach? Karl Friedrich Schinkel, Walter Gropius und Mies van der Rohe sind durch ihre stilprägenden Bauten bekannt geworden, aber worin liegen deren Besonderheiten? Nachlesen kann man dies im „Lexikon der Weltarchitektur", das als neuer Band der DIGITALEN BIBLIOTHEK einen umfassenden Einblick in die Welt der Architektur eröffnet. Das von Nikolaus Pevsner, Hugh Honour und John Fleming verfasste Standardwerk gilt als beste Übersicht zur Architektur von ihren Anfängen bis zur Gegenwart in lexikalischer Form.

Ausgefeilte und schnelle Suche

In der elektronischen Ausgabe entfaltet es dank der ausgefeilten und schnellen Suchfunktionen seine volle Wissensbreite. Mehr als 2.900 Artikel informieren ausführlich über Architekten und Architektengruppen von den Baumeistern des Mittelalters bis zu den Baukünstlern des 19. und 20. Jahrhunderts. Sie vermitteln Kenntnisse über die Architekturgeschichte von 70 Ländern und Kulturregionen aller fünf Kontinente, erklären Stil- sowie Fachbegriffe und bieten darüber hinaus Erklärungen zu Gebäudetypen und Erläuterungen zahlreicher Begriffe aus den Bereichen Städtebau und Architektursoziologie.

Geeignet ist das „Lexikon der Weltarchitektur" sowohl als unerlässliches Werkzeug für Planer und Architekten als auch für den interessierten Laien, der seine Kenntnisse vertiefen möchte.

Auch zu anderen Themen

Alle Bände der DIGITALEN BIBLIOTHEK – mit Themen aus den Bereichen Kunst, Religionswissenschaften sowie Zeitgeschichte – werden von einem einzigen Software-Programm verwaltet, das für jede neue Ausgabe erweitert wird und – soweit das möglich ist – auch die Arbeit mit bereits erschienenen Textsammlungen komfortabler gestaltet. Die aktuelle Programmversion wird jeweils mit dem neuesten Titel ausgeliefert, kann aber auch kostenlos von der Homepage *www.digitale-bibliothek.de* heruntergeladen werden, auf der sich auch weiterführende Informationen zu den einzelnen Bänden und zum Online-Angebot des Verlages finden.

Wer mit der Reihe schon vertraut ist, weiß, dass diese elektronische Bibliothek gedruckte Bücher nicht ersetzen will, sondern sich als Text- und zunehmend auch als Bildarchiv für all jene versteht, die aus Neigung regelmäßig Bücher lesen oder beruflich oder privat mit ihnen arbeiten. Gefallen will sie deshalb auch nicht durch multimediale Effekte, sondern durch Funktionalität, Bedienungskomfort und eine hohe Suchgeschwindigkeit.

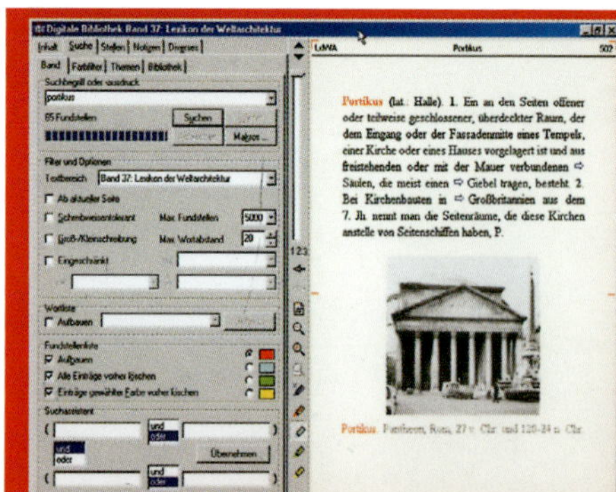

Markieren, Kommentieren
- Jeder Markiervorgang erzeugt einen Datensatz, der als Lesezeichen dient.
- Die Datensätze können in sortierbaren Listen verwaltet, kommentiert, gedruckt und gespeichert werden.

Drucken und Exportieren
- Benutzerdefinierte Ausdrucke mit Ergebnisvorschau
- Kopieren und Exportieren von Textpassagen und Bildern in andere Anwendungen

Abbildungen
- Übersichtlicher Bildkatalog
- Schnellvorschau
- Integrierte Bildbearbeitung
- Drucken und Exportieren sämtlicher Abbildungen

Lesen und Orientieren
- Inhaltsbaum mit 9 Ebenen
- Frei skalierbares Fenster
- Vier Darstellungsmodi: Halbseitenmodus zum bequemen Lesen, Standardmodus für Recherchen, Doppelseitenmodus für Textvergleiche, Mikroficheмodus zur Übersicht

Suchen und Zitieren
- Einfache Volltextsuche zur schnellen Abfrage von Stichwörtern oder Zitaten
- Komplexe Suche mit Operatoren und Platzhaltern
- Schreibweisentoleranz
- Wortgenaue Seitenkonkordanz zu Buchausgaben

Information und Service
- Kostenlose Kunden-Hotline (0 30) 78 90 46-51
- info@directmedia.de
- www.digitale-bibliothek.de

CD-ROM
„Lexikon der Weltarchitektur"
Band 37 der DIGITALEN BIBLIOTHEK,
34,90 Euro.
Im Buchhandel über ISBN 3-89853-137-6

Weitere Infos:

DIRECTMEDIA Publishing GmbH
Yorckstr. 59
10965 Berlin
Tel. 0 30 / 7 89 04 60
Fax 0 30 / 78 90 46 99
www.digitale-bibliothek.de

Bohème, Szenelokal am Spittelberg Wien 7, Spittelberggasse 19, in Kirschholz eingerichtetes Lokal mit klassischer Wiener Hintergrundmusik, Speisen mit altwiener & internationaler Küche

Der Spittelberg ist 1429 erstmals in den Bürgerspitals-Urbarien und Gewährsbüchern urkundlich erwähnt worden. Das Wiener Bürgerspital besaß Äcker und Weingärten um die Gegend von St. Ulrich. Im Jahre 1568 entstanden acht Häuser mit eigenen, dem Bürgerspital untertänigen Richtern. Die Türken zerstörten 1683 diesen ältesten Teil des Spittelbergs, der dann nicht mehr aufgebaut wurde. 1675 begann Christoph Sigmund Freiherr von Kirchberg die Gründe "Zum Goldenen Kandel" und "In der Hut" zu parzellieren und gegen einen jährlichen Klafterzins von einem Gulden an die Ansiedler zu vergeben. 1692 erwarb das Bürgerspital auch dieses so genannte "Krobotendörfl" von den Kirchberg´schen Erben, das seit damals den Namen "Spitalberg" (später "Spittelberg") trägt. Der Maurermeister Simon Ecker wurde mit einem Verbauungsplan beauftragt und schuf auf einer Fläche von ca. 1.885 Quadratklaftern 120 Häuser, die noch heute zwischen Breitegasse und Spittelberggasse zu finden sind. Der hoch gelegene Spittelberg, er überragt die vorgelagerte Ebene um durchschnittlich 20 m, war zu allen Kriegszeiten ein beliebter Angriffspunkt gegen Wien. Von hier aus griffen 1469 Georg von Podiebrad, 1477 Matthias Corvinus, 1529 und 1683 die Türken, 1622 Graf Thurn, 1809 die Franzosen und 1848 Windischgrätz die Stadt an. Der Spittelberg war um die Wende des 19. Jahrhunderts arg verrufen. In ihm lagen ein Gewirr enger düsterer Gassen, schmutziger Häuser mit Schenkstuben niedrigster Art, die häufig dadurch gekennzeichnet wurden, indem man Holzspäne und Reisig als Aushängeschild benutzte. Die Gäste entsprachen der Umgebung. Kaiser Josef II. besuchte diese Gegend inkognito und überzeugte sich von diesem wüsten Treiben, wonach Versuche zur Säuberung des Spittelbergs unternommen wurden, die jedoch bis um 1900 andauerten. 1973 wurde mit der Revitalisierung begonnen. Aus diesem geschichtlich sehr vorbelasteten Viertel entwickelte sich ein sehenswert schönes Viertel mit einer sehr großen Vielfalt an Lokalen und Restaurants. In einem dieser Bürgerhäuser befindet sich jetzt das Restaurant "Bohème", das den Besucher mit Speisen nach altwiener Tradition & internationaler Küche verwöhnt.

BOHÈME

Essen und Trinken am Spittelberg

Spittelberggasse 19
1070 Wien
www.boheme.at

Tel.: +43 1 523 31 73
Tisch@boheme.at
Täglich von 11 - 24 Uhr

Wohneigentum für gehobene Ansprüche

Fünf aktuelle Projekte der Mischek Bau AG: zwei Wohnhochhäuser in der Carl-Appel-Straße / Eigentumswohnungen in der Breitenfurter Straße und Am Hundsturm 5 / „Margareten blüht auf" in der Wiedner Hauptstraße 137

Die Mischek Bau AG ist Wiens größter Anbieter im Bereich von Eigentumswohnungen. Der Bauträger realisiert Bauvorhaben renommierter Architekten zu erschwinglichen Preisen. Im Folgenden werden fünf Projekte vorgestellt, die auf das Stadtgebiet Wiens verteilt das Angebot an unterschiedlichsten Wohneigentumsmodellen – teilweise öffentlich gefördert sowie freifinanziert – erheblich erweiterten. Alle Projekte wurden in den Jahren 2003–05 fertig gestellt.

Delugan_Meissl-Tower

Mit großer städtebaulicher Dichte wird am Wienerberg im Süden der Metropole ein neues Wohn- und Arbeitsquartier errichtet, in dem nach seiner Fertigstellung ca. 11.000 Menschen leben werden. Nicht wenige von ihnen beziehen Wohnungen in den bisher vier realisierten Hochhäusern, die den zu einem Hügel abgeflachten Wienerberg mit architektonischen Mitteln wieder zu einer weithin sichtbaren Erhebung in der Stadtsilhouette von Wien machen. Silbrig glänzend ragt der mit 99 m höchste der Wohntürme an der Carl-Appel-Straße 7 in den Himmel. Nach Entwürfen des Architekten-Duos Delugan_Meissl entstand in den Jahren 2003–05 auf einer Grundfläche von 16 m mal 40 m ein 34-geschossiges Gebäude mit Tiefgarage. Beeindruckende Ausblicke und ausgesuchte Grundrisse werden geboten.

Wie schon zuvor beim Mischek-Tower in der Donau-City setzt das international tätige Architektenpaar auf das bewährte Mittel schlichter, prägnanter Präzision und die unkonventionelle Verwendung verschiedenster Materialien. So stehen die südliche und westliche Fassade mit ihrer jeweils zweischichtigen, semitransparenten Glashaut, deren bedruckte äußere Hülle durch die liegenden Bänder der Loggienausschnitte strukturiert wird, ganz im Gegensatz zu den nach Norden und Osten ausgerichteten Fassaden. Die monolithische Wirkung der schwarzen Eternitverkleidung, die durch versetzt ineinander greifende Elemente und das so entstehende Fugenbild eine zurückhaltende grafische Gliederung erhält, wird durch das gezielte Spiel der frei

Die mit weißen grafischen Elementen bedruckten Glaselemente verleihen den Fassaden der West- und Südseite des 99 m hohen Delugan_Meissl-Towers am Wienerberg den Eindruck geschliffener Präzision und sorgen für eine außergewöhnliche Belichtung der an die Loggien grenzenden Wohnräume

angeordneten, raumhohen Französischen Fenster kontrastreich gebrochen.
Die Grundrisse zeichnen sich durch flexible Raumlösungen und den souveränen Umgang mit Licht und Materialien aus und werden auch gehobenen Ansprüchen gerecht. Die obersten zehn Etagen einschließlich des Dachgeschosses sind den Eigentumswohnungen der Mischek Bau AG vorbehalten, die dort Eigentumswohnungen mit unterschiedlichsten Größen und Zuschnitten realisierte. Neben 31 freifinanzierten und teilweise über zwei Geschosse reichenden Wohnungen wurden 27 Einheiten noch mit den alten, nicht rückzahlbaren Zuschüssen gefördert. Allen Bewohnern des modernen Hochhauses stehen im Erdgeschoss angeordnet Gemeinschaftseinrichtungen wie Sauna, Fitness- und Gruppenräume zur Verfügung.

Mischek-COOP HIMMELB(L)AU-Tower

Zu den weiteren Aufsehen erregenden Projekten am Wienerberg sind mit Sicherheit auch die drei westlich angrenzenden Gebäude nach Entwürfen des Architekturbüros COOP HIMMELB(L)AU zu zählen. Zwei Wohntürme mit 77 m und 55 m Höhe und das 29 m hohe Apartmenthaus an der Esplanade sind durch den so genannten „Skyloop" miteinander verbunden. Diese freischwebende Stahlglas-Konstruktion, die zweigeschossigen Eingangslobbys und die Freibereiche der Außenanlagen der drei Gebäude bilden nach Auffassung der Architekten „einen in sich zusammenhängenden und räumlich verschränkten Baukörperkomplex" der eine Vernetzung von privaten, halböffentlichen und öffentlichen Bereichen und Einrichtungen der drei Häuser ermöglicht. In den drei zwischen 20 m und 26 m Höhe angeordneten „Skylobbys" sind gebäudespezifische Gemeinschafts- und Kommunikationsbereiche angesiedelt. Im Mischek-COOP HIMMELB(L)AU-

Benachbart erheben sich die COOP HIMMELB(L)AU-Wohntürme, die mit Skylobbys und Skyloop ungewöhnliche architektonische Elemente einsetzen

Tower umfasst der zweigeschossige, wintergartenähnliche Bereich ca. 250 m² und bietet neben einem Kinderspielraum eine Gemeinschaftsterrasse und einen Gemeinschaftsraum mit Anbindung an den Skyloop. Die Mischek Bau AG ist als Bauträger für geförderte und freifinanzierte Eigentumswohnungen in den mittleren und oberen Geschossen des Hochhauses tätig. Mit der bewährten, die Bauzeit reduzierenden Technik der Systembauweise – der Mischek-Tower in der Donaucity mit 110 m Höhe war bei seiner Eröffnung im Jahr 2001 das höchste Gebäude, das bis dato in Fertigbauteilweise errichtet wurde –, und der Reduktion des tragenden Wandsystems wurde die Voraussetzung für eine freie Grundrissgestaltung in den Ebenen geschaffen, die sowohl loftartige Wohnungen wie individuelle Zimmerzuschnitte durch wahlweise Errichtung von Zwischenwänden erlauben. Ab dem 20. Obergeschoss überragt das Hochhaus in südwestlicher Richtung alle umliegenden Gebäude und gibt den Blick auf den Schneeberg frei. In diesen sieben obersten Geschossen sind 38 Eigentumswohnungen angeordnet, die mit flexibler Raumaufteilung, einer weit reichenden Aussicht und in der Mehrzahl zugehörigen großzügigen Loggien locken. Neben diesen freifinanzierten Wohnungen werden in den mittleren Etagen geförderte Eigentumswohnungen geboten, die für ihre zukünftigen Bewohner durch die öffentlichen nicht rückzahlbaren Zuschüsse nach §15 des WWBFG 1989 eine nicht unerhebliche Kaufpreisreduzierung bewirken.

Acht Häuser im 23. Bezirk

Ein ganz anderes architektonisches Konzept wurde bei der Realisierung eines Wohnungsbauprojektes in der Breitenfurter

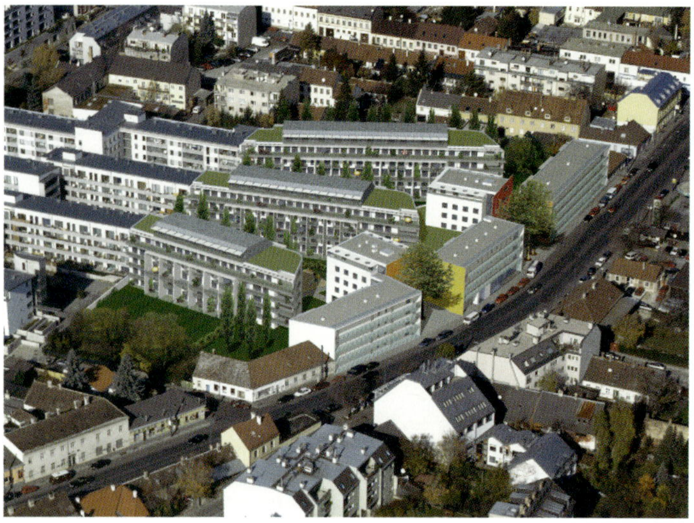

Mit unterschiedlichsten Haustypologien wurden zwischen den Ortskernen von Atzgersdorf und Liesing insgesamt acht Häuser eingefügt

Ein starker Freiraumbezug ist allen Haustypen und Grundrissorganisationen gemeinsam

Straße 306–310 im Südwesten der Stadt realisiert. Mit guter verkehrstechnischer Anbindung und umfangreichen Einkaufs- und Freizeitmöglichkeiten sowie vielfachen Schul- und Kindergarteneinrichtungen in der näheren Umgebung bietet der Komplex nach Plänen des Architekten Helmut Wimmer unterschiedlichste Wohnformen in drei Haustypologien. Die insgesamt acht Häuser bilden ein stadträumlich eingebundenes und in sich geschlossenes Quartier, in dem verschiedene Bauträger Eigentumswohnungen in Stadtapartments, Stadtvillen und den so genannten „gestapelten Einfamilienhäusern" realisierten. Drei mehrgeschossige, an der Breitenfurter Straße gelegene Stadtapartmenthäuser mit vorgelagerten vertikalen Erschließungszonen bilden die Randbebauung. Die beiden dahinter angeordneten Stadtvillen und die drei kammartig aufgefächerten Zeilenbebauungen gliedern das Grundstück und bilden geschützte Freiräume. Die Wohnungen in den südorientierten Riegeln werden zweigeschossig in Form gestapelter Reihenhäuser organisiert. Für 31 von insgesamt 167 Wohnungen zeichnet wiederum die Mischek Bau AG verantwortlich und bietet den zukünftigen Bewohnern unter dem Motto „Gefördertes Eigentum statt Miete" ein weiteres Mal gut belichtete, durchdachte Grundrissvariationen in den Stadtvillen und gestapelten Einfamilienhäusern.

Eine zeitgemäß geprägte Fassadengestaltung dominiert die Baulückenschließung am Hundsturmpark. Die den Einheiten vorgelagerten Loggien sind zugleich Wohnraumerweiterung, konstruktiver Sonnenschutz und garantieren eine besonders gute Belichtung

Am Hundsturm 5

Aus dem Büro ARTEC stammt ein innerstädtisches Wohnprojekt mit dem Titel „Raumgefühl", das mit eigenständiger Architektursprache eine offene Struktur anbietet. In der Baulückenschließung Am Hundsturm im 5. Bezirk wurden geförderte und freifinanzierte Eigentumsmodelle als Maisonette- oder Loftwohnungen realisiert. Alle Einheiten verfügen über Loggien oder Terrassen. Großzügige, flexible Raumaufteilung, die auch eine spätere Veränderung erlaubt, liegt der Grundrissorganisation des durch ein natürlich belichtetes Treppenhaus in Mittellage erschlossenen Wohnhauses zu Grunde. Über den zweigeschossigen Maisonetten im unteren Bereich, die sowohl über einen zur Straße orientierten Laubengang im 1. OG

als auch einen direkten Gartenzugang erschlossen werden, liegen fünf Geschosse mit loftartigen Wohneinheiten, die zur Straße oder zum begrünten Innenhof orientiert sind, jedoch durch die gewählte Konstruktion und die Reduzierung des tragenden Wandsystems unproblematisch zusammengeschaltet werden können und dann über Größen von bis zu ca. 155 m² verfügen. Die drei obersten Ebenen wurden wiederum als zweigeschossige Maisonetten organisiert. Sowohl die straßenseitige wie hofseitige Fassade werden von den jeweils die Wohnungsbreiten einnehmenden Loggien bestimmt. Die Plastizität der zum Platz orientierten Südostfassade wird durch Vor- und Rücksprünge im Tagesverlauf durch den wechselnden Lichteinfall unterstützt.

„Margareten blüht auf"

In fußläufiger Nähe zum Matzleinsdorfer Platz ist im Herbst 2004 ein beispielgebendes Projekt fertig gestellt worden. Auf einem ca. 6.500 m² großen Grundstück, das im Norden von der Wiedner Hauptstraße, im Süden dem Margaretengürtel und im Westen und Osten der Schusswallgasse und der Hollgasse begrenzt wird, wurde, in mehrere Baukörper aufgeteilt und von drei Wiener Architekturbüros (s&s Architekten/Artec/Prof. Rüdiger Lainer) entworfen, eine kompakte, vielschichtige und vielseitige Bebauungsstruktur realisiert, die in ihrer nach Durchlässigkeit strebenden Architektursprache eine Neudefinition von Blockrandbebauung formuliert. In dem stark von der gründerzeitlichen Umgebungsbebauung geprägten Quartier wird somit eine Belebung erreicht und Wohnräume für verschiedenste Nutzerschichten geboten. Neben Geschäfts- und Büroflächen werden unterschiedlichste Wohnungstypen auf ca. 16.000 m² Gesamtwohnnutzfläche angeboten. Die offene Struktur spiegelt sich auch in den Erschließungssystemen wider, die Wohneinheiten werden über helle und luftige Laubengänge durch den Gartenhof, unter dem sich eine 3-fach-Sporthalle verbirgt, oder eingeschobene so genannte „Nester" erreicht. Letztere stellen die Zielsetzung einer variationsreichen Umsetzung der Entwurfsprinzipien unter Beweis und weisen ein Höchstmaß an Individualität und Transparenz auf. Zwei turmartige Baukörper an der Wiedner Hauptstraße setzten weithin sichtbare bauliche Akzente. Großflächige und begrünte Fassadenanteile bilden mit der dahinter liegenden Laubengangerschließung eine Pufferzone , die den Wohnteil um 8 m von der Straße ins Blockinnere verlagern und dem Wunsch des Architekten Prof. Rüdiger Lainer – verantwortlich für die Bebauung Wiedner Hauptstraße/Schusswallgasse –, zwischen Natur und Stadt zu vermitteln, gebauten Ausdruck verleiht. Die Mischek Bau AG erwarb das Grundstück im November 1998 und brachte es in einem aufwändigen Planungsprozess und nach einem 2-jährigen Bewilligungsverfahren zur Baureife. Für einen Großteil der Wohnungen wurde eine Förderung nach §12 des WWBFG 1989 beantragt und genehmigt.

Trotz der Größe des Projektes in Margareten ist es durch aufeinander abgestimmte Architektenentwürfe gelungen, eine abwechslungsreiche Gestaltung zu erreichen

Der überwiegende Teil des zwischen Wiedner Hauptstraße und Margaretengürtel gelegenen Blocks wurde neu bebaut. Unter dem begrünten Innenhof liegen eine 3-fach-Turnhalle der Stadt Wien und ein Supermarkt

Bauträger:
Mischek Bau, Wien

Partner am Bau:

- STEPPI & CO Gesellschaft m.b.H. Heizung-Lüftung-Sanitär
- rhtb: trockenbau GmbH
- Brema Bau- und Spengler Gesellschaft m.b.H.
- Link ges.m.b.h Schlosserei
- Grandits-Team Reprografie Ges.m.b.H.
- W. Heiss Ges.m.b.H. Bauunternehmen, Rammtechnik, Baumaschinenhandel und –reparatur
- AIRFIRETECH Brandschutzsysteme GmbH
- Vermessung Eckharter ZT GmbH
- DIMAS Betonbohr- und -sägedienst Ges.m.b.H.
- Albrechtsberger Gesellschaft m.b.H.
- OTIS GesmbH Aufzüge
- ALS-Haller Metallbau – Lamellentechnik – Zaunbau
- Vermessung Angst Ziviltechnikergesellschaft mbH
- TOP Akustikbau GmbH
- IPM Schober Ges.m.b.H. Fenster
- Hans Hager GmbH & Co. KG Blitzschutz
- Getzner Werkstoffe GmbH
- RIHA Gesellschaft m.b.H. Feuerschutz, Zargen, Türen, Tore
- NOVOFERM Fenster GmbH
- Holcim (Wien) GmbH Beton, Zement
- Österreichische Doka Schalungstechnik GmbH

STEPPI & CO

Gesellschaft m.b.H.

HEIZUNG – LÜFTUNG – SANITÄR

DAS HAUS FÜR WASSER UND WÄRME SEIT 1925

Zentrale - Bürohaus Wien
Wien 5., Siebenbrunnengasse 22, Tel 01/544 16 33

Niederlassung - Bürohaus Salzburg
Salzburg, Jakob-Auer-Straße 1, Tel. 0662/62 09 90

Der altrenommierte Familienbetrieb wurde 1925 in Wien gegründet. Das Unternehmen entwickelte sich zu einem krisenfesten, im Branchen- und Kundenkreis anerkannten Fachbetrieb. Die sorgfältige und fachkundige Arbeit der Firma wirkte sich auch auf die Expansion des Betriebes aus. Als Tor nach dem Westen wurde daher schon vor über 50 Jahren eine Zweigniederlassung in Salzburg etabliert und ist mit ein tragender Pfeiler der unternehmerischen Tradition, die sich bereits in der dritten Generation bewährt. Dem Interessenten bzw. Kunden steht unter Führung von Herrn Dipl.-Ing. Werner Steppi und seinem Sohn Alexander Steppi ein in allen Belangen geschultes und erfahrenes Stammpersonal zur Beratung und Ausführung haustechnischer Anlagen aller Größenordnungen zur Verfügung. Es gibt daher kein Problem auf dem gesamten haustechnischen Sektor, das von der Firma Steppi & Co nicht in rascher, sachgerechter und wirtschaftlicher Weise gelöst werden könnte.

Damals…

und Heute…

Wir laden Sie gerne ein, unsere Dienste in ganz Österreich in Anspruch zu nehmen.

Gebaute Impulse für Kultur, Business und Wohnen

Generalsanierung und Erweiterung der Albertina / T-Center St.-Marx / „Euro Plaza Business Park“ / Wohnturm „Monte Verde“ / Wohnhausanlage Mitisgasse 5

Gelungener Mix aus sanierter Geschichte und sensibler neuer Architektur: Die Albertina ist mit ihren prachtvollen barocken Gemächern sowie einem modernen Museumskonzept heute der Öffentlichkeit zugänglich

Größtes habsburgisches Wohnpalais Wiens wird Museum: Albertina

Auf römischen Fundamenten errichtet, diente das Albertina-Palais zwischen Anfang des 19. Jahrhunderts und 1918 als Wohnpalais für Herzog Albert und seine Erben. Der Herzog war von der französischen Kultur sehr angetan und richtete seine Kunstleidenschaft auf wertvolle Grafiken. Seine Sammlung kann sich sehen lassen, und mit der jüngsten Generalsanierung inklusive Erweiterung will sich die Albertina nun auch sehen lassen: Bund, Stadt Wien und private Sponsoren machten es möglich, dass die historischen Prunkräume des Palais als eindrucksvolle Beispiele klassizistischer Bau- und Dekorationskunst in Österreich nun dem Publikum zugänglich sind. Ebenso präsentiert die Albertina als modernes Museum rund 70.000 herausragende Zeichnungen sowie mehr als eine Million Druckgrafiken von der Spätgotik bis zur Zeitgenössischen Kunst, eine faszinierende Architektur-Sammlung mit rund 25.000 Plänen, Skizzen und Modellen sowie eine inspirierende Foto-Sammlung.

Das Albertina-Areal ist Teil der Wiener Hofburg und historisch durch vier unterschiedliche Bauten bestimmt: dem barocken Albert Trakt – ein Geschenk des Kaisers an Herzog Albert und seine Familie –, dem Augustinerkloster aus dem 15. Jahrhundert, Säulenhallen und einem klassizistischen Erweiterungsbau als Verbindung zwischen Palais, Hofburg und Augustinerkloster. Die wertvollen Gemächer von Herzog Albert und seiner Gemahlin, die zuvor als Archive und Verwaltungsräume dienten, sowie die Säulenhallen sind mit viel Liebe zum Detail wieder in ihrer ganzen Pracht zu neuem Leben erwacht: mit nachgewebten Seidentapeten in kraftvollen Farben, Schmuckgirlanden und klassizistischen Dekoren. Die Haustechnik musste komplett erneuert werden.

Den für die Erweiterung ausgeschriebenen Architekturwettbewerb hatte 1993 die Architektengemeinschaft Erich Steinmayer und Friedrich Mascher für sich entschieden. Ihr Grundkonzept belässt den Haupteingang, wo er war: 11 m über Straßenniveau, auf der Höhe der ehemaligen Bastei. Der bislang nicht genutzte Innenhof wird überdacht. Dieser Albertina-Hof ist mit der Kasse ausgestattet und erschließt die Ausstellungsräume sowie burggartenseitig ein Café und augustinerstraßenseitig einen Museumsshop.

Um die nötigen Modernisierungsmaßnahmen zu realisieren, blieb die Albertina zehn Jahre lang geschlossen. Während der Bauzeit sollten die verschiedenen Nutzer der unterschiedlichen Gebäudetrakte, etwa die Österreichische Nationalbibliothek, die das Erdge-

schoss bis vierten Stock im Albert-Trakt nutzt, ihre Räumlichkeiten möglichst ungestört weiter nutzen können.
Bauherr war das Bundesministerium für Wirtschaft und Arbeit, vertreten durch die Burghauptmannschaft Österreich. Die baubetriebliche Abwicklung war durch die rigoros getrennt vergebenen Generalunternehmeraufträge geprägt. Als Generalunternehmer (GU) war die Porr Projekt und Hochbau AG in drei Arbeitsgemeinschaften und einer Eigenbaustelle mit sechs verschiedenen Großaufträgen und zahlreichen kleineren Aufträgen vertreten.
Zu den Baumaßnahmen zählt neben der Restaurierung der historischen Prunkräume auch der Neubau des Studiengebäudes mit Lesesälen. Ein Lichthof versorgt den von außen kaum wahrnehmbaren, durch eine Glasfassade geprägten Neubau. Weiterhin entstand eine neue kleinere Ausstellungshalle, die Pfeiler-Halle, im Piano Nobile. Ein Tiefspeicher und eine rund 780 m^2 große unterirdische Ausstellungshalle, die Bastei-Halle, wurden ebenfalls durch den GU Porr Projekt und Hochbau AG realisiert. Dazu wurden innerhalb von 30 Monaten Bauzeit die Rampe und der Vorplatz vor dem Palais abgetragen, eine Baugrube ausgehoben und nach Fertigstellung der Rohbauarbeiten Rampe mit Kehre und Vorplatz wieder hergestellt.
Im April 2001 fiel die Entscheidung, dass Prof. Hans Hollein den Eingangsbereich neu gestalten wird. Prägnant wirkt dort das monumentale Titan-Dach. Die Besucher überwinden den markanten Niveausprung von der Straße zur Bastei heute über eine Rolltreppe.

Es muss nicht immer ein Hochhaus sein: T-Center St. Marx

Weit über den dritten Gemeindebezirk hinaus setzt das T-Center St. Marx eindrücklich einen Akzent im Wiener Stadtraum – und dies, indem sich der Baukörper in einer skulpturalen Geste bewusst quer legt, anstatt seine Höhe zum Thema zu machen. T-Mobile Austria vereint mit diesem Gebäudekomplex die verschiedenen Abteilungen unter einem Dach. Gleichsam verfügt der Konzern mit dem T-Center nun über einen Hauptsitz, dessen Wirkung als dreidimensionale Visitenkarte man sich nicht entziehen kann.
Die Architektur Consult Ziviltechniker GmbH wurde damit beauftragt, einen geeigneten zentrumsnahen Standort für die neue Betriebszentrale zu finden. Das ehemalige Schlachthofareal St. Marx eröffnet dabei vielversprechende Möglichkeiten. Unter anderem setzt das T-Center in der Folge einen wichtigen Impuls für die Revitalisierung der brachliegenden historischen Betriebsflächen und die Umnutzung der denkmalgeschützten Rinderhallen aus dem Ende des 19. Jahrhunderts, die durch eine der größten Eisenskelettkonstruktionen Europas jener Zeit geprägt sind.
Die eigens gegründete Projektgesellschaft MM Liegenschaftsbesitz GmbH organisierte und finanzierte das T-Center, das als eines der größten privaten Projekte Österreichs in einem Zug durch die ARGE PORR/Wibeda zwischen 2002 und 2004 für 220 Mio. Euro errichtet wurde. Zu Grunde lag der Entwurf der Architekten Domenig, Peyker und Eisenköck von Architektur Consult. Die Architektur des dynamischen Gebäudeensembles ist in mehrere Komplexe gegliedert: Sockelzone, öffentliche Zone auf Rennwegniveau, skulptural geformter „Flügel“ und drei „Finger“.
Die Sockelzone arbeitet mit den 9 m Höhenunterschied zwischen Schlachthofareal und Rennweg. Auf fünf Geschossen verteilen sich hier diejenigen Nutzungen, die kein direktes Tageslicht benötigen, etwa Pkw-Stellplätze, Lager, Technik sowie ein Rechenzentrum der technologischen Superlative. Im nach Norden hin offen konzipierten Bereich befinden sich auch Büros und Werkstätten.
Mit dem eher durchlässig gestalteten öffentlichen Bereich reagieren die Architekten auf die

Am T-Center St. Marx kann man nicht vorbeischauen, auch wenn das architektonische Konzept weniger durch die Höhe als durch eine skulpturale Geste – einem dynamischen Flügelschlag – weithin stadtbildprägnant wirkt

Thematik des hinter dem T-Center gelegenen Schlachthofareals. Indem sie die Gebäudemasse hier auf stämmigen Stützen lagern, schaffen sie eine weitgehend offen gehaltene Erdgeschossebene: eine Art Torsituation für das, was sich einst auf dem historischen Areal noch alles abspielen wird. Fuß- und Radwegverbindungen durchziehen diesen mit Geschäften und öffentlichen Dienstleistungseinrichtung belebten Bereich.

Die Bürobereiche für die rund 2.000 Mitarbeiter der T-Mobile Austria konzentrieren sich weitestgehend auf den so genannten „Flügel", der nach außen durch seine einheitliche Fassadengestaltung und markant dynamische Form bestimmt ist. Was am Rennweg mit niedriger Höhe beginnt, schwingt sich an der Schlachthofseite auf stattliche 60 m und 12 Geschosse. Ein statisch anspruchsvolles Tragwerk und höchst komplizierte geometrische Bedingungen forderten hier die am Bau Beteiligten in besonderem Maße. Im Innenbereich spürt man von der Dynamik des Flügels jedoch vergleichsweise wenig. Die Raumhöhen variieren stellenweise auf Grund der schrägen Decken, und die Büroflure sind durch die Unregelmäßigkeit des Baukörpers unterschiedlich geschnitten.

Über eine zentrale Halle, die sich als glasüberdachter Innenhof über mehrere Geschosse erstreckt, gelangen die Angestellten auf die Verteilerebene. Diese zieht sich durch das gesamte Gebäude und bietet Raum für die interne Kommunikation in entsprechenden Schulungs- und Konferenzräumen. Von hier aus gelangt man weiter in die Bürogeschosse, die dreihüftig angelegt sind. Während sich die Büroeinheiten entlang der Fassadenfronten reihen, eröffnet die Mittelzone Raum für Archive, Teeküchen, Sanitäreinrichtungen oder Besprechungsräume. Vom Einzelbüro bis zum Großraumbüro lassen sich die Grundrisse flexibel dem Bedarf anpassen.

Den vierten Hauptbauteil definierten die Architekten als „Finger". Mit drei eigenständigen Gebäudeeinheiten werden sie der Option auf eine Erweiterung des Büroangebots gerecht. Die Finger wirken gleich Pufferzonen innerhalb des Gesamtprojekts. Gegenwärtig sind darin als Mieter T-Systems sowie ein Hotel vorgesehen. Grundsätzlich lassen sich über diese eigenständig erschlossenen Finger auch die Kernbereiche der T-Mobile erweitern.

Insgesamt 134.000 m^2 Bruttogeschossfläche wurden für das T-Center geschaffen. Entstanden ist darüber hinaus eine stadtbildprägende Landmarke der besonderen Art, die durch ihre kraftvoll dynamische Ausstrahlung zudem als Initialzündung für die weitere Stadtteilentwicklung wirkt.

Wachsendes IT-Cluster am Wienerberg: „Euro Plaza Business Park"

Auf rund 70.000 m^2 Grundstücksfläche entsteht auf dem Wienerberg ein hoch entwickeltes Bürozentrum, das sich schon jetzt durch ein herausragendes IT-Cluster auszeichnet. Microsoft, HP, Kapsch, AT&T, Andritz, Ericsson und EMC2 haben sich dort

Es kristallisiert sich schon mit dem 1. Bauabschnitt heraus, dass der „Euro Plaza Business Park" ein wirkungsvolles Potenzial für spannende Synergien als IT-Cluster entfalten kann

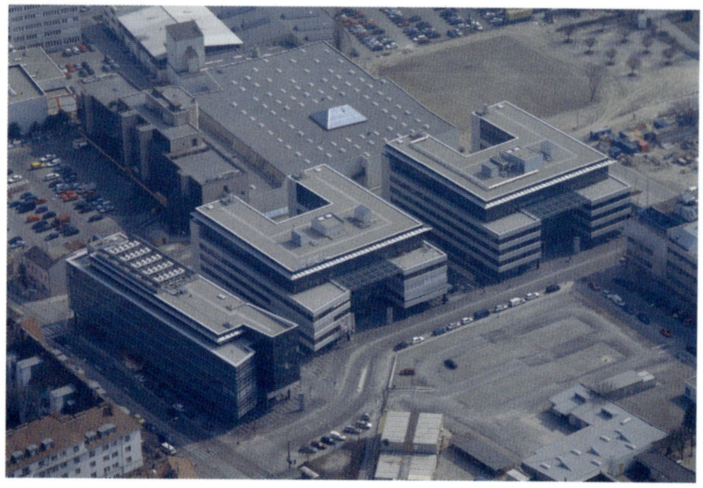

In den bislang realisierten drei sechsgeschossigen Bürobauten am Wienerberg haben sich durchwegs hochkarätige Unternehmen des IT-Sektors angesiedelt. Weitere sechs Bauetappen sind für den „Euro Plaza Business Park" schon geplant

Innenhof im neuen österreichischen Hauptsitz von Microsoft

schon jetzt eingefunden, obgleich vom Euro Plaza Business Park bislang erst eine von derzeit sieben geplanten Bauphasen realisiert wurde.

Die erste Etappe besteht aus drei sechsgeschossigen Einzelbaukörpern mit einer zweigeschossigen gemeinschaftlich genutzten Tiefgarage. Die drei Bürobauten, nach den Entwürfen von Neumann + Partner, werden unabhängig von einander erschlossen. Durch ihre einheitliche markante Stahl-Alu-Glasfassade definieren sie die gemeinschaftliche Identität als Euro Plaza Business Park. Rund 30.000 m² helle, großzügige Büroflächen wurden auf der Basis eines flexiblen Raumkonzepts geschaffen. Dies bedeutet, die einzelnen Geschosse lassen sich teilweise vertikal koppeln und horizontal zu variablen Bürotypen ausdefinieren. Das Ambiente für kommunikative Teamarbeit wird durch Transparenz nach innen und außen unterstützt und mit Lichthöfen noch akzentuiert.

Bis hin zur jeweils topmodernen Ausstattung realisierte die Porr AG jeden der drei Bürotrakte schlüsselfertig entsprechend den anspruchsvollen Mieteranforderungen. Dabei verfügen die Gebäude über eine zentrale computergesteuerte Automationsanlage modernster Ausprägung und eine ausgefeilte Sicherheitstechnik. Für den neuen Hauptsitz von Microsoft etwa wurde neben einem Briefingcenter für Kundenanlässe, Konferenzen und Schulungen auch ein Betriebsrestaurant eingerichtet. 5.000 m² Bürofläche sowie 450 m² gestaltete Gartenanlage im Innenhof verfügen über Wireless LAN. Insgesamt 85 km Netzwerkkabel mussten allein für die LAN-Abdeckung der bis zu 350 Microsoft Mitarbeiter verlegt werden.

Ebenso forderte HP für sein neues Bürogebäude im Euro Plaza Business Park den neuesten Stand der Technik für ein innovatives, vernetztes Arbeitsumfeld seiner mehr als 1.000 Mitarbeiter, die sich seit der Fusion von HP und Compaq in diesem neuen Bürogebäude konzentrieren. Installiert wurden auch hier eine durchgehende WLAN- und VoIP-Infrastruktur sowie multimediale Informationsterminals und mobile Wegweiser.

Wohnturm „Monte Verde": Wohnqualität der Sonderklasse

Rund 218 Mio. Euro Gesamtinvestitionsvolumen umfasst das städtebauliche Projekt Wienerberg City – nach Donau City, Millennium City und Gasometer City ein weiterer imagebildender neuer Stadtteil, der in der Bundeshauptstadt einen stadträumlich weithin sichtbaren Akzent setzt. Der Wohnungsbau für die Wienerberg City wird mit insgesamt 30 Mio. Euro durch die Stadt Wien gefördert, wobei sämtliche Wohnhäuser die Kriterien des Niedrigenergiestandards erfüllen müssen.

Als erstes Wohnhochhaus der Wienerberg City stellte die Porr Projekt und Hochbau AG im Auftrag der „Wien Süd" im Frühsommer 2004 den Wohnturm „Monte Verde" fertig. Architekt Albert Wimmer hatte die Entwürfe für die insgesamt 182 Wohneinheiten auf 27 Obergeschossen verfasst. „Monte Verde" bietet jedoch mehr als Wohnungen. Wohnen wird hier als Regeneration in einem weiten und konsequenten Sinne verstanden.

So befindet sich auf dem Dach eine Freizeitlandschaft mit einem durch Solarenergie beheizten Südpo(o)l mit angegliedertem Fitness- und Saunabereich. Im Inneren ist das Gebäude mit zum Teil geschossübergreifenden Gemeinschaftseinrichtungen und Indoor-Grünoasen durchwoben. Ein zusätzlicher Panoramaaufzug ab dem 17. Geschoss eröffnet wahlweise den Blick in den Wiener Süden. Das großzügige Foyer erstreckt sich über drei Geschosse. Ein spezieller Concierge-Service trägt ebenfalls zum hohen Wohnkomfort der Bewohner bei. 13 unterschiedliche Wohntypen bieten eine großzügige Vielfalt an Wohnkonzepten, etwa Maisonette-Wohnungen oder Atriumwohnungen mit oder ohne vorgelagerten Veranden, die im „Monte Verde" gewissermaßen gestapelt wurden.

Seinen Namen begründet „Monte Verde" nicht nur durch die

Wohnen ist nicht gleich wohnen: „Monte Verde" in der Wienerberg City zeigt, wie man eine Vielfalt an attraktiven Wohnkonzepten stapeln kann und dabei für die Bewohner einen hohen Komfort erreicht

Anspruchsvolle vorbereitende Konzepte liegen der Realisierung der Wohnhausanlage in der Mitisgasse 5 zu Grunde. Gehsteig und Straße mussten angemietet werden und die Konsequenzen für der Baugrubensicherung auf Grund der Verkehrslasten durch Kran und Lkw-Andienung usw. entsprechend berücksichtigt werden

großzügigen Grünräume im Innern, sondern auch durch die grünen Keramikfassaden im Osten und Westen, die in dieser Form für ein Hochhaus erstmals in Österreich realisiert wurden. Die Schmalseiten der Fassade wiederum werden durch fünf bis zu 3 m ausspringende Erker belebt.

Schlüsselfertig errichtet: Wohnhausanlage Mitisgasse in Wien 14

Im Auftrag der Bauweg GmbH errichtete die Porr Projekt und Hochbau AG eine schlüsselfertige Wohnhausanlage im 14. Bezirk. Vorbereitend mussten die PORR-Ingenieure geeignete Konzepte für die erforderlichen Unterfangungen der Nachbargebäude, die Baugrubensicherung sowie die Wasserhaltung entwickeln. Die Unterfangung erfolgte mit Hochdruckbodenvermörtelung, da die Nachbargebäude jeweils nur eingeschossig unterkellert sind. Eine offene Wasserhaltung wurde durch eine in drei Abschnitte unterteilte Fundamentplatte ermöglicht.

Die Baugrubensicherung erfolgte im Bohrträgerverbau, der oberhalb der Decke des 2. Untergeschosses gegurtet und verankert wurde, so dass er auch die Verkehrslasten der unmittelbar angrenzenden Straße sowie des auf dem Gehsteig platzierten Baukrans aufnehmen konnte. Auf Grund der engen Platzverhältnisse mussten Gehsteig und Straßenflächen angemietet werden. Von hier wurden die termin-

lich präzise koordinierten Transportboxen mit benötigten Elementdecken und Hohlwänden ohne Zwischenlagerung vom Lieferfahrzeug aus versetzt. Die Außenwände der Untergeschosse, in denen den Bewohnern 48 Pkw-Stellplätze zur Verfügung stehen, wurden direkt gegen den Bohrträgerverbau und die Hochdruckbodenvermörtelung betoniert.

Insgesamt 47 Wohneinheiten mit verschiedenen Nebenräumen, beispielsweise einem gemeinschaftlichen Partykeller oder einem gestalteten Innenhofbereich mit Kinderspielgeräten, wurden nach Entwürfen der ZT-Gesellschaft Hofbauer KEG realisiert.

Generalunternehmer:
Porr Projekt und Hochbau AG, Wien

Architektur und Planung
-Albertina:
Arge Steinmayer & Mascher, Wien

-T-Center St. Marx:
Architektur Consult Ziviltechniker GmbH, Graz/Wien

-Euro Plaza Business Park:
Neumann + Partner Architekten Ingenieure, Wien

-Monte Verde:
Architekt Dipl.-Ing. Dipl. TP Albert Wimmer, Wien

-WHA Mitisgasse:
ZT-Gesellschaft Hofbauer KEG

Partner am Bau:

- TEERAG-ASDAG AG Straßen- und Tiefbau
- Strauss & Partner Immobilien GmbH
- ATB Spezialbau GmbH
- SWK Isolierungstechnik GmbH
- Herzer Bau- und Transport GesmbH
- TransportBeton Gesellschaft m.b.H. & Co.
- bst Brandschutztechnik Döpfl GmbH
- Mewald GmbH Türen, Tore
- H. Katzenberger Beton- und Fertigteilwerke GmbH
- ITB GARY GmbH Bauwerksanierung
- Janus Multiservice Gebäudereinigung & Personalmanagement
- ISO-BAU Abdichtungstechnik Ges.m.b.H.
- Küchendesign Christian Payer KEG
- Steinbauer GmbH Garten- und Landschaftsbau
- BauWelt Sochor
- Dipl.-Ing. Jörg Gritsch Ziv.Ing. für Bauwesen
- Hans Hager GmbH & Co. KG Blitzschutz
- inside Objekteinrichtungs GmbH
- Glob Sicherheitstechnik G.m.b.H.
- PKM-MULDENZENTRALE GmbH
- Fliesen Ruprechter GmbH
- L. Schmidt Immobilien- und Bau GmbH
- Markus Stolz Ges.m.b.H. & Co KG Heizung, Sanitär, Lüftung, Klima
- Hiessberger GesmbH Heizung, Sanitär, Bäderstudio
- Link ges.m.b.h. Schlosserei
- KAEFER Isoliertechnik Ges.m.b.H.
- ALS Haller Metallbau – Lamellentechnik – Zaunbau
- Bethmann Blitzschutz Gesellschaft mbH
- Ploberger & Stadler GmbH Dächer, Lichtkuppeln, Fassaden
- Detlef Kenzian Sandstrahltechnik
- Vermessung Angst Ziviltechnikergesellschaft mbH
- Grandits-Team Reprografie Ges.m.b.H.
- W. Heiss Ges.m.b.H. Bauunternehmen, Rammtechnik, Baumaschinenhandel und –reparatur
- AIRFIRETECH Brandschutzsysteme GmbH
- ITA Injektionstechnik Bauges. m.b.H.
- IPM Schober Ges.m.b.H. Fenster
- Armstrong Metalldecken GmbH
- Jellinek KG. NfG. Ges.m.b.H.
- Schneiberg Erd- und Abbrucharbeiten GmbH
- Dipl. Ing. Wolfgang Tötzel ZT – GmbH
- Dipl. Ing. Kukuruzovic Bau GmbH
- Schindler Aufzüge und Fahrtreppen AG
- Getzner Werkstoffe GmbH
- DIMAS Betonbohr- und -sägedienst Ges.m.b.H.
- Vermessung VSP Stolitzka & Partner ZT GesmbH
- TPS Technik Personal Service
- Österreichische Doka Schalungstechnik GmbH
- Waagner-Biro AG Bühnentechnik, Systembrücken
- P. Dussmann GmbH Facility Management, Catering
- OBG Bau Ges.m.b.H.
- Albrechtsberger Gesellschaft m.b.H.
- RIHA Gesellschaft m.b.H. Feuerschutz, Zargen, Türen, Tore
- Alu König Stahl GmbH
- OTIS GesmbH Aufzüge
- Meixner Vermessung
- Steppi & Co. Gesellschaft m.b.H. Heizung-Lüftung-Sanitär

Aktuelle Straßen- und Tiefbauprojekte in Österreich

Ein erfahrenes Unternehmen realisierte Projekte mit hohen Anforderungen: Feglitzbachgalerie / Ausbau der B178 / Abwasserreinigungsanlage (ARA), Gralla

Ob es um Straßen-, Brücken- und Betonbau, die Errichtung von Kraftwerken und Kläranlagen oder andere die Infrastruktur betreffende Baumaßnahmen geht, die TEERAG-ASDAG AG (T-A) kann mit einer Vielzahl von realisierten Projekten ihre Leistungsfähigkeit unter Beweis stellen. Dem PORR-Konzern zugehörig ist das Unternehmen, mit rund 4.000 Mitarbeitern allein in Österreich, in der Lage, Projekte jeder Größenordnung verlässlich und termintreu durchzuführen. Das Straßen- und Tiefbauunternehmen verfügt über Niederlassungen in allen Bundesländern, die projektbezogen und bedarfsorientiert durch Gebietsbauleitungen und Tochterunternehmen ergänzt werden. Mit weiteren 700 Mitarbeitern ist die T-A-Gruppe in den Nachbarländern Tschechien, Deutschland, der Schweiz, Ungarn, Polen und Kroatien operativ tätig. Folgende Projekte vermitteln einen Eindruck der Leistungsfähigkeit der TEERAG-ASDAG AG.

Feglitzbachgalerie

In der Unternehmenssparte Betonbau bilden Lawinengalerien einen Schwerpunkt. In zehnmonatiger Bauzeit wurde die 220 m lange Feglitzbachgalerie auf der stark frequentierten Felbertauernstraße/ B108 zwischen den Orten Matrei und Huben in Osttirol errichtet. Das Projekt umfasste auch die erforderlichen Straßenbauarbeiten auf einem ca. 530 m langen Abschnitt sowie die Adaption der bestehenden Stützmauern, die Errichtung von Zyklopenmauerwerk, die Bachverbauung des Feglitzbaches sowie die Neuverlegung eines Abwasserkanals. Ausgeführt wurde das elegant geschwungene Galeriebauwerk als Gewölbetragwerk mit talseitigen Säulen und erfolgte in 22 Blöcken zu je 10 m.

Ausbau der B178

Im Auftrag der Tiroler Landesregierung wurde die B178 im Gemeindegebiet von Kirchbichl auf einer Länge von 3.975 m mit dem Ziel der Entlastung und Verkehrsberuhigung der betroffenen Ortsteile Bruggermühle, Bruckhäusl und Kirchbichl Boden ausgebaut. Neben der Herstellung unterschiedlichster Brückenbauwerke und Unterführungen war die Herstellung einer 1.185 m langen Unterflurtrasse als Kernstück der Umfahrung Wörgl-Bruckhäusl entlang der Brixentaler Ache erforderlich. Sie besteht aus einem 70 m langen Wannenbauwerk, Ventilator- und Abstellnischen sowie begeh- und befahrbaren Verbindungen ins Freie.
Ein 400 m langer Abschnitt der Trasse verläuft im Grundwasserbereich und wurde als Weiße Wanne wasserdicht ausgeführt.

Lawinenverbauung wie die „Feglitzbachgalerie", B108/Felbertauernstraße stellen einen Schwerpunktbereich der TEERAG-ASDAG AG dar

Neben dem Bau einer Stahlbogenverbundbrücke umfasste der Ausbau der B178 u.a. die Errichtung zweier Eisenbahn- und Straßenunterführungen, einer Stahlholzbrücke sowie einer Spannbetonbrücke

Der Bevölkerungszuwachs in der Region machte eine Ausweitung der ARA in Gralla für rund 8.000 Einwohner notwendig Fotos: Robert Deopito

Ausbau der ARA, Gralla

Die T-A versteht sich als innovatives Unternehmen, das der zunehmenden Bedeutung des Umweltschutzes seit langem mit Kompetenz in der Sparte Umweltschutzbau begegnet. Im Jahr 2004 begann der Ausbau und die Erweiterung der bestehenden Abwasserreinigungsanlage der Gemeinde Gralla. Ursprünglich auf eine Kapazität von 2.800 Einwohner ausgelegt, wurde die Erweiterung – verbunden mit einer Modernisierung der technischen Anlagen – durch einen massiven Anstieg der Einwohnerzahlen notwendig. Bei den Baumaßnahmen wurde besonderer Wert auf eine Ausführung nach neuesten Umwelt- und Sicherheitsstandards gelegt. Sämtliche abwasserberührten Betonbauteile wurden wasserdicht und alle abwasserberührten Teile der maschinellen Ausrüstung in Edelstahl bzw. Kunststoff ausgeführt.

Straßen- und Tiefbau:
TEERAG-ASDAG AG
Wien

EURO PLAZA – eine Erfolgsgeschichte

Links:
Die Nachtansicht zeigt die Gebäude A, B und C, die in der Bauphase 1 realisiert wurden

Unten:
Bisher wurden rund 100.000 m^2 Bruttogeschossfläche in acht Gebäuden errichtet

Seit knapp vier Jahren entsteht mit dem EURO PLAZA am Wienerberg ein Büroprojekt für höchste Ansprüche. Nach Fertigstellung im Jahr 2010 wird es über rund 180.000 m^2 modernst ausgestattete Büros sowie Service-, Lager- und Geschäftsflächen verfügen – bis heute ist schon etwa die Hälfte realisiert. So wurden die ersten drei Bauphasen mit insgesamt sechs Gebäuden fertig gestellt und bereits nahezu vollständig vermietet. Renommierte und weltweit operierende Unternehmen haben sich vom gut durchdachten Konzept der hochwertigen Büroimmobilie überzeugen lassen und haben sich im EURO PLAZA angesiedelt. Derzeit sind auf dem Areal, das von Wienerbergstraße, Pottendorfer Straße, Liebenstraße und Eibesbrunnergasse eingefasst wird, rund 5.000 Mitarbeiter tätig.

Der Strauss & Partner Immobilien GmbH ist es durch die konsequente Umsetzung ihrer hohen Planungsziele gelungen, mit dem EURO PLAZA den modernsten Office-Park Wiens zu verwirklichen. Mit anspruchsvoller Architektur, modernster Gebäudetechnik und Ausstattung sowie umfassenden Infrastruktureinrichtungen und einem hohen Maß an Flexibilität entspricht das Gesamtkonzept optimal den Bedürfnissen der Mieter. Hinzu kommt der Komplettservice eines umfassenden Dienstleistungsangebotes mit Rundum-Betreuung, der mit kompetenter Beratung des zentralen Office-Park-Managements, Parkplatzmanagement, gastronomischen Einrichtungen und Catering Service, Druckzentrum, Konferenzzentrum und Komplettlösungen für den gesamten IT-Bereich allen Mietern zur Verfügung steht. Darüber hinaus punktet das EURO PLAZA nun auch mit einem eigenen Ärztezentrum, das den Betriebsarzt vor Ort, aber auch ein umfassendes Gesundheits- und Wellnessprogramm – mit Massage, Akupunktur und vielem mehr – ermöglicht.

In der Bauphase 4, für die zurzeit die Detailplanung erfolgt, wird mit rund 50.000 m^2 Fläche das bisher größte Gebäude des Office-Park errichtet. Mit besonders markanter Architektur in spiralförmigem Aufbau, mit Arkaden und einem Platz in italienischem Stil wird es eine zentrale Funktion einnehmen. Weitere infrastrukturelle Einrichtungen, wie Geschäftslokale, Restaurants, Cafés und ein Lebensmittel- und

Drogeriemarkt, werden das Angebot im EURO PLAZA perfekt abrunden. Weitere Informationen zum Projekt EURO PLAZA, das neue Maßstäbe für Wien setzt, sind unter www.europlaza.at zu finden.

Initiator, Eigentümer, Bauherr:
KAPSCH Immobilien GmbH

Projektentwicklung, Bauträger, Projektmanagement, Marketing, Vermietung:
Strauss & Partner Immobilien GmbH
Wien

Kompetenz rund um die Immobilie

Mit der Realisierung des EURO PLAZA setzt die Strauss & Partner Immobilien GmbH neue Maßstäbe für Wien

Strauss & Partner Immobilien GmbH arbeitet überwiegend in den Marktsegmenten Büro-, Gewerbe- und Wohnimmobilien und beschäftigt sich mit hochwertigen, anspruchsvollen und renditestarken Immobilien.

Das von Ing. Karl-Heinz Strauss im Jahr 2000 gegründete Unternehmen bietet sowohl für Eigennutzer wie für die Vermögensanlage optimierte Objekte. Ein umfassender und qualifizierter Service aus einer Hand schafft durch Konzepte, die auf aktuellen Markt- und Trendanalysen basieren, die Grundlage für erfolgreiche Entscheidungen der Kunden und Partner.

Strauss & Partner Immobilien GmbH hat sich als Dienstleistungsunternehmen ganz dem Gedanken des Full-Service verschrieben.
Dieser beinhaltet die Projektentwicklung, Konzeption und Planung, Erarbeitung von Feasibility-Studien, Technische Realisierung, Financial Engineering und Facility Management.

Als Bauträger liefert Strauss & Partner Dienstleistungen von der Grundstücksbeschaffung, über Projektanalysen, bis zur Projektsteuerung und Abwicklung. Das Segment Projektmanagement ist auf Wunsch als Generalplaner tätig, und die Abteilung Immobilienmanagement bietet Komplettlösungen vom Facility Management sowie der Vermarktung und Verwertung von Immobilien bis zum Management von Immobilienfonds und Immobilienportfolios. Ein wichtiges Instrument im gesamten Leistungsspektrum stellt schließlich die umfassende Finanzierungsberatung dar, die von der Aufbereitung individueller Finanzierungsmodelle über Cash Management bis zu Corporate Finance reicht.

Mit dem EURO PLAZA realisieren Ing. Karl-Heinz Strauss und Strauss & Partner zurzeit Wiens modernsten Office-Park am Wienerberg. In insgesamt sieben Bauphasen entstehen über 150.000 m² Büroflächen sowie Service-, Lager- und Geschäftsflächen.

STRAUSS & PARTNER

PROJEKTENTWICKLUNG
BAUTRÄGER
IMMOBILIENMANAGEMENT

Strauss & Partner Immobilien GmbH
Am Euro Platz 1
1120 Wien
office@strauss-partner.com

Tel. 01/877 26 26-0
Fax 01/877 26 26-26
www.strauss-partner.com

Präventiver Betonschutz durch Beschichtung

Damit Parkhäuser, Dächer und Industrieböden auch höchsten Beanspruchungen dauerhaft Stand halten

Erfahren in Systemlösungen für Abdichtung und Beschichtung

Die Einsatzgebiete von ATB Spezialbau umfassen Tiefgaragen und Parkhäuser, Dachabdichtungen, Spritzfolienabdichtungen, Abwassertechnik und Industriefußböden. Dabei ist das Unternehmen auf zuverlässige Beschichtungen und Betonabdichtungen spezialisiert. Risse in Stahlbetonbauten sind ein gängiges Merkmal von Bauwerken, bei denen zementgebundene Materialien zum Einsatz gekommen sind. Sobald die Rissweiten jedoch Grenzwerte überschreiten, können Schadstoffe, wie z.B. Chloride, in den Beton eindringen und damit zu Korrosion an der Bewehrung und in der Folge zu weit reichenden Schäden am Bauwerk führen.

Parkhäuser und Tiefgaragen erweisen sich für die Infrastruktur einer Stadt heute als ebenso wichtig wie die Straßen selbst. Weiträumige Parkhausflächen sind jedoch hohen Dauerbelastungen durch Witterung, Wasser, aggressive Tausalze und mechanische Beanspruchung ausgesetzt. ATB entwickelt spezielle Systemlösungen, die Verkehrsbauwerke dauerhaft vor solch extremen Belastungen schützen und die darüber hinaus Zeit und Kosten sparen.

Bei der Instandsetzung von Dächern ist das Know-how von ATB ebenfalls gefragt. Ob flache oder schwach geneigte Dächer – Spritzfolienabdichtungen bieten unübertreffliche Vorteile bei der Sanierung von Blechfalz-, Bitumen- und Foliendächern. Steigendes Umweltbewusstsein macht auch die Instandsetzungen, Beschichtungen und Abdichtungen von Kläranlagen zu einem wichtigen Einsatzgebiet, in dem die ATB Spezialbau ihre Erfahrungen für Spezialbeschichtungen einbringt. Schließlich realisiert das Spezialbauunternehmen auch maßgeschneiderte Fußböden, die auf die hohen Ansprüche und besonderen Bedürfnisse von Industriebetrieben ausgerichtet sind.

Prävention zahlt sich aus

Der präventive Betonschutz durch Parkhausbeschichtungssysteme ist eine unerlässliche Maßnahme, will man betonkorrosiven, mechanischen und vor allem chemischen Beanspruchungen effektiv entgegenwirken. Die ATB Spezialbau ist in Oberflächenschutzsystemen erfahren, die Reserven bezüglich Gebrauchsnutzen und Dauerhaftigkeit schaffen.

Das Verhältnis von präventivem Betonschutz durch Beschichtungen zu Sanierungskosten an Beton und Konstruktion liegt erfahrungsgemäß bei 1:5. Investitionen in die geeigneten präventiven Beschichtungsmaßnahmen zahlen sich aus.

Aktuell realisierte ATB Spezialbau für die Stadthalle Wien die Deckelabdichtung auf einer Fläche von 14.000 m^2 . ATB Spezialbau wurde ebenfalls mit der Parkdeckbeschichtung auf 30.000 m^2 und in diesem Zusammenhang mit Malerarbeiten auf rund 48.000 m^2 beauftragt. Auch die 28.000 m^2 präventive Parkdeckbeschichtung für die Tiefgarage am Columbusplatz führte ATB Spezialbau aus.

Spezialbeschichtungen und Oberflächensysteme:
ATB Spezialbau GmbH, Wien

SWK Isolierungstechnik GmbH

wärme – kälte – schall – brand – isolierungen

Unser Know-how

SWK ist ein junges, dynamisches Unternehmen, das schon auf einige Jahre Bestand und daraus resultierende Kompetenz im Bereich der Isolierung und des Brandschutzes als Potential zurückgreifen kann.

Kompetente Mitarbeiter mit Erfahrung aus langjähriger Tätigkeit in dieser Branche stellen die Basis in unserem Betrieb und kommen unseren Kunden zugute. Alle von uns erbrachten Leistungen werden von unserem Fachpersonal dem neuesten Stand der Technik, den Verarbeitungsrichtlinien sowie den einschlägigen Normen entsprechend ausgeführt.

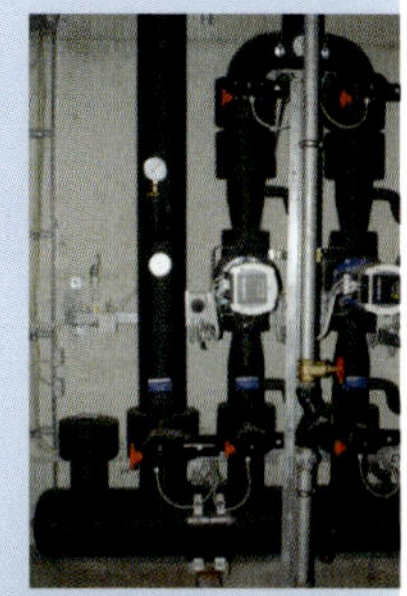

Brandschutz auf höchstem Niveau

- Herstellen von Brandschutzverkleidungen bei Luftkanälen, Stahlträgern, Trassen und Stützen
- Herstellen von selbstluftführenden Brandschutzkanälen
- Herstellen von Brandschutzbeschichtungen
- Herstellen von Brandabschottungen in sämtlichen Ausführungen

Isolierung in allen Variationen

- Isolieren kompletter Haustechnikanlagen in sämtlichen Ausführungen
- Herstellen von Spezialblechsystemen im Krankenhaus

Handel mit Isoliermaterialien aller Art

Referenzbauten:

SWK Isolierungstechnik GmbH

wärme – kälte – schall – brand – isolierungen

Koppstrasse 81/5A - 1160 WIEN
Tel./Fax: 01/971 45 21
E-Mail: swk-gmbh@chello.at

Transporte
Erdbau
Abbrüche
Recycling
Sand, Kies, Splitt
Baustellenentsorgung
Herzer
. . . bewegt die Erde
A-1220 Wien, Zachgasse 18 - Telefon 01/285 80 10-0, Fax 01/285 80 10-22 - E-Mail: herzer@herzer.at, www.herzer.at

Telefon 01/282 16 60
E-Mail: office@ngt.at, www.ngt.at
Fundamente
für die Zukunft
Neue Gründungstechnik Spezialtiefbau GmbH
NGT

Wir *betonen* Qualität

Wir liefern BETON für höchste Ansprüche

Mit unseren sieben Werken im Großraum Wien sind wir in der Lage, jede Baustelle innerhalb kürzester Zeit zu beliefern.
Unsere Labors haben eine große Anzahl von neuen Betonqualitäten mit speziellen Eigenschaften entwickelt. Ob Leichtbeton oder Beton mit glasähnlicher Oberfläche: Wir erfüllen nahezu jeden Kundenwunsch in praktisch unbegrenzten Mengen. Jahrelange Erfahrung in der Betonproduktion, geschultes Personal und modernste, computergesteuerte Anlagen garantieren rezeptgenaue Produktion und gleich bleibende Qualität. Unsere per Navigationssystem gesteuerte LKW-Flotte liefert termintreu und erreicht mit Betonpumpen mit bis zu 52 m Länge auch den letzten Winkel einer Baustelle.

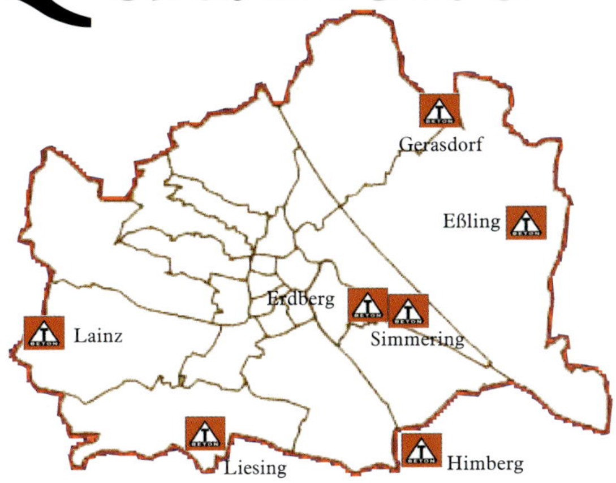

TRANSPORTBETON

Wildpretstraße 5, 1110 Wien
Tel. 01/76 007 Fax 01/76 007-591
E-Mail zentrale@transportbeton.at
Internet www.transportbeton.at

Ein Unternehmen der Asamer Gruppe

KATZENBERGER®

klima:aktiv **Musterhauspartner**

Die H.Katzenberger Beton- und Fertigteilwerke GmbH ist ein innovatives Unternehmen und Mitglied der Syspro-Qualitätsgemeinschaft Betonbauteile e.V.

Das definierte Unternehmensziel ist die Fertigstellung von Präzisionsbauteilen aus Beton auf höchstem Niveau zu gewährleisten.

Die Unternehmen der Katzenberger Beton- und Fertigteilwerke GmbH fertigen umweltschonend mit modernster Technologie in automatisierten Anlagen mit fehlerfreier Robotersteuerung und schnellem Produktionsablauf. Die Fertigung erfolgt sowohl just-in-time als auch auf Kundenwunsch maßgeschneidert. Die gesamte Formensprache zeitgemäßer Architektur nimmt Gestalt an – in kompromissloser Qualität bei kostengünstiger Konstruktion. Jede erdenkliche Geometrie und jedes noch so komplexe High-Tech-Bauteil ist problemlos und in kürzester Zeit und in baustellengerecht zusammengestellten Logistik-Paketen verfügbar.

H. KATZENBERGER
BETON- UND FERTIGTEILWERKE GMBH
A-2201 GERASDORF • WEINBERGSTRASSE 4
Tel 02246/2595-0 • www. katzenberger.com

Kunststoff-Dichtungsbahnen für Hoch- und Tiefbau

Abdichtung Speicherteich

Mülldeponie Hohenruppersdorf

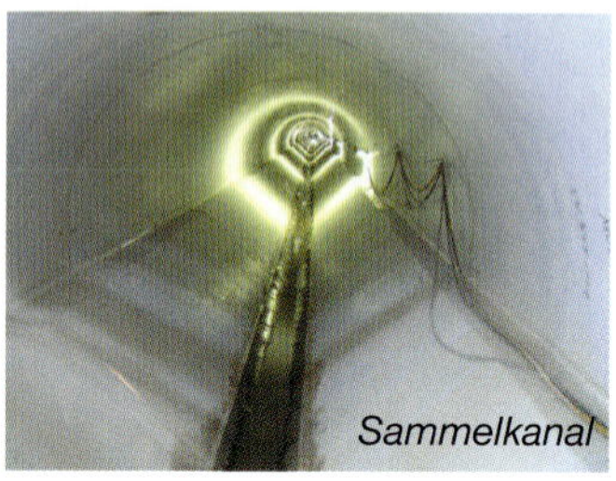
Sammelkanal

Die Gründung der Firma „ISO-BAU" dürfte 1969 erfolgt sein. In einer Kopie eines Gesellschaftsvertrages wird dieser Zeitraum als erstes Geschäftsjahr angeführt.
Das Unternehmen ISO-BAU Abdichtungstechnik Ges.m.b.H. beschäftigte sich schon immer mit der Verarbeitung von Kunststoffdichtungsbahnen im Hoch- und Tiefbau. Die hochspezialisierte Abdichtungstechnologie erfordert einen gleichmäßig hohen Qualitätsstandard der Firmenmitarbeiter und -geräte.
Die innovativen Ideen der Firma sind richtungweisend in der Abdichtungs- und Sanierungstechnik. Basis- und Oberflächenabdichtungen von Rohrleitungen und Entgasungsanlagen im Deponiebau gehören ebenso zum Leistungsbild wie Flachdach- und sonstige Bauwerksabdichtungen im Hoch- und Tiefbau. Die ISO-BAU Abdichtungstechnik Ges.m.b.H. ist durch problemorientierte, projektbezogene Produktentwicklung und Anwendungstechniken stetig gewachsen und inzwischen auf den wichtigsten Märkten vertreten. Die Leistungspalette der Firma wird kontinuierlich vergrößert und das Einsatzgebiet ständig erweitert. Das Unternehmen versteht sich vornehmlich als Partner von Architekten, Baugesellschaften, Bauherren, Hausverwaltungen, des Baugewerbes und der Bauindustrie. Den Auftraggebern wird ein umfassendes Dienstleistungsprogramm geboten, das durch solide Planung, die Koordinierung der einzelnen Gewerke, eine baubegleitende Qualitätsüberwachung und eine umfassende Baudokumentation erheblich zur Minimierung des Mängelrisikos beiträgt.

T-Mobile Center, St. Marx

ISO-BAU
Abdichtungstechnik Ges.m.b.H.
Dr.-Gonda-Gasse 7
1230 Wien
Tel. 01/7 68 16 21
Fax 01/7 69 82 26
iso-bau@teerag-asdag.at
www.iso-bau.at

Die Experten für Küchendesign und Einbaumöbel

Jeder guten Planung geht eine gute Beratung voraus

Jede Entscheidung über die Einrichtung von Büro-, Arbeits- oder privaten Wohnräumen sollte gut überlegt sein. Das Küchenstudio Christian Payer verfügt über mehr als 30 Jahre Erfahrung im Einrichten von Bädern und Küchen. Ob für die Modernisierung vorhandener Bäder, Nasszellen oder Küchen oder die Neueinrichtung einer Küche: Die Spezialisten aus Schwechat legen stets Wert auf eine gute und durchdachte Planung, die die individuellen Bedürfnisse der Kunden berücksichtigt. Es werden detaillierte Lösungen erarbeitet, die Komfort, höchste Funktionalität und ergonomische Anforderungen miteinander verbinden. Dies erfordert den intensiven Austausch mit den Auftraggebern. Die Planung beinhaltet von Möblierungsvorschlägen über eine Auswahl von Einbaugeräten auch Vorschläge für Beleuchtungskörper, Decken- und Wandgestaltungen sowie eine auf die Gesamtkonzeption abgestimmte Material- und Farbgestaltung.

Der Komplettservice umfasst:

- Ortsbegehungen
- Aufmaß
- Erstellung von Installationsplänen
- Erstellung von Fliesenplänen
- Bauzeitenplan
- Montagekoordination
- Koordination beteiligter Gewerke wie Installateur, Fliesenleger, Elektriker, Maler, Tapezierer u. Ä.

Der Einbau der Möbel und Einrichtungsobjekte erfolgt durch erfahrene, ausgebildete Tischler, die eine fachgerechte, zuverlässige Montage garantieren.

BERATUNG
PLANUNG
MONTAGE

PAYR KUECHENDESIGN Wohn- und Küchenstudio KEG

Küchendesign
Christian Payer KEG
Himbergerstrasse 20
2320 Schwechat
Tel. 1/706 26 28
Fax 1/706 26 28-3
kue-payer@eunet.at
www.kuechenstudio-payer.at

www.mul-t-lock.at
Höchste Sicherheit für Heim, Gewerbe und Industrie
• Schließtechnik
• Zylinder
• Schlösser
• Schließanlagen
• Vorhangschlösser
• Balkenschlösser
• Containerschlösser
• Safes & Key-Safes
• Sicherheits-beschläge
• Briefkastenanlagen gem. EN-13724
• Elektronische Schließlösungen
BEI IHREM FACHHÄNDLER
MUL-T-LOCK®
Glob Sicherheitstechnik G.m.b.H.
e-mail: office@mul-t-lock.at
Taborstrasse 64
1020 Wien
Tel.: 01/212 51 11
Fax: 01/212 51 17

Kreative Wohlfühlbäder

Kompakte Installationswände sorgen für mehr Gestaltungsspielraum im Bad

Edle Atmosphäre im Badezimmer – mit dem freitragenden System von Geberit kein Problem

(djd/pt) Wellness liegt im Trend. Nicht nur im Urlaub, auch zu Hause suchen wir Entspannung und Erholung. Dafür bietet sich das Bad mit den Naturelementen Wasser und Wärme in idealer Weise an. Neben einer perfekt funktionierenden Technik ist die individuelle Gestaltung das A und O eines Traum-Bades. Beides hat Geberit (www.geberit.de) mit seinen kompakten Installationswänden vereint. Die vorgefertigten Module aus Tragsystem und der Installationseinheit mit Abwasser, Trinkwasser, Lüftung und Spülkasten können ohne viel Lärm und Schmutz in kürzester Zeit montiert, angeschlossen und sofort benutzt werden. Neben einer frei gestaltbaren Raumoptik bringt die integrierte Technik dem Bauherrn Sicherheit und Komfort durch die erhöhten Anforderungen an Schall- und Brandschutz. Außerdem spart die Zwei-Mengen-Technik bei jeder Spülung kostbares Trinkwasser.

Passend zu jedem Einrichtungsstil stehen hochwertige Produkte mit verschieden designten Oberflächen zur Auswahl. Wer seinem Bad ganz neue Perspektiven entlocken möchte, kann mit dem selbsttragenden Installationssystem GIS die komplette Sanitärtechnik beispielsweise in Form eines Raumteilers mit beidseitig angeschlossenen Sanitärobjekten frei in den Raum stellen. Trendige Fliesen oder neue Oberflächen in vielfältigen Farb- und Materialoptiken komplettieren das einladende Wohn-Bad.

Weitere Infos:

Geberit GmbH & Co. KG
Tel.: 00 49 (0) 75 52/9 34-4 30
www.geberit.de

Anspruchsvolle Bauaufgaben aus vielen Sparten

Erweiterung der U1/1: Kagraner Platz / Tiefgarage am Schmerlingplatz, Wien / Wientalsammler / Revitalisierung des Bürohauses „Galaxy 21", Wien / Überbauung der Stadtbahnbögen, Spittelauer Lände, Wien / Sanierung der Neunkirchner Schraubenwerke / Sanierung der Fischer-Deponie / Autobahnprojekt M6, Ungarn

Bevor der Schildvortrieb mit einem Hydroschild den insgesamt 420 m langen Tunnelabschnitt des Bauteils D der U-Bahn-Erweiterung U1/1 auffahren konnte, mussten die kiesigen Bodenschichten verfestigt werden

Das seit 1999 als Bilfinger Berger Baugesellschaft m.b.H. firmierende Unternehmen wurde 1974 als Grün+Bilfinger Wien gegründet. Mit ca. 400 Mitarbeitern werden anspruchsvolle Bauaufgaben für private wie öffentliche Auftraggeber realisiert. Neben Baumeisterarbeiten und Generalunternehmertätigkeiten werden Komplettlösungen für Immobilien- und Infrastrukturprojekte von der Planung, über die Finanzierung, bis hin zum Betrieb geleistet. Die folgenden Projektvorstellungen vermitteln durch die Bandbreite der Aufgaben einen Eindruck vom umfangreichen Leistungsbild des Unternehmens.

Erweiterung der U1 Kagraner Platz, Wien

Der Ingenieurbau hat in dem Unternehmen traditionell einen sehr hohen Stellenwert. Schon die ersten Projekte waren anspruchsvolle Spezialtiefbauvorhaben im U-Bahn-Bau in Wien. So ist es nicht verwunderlich, dass Bilfinger Berger Baugesellschaft m.b.H. auch an den großen Erweiterungen dieses Verkehrssystems im jetzigen Jahrzehnt beteiligt ist. Für die Verlängerung der U1 konnte gemeinsam mit der Bilfinger Berger AG, Niederlassung Tunnelbau, München, das Baulos U1/1 für den Kagraner Platz in der Zeit zwischen September 2001 und September 2004 realisiert werden. Mit einer Gesamtlänge von 1.100 m wurde die Baumaßnahme in fünf Bauteile zoniert, die sich an den speziellen Anforderungen an Tragwerk und Herstellung orientierten. Die an bestehende Tragwerkskonstruktionen anschließenden beiden Bauabschnitte des Bauteils A wurden zusammen mit einem 3. Bauabschnitt als Brückenbauwerke ausgeführt. Es folgte ein 120 m langes Rampenbauwerk, das den Übergang von Hoch- zu Tieflage herstellte. Der daran anschließende Tunnelabschnitt mit 220 m wurde ebenso wie der 140 m lange Stationsbereich, den das Bauteil E umfasste, in Deckelbauweise errichtet. Zusammen waren hier rund 9.000 m² Schlitzwände herzustellen, die teilweise eine Tiefe von 28 m haben. Das dazwischen liegende

Die Luftaufnahme verdeutlicht anschaulich den immensen baulichen Aufwand, der für innerstädtische U-Bahn-Erweiterungen notwendig ist

Der Bau einer Tiefgarage in einer so zentralen Lage unmittelbar an das Parlament angrenzend, erfordert in vielerlei Hinsicht Fingerspitzengefühl

Tunnelbauwerk hingegen wurde durch Schildvortrieb errichtet. Zwei eingleisige Tunnelröhren von 440 m Länge wurden mit einem Hydroschild, dessen Durchmesser 6,80 m betrug, in den zuvor über zehn Schächte durch Injektionen verfestigten Baugrund aufgefahren. Vorwiegend kiesige Bodenschichten machten diese Maßnahme erforderlich. Wasserundurchlässiger Beton der Güteklasse C40/50 wurde für die Tübbinge verwandt, mit denen der Ausbau erfolgte. Jeweils sechs im Mittel 1,30 m breite Segmentabschnitte bilden zusammen mit einem keilförmigen Schlussstein einen Röhrenabschnitt. Neopren-Zahnprofile wurden als Dichtungsrahmen zwischen den Ringen eingebaut.

Das Bauvolumen der von der ARGE erbrachten Leistung betrug rund 45,6 Mio. Euro. Zurzeit ist das Unternehmen zusammen mit anderen Firmen als ARGE auch bei weiteren Baumaßnahmen des U-Bahn-Ausbaus der Wiener Linien beteiligt. Das Baulos U2/1 beispielsweise umfasst die Verlängerung der U-Bahnlinie 2 vom Schottenring bis zur Aspernstraße und soll bis August 2006 fertig gestellt sein. In gleicher Zusammensetzung ist die ARGE Bilfinger Berger Baugesellschaft m.b.H., PORR Technobau und Umwelt AG mit dem U-Bahn-Bauabschnitt U2/5 beauftragt, der neben dem Bau der Station „Stadion" auch eine Wendeanlage und ein Betriebsgleis zum Bahnhof Erdberg beinhaltet.

Tiefgarage Schmerlingplatz, Wien

Neben dem U-Bahn-Bau wurde in den 80er und 90er Jahren die Sparte Ingenieurbau bei Bilfinger Berger durch weitere Betätigungsfelder stetig erweitert. Dazu gehört auch der Bau von Tiefgaragen, deren aktuellstes Beispiel im Folgenden vorgestellt werden soll. Die ARGE TG Schmerlingplatz errichtete von Juli 2004 bis Oktober 2005 im Zuge der großen Bautätigkeiten rund um das Wiener Parlament eine Tiefgarage. Ein privater Betreiber lässt auf drei unterirdischen Geschossen 200 Stellplätze in einer gewerblichen Garage entstehen. Eine vergleichsweise geringe Anzahl, wenn man aber die räumliche Nähe zu den historischen Gebäuden mit Parlamentsbetrieb und Innenstadtverkehr bedenkt, werden die besonderen Anforderungen dieses Projektes deutlich. Auch dieser Bau ist Bestandteil des Wiener Garagenprogramms, in dessen Rahmen etwa 50.000 Stellplätze in rund 160 gewerblichen Garagen errichtet wurden. Die im Juli 2004 begonnenen Vorarbeiten wurden von archäologischen Untersuchungen der Forschungsgesellschaft Wiener Stadtarchäologie begleitet, die einige bemerkenswerte Befunde hervorbrachten. Durch Fundstücke können nun erstmals die historischen Quellen der mittelalterlichen Besiedlung vor der Stadtmauer bestätigt und anschaulich gemacht werden.

Direkt an die südliche Fassade des Regierungsgebäudes anschließend, musste der Aushub für das Bauwerk mit einer Grundfläche von 150 m mal 18 m erfolgen. Um den Parlamentsbetrieb so wenig wie möglich zu stören, entschied man sich für eine Art Deckelbauweise. Als erstes wurden den Stützen in Form von Fertigteilen und in Kombination mit einer Fundierung durch das Versetzen von Bohrpfählen mit einer Tiefe bis zu 30 m eingebracht. Anschließend folgte der Bau eines rundum laufenden Pfahlrostes, der mittig durch Stützen stabilisiert wurde. Auf dieses Bauteil wurde der erste und oberste Deckel aufgelagert. Erst dann erfolgte der eigentliche Aushub für die Tiefgaragenebenen.

Generalunternehmer:
ARGE TG Schmerlingplatz
Bilfinger Berger Bauges. m.b.H., Wien / PORR Technobau und Umwelt GmbH

Revitalisierung „Galaxy 21"

In der Sparte Hoch- und Industriebau werden von den Standorten Wien und Linz des Unternehmens sämtliche Leistungen von Planung und Projektierung bis hin zur schlüsselfertigen Übergabe erbracht. Das Spektrum reicht dabei auf Grund der vielseitigen Kompetenzbereiche von speziellen Gründungsmaßnahmen bis hin zu komplexen Bauaufgaben wie Revitalisierungen oder Sanierung von denkmalgeschützten Gebäuden. Das Bürohaus „Galaxy 21" ist ein Beispiel für eine sehr komplexe Maßnahme. Bilfinger Berger wurde mit der schlüsselfertigen Erstellung eines modernen Bürohauses im Zentrum von Wien beauftragt. In den Jahren 2000–2002 wurde hierfür ein Bestandsgebäude in der Praterstraße 22 im 2. Gemeindebezirk, einen Katzensprung von der Donau entfernt, vollständig entkernt, durch Abbruch der obersten zwei Etagen in der Höhe reduziert, um dann durch den Aufbau von sechs

Umfangreiche Schutzmaßnahmen mussten beim Bau der Tiefgarage am Schmerlingplatz ergriffen werden

Die differenziert strukturierte Glashaut spielt mit unterschiedlichen Glasqualitäten und verleiht dem Gebäude eine gewisse Leichtigkeit

Neubaugeschossen auf elliptischer Grundfläche erweitert zu werden. In Zusammenarbeit mit verschiedenen Fachunternehmen wurde das gesamte Leistungspaket von der Ausführungsplanung bis zur behördlichen Abnahme abgewickelt. Die Entwurfsplanung für diesen Umbau stammen vom Architekten Martin Kohlbauer, der aus einem Wettbewerb als Sieger hervorging und auch an der Revitalisierung der Gasometer beteiligt war.

Der Altbau, ein Gebäude aus den 70er Jahren, wurde bis auf seine statische Struktur abgetragen, erhielt eine neue, weiße Fassadenhülle und den sechsgeschossigen, zylindrischen Aufbau. Erdgeschoss, 1. und 2. OG bilden einen das Grundstück einnehmenden Sockel, der ebenfalls umgestaltet wurde und mit weit auskragenden Dachflächen eine signifikantere Gestaltung erhielt. Darauf erheben sich die 15 Obergeschosse des Bestands und die sechs neuen Aufsatzgeschosse bis zu einer Höhe von 75 m. Diese Aufstockung verhilft dem Hochhaus zu einer städtebaulichen Einordnung in die Skyline von Wien. Die rund 4.100 t Gewicht dieser Skyline-Etagen erforderten eine Verstärkung des Gebäudekerns und eine zusätzliche Stützenkonstruktion. Hierzu wurden 16 Stahlverbundstützen mit der Brandklasse F90 mit einem in allen Geschossen gleich bleibenden Außendurchmesser von 298,5 mm von der Bodenplatte im 2. UG bis zum Beginn der neuen Geschosse durch Bohrlöcher in den bestehenden Decken des Bestandsbau gesteckt. Die Vorteile dieser Methode sind sowohl konstruktiver wie wirtschaftlicher Natur. Der Bestand wurde in seinem Tragwerk weder beeinflusst noch belastet. Die Ausbildung der vorhandenen Fundamentplatte mit einer Dicke von 1,20 m und einem sie umschließenden Schlitzwandkasten boten hervorragende Voraussetzungen, denn es wurde nur eine geringe Erhöhung der Bodenpressung gemessen, und der Schlitzwandkasten verhinderte das Ausweichen des Erdkörpers unter der neuen Belastung. Es war nachzuweisen, dass keine Beeinflussung des in unmittelbarer Nähe liegenden U-Bahn-Bauwerks entstehen würde. Im Inneren sind auf rund 18.000 m² hochwertige Büroflächen entstanden, die durch den durchgängigen Einsatz von Doppelböden und modernster Haus- und Elektrotechnik einschließlich sicherheitstechnischer Einbauten und aktueller Gebäudeleittechnik eine flexible Einteilung erlauben und eine Ausstattung bieten, die von zeitgemäßen Räumen dieser Art erwartet wird. Der rund 30 Mio. Euro teure Bau wurde so nach dem Willen des Bauherrn zu einen Bürogebäude für die hohen Ansprüche des 21. Jahrhunderts ertüchtigt und ausformuliert.

Generalunternehmer:
Bilfinger Berger Bauges. m.b.H., Wien

Überbauung Stadtbahnbögen

Bis Ende 2005 wird ein Projekt fertig gestellt sein, das schon lange vor dem ersten Spatenstich viel Aufmerksamkeit erhielt. Keine geringere als die britische Architektin Zaha Hadid, die 2004 den Pritzker-Preis der Hyatt-Foundation verliehen bekam, entwarf den dreiteiligen Wohn- und Geschäftskomplex der sich in, um und auf die denkmalgeschützten Viadukte der stillgelegten Stadtbahntrasse des nicht minder berühmten Kollegen Otto Wagner am Donaukanal legt. Zurückzuführen ist das jetzt von der SEG Stadterneuerungs- und Eigentumsgesellschaft m.b.H. realisierte Gebäude an der Uferstraße Spittelauer Lände auf eine Studie zur Neugestaltung der Uferbereiche des Wiener Donauraumes, die von der Stadt Wien schon zu Beginn der 90er Jahre bei der inzwischen renommierten Architektin in Auftrag gegeben wurde. Dies beinhaltete auch die Gestaltung des Restraumes Donau-

Auch wenn man die sechs neuen Geschosse des Galaxy 21 geometrisch als Zylinder einordnet, sind sie auf elliptischen Grundriss errichtet

An der Spittelauer Lände sorgt das Projekt von Zaha Hadid für Aufsehen: Drei starre Baukörper überragen die Stadtbahnbögen

kanal und Spittelauer Lände. Ein Fleck, der eher als unbebaubar erschien, umringt von Wirtschaftsuniversität, Müllverbrennungsanlage und einem Bundesamtsgebäude, der nun zum Ort von Architekturpilgern wird. Doch nicht nur diese reizt das mit 3.350 m² Gesamtfläche eher kleine Projekt. Teile der Baukörper schweben über den Stadtbahnbögen, die im Rahmen der Maßnahme umgestaltet, saniert und in die neue Nutzungsstruktur integriert werden. Für die Wohneinheiten, von denen ursprünglich 15 als Eigentumswohnungen konzipiert wurden, füllten sich die Liste der Voranmeldungen sehr rasch. Im November 2005 haben die drei Gastronomiebetriebe im Erdgeschoss ihre Türen geöffnet, und im Januar 2006, noch vor Beginn des Sommersemester, beziehen 95 auserwählte Studenten und Studentinnen die oberen Etagen und werden zur Belebung und gewünschten Aufwertung des Quartiers betragen. Neben den ohnehin als Boardingeinheiten geplanten zwölf Apartments mit 32 m² bis 68 m² werden die 17 Wohnungen mit bis zu 142 m² Grundfläche an bis zu vier Wohngemeinschaftsmitglieder vergeben. Alle Einheiten sind teilmöbliert und sind für eine Mietdauer von mindestens sechs Monaten und maximal zwei Jahren zu haben. Man erhofft sich von diesem Projekt eine Initialzündung für weitere Revitalisierungen entlang des Donauufers.

Generalunternehmer, Ausführungs-/Detailplanung:
Bilfinger Berger Bauges. m.b.H., Wien

Teile der Baukörper schweben über der stillgelegten Stadtbahntrasse. Es entstehen spannende Außen- und Innenraumbeziehungen

ÜWSK-E: Wientalsammelkanal

Der Bau eines 2.690 m langen Streckenabschnitts des neuen Wientalsammelkanals ist ein weiteres Projekt aus der Sparte Ingenieurbau. Mit dieser ehrgeizigen Maßnahme will die Stadt Wien bis zum Jahr 2015 einen insgesamt 12 km langen Kanal herstellen, der die zwei vorhandenen Abflusskanäle entlastet und den Fluss Wien, der die Stadt von Ost nach West durchzieht, zu einem der saubersten Stadtflüsse einer Millionenstadt macht. Zurzeit leisten die beiden im 19. Jahrhundert erbauten Abflusskanäle, die parallel des Wienflusses laufen, im Normalfall gute Arbeit. Sind jedoch erhöhte Niederschlagsmengen zu verzeichnen, treten Abwässer in die Wien ein. Um diese Mischwasserausleitungen zukünftig zu verhindern, wurde 1997 mit dem Bau der Wientalsammelkanal-Erweiterung (WSK-E) begonnen. Ein 800 m langer Abschnitt erstreckt sich vom Donaukanal in Höhe der Urania bis zum Stadtpark. Mit dem Bau des 2. BA, der im Bereich Stubenbrücke/Weiskirchnerstraße mit der Herstellung eines ca. 50 m langen Abschnitts mit einem Rechtecksquerschnitt von 4,2 m mal 4,0 m in offener Bauweise beginnt, ist die ARGE WSK-E seit Mai 2003 beschäftigt. Der daran anschließende Kanalabschnitt mit einer Länge von 2.600 m wird in einer Tiefe bis ca. 36 m unter Niveau mittels Tunnelvortrieb mit einen Schilddurchmesser von 8,2 m aufgefahren. Es wird nach dem Prinzip der Erdbreistützung gearbeitet, d.h., das Vortriebskonzept ist auf die anstehenden geologischen und hydrogeologischen Verhältnisse abgestimmt. Der Ausbau erfolgt mit Betonfertigteilen und wird bis voraussichtlich im April 2006 abgeschlossen sein.

Für den Bau des Wientalsammelkanals wurde die rund 1.000 t schwere Tunnelbohrmaschine auf 30 m Tiefe abgesenkt

Generalunternehmer:
ARGE WSK-E
Bilfinger Berger Bauges. m.b.H., Wien / PORR Tunnelbau GmbH

In den Neunkirchner Schraubenwerken wurde 1992 die Produktion eingestellt. Zurück blieben 300.000 m³ Industriehallenvolumen

Sanierung NSW

Neben den Sparten Ingenieur-, Hoch- und Industriebau verzeichnet die Bilfinger Berger Bauges. m.b.H. ein großes Auftragsvolumen in der Geschäftssparte Umwelttechnik. So wurde beispielsweise in der Zeit von Oktober 2001 bis August 2003 im Zentrum der Stadt Neunkirchen in Niederösterreich der Rückbau eines kontaminierten Industriestandortes erfolgreich abgeschlossen.

Das 6,5 ha große Areal der „Neunkirchner Schraubenwerke" wurde durch selektiven Abbruch der kontaminierten ehemaligen Produktions- und Lagergebäude mit einem Volumen von 300.000 m^3 und den geordneten, umweltschonenden Aushub der Oberböden und des verunreinigten Untergrundes sowie einer entsprechenden Entsorgung rückgebaut. Während der Ausführung wurde in 18 m Tiefe unterhalb der ehemaligen Gasglocke einen teerartige Flüssigkeit angetroffen, die ebenfalls entsorgt werden musste. Unkontaminierter Materialien wurden vor Ort aufbereitet. Im Jahr 1998 erwarb die Stadtgemeinde Neunkirchen, die seit dem Konkurs im Jahr 1992 leer stehende Industriebrache. Insgesamt wurden 310.000 t Altlastenmaterial entsorgt. Nach Abschluss der Arbeiten wurde so zentrales Bauland rückgewonnen, das nun erneut bebaut werden soll. Der Masterplan sieht ein Krankenhaus, eine Wohnanlage, ein Einkaufszentrum und ein Museumsviertels vor. Drei Altbauten der ehemaligen Schraubenwerke – Verwaltungsgebäude, Kesselhaus und Kaltpresserei –, die teilweise unter Denkmalschutz stehen, wurden in das Konzept des neuen Quartiers einbezogen und sind inzwischen teilweise revitalisiert.

Generalunternehmer:
ARGE Sanierung NSW
Bilfinger Berger Bauges. m.b.H., Wien / STRABAG AG

Die Arbeiten auf der Fischer-Deponie werden vermutlich Anfang 2006 abgeschlossen sein. Seit Sommer 2002 ist die von der Republik Österreich beauftragte ARGE damit beschäftigt, die Sanierung einer Industrie- und Hausmülldeponie bei Theresienfeld im südlichen Wiener Becken durchzuführen. Das umfasst den Aushub, die Sortierung, die Verladung und den Abtransport von 934.000 t Müll, die in den Jahren 1972–1987 in einer ehemaligen Schottergrube abgelagert wurden. Haus- und Gewerbemüll, Sperrmüll und Industrieabfälle, aber auch kontaminierte Böden und etwa 15.000 Fässer mit gefährlichen Inhalten, stellen eine Gefährdung des Grundwassers dar. Die Deponie liegt im Grundwassereinzugsgebiet der Mitterndorfer Senke, einem der größten Wasserreservoirs in Europa. Das stark mit Chlorierten Kohlenwasserstoffen (CKW) – sie zählen teilweise wegen ihrer chemischen Stabilität, Fettlöslichkeit und Giftigkeit zu den sehr gefährlichen Umweltgiften – kontaminierte Grundwasser wird seit Jahren durch eine Sperrbrunnenanlage gereinigt, die Gesamtsanierung durch Kompletträumung einschließlich rund

Die Situation der Fischer-Deponie stellte mit ihren Gefahren für das Grundwasser eine der größten Umweltkatastrophen des Landes dar

Nach Beräumung der Fischer-Deponie war eine 800 m lange mal 100 m breite und bis 20 m unter die Geländekante reichende Grube entstanden, die nun gesäubert, verfüllt und rekultiviert wird

900.000 t kontaminiertem Untergrund, Wiederverfüllung und anschließender Rekultivierung der Grube war unausweichlich geworden.

Das Material wurde entnommen, in temporäre Lager gebracht, dort chemisch eingestuft und zu geeigneten Entsorgungs-, Behandlungs- und Verwertungsanlagen transportiert. Dann wurde mit der Säuberung, Verfüllung und Rekultivierung der Grube begonnen. Im Vorfeld der Beräumung wurde das Biopuster-Verfahren angewandt, das die Beschäftigten und Anrainer vor gefährlichen Gasen schützte. Ein Deponie-Management-System garantiert den reibungslosen Ablauf der Maßnahme, die Kosten in Höhe von ca. 115 Mio. Euro verursachte.

Auftragnehmer:
ARGE Räumung Fischer-Deponie Bilfinger Berger Bauges. m.b.H., Wien / STRABAG AG / ALPINE Mayreder / PORR Umwelttechnik GmbH

Autobahn-Projekt M6 in Ungarn

Im Oktober 2004 wurde die Unterzeichnung der Verträge zum Bau einer Autobahnstrecke in Ungarn bekannt gegeben. Bilfinger Berger realisiert zusammen mit den Partnerunternehmen PORR Infrastruktur GmbH und Swietelsky International Baugesellschaft mbH einen 58,8 km langen Teilabschnitt der zukünftigen M6 Autobahn zwischen Érd und Dunaújváros als PPP(Public-Privat-Partnership)-Projekt. Denn das Konsortium wird die Planung, Finanzierung sowie den Bau der von Budapest in südliche Richtung führenden Mautstrecke übernehmen und darüber hinaus den Betrieb der Autobahn für ein festes monatliches Entgelt in den kommenden 22 Jahren gewährleisten. Das Gesamtvolumen des Projekts liegt bei ca. 470 Mio. Euro; die reinen Baukosten haben einen Anteil von 400 Mio. Euro. Die Finanzierung erfolgt durch ein internationales Bankenkonsortium, bestehend aus ungarischen, deutschen und irischen Banken. Sie stellen 410 Mio. Euro an Krediten zur Verfügung. Die Refinanzierung erfolgt über eine fixe jährliche Gebühr, die der ungarische Staat zahlt. Eine südafrikanische Betreiberfirma wird nach der Fertigstellung während der verbleibenden 20,5 Jahre den Betrieb regeln. Die Projektgesellschaft hingegen ist während der Gesamtlaufzeit für die Erhaltung und Erneuerung zuständig.

Für insgesamt 52 Brückenbauwerke wurden Gründungsarbeiten durchgeführt. Auch Rammpfähle kamen zum Einsatz

Einen vergleichsweise geringen Anteil von ca. 11 Mio. beträgt das Auftragsvolumen der Gründungsarbeiten, mit denen die ARGE M6 ST (Spezialtiefbau), bestehend aus Bilfinger Berger Baugesellschaft m.b.H. und PORR Grundbau, im Oktober 2004 beauftragt wurde. Der Bau der knapp 60 km lange Strecke, die als fünfte mautpflichtige Autobahntrasse sternförmig von und nach Budapest führen wird, beinhaltet die Errichtung von insgesamt 52 Brücken, für die alle Grundbauarbeiten nötig waren. Insgesamt 14.000 lf.M Rammpfähle, 22.500 lf.M SOB-Pfähle und 7.300 lf.M voll verrohrte Bohrpfähle wurden von Januar bis August 2005 nach den erforderlichen statischen Pfahlprobebelastungen in die überwiegend sandig-schluffigen Böden eingebracht. Dabei war es aus zeitlichen Gründen erforderlich – der komplette Autobahnbau muss in eineinhalb Jahren bewältigt werden – gleichzeitig in allen vier Bauabschnitten, in die die Gesamtstrecke aufgeteilt wurde, mit den Arbeiten zu beginnen.

Bei den Gründungen für die Brücken der M6 wurden u. a. Schneckenortbetonpfähle (SOB-Pfähle) mit bis zu 1.200 mm Dicke eingebracht

Generalunternehmer:
ARGE M6 Autópálya
Bilfinger Berger Bauges. m.b.H, Wien / PORR Infrastruktur GmbH / Swietelsky International Baugesellschaft mbH

ARGE M6 ST (Spezialtiefbau)
Bilfinger Berger Baugesellschaft m.b.H, Wien / PORR Grundbau

Partner am Bau:

- Holcim (Wien) GmbH Beton, Zement
- Österreichische Doka Schalungstechnik GmbH
- Herrenknecht AG Tunnelvortriebstechnik
- cd-consult Ziviltechniker GmbH
- Monarth & Tatzber Ziviltechniker GmbH
- G. Hackenberg Holzhandel
- PERI Ges. mbH Schalung, Gerüste
- Lieferbeton GmbH
- Combisafe Deutschland GmbH
- Dietrich Luft + Klima Ges.m.b.H.
- Kölbl Bau Ges.m.b.H.
- Noack Ingenieurgesellschaft mbH
- SANIER-TECHNIK BaugmbH
- IFFT Institut für Fassadentechnik
- TPS Technik Personal Service
- Link ges.m.b.h. Schlosserei
- Grandits-Team Reprografie Ges.m.b.H.
- W. Heiss Ges.m.b.H. Bauunternehmen, Rammtechnik, Baumaschinenhandel und –reparatur
- AIRFIRETECH Brandschutzsysteme GmbH
- PKM-MULDENZENTRALE GmbH
- ATB Spezialbau GmbH
- Hans Hager GmbH & Co. KG Blitzschutz
- KMB Metallbau GmbH
- GAWAPLAN Haustechnische Anlagen Ges.m.b.H.
- Ingenieurbüro Pistecky
- FCP Fritsch, Chiari & Partner ZT GmbH
- Jellinek KG. NfG. Ges.m.b.H.
- Vermessung Eckharter ZT GmbH
- Zipp Baufertigteil-Vertriebs Ges.m.b.H.
- Staatl. befugter und beeideter Ziviltechniker Dipl.-Ing. Josef Jorda Zivilingenieur für Bauwesen
- Schindler Aufzüge und Fahrtreppen AG
- Getzner Werkstoffe GmbH
- SW Umwelttechnik Österreich GmbH
- Vermessung VSP Stolitzka & Partner ZT GesmbH
- Ingenieurbüro A. Pauser Ziviltechniker Ges.m.b.H.
- Troges Ges.m.b.H. Lüftungstechnik
- P. C. Wagner Elektro-Thermit Schweißgesellschaft m.b.H.
- OBG Bau Ges.m.b.H.
- DonauConsult Zottl & Erber Ziviltechnikergesellschaft m.b.H.
- Architektengruppe U-Bahn Holzbauer Marschalek Ladstätter Gantar Ziviltechniker GmbH
- Albrechtsberger Gesellschaft m.b.H.
- RIHA Gesellschaft m.b.H. Feuerschutz, Zargen, Türen, Tore
- OTIS GesmbH Aufzüge
- KONE AG Aufzüge, Rolltreppen
- P. H. I. Technisches Planungsbüro und Handelsgesellschaft m.b.H.
- Meixner Vermessung
- TOTAL FIRE-STOP Brandschutztechnik GmbH

08/2005
Dokamatic-Tisch
der unübertroffen schnelle Deckentisch
Integrierte Anpassung am Deckenrand
Tischbühne, Abschalungen und Randunterzüge sind im System einfach montierbar.
Schnelle Anpassung an Breite, Länge und Höhe
Mit Einschubträger und Passstreifen kann schnell an die Raumdimension angepasst werden.
Perfekte Umsetzhilfe - horizontal und vertikal
Umsetzwagen DF und Andockantrieb machen die Tische horizontal sehr schnell mobil.
Mit der Umsetzgabel DF gelangen die Tische schnell in die nächste Geschossebene.
Österreichische Doka Schalungstechnik GmbH
Reichsstraße 23
3300 Amstetten
Tel. (07472) 605-0
Fax: (7472) 64430
E-Mail: Oest.Doka@doka.com
Niederlassung Amstetten Tel. (07412) 56500-0
Niederlassung Graz Tel. (0316) 295673
Niederlassung Klagenfurt Tel. (0463) 381501
Niederlassung Oberösterreich Tel. (07243) 53989
Niederlassung Salzburg Tel. (06235) 6061
Niederlassung West Tel. (05238) 5600
Niederlassung Wien Tel. (01) 9793120
doka
Die Schalungstechniker
www.doka.com

Präzision in Wien.

Die alten Abwasserkanäle links und rechts vom Wienfluss sind überlastet. Bei Regenfällen gelangt Mischwasser durch Überlaufleitungen in den Fluss. Im Rahmen des Gewässerschutzprogramms der Stadt Wien wurde daher der "Wienfluss-Sammelkanal-Entlastungskanal" (WSKE) konzipiert. Ein Herrenknecht EPB-Schild (Ø 8,60 m) bohrte eine 2,6 km lange, tiefergelegene Röhre zwischen den bereits vorhandenen Kanälen. Diese Megaröhre kann bis zu 110.000 m³ Wasser aufnehmen, das dann einer Kläranlage zugeführt wird. Nach 7 Monaten Vortrieb erreichte der EPB-Schild S-257 im April 2005 den Zielschacht beim Rüdigerhof. Entlang der Tunneltrasse ging es eng zu, daher war präzise Technik Voraussetzung für den Erfolg. Der Startschacht im denkmalgeschützten Wiener Stadtpark wurde auf kleinstmöglichem Raum realisiert. Später unterquerte die TBM die U-Bahnlinie U1 am Karlsplatz mit einem Abstand von nur drei Metern.

Herrenknecht. Mit Teamwork Tunnelling zum Durchbruch.

EPB-Schild S-257, Ø 8,60 m

Blick in den aufgefahrenen Tunnel

Kunde:
Porr Tunnelbau GmbH
Bilfinger Berger Bauges. mbH

Maschinendaten:
EPB-Schild, Ø 8,60 m
Antriebsleistung: 2.000 kW

Tunnellänge: 2.600 m

Geologie: Wiener Tegel - toniger Schluff bis grober Schluff mit Bodenschichten von Feinsand bis Kies

Herrenknecht AG	D-77963 Schwanau	Tel +49 7824 302 0	Fax +49 7824 3403
Herrenknecht Schweiz AG	CH-6474 Amsteg	Tel +41 41 8848 080	Fax +41 41 8848 089
Herrenknecht France S.A.R.L.	F-78400 Châtou	Tel +33 1 300 960 30	Fax +33 1 300 960 36
Herrenknecht Italia S.r.l.	I-20060 Gessate (MI)	Tel +39 02 9538 4208	Fax +39 02 9538 3847

www.herrenknecht.de

HERRENKNECHT
Tunnelvortriebstechnik

Geotechnik, Grundbau und Tiefbau
Hoch- und Industriebau
Bauwerkssanierungen, Bauwerksabdichtungen
Garagen
Gutachten

cd-consult
ziviltechniker gmbh

Die cd-consult Ziviltechniker GmbH ist ein international tätiges Ziviltechnikerbüro, das mit innovativem Know-how und höchster fachlicher Kompetenz planende, koordinierende und kontrollierende Tätigkeiten in allen Bereichen der Bauindustrie ausführt. Die cd-consult Ziviltechniker GmbH wurde im Jahr 2001 als Schwesterfirma der seit 1996 bestehenden Strohhäusl & Partner Ziviltechniker GmbH gegründet und erfüllt von den Standorten Wien, St. Pölten und Linz aus kundennah, professionell und effizient die Wünsche ihrer Auftraggeber.

strohhäusl & partner
ziviltechniker gmbh

A-4020 Linz
Herrenstraße 5
Tel. 07 32/77 17 77
Fax 07 32/77 17 77-10
zt@strohhaeusl.at

A-3100 St. Pölten
Josefstraße 3
Tel. 0 27 42/7 41 90
Fax 0 27 42/7 41 90-30
cd-consult@construction.at

cd-consult
ziviltechniker gmbh

A-1150 Wien
Moeringgasse 10/3
Tel. 01/7 86 53 52
Fax 01/7 86 53 52-11
cd-consult@construction.at

Umbau Bahnhof Meidling 1120 Wien

U-Bahn-Wien Bauabschnitt U2/1

Neubau Zentralwerkstätte MA 48, 1170 Wien

Allgemeiner Hochbau, Industriehochbau, Tiefbau, Tunnelbau, Spezialtiefbau, U-Bahn-Bau, Brückenbau, Verkehrsplanung, Eisenbahnplanung, Generelle Planung, Umbau u. Sanierung, begleitende Kontrolle, Projektmanagement, Techn.-geschäftl. Oberleitung, Örtliche Bauaufsicht, Bauvorbereitung, Gutachten

48 Jahre Erfahrung in der Abwicklung von Großprojekten bringen spezielles Know-how

Um- und Zubau Generali, 1010 Wien

MONARTH & TATZBER
ZIVILTECHNIKER GMBH
A-1080 WIEN · BLINDENGASSE 26
T +43 1 405 42 86 · F +43 1 407 47 12
office@isp-zt.at · www.isp-zt.at
iSP
INFRASTRUKTUR · STATIK · PROJEKTMANAGEMENT

ÖBA – Erweiterung Albertina, 1040 Wien

Readymix

Small bis X-Large – vom Keller bis zur Decke

Durch unsere **große Produktvielfalt** finden Sie sicher den richtigen Baustoff für Ihren Zweck. Vom Keller über Fließestrich bis zur Decke, von der Mauer bis zum Schwimmbad. Und dazu noch **Ö-Norm geprüft.**

Besuchen Sie unsere website www.cemex.at

Behaglich durch Anhydrit-Fließestrich

Der Anhydrit-Fließestrich ist gerade für Fußbodenheizungen wärmstens zu empfehlen.
Seine gute Leitfähigkeit sorgt für eine rasche und gleichmäßige Wärmeabgabe und trägt so zum energiesparenden Heizen bei.

- **Ideal für Fußbodenheizungen.**
- **Einfacher, zeitsparender Einbau. (200 m² in 4 Stunden)**
- **Fast fugenlose Verlegung möglich.**
- **Kein Werkzeug, das die Fußbodenheizung beschädigen kann.**
- **Mehr Wohnbehaglichkeit durch rascher reagierende Fußbodenheizung.**

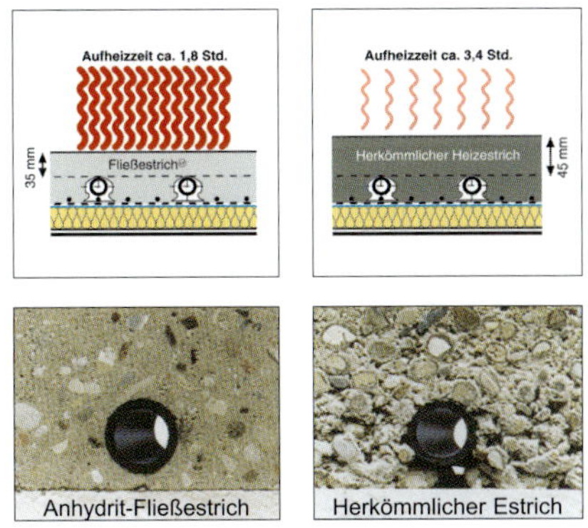

Anhydrit-Fließestrich
Herkömmlicher Estrich

LIEFER BETON

www.cemex.at

Ein Unternehmen der CEMEX

Lieferbeton GmbH
Lagerstraße 1-5, 2103 Langenzersdorf
Tel. 02244/33 44 55
Zentrale Bestellannahme für Wien: Tel. 02244/334455-111

COMBISAFE®

SAFETY BY SYSTEMS

- Über 10 Millionen Meter Absturzsicherungen auf Europas Baustellen.
- Über 20 Jahre Kompetenz als Komplettanbieter für Baustellensicherheit.
- Federführend bei der Entwicklung der europäischen Norm EN 13374 „Temporäre Seitenschutzsysteme".

Combisafe Deutschland GmbH
Gehringstr. 51 • D - 13088 Berlin
Tel +49 30 557308-0
Mail: info@combisafe.de

www.combisafe.com

Fassadentechnik mit internationaler Prägung

Das IFFT Institut für Fassadentechnik mit Sitz in Frankfurt am Main ist seit über 30 Jahren in In- und Ausland, erfolgreich tätig.
Das Fachgebiet umfasst Planung, Beratung und Kontrolle aller Bereiche der Fassadentechnik.
Dazu gehören vorgehängte Metall/Glas-Fassaden, hinterlüftete Fassadenbekleidungen in verschiedenen Materialien, Glasdächer, doppelschalige Fassaden und Ganzglas-Fassaden.
Hauptaufgabe des IFFT ist die rechtzeitige und umfassende Beratung von Bauherren und Architekten in konstruktiven, bauphysikalischen und wirtschaftlichen Fragen der Fassadentechnik in Zusammenarbeit mit anderen am Bau tätigen Fachplanern.

Der Inhaber des IFFT, Dipl.-Ing. Architekt Karlotto Schott, ist als Sachverständiger sowohl für Gerichte als auch für private Auftraggeber tätig.

Referenzobjekte:
in Wien:
Millenium Tower, Landesdirektion EA Generali, Universitätsgebäude IMBA, Andromeda Tower, Hochhaus Galaxy (Revitalisierung)

in Frankfurt am Main:
Hochhaus Messeturm , Hochhäuser Kastor u. Pollux, Hochhaus Westend I, Hochhaus Main Tower, Hochhaus Gallileo, Hochhaus Skyper, Westhafen Tower

IFFT
INSTITUT FÜR FASSADENTECHNIK FRANKFURT KARLOTTO SCHOTT
Niedenau 45
60325 Frankfurt am Main
Telefon 069 / 97 12 48-0
Telefax 069 / 97 12 48-33
e-mail: info@ifft.de

Produktinfo

Neuartiges Außenöl schützt Holzwerk im Freien

(djd) Ob Alt- oder Neubau, ob Fenster, Türen, Fassade oder Zaun – Bauelemente aus Holz verleihen jedem Haus eine besondere Note. So etwas Schönes soll natürlich lange Freude machen. Die richtige Pflege hilft dabei. Damit Holzwerk im Freien trotz Wind und Wetter sein gutes Aussehen behält, haben Holzpflege-Experten jetzt ein spezielles Pflegemittel entwickelt, das FAXE Außenöl.
Das Besondere daran: Das lösungsmittelfreie FAXE Außenöl ist aus reinem Naturöl hergestellt, dem ein UV-Filter zugesetzt wurde. Eine Kombination, die Holzoberflächen im Freien so richtig wasser- und wetterfest macht, wenn man sie zweimal je Saison mit dem Außenöl pflegt. Und das geht ganz leicht. Vor der Behandlung muss das Holz sauber, trocken und schmutzfrei sein. Altes Holzwerk sollte man daher mit dem zugehörigen Spezialreiniger vorbehandeln. Dann mit dem Pinsel das Außenöl in Faserrichtung auftragen, die Prozedur wiederholen, bis das Holz gesättigt ist – fertig!
Übrigens: Die Farbnuancen des Außenöls – Klar, Teak und Gold – lassen nicht nur jede Holzart in ihrem Naturton erstrahlen. Die Varianten Teak und Gold schützen besonders effektiv gegen UV-Strahlung und eignen sich daher bestens für stark bewitterte Hölzer. Erhältlich in allen Fachmärkten.

Weitere Infos:

Fachmärkte
oder
Holz-Roll
Voltastr. 32
D-50129 Bergheim
www.holz-roll.de

Erfahrung nutzen und Zukunft gestalten

Umbau Thurnstiege / U 2/4 Messe / U1/4 Leopoldau / Umbau Knoten Vösendorf / Lainzer Tunnel LT 25 „Purkersdorf“ / Zweigleisiger Ausbau Pottendorfer Linie / Entlastungskanal und naturnah umgebauter Grünstreifen Liesingtal

Die neue Thurnstiege im 9. Bezirk ist eine gelungene Kombination aus ansprechend gestalteter Treppen- und Rampenanlage mit hoher Aufenthaltsqualität

Die neue Thurnstiege – einladend für alle

100 Jahre ist es her, dass die fußläufige Verbindung zwischen Währinger Straße und Liechtensteinstraße – eine Treppenanlage üblicher Bauart – errichtet wurde. Ein Jahr dauerten nun die Bauarbeiten an der „neuen“ Thurnstiege im 9. Bezirk. Am 14. Oktober 2005 wurde die Stiege behindertenfreundlich und mit einer Rampe versehen wieder ihren Nutzern übergeben.

Die Planung zum Neubau lief jedoch schon seit 1999 auf hohen Touren. In Hinblick auf die Agenda 21 wurden die Bürger im Kulturbezirk Alsergrund mehrfach aktiv in die Neubauplanung einbezogen. Die Wiener Architektin Regina Pizzinini entwickelte daraufhin mehrere Vorschläge, unter denen ein Verfahren mit Bürgerbeteiligung im Juni 2000 auswählte. Auf dieser Basis erfolgte dann die konstruktive Planung sowie entsprechende Baugrunduntersuchungen und Vermessungen. Mitte November 2004 schließlich begann die ALPINE - MAYREDER Bau GmbH mit der konkreten Bauausführung.

Der architektonische Grundgedanke basiert auf einer Kombination aus Treppen- und Rampenanlage. Dazu wird – im Gegensatz zur vorherigen Stiege – die gesamte mögliche Breite zwischen den Häusern genutzt. Die Rampe erlaubt somit eine moderne, barrierefreie Verbindung zwischen den Straßenniveaus. Dazwischen vermitteln Blumentröge, ein Baum sowie Sitzgelegenheiten und Trinkbrunnen der Anlage ein freundliches Ambiente und werten sie gleichsam als einladenden, kommunikativen Ort der Begegnung auf.

Allerdings musste zur Realisierung dieser Entwurfsidee die alte Stiege komplett abgetragen und im Anschluss neu aufgebaut werden. Um Lärm und Erschütterungen während der einjährigen Bauzeit für die unmittelbaren Anwohner möglichst minimal zu halten, setzte das Team der ALPINE - MAYREDER Bau GmbH dabei lediglich lärmarme und schwingungsarme Baumaschinen ein.

Erweiterung U2, Bauabschnitt Messe

An der U2, zwischen km 21,991 und km 23,527, wird seit März 2003 und voraussichtlich noch bis Mai 2006 gebaut. Die ALPINE - MAYREDER Bau GmbH führt auf dieser rund 1,536 km langen neuen Teilstrecke der U-Bahn-Linie die Rohbauarbeiten aus. Die U-Bahn-Trasse geht in diesem Streckenabschnitt von der Tieflage in die Hochlage über.

Zu den Aufgaben des Bauspezialisten zählen ein Tunnel vor der Station Messe in offener Bauweise, die Station Messe selbst und ein Tunnel nach der Station Messe, ebenfalls in offener Bauweise. Im Zusammenhang mit der U-Bahn-Erweiterung steht ebenfalls eine Rampe nach der Station Messe und ein Damm mit beidseitigen Stützmauern. Erstellt werden zudem die Tragwerke der U-Bahn und der Begleitstraße über die Einfahrt in die Tiefgarage Messe Wien als Rahmenkonstruktion. Für die Station Trabrennbahn wird eine Stahl-Glas-Konstruktion über den Bahnsteig errichtet. Die Hochlage wird auf Bohrpfählen tief fundiert.

Für die U2 im Bauabschnitt Messe musste unter anderem jeweils vor und nach der Station Messe ein Tunnel in offener Bauweise errichtet werden. Die U-Bahn geht in diesem Abschnitt von der Tieflage in die Hochlage über

Gleisbau für die Erweiterung U1/4 Leopoldau

Die aktuell erweiterte U-Bahn-Linie U1 erhält mit der Station Leopoldau im Norden Wiens ihren Endpunkt. Dementsprechend werden in diesem Bauabschnitt neben den Gleisen der U-Bahn-Linie selbst auch eine Wendeanlage sowie eine Abstell- und Revisionshalle mit den nötigen Gleisverbindungen realisiert. In einer Arge mit Porr Technobau und Umwelt AG wurde die ALPINE - MAYREDER Bau GmbH mit diesem Bauabschnitt beauftragt. Auf einer Länge von rund 700 m wurden zwischen September 2001 und Juni 2003 bis zu dreizehn parallel liegende Gleise als Vignolschienenoberbau hergestellt. In diesem Bereich steigt die Trasse von rund 6 m unter der Geländeoberfläche auf Niveaulage des Stationsbereichs an. Für den im Grundwasser liegenden Bereich übernimmt der Beton als Weiße Wanne zugleich die Abdichtfunktion.

Neben den Schottergleisen mussten 16 Weichen, eine Kreuzung und zwei Doppelte Gleisverbindungen mit jeweils vier Weichen und einer Kreuzung gebaut werden. Ein Übergabegleis zur Bundesbahn, das wiederum als Vier-Schienen-Gleis ausgeführt ist, fällt dabei etwas aus dem Rahmen. Es dient lediglich dem Umladen von Gütern. In der Abstell- und Revisionshalle wurde überwiegend eine neue Variante des Schotterlosen Oberbaus gewählt, bei der die Betonschwellen direkt in den Ortbeton gebettet werden. Für diesen Bauabschnitt der U-Bahn-Erweiterung kamen insgesamt 3 km Kabelkanäle zum Einsatz.

U2/4 in Hochlage entlang des Messegeländes mit Messeturm

Umbau Knoten Vösendorf, A2

Am Knoten Vösendorf, zwischen km 3,2 und 4,8 der A2 Südautobahn, wurde die Anbindung der S1 Wiener Süd-Umfahrung an die A21 Wiener Außenringautobahn sowie an die A2 Südautobahn zwischen Mai 2003 und Mai 2004 optimiert. Eine Arge aus ALPINE - MAYREDER Bau GmbH, Porr Technobau und Allbau senkte die Südautobahn in diesem Bereich auf einer Länge von 850 m um ca. 1,50 m ab. Zudem mussten sieben bestehende Brückenobjekte abgebrochen werden. Während der einschneidenden Baumaßnahmen sollte der Verkehr jedoch möglichst unbehindert weiter-

Der Abbruch von sieben alten Brücken, der Bau von zwei neuen Brücken und eine Absenkung der Südautobahn um 1,50 m auf einer Länge von 850 m tragen zu einem optimierten Verkehrsknoten Vösendorf bei

fließen. Daher wurden die Leistungen in sieben Bauphasen durchgeführt.
Für die Absenkung der A2 unterteilten die Ingenieure die Hauptfahrbahn in Längsrichtung in vier Bauabschnitte, in deren Zuge auch die beiden neuen Brückenobjekte über die Südautobahn mit rund 90 m Länge und 25 m Breite hergestellt wurden. Kanal- und Drainageleitungen, Beleuchtung, die Verkehrsabsicherung mit 27.000 m Betonleitwänden sowie 90.000 m neuer Straßenmarkierung waren Teil der Straßenbauarbeiten. Insgesamt mussten auf rund 70.000 m² Bäume gerodet werden. Für den Abbruch der vier Überführungen der Südautobahn, insgesamt 15.000 m³ Stahlbetonabbruch, wurde die A2 an jeweils einem verlängerten Wochenende gesperrt. Die Abteilung Autobahnen und Schnellstraßen der Niederösterreichischen Landesregierung investierte 19,3 Mio. Euro in die umfangreichen Straßenbauarbeiten.

Lainzer Tunnel: LT 25 „Purkersdorf“

Seit 1999 wird im Bereich von Hütteldorf bis Unter-Purkersdorf unter der Westbahn ein Tunnel als Teil einer Eisenbahnverbindung zwischen West-, Süd- und Donauländebahn zur Entlastung des Wiener Stadtgebiets errichtet. Bei dem Baulos LT 25, für das ALPINE - MAYREDER Bau GmbH in Arbeitsgemeinschaft durch die HL-AG jeweils mit Erdbau und Tunnelbau beauftragt wurde, handelt es sich um das westliche Ende des Lainzer Tunnels.
Das Bauprojekt Lainzer Tunnel LT 25 „Purkersdorf“ gliedert sich Richtung Westen in die Bauteile Weichenhalle, Tunnel Herzmanskystraße sowie Rampe Purkersdorf. Der Straßenzug Lorenz-Stein-Straße–Herzmanskystraße und die Umleitung des Wurzbaches sind ebenfalls wichtige Bauteile.
Für die Bereiche Weichenhalle und Tunnel Herzmanskystraße wurden 71.900 m³ Erdmasse unter Decke ausgehoben und weggeschafft. Das Ausbruchmaterial wurde unterirdisch verladen und mit der Bahn abtransportiert. Parallel zu den Aushubarbeiten errichteten die Baumeister eine Längsdrainage. Durch ständig

Tunnelbau am Baulos LT 25 in Purkersdorf im Rahmen des Großprojektes Lainzer Tunnel

wechselnde geologische Verhältnisse während der Aushubarbeiten und die damit verbundenen stündlichen Änderungen in der Abtragsleistung gestaltete sich insbesondere die Disposition der Transportgeräte äußerst schwierig.
Die Tunnelüberschüttung des Herzmanskytunnels begann mit den Bereichen, die über Geländeniveau lagen. Ein Baustahlgitter zwischen Überschüttung und Humus unterstützte eine gute Verwurzelung der Bepflanzung. Im Bauteil Rampe Purkersdorf und Haltestelle „Purkersdorf Sanatorium" führten ebenfalls besonders schwierige geologische Verhältnisse etwa im Bereich der Hangsicherung Christkindlwald dazu, dass der Abtrag nur mittels Kleingeräten und aufwändiger Handarbeit erfolgte, da ansonsten die Ausbrüche zu massiv gewesen wären. Die zusätzlichen Hangsicherungsmaßnahmen wiederum beeinflussten die Zeitplanung.
Der Neubau des Straßenzuges, der parallel zum Tunnel Herzmanskystraße verläuft, stellte die ausführenden Firmen ebenfalls vor Herausforderungen. Die neue, 5,50 m breite Straße sollte unter permanenter Aufrechterhaltung des Fußgänger-, Anwohner- und Baustellenverkehres hergestellt werden. Hinzu kamen parallel laufende Arbeiten durch diverse Einbautenträger. Schließlich musste zur Herstellung des Lainzer Tunnel LT 25 „Purkersdorf" auch der Wurzbach umverlegt werden. Für den Tunnelbau auf einer Bauloslänge von 1.450 m und einer Tunnellänge von rund 875 m kamen 6.000 t Bewehrung, rund 30.000 m Pfähle, 49.500 m^3 Schalung und 52.000 m^3 Beton zum Einsatz. Der Tunnel ist 11 m breit bei einer lichten Höhe von 7,50 m. 48 Mio. Euro wurden in die Rohbauarbeiten des Bauabschnitts LT 25 investiert, der Anteil für die Erdbauarbeiten beläuft sich auf rund 5,8 Mio. Euro. Rohbau und Oberflächen-Neugestaltung im Bereich LT 25 sind seit 2004 abgeschlossen. Zwischen 2005 und 2008 wird der Tunnel ausgerüstet.

Zweigleisiger Ausbau Pottendorfer Linie

Den Anteil Erdbau und Betonbau im Rahmen des zweigleisigen Ausbau der Pottendorfer Linie auf der Strecke Wien Matzleinsdorf/Meidling–Wiener Neustadt und dem Umbau der Donauländebahn auf der Strecke Maxing–Nussdorf übernahm die ALPINE - MAYREDER Bau GmbH im Auftrag der ÖBB. Mit diesen Baumaßnahmen soll die überwiegend eingleisige Pottendorfer Linie von der bereits zweigleisig geführten Donauländebahn getrennt werden, um dem zukünftig vermehrt erwarteten Bahnverkehr gerecht zu werden.
Die Pottendorfer Linie mündet derzeit bei km 1,300 in Altmannsdorf in die zweigleisige Donauländebahn. Am Ostende des Bahnhofs Inzersdorf-Ort zweigt sie wieder ab. Um eine eigenständige, zweigleisige Streckenführung der Pottendorfer Linie im Projektabschnitt zu ermöglichen, muss die bestehende Bahntrasse teilweise verbreitert und der Bahnhof Inzersdorf-Ort komplett erneuert werden. Kunstbauten müssen angepasst oder erneuert werden und die Inzersdorfer Schleife durch die zweigleisige Pottendorfer Linie ersetzt werden.
Der Umbau der zweigleisig geführten Donauländebahn wird im Abschnittsbeginn derart durchgeführt, dass sie zukünftig an den Lainzer Tunnel im Baubereich LT 44 anschließen kann. Die Bauarbeiten begannen im Oktober 2005 und werden, unterteilt in fünf Bauphasen, voraussichtlich bis Juni 2008 andauern.

Durch einen zweigleisigen Ausbau der Pottendorfer Linie soll die Strecke einem verstärkten Bahnverkehr gerecht werden
Abb. unten: Brücke über die Triesterstraße

Umfangreiche Revitalisierung am Liesingbach

Mit dem Bauvorhaben Liesingbach soll die Abwasserentsorgung ökologisch und wirtschaftlich optimiert sowie der Gewässerschutz und die Hoch-

wassersicherheit des Liesingbaches verbessert werden. Die ALPINE - MAYREDER Bau GmbH war an diesem Gemeinschaftsprojekt der MA 45 Wasserbau und der MA 30 Wien Kanal in Arbeitsgemeinschaft mit einem durchgehenden Entlastungskanal unterhalb des Liesingbaches für die Ableitung der stark belasteten Regenwässer (Liesingtalsammelkanal-Entlastungskanal LSK-E) sowie Hochwasser-Schutzmaßnahmen beauftragt. Zusätzlich sollte das gesamte Bachprofil naturnah umgebaut werden. Damit wird die Selbstreinigungskraft des Baches zukünftig insgesamt wesentlich verbessert. Die neu geschaffenen Flussschlingen und zusätzlichen Grünräume der Liesing wiederum dienen als wertvoller Erlebnis- und Erholungsraum der Bevölkerung.

Abwässer aus dem 23. sowie den südlichen Teilen des 10., 11. und 12. Bezirkes werden über die neuorganisierte Abwasserentsorgung durch den LSK-E direkt der Hauptkläranlage Wien in Simmering zugeführt. Der erste verschmutzte Spülstoß der Straßenwässer, rund 90 Prozent der Schmutzfracht, wird ebenfalls zur Hauptkläranlage geleitet. Ein neues Ableitungsrohr für die Thermalwässer der Therme Oberlaa, das im Zuge des Kanalneubaues mitverlegt wurde, leitet über den bestehenden LSK zum Donaukanal ab. Die Kläranlage Blumental dient als Schmutzwasserkläranlage und der Umwandlung in eine naturnahe Regenwasserbehandlungsanlage mit zeitverzögerter Ausleitung in den Liesingbach.

Das gesamte Bachprofil präsentiert sich zukünftig wieder naturnah. Dazu mussten alle Abstürze in Form von für Fische und andere Wassertiere durchwanderbaren Rampen mit Tümpelpässen umgewandelt werden. Verfugte Sohlpflasterungen wurden aufgebrochen und eine mit Substrat bedeckte und verbreiterte Sohlfläche geschaffen. Die Sohle wurde zur Verringerung der großen Profiltiefe angehoben und erzielt nun eine größere Sohlbreite. Schließlich soll die Liesing durch diese Umgestaltungsmaßnahmen und die Bepflanzung der Böschungen eine Gewässergüte der Klasse II erreichen.

Die Bauarbeiten begannen im August 2002 und werden im Frühjahr 2006 abgeschlossen. Rund 5.300 m Bauloslänge sind verlegt. Rund 2.250 m Kanal wurde, bezogen auf die Lage des LSK-E, im Bachbett mit einer Einbautiefe von ca. 4–5 m ausgeführt. Rund 1.770 m verlaufen außerhalb des Liesingbaches bei Einbautiefen zwischen 6 m und 8 m. Weitere rund 1.280 m Kanal wurden im Bereichen beengter Platzverhältnisse oder Brückenbauwerke als Rohrvorpressung ausgeführt.

Der neue Grünstreifen entlang des Liesingbaches von etwa 70 m Breite setzt Impulse für die Stadtentwicklung, da er Wienerwald mit Donauraum verbindet. Mit der Revitalisierung zwischen Blumental und Unterlaa erhält die Stadt einen weiteren Bachabschnitt als Naturraum, während die Liesing unter Beibehaltung der bestehenden Hochwassersicherheit neu belebt wird.

Bauausführung:
ALPINE - MAYREDER Bau GmbH
Wien

Partner am Bau:

- SW Umwelttechnik Österreich GmbH
- BSB BETONSTAHL-VERLEGE Ges.m.b.H.
- Architekt DI Gerhard Moßburger ZT GesmbH
- Ingenieurbüro Neukirchen Ziviltechniker Gesellschaft m.b.H.
- KOPA Ziviltechniker-OEG KORSCHINECK & PARTNER
- Potyka und Partner ZT GmbH
- Zipp Baufertigteil-Vertriebs Ges.m.b.H.
- Staatl. befugter und beeideter Ziviltechniker Dipl.-Ing. Josef Jorda Zivilingenieur für Bauwesen
- Link ges.m.b.h. Schlosserei
- Stanik Bau Ges.m.b.H.
- Detlef Kenzian Sandstrahltechnik
- Grandits-Team Reprografie Ges.m.b.H.
- W. Heiss Ges.m.b.H. Bauunternehmen, Rammtechnik, Baumaschinenhandel und –reparatur
- AIRFIRETECH Brandschutzsysteme GmbH
- ITA Injektionstechnik Bauges. m.b.H.
- ATB Spezialbau GmbH
- Bauservice Rosenauer GmbH
- IPM Schober Ges.m.b.H. Fenster
- GAWAPLAN Haustechnische Anlagen Ges.m.b.H.
- Ingenieurbüro Pistecky
- hauer & stix Ziviltechnikergesellschaft mbH. Ingenieurkonsulenten für Vermessungstechnik
- Schneiberg Erd- und Abbrucharbeiten GmbH
- Vermessung Eckharter ZT GmbH
- Ingenieurbüro ste.p Stella & Stengel Partner
- Getzner Werkstoffe GmbH
- DIMAS Betonbohr- und -sägedienst Ges.m.b.H.
- Vermessung VSP Stolitzka & Partner ZT GesmbH
- TPS Technik Personal Service
- Ingenieurbüro A. Pauser Ziviltechniker Ges.m.b.H.
- Dipl.-Ing. Josef Gebeshuber Staatlich befugter und beeideter Zivilingenieur für Bauwesen
- Troges Ges.m.b.H. Lüftungstechnik
- Österreichische Doka Schalungstechnik GmbH
- Dipl.-Ing. Herwig Reider Staatlich befugter und beeideter Zivilingenieur für Bauwesen
- P. C. Wagner Elektro-Thermit Schweißgesellschaft m.b.H.
- OBG Bau Ges.m.b.H.
- Zivilingenieurbüro Dipl. Ing. Dr. Helmut Effenberger
- Architektengruppe U-Bahn Holzbauer Marschalek Ladstätter Gantar Ziviltechniker GmbH
- G. Hackenberg Holzhandel
- Albrechtsberger Gesellschaft m.b.H.
- RIHA Gesellschaft m.b.H. Feuerschutz, Zargen, Türen, Tore
- Meixner Vermessung
- Architekt Katzberger ZT GmbH
- TOTAL FIRE-STOP Brandschutztechnik GmbH
- Steppi & Co. Gesellschaft m.b.H. Heizung-Lüftung-Sanitär

Liesingtal: heute auf rund 5,3 km ein attraktiver, erlebbarer Naturraum mit verbesserter Gewässergüte und Hochwasserschutz

SW Umwelttechnik

Die **SW Umwelttechnik** ist Anbieter von ökologisch und ökonomisch effizienten Produkten in den Bereichen Wasserschutz, Projektgeschäft und Infrastruktur. Durch das sehr gute Verständnis für die Wachstumsstärken der Zentral- und Osteuropäischen CEE-Staaten und den Aufbau regionaler Produktionsstätten ist es gelungen, lokale Umweltlösungen kundennah und flexibel anbieten zu können.

Die **SW Umwelttechnik** wurde als Familienunternehmen im Jahr 1910 gegründet und ist heute als aktiennotiertes Unternehmen mit weit über 700 Mitarbeitern an 19 Standorten in Österreich, Ungarn, Rumänien und der Slowakei tätig.

1910 Gründung durch Bmst. Stoiser und Arch. Wolschner
1963 erste biologische Kläranlage
1990 Beginn der Aktivitäten in Ungarn
1997 IPO an der Börse Wien / Wachstumssegment
bis 2001 jährliche Akquisition von 1 bis 2 Unternehmen
2002 Werkerrichtung Budapest Süd als Green field operation
2003 Einstieg in Bereich Erneuerbare Energie/Biogas
2004 Baubeginn des modernsten Rohrwerkes Ungarns in Budapest
2005 Baubeginn Werk in Ortisoara/Rumänien

Für das Unternehmen steht das Thema Nachhaltigkeit aufgrund seines Produktangebotes in der Umwelttechnik seit Jahrzehnten im Vordergrund. Durch die EU-Erweiterungen bietet sich gerade im Bereich des Wasserschutzes und der ökologischen Energieerzeugung durch regenerative Rohstoffe für die **SW Umwelttechnik** die Möglichkeit, mit ihren Produkten einen Beitrag zur umwelt- und sozialverträglichen Wirtschaftsentwicklung zu leisten.

Die **SW Umwelttechnik** plant und errichtet als Generalunternehmerin schlüsselfertige Biogasanlagen für den landwirtschaftlichen Bereich. Das Unternehmen projektiert und realisiert zurzeit allein in Österreich zehn derartige Energiegewinnungsanlagen. Für die neuen EU-Mitgliedsländer bestehen große Chancen für die Energieerzeugung im Bereich der Landwirtschaft, die den wirtschaftlich sinnvollen Erhalt von Kulturflächen durch „Energiewirte" ermöglicht.

Wasserschutz

- Abscheidetechnik
- Klärtechnik
- Regenwassernutzung
- Schachtbauwerke
- Pumpstationen
- Trinkwassernetze
- Trinkwasseranlagen

Projektgeschäft

- Biogasanlagen

Infrastruktur

- Masten für Stromversorgung, Bahn u. Telekommunikation
- Straßenbauteile
- Brückenbauteile
- Fertigteile für den Hallenbau von Industrie u. Gewerbe
- Deckensysteme für Industrie-, Gewerbe- und Wohnungsbau

Die SW-Gruppe in Österreich:
SW Umwelttechnik
ÖSTERREICH GMBH

Bahnstraße 87–93
A-9021 Klagenfurt
Telefon +43/(0)463/32 109-0
Telefax: +43/(0)463/37 667
office@sw-umwelttechnik.at
www.sw-umwelttechnik.at

SW Umwelttechnik
STOISER & WOLSCHNER AG

Die **BSB BETONSTAHL-VERLEGE Ges.m.b.H.** beschäftigt sich mit der Verlegung von Betonstahlbewehrungen für Bauvorhaben jeder Größe.

Die **Licotrans Transporte Ges.m.b.H.** ist ein konzessioniertes Transportunternehmen und bietet:

- Sondertransporte (überlang/überbreit)
- Bescheidbesorgung
- Transportbegleitung
- Kranfahrzeuge

Das Kerngeschäft der **BSB BETONSTAHL-BIEGEREI Ges.m.b.H.** ist der Handel und die Bearbeitung von Stabstahl und Baustahlgitter sowie der Vertrieb diverser Bauhilfsprodukte für die Verlegung. Das Unternehmen besitzt die Lizenz für die Herstellung von Betomax GripTec Muffenstößen.

BSB BETONSTAHL-VERLEGE
Ges.m.b.H.
office@bsb.co.at
www.bsb.co.at

LICOTRANS TRANSPORTE
Ges.m.b.H.
office@licotrans.at
www.licotrans.at

BSB BETONSTAHL-BIEGEREI
Ges.m.b.H.
office@bsb.co.at
www.bsb.co.at

BSB

Licotrans

BSB

A-2512 Tribuswinkel Handelsstraße 3 Tel. +43/2252/259 450-0 Fax +43/2252/259 450-30

Erfahrung und Innovation im Bereich der Ingenieurgeodäsie

Basierend auf nahezu vier Jahrzehnten Erfahrung mit weit mehr als 6.000 realisierten Projekten im Kerngebiet Wien und Umgebung bietet die Ziviltechniker-OEG KORSCHINECK & PARTNER, kurz KOPA, mit ihren 25 Mitarbeitern eine umfangreiche Dienstleistungspalette im Vermessungswesen.

Das Angebot umfasst Grundlagenvermessungen, Katastervermessungen, Bauwerksaufnahmen und Ingenieurgeodätische Arbeiten im Hoch- und Tiefbau.

Seit Anfang 2002 wird das im Osten Österreichs als hochspezialisierter Partner bekannte Unternehmen von den Ingenieurkonsulenten für Vermessungswesen Dipl.-Ing. Dr. techn. Florian Helm, Dipl.-Ing. Johann Liebert und Dipl.-Ing. Christian Supper geführt. Die Nähe zur Technischen Universität Wien motiviert KORSCHINECK & PARTNER nach wie vor, die neuesten Entwicklungen auf dem Gebiet der Vermessung einem praktischen Einsatz zuzuführen und durch kontinuierlichen Know-how-Transfer Möglichkeiten für praktische Einsätze zu schaffen. Bei KOPA ist man auf jede Herausforderung eingestellt und mit stets aktualisiertem technischen Equipment für alle anstehenden Arbeiten gewappnet.

KOPA
VERMESSUNG
KORSCHINECK & PARTNER
ZT

Tel. +43 1 5051892
Fax. +43 1 5051892-21
Mail office@kopa.at
http www.kopa.at

Wiedner Hauptstraße 17
A-1040 Wien

ÖBB Knoten Rohr

ÖBB Lainzer Tunnel, Mauerbachbrücke

Spezialtiefbau Railway Bridges, Sri Lanka

U4 – Center Wien

Modecenterstraße 17–19, Wien

Planungen und Dienstleistungen für

Tiefbau, Spezialtiefbau und Brückenbau
Hochbauten, Umbauten und Sanierungen
Bestandsprüfungen und Gutachten
Örtl. Bauaufsicht und begl. Kontrolle
Planungs- und Baustellenkoordination

POTYKA und PARTNER ZT GmbH
A - 1120 Wien, Altmannsdorfer Str. 89/13
T+43/1/8772571 F+43/1/8772571/85
office@ibpot.at www.ibpot.at

Wiener Linien U2/8 A 23 – Bahnhof Stadlau

Wiener Linien U2/4 Prüfingenieur, BauKG

Qualität und ein gutes Preis-Leistungs-Verhältnis

Die Zipp Baufertigteil-Vertrieb Ges.m.b.H. liefert Betonfertigteile in nahezu unbegrenzter Menge

Die Zipp Baufertigteil-Vertriebs Ges.m.b.H. liefert und montiert Betonfertigteile für kleine, mittlere und große Bauvorhaben in Wien und dem ganzen Land. Die Bauelemente sind Eigenentwicklungen der leistungsstarken Zipp GmbH mit Hauptsitz in Bratislava, Slowakei. 1994 aus einem ehemalig staatlichen Betrieb hervorgegangen, beschäftigt das Unternehmen als eines der größten Bauunternehmen des Landes ca. 2.000 Arbeitnehmer und kann auf eine mehr als 40-jährige Tradition in der Produktion und Entwicklung von Betonfertigteilen zurückblicken. Neben Elementen des klassischen Hochbaus werden seit geraumer Zeit verstärkt Bauteile für die Fertigung von Tunnelröhrenwandlungen bereitgestellt. Die für den Bau von unterirdischen Schnellbahntunnel konzipierten Tübbingen entsprechen höchsten Anforderungen und werden in exakten Formen mit einer Toleranz von 0,2 mm gefertigt. Diese Elemente kamen in den letzten zwei Jahren beispielsweise beim Bau einiger U-Bahn-Linien in Wien zum Einsatz.

Eine Auswahl von Bauvorhaben bei denen die Zipp Baufertigteil-Vertrieb Ges.m.b.H. durch Lieferung/Montage von Fertigteilen mitwirkte:

- **U1/4 Leopoldau, Wien, 2003**
  Abstell- u. Revisionshalle: Lieferung von Fertigteilen, Kassettendecken bis 60 t inkl. Montage
- **U1/1 Kagraner Platz, Wien, 2003**
  Lieferung von Stahlbeton-Tübbingen
- **Park-&-Ride, Neulengbach, 2003–2004**
  Lieferung von Vorgehspanten, Fertigteildecken, Brüstungsplatten, Stiegenläufe
- **U2/5 Stadion, Wien, 2004–2005**
  Lieferung von Stahlbeton-Tübbingen
- **Parkhaus 3, Flughafen Wien-Schwechat, Aufstockung, 2005**
  Stahlbeton-Fertigteile wie Decken und Träger

Zipp Baufertigteil-Vertriebs Ges.m.b.H.
Sebastian-Kneipp-Gasse 3/5 1020 Wien
Tel. 1/212 03 25 Fax 1/890 10 11 15
zipp.austria@a1.net www.zipp.sk/de

STAATL. BEFUGTER UND BEEIDETER ZIVILTECHNIKER

DIPL.-ING. JOSEF JORDA

ZIVILINGENIEUR FüR BAUWESEN
RENNBAHNSTRASSE 24, A - 3100 ST.PöLTEN
TEL. 02742 / 25 23 64, eMail: office@ztjojo.at

Statisch-konstruktive Bearbeitung im Hoch- und Tiefbau

Beratung - Begleitende Kontrolle - Örtliche Bauaufsicht

Abwasserentsorgung - Kanalnetzplanung - Kläranlagen

Realisiert und im Bau: aktuelle Projekte in Wien

TOSCANAHOF: Wohn- und Geschäftshaus / Schlachthausgasse: Büro- und Wohnhaus/ SITE F – Privatschule, Seniorenwohnhaus und Studentenwohnheim / Obere Augartenstraße: Wohnkomplex / FREQUENTIS: Produktions- und Bürogebäude Eibesbrunnergasse / EKZ Heiligenstadt / A22: Verlängerung der Nordbrücke

Die DYWIDAG Dyckerhoff & Widmann Ges.m.b.H. ist seit 1973 im gesamten österreichischen Bundesgebiet tätig. Der Sitz der Gesellschaft ist Wien. Niederlassungen werden in Linz, Salzburg und Innsbruck betrieben. Im Jahr 2004 konnte das Unternehmen mit seinen 250 Mitarbeitern das bisher erfolgreichste Jahr mit einem Umsatz von 67 Mio. Euro und einer Eigenkapitalquote von 30 Prozent abschließen. Einige der im Folgenden vorgestellten Projekte wurden schon 2003 oder 2004 fertig gestellt und trugen zu diesem Ergebnis bei, andere Großprojekte befinden sich in der Realisierungsphase und tragen zu zukünftigen Ergebnissen bei.

TOSCANAHOF

Ende des Jahres 2004 wurde das Wohn-, Büro- und Geschäftshaus TOSCANAHOF im 4. Bezirk errichtet. Nach Plänen des Wiener Architekturbüros Prof. Gustav Peichl – die Ausführungsplanung erfolgte durch Mag. arch. Ing. Werner Krakora – entstand auf einer Grundfläche von 1.420 m² im Botschaftsviertel Wiedens ein achtgeschossiges Gebäude, das auf zwei unterirdischen Garagengeschossen, die 174 Dauer- und Kurzzeitparkplätze bieten, lagert. Das namensgebende Palais Toskana, eine 1867 im Stil der klassischen Renaissance errichtete herrschaftliche Villa, wurde zwar schon vor langer Zeit auf Grund starker Kriegsschäden abgerissen, lebt im übertragenen Sinn aber in dem jetzigen Gebäude wieder auf.

Einen eigenständigen Charakter, der stark und einprägsam die Baulücke im historischen Stadtverband und in Nachbarschaft zu den angrenzenden Bauten des 19. Jahrhunderts schließt, wollten die Architekten realisieren. So entstand an der Argentinier Straße 29 eine stark ondulierte, zweischalige Glashaut, deren Wintergärten sowohl akustisch wie wärmetechnisch wirksam sind. Die Fassade zum Park ist klassisch modern und wird mit präziser Geometrie, großen Fensterflächen und eingeschnittenen Balkonen gegliedert. Die im warmen Rotton gehaltenen Putzflächen brechen die geometrische Strenge und harmonieren mit den Grüntönen der Parklandschaft. Ein zweigeschossiges Foyer bildet das Kernstück des Sockels und wird beidseitig von Geschäftsräumen mit 135 m² und 240 m² flankiert. Im 1. OG sind auf 700 m² flexibel aufteilbare Büroflächen mit hervorragender Belichtung durch raumhohe Fenster, die mit den Geschäftsräumen im Erdgeschoss kombiniert werden können, angeordnet. Eine Architektur, die sich den Ansprüchen gehobener Wohnkultur verpflichtet fühlt, findet sich auch in den 49 Wohnungen der vier darüber liegenden Ober- und zwei Dachgeschossen wieder. Die insgesamt 52.400 m³ umbauter Raum wurden von der Dyckerhoff & Widmann GmbH als Eigenbaustelle und in Deckelbauweise errichtet. Der Rohbau wurde in zwölf Monaten fertig gestellt.

Die zweigeschossig ausgebildete Aluminium-Glaskonstruktion fasst die Sockelzone der Straßenfront, die aus Geschäfts- und Bürogeschoss gebildet wird, zusammen und betont die darüber liegende Glasfassade

Einmalige Ausblicke über die Wiener Innenstadt bieten die Dachgeschosswohnungen im 6. und 7. OG

Baumeisterarbeiten:
Dyckerhoff & Widmann Ges.m.b.H.

Schlachthausgasse

Auf dem Gelände des ehemaligen Mautner Markhofschen Kinderspitals im 3. Bezirk wurde im Juli 2005 ein Projekt fertig gestellt, das in die Reihe des modernen Wohnungsbaus in Wien gehört. In kaum einer anderen Stadt planen und realisieren so viele weltweit anerkannte Architekturbüros Projekte des sozialen Wohnungsbaus. In Wien ist diese architektonische Qualität durch ein umfangreiches Wohnungsbauförderprogramm möglich. In den letzten Jahren wurde der Bau mehrerer Tausend Wohnungen mit dreistelligen Millionenbeträgen gefördert. Nach Plänen des Architektenduos COOP HIMMELB(L)AU errichtete die DYWIDAG als Generalunternehmer für die GPA-WBV Wohnbauvereinigung für Privatangestellte und die Kleingassen Projektierungsges. m.b.H. an der Schlachthausgasse 30/Baumgasse 75 – nur 300 m vom Naherholungsgebiet Prater entfernt und mit direktem U-Bahn-Anschluss – einen Wohn- und Bürohauskomplex, der mit einem 700 m^2 großen Jugendzentrum für zusätzliche Belebung dieses Stadtteils sorgen wird. Die Herstellung von drei Tiefgeschossen, die neben einer Technikzentrale 233 Fahrzeugen Platz bietet, stellte durch ihre innerstädtische Lage neben der stark befahrenen Schlachthausgasse eine Herausforderung dar. Die Baugrubensicherung erfolgte mittels nach innen durchgesteiften Spundwänden. Das oberirdische Bauwerk wurde in Ortbeton hergestellt, und gedämmte Fassadenelemente und Ortbetonfertigteile bilden mit der Pfosten-Riegel-Konstruktion eine differenziert gestaltete Außenansicht.

In dem auffälligen Komplex an der Schlachthausgasse wurde ein Wohngebäude mit 82 geförderten Wohnungen und ein über drei Geschosse reichendes Jugendzentrum sowie ein Bürohaus als Sitz der GAP und des Berufsförderungsinstituts errichtet

Generalunternehmer :
Dyckerhoff & Widmann Ges.m.b.H.

Obere Augartenstraße

Schon im Herbst 2003 wurde ein Wohnungsbauprojekt in der Oberen Augartenstraße an die Bauherren übergeben. Im 2. Bezirk, direkt gegenüber vom Augarten, einem der schönsten Parkanlagen und innerstädtischen Freizeitbereiche Wiens, realisierte die DYWIDAG zusammen mit der Strabag AG und Universale Hochbau Wien für die beiden Bauherren, Österreichisches Volkswohnungswerk und Neue Heimat, eines der größten Wohnungsbauvorhaben Wiens. In mehr als 160.000 m^3 umbautem Raum einschließlich der zweigeschossigen Tiefgarage wurden neben 428 Wohnungen auch ein Supermarkt und ein Kindergarten schlüsselfertig errichtet. Für die Tragstruktur wurde eine Stahlbetonkonstruktion gewählt, während die Wände, Ausfachungen und Fassaden mit wärmedämmendem Mauerwerk und Vollwärmeschutz zur Ausführung kamen.

Generalunternehmer:
ARGE Universale Hochbau Wien/ Strabag AG / Dyckerhoff & Widmann Ges.m.b.H.

FREQUENTIS: Ein neuer Firmensitz in Wien

Bisher sind die knapp 500 Mitarbeiter und Mitarbeiterinnen der österreichischen High-Tech-Schmiede Frequentis GmbH an unterschiedlichen Standorten in Wien

Auf die Energiebilanz und die Betriebskosten wurde auch bei der Errichtung der Wohnhausanlage Obere Augartenstraße geachtet

In Nachbarschaft zur Wienerberg City entsteht an der Eibesbrunnergasse der neue Unternehmenssitz der Frequentis GmbH

Die Aufnahme aus dem September 2004 zeigt die Großbaustelle SITE F an der Erdbergstraße/Ecke Paragonstraße

Das Studentenwohnheim erhält sechs Obergeschosse, umschließt zwei Innenhöfe und wird horizontal über Laubengänge erschlossen

und in Brunn am Gebirge beschäftigt. Mit Fertigstellung des Neubaus am Wienerberg im Sommer 2006 werden sie alle gemeinsam in hochmodernen Produktions- und Büroräumen in der Eibesbrunnergasse die Erfolgsgeschichte des international tätigen Unternehmens, das bei Sprachkommunikations- und Informationssystemen für sicherheitskritische Bereiche weltweit führend ist, weiterschreiben können.

Auf einer Grundrissfläche von 6.500 m^2 entsteht seit Anfang 2005 ein unterkellertes, viergeschossiges Gebäude auf kammartigem Grundriss, das auf die spezifischen Nutzungsanforderungen und den Vollausbau für bis zu 826 Mitarbeiter ausgelegt sein wird. Im Kellergeschoss, das auf einer ca. 1,20 m dicken Fundamentplatte lagert, sind Parkplätze, Technikzentrale und ebenso wie im Erdgeschoss, das Flächen für den Empfang, die Anlieferung sowie Büro-, Schulungs- und Gastronomieräume bereitstellt, Produktionsflächen angeordnet. Weitere Büroflächen finden sich in den Obergeschossen. So entstehen rund 13.000 m^2 Bürofläche, die über vier begrünte Innenhöfe belichtet werden und u.a. mittels einer 14 cm dicken Vollwärmeschutzfassade und durch das Aufbringen von Kühldeckenputz ein ausgeglichenes Raumklima erhalten.

Baumeisterarbeiten:
Dyckerhoff & Widmann Ges.m.b.H.

SITE F – Privatschule, Seniorenwohnhaus und Studentenwohnheim

Unweit der Gasometer, einem – weit über die Grenzen Wiens hinaus – viel beachteten und diskutierten Wohnbauprojekt der Donaustadt, entsteht seit 2004 in der Erdbergstraße unter dem Projektnamen SITE F ein kompakter Gebäudekomplex, der unterschiedlichste Nutzungsschichten in einer blockartigen Bebauungsstruktur zusammenfasst. Nach Plänen des Atelier 4 architects, Wien, realisiert die ARGE Stettin GmbH und DYWIDAG bis Mitte 2006 den Neubau für ein Evangelisches Gymnasium, ein Seniorenwohnhaus und ein Studentenwohnheim mit 29.400 m^2 BGF. Die Bauvorhaben der GPA-WBV Wohnbauvereinigung der Privatangestellten zählen zu den innovativen Projekten. Sie war an der Entstehung der Gasometer führend beteiligt und ist beispielsweise auch Bauherrin des weiter oben vorgestellten Komplexes an der Schlachthausgasse 30.

Auf dem Bauplatz, der südlich vom Entertainmentcenter bei den Gasometern, westlich von der Paragonstraße, nördlich von der Erdbergstraße und östlich von einer bestehenden Bebauung begrenzt wird, entsteht in einer horizontal und vertikal verzahnten Struktur eine lebendige Architektur mit nutzungsorientierter, kompakter Grundrissorganisation. Die Klassenräume des Gymnasiums ordnen sich in dem östlich gelegenen Bauteil U-förmig auf Erd- und drei Obergeschossen um eine zentrale Halle. Eine Terrasse auf einer Teilfläche des Daches dient als Freiraum für die Schüler, während sich in dem zum Blockinneren gelegenen Flügel weitere drei Obergeschosse erheben, die mit 39 Zimmern, Aufenthalts- und Nebenräumen ein Seniorenwohnheim der Diakonie beherbergen werden. In westlicher Richtung und um zwei Innenhöfe angeordnet entstehen die siebengeschossigen Flügel des Studentenwohnheims. Von zwei vertikalen Treppenhäusern und über witterungsgeschützte Laubengänge werden insgesamt 85 Einheiten erschlossen, die in der Mehrzahl aus Drei-Zimmer-Wohnungen bestehen und insgesamt für 280 Studenten Wohnraum bieten werden.

Generalunternehmer:
ARGE Östui Stettin GmbH/ Dyckerhoff & Widmann Ges.m.b.H.

Die Fassade der Parkdeckauffahrt des EKZ Heiligenstadt erhält eine schimmernde Oberfläche

ARGE EKZ Heiligenstadt

Der Spar-Konzern bzw. dessen Finanz-Tochter DHP Immobilien-Leasing GmbH beleben im Norden Wiens durch Sanierung, Um- und Ergänzungsneubauten eine denkmalgeschützte, ehemalige Papierfabrik. Das 1908/09 errichtete Gebäude zählt zu den ältesten und auffälligsten Betonskelettbauten Wiens. Die Samum-Papierfabrik hielt mit ihren kaum 5 cm dicken Geschossdecken über Jahrzehnte den Maschinen stand. Nun wurde dem generalsanierten Altbau nach Plänen des Atelier Peter Lorenz + Partner auf einer Grundfläche von 8.000 m^2 ein Neubau in Ortbetonbauweise, der je zwei Tiefgaragen- und Einkaufsgeschosse und vier darüber liegenden Parkdeckebenen Raum bietet, mit respektvollem Abstand an die Seite gestellt. Der Zwischenraum zwischen Alt- und Neubau wird durch eine auf einer Stahlkonstruktion liegende Glashaut überdeckt. Lamellenverstärkungen und die neuen Treppenhäuser geben dem Altbau die geforderte Erdbebensicherheit.

Generalunternehmer:
ARGE Strabag AG/ Dyckerhoff & Widmann Ges.m.b.H.

A22: Verlängerung der Nordbrücke

Die Dyckerhoff & Widmann Ges.m.b.H. erhielt im Zuge der Autobahnverlängerung der A22 den 24-Mio.-Auftrag, eine bestehende Brücke umzubauen bzw. zu verlängern. Mit den Arbeiten an dem Großauftrag wurde im Januar 2005 begonnen. Im September 2006 soll die Verkehrsfreigabe der 2 km langen Trasse erfolgen; die Restarbeiten werden im darauf folgenden Dezember abgeschlossen sein. Bisher mündete die A22 in Floridsdorf nördlich der Überführung der Prager-straße beim Shopping Center Nord (SCN) mit dem Plateau Donau Straße in die Brünner Straße. Nach Abschluss der Baumaßnahme wird die Trasse an der Rückseite des SCN bis zum Bahnhof Jedlersdorf bzw. bis zur Lundenburger Gasse weitergeführt und damit zu einer deutlichen Entlastung dieser Kreuzung beitragen. Die neue Trasse verläuft anfangs ab der Prager Straße in Hochlage. Anschließend wird sie in einer Grundwasserwanne geführt und unterfährt so die bestehende Gleisanlage der ÖBB. In einem Rechtsbogen bindet sie in die Lundenburger Gasse ein, die im Zuge des Projektes zwischen Ignanz-Köck-Straße und Brünner Straße leistungsfähig ausgebaut wird. Begleitend zu den Straßenbaumaßnahmen werden Rad- und Fußwege realisiert, die nicht nur sicherstellen, dass durch die Autobahn keine Barriere für diese Verkehrsteilnehmer entsteht, sondern auch zusätzliche wichtige Verbindungen schafft. Insgesamt vier Bahntragwerke und zwei Stahlbogenbrücken für Fußgänger und Radfahrer werden im Bereich der Grundwasserwannenunterführung neu errichtet. Durch die Weiterverwendung bestehender Tragwerke werden Zeit und Kosten gespart. Die bestehende Überführung im Bereich der Prager Straße wird durch Verbreiterung der Kragplatten umgebaut und ein bestehendes Rampentragwerk mit einer Länge von ca. 100 m mittels Hebebauweise aus der Schräglage in eine horizontale Gradiente gekippt und als Hochtrasse weitergeführt.

Die helle Gestaltung von Unterführungen und Böschungen wird für ein angenehmeres Erscheinungsbild sorgen, und insgesamt 8.500 m^2 Lärmschutzanlage schützen die Bevölkerung der Wohnbauten entlang der Autobahn vor Verkehrslärm. Durch den Einsatz eines neu entwickelten Bindemittels für die Verarbeitung von Beton wurde in Zusammenarbeit zwischen der Magistratsabteilung M29, die für die Koordinierung des Bauvorhabens in der Ausführungsphase verantwortlich ist, dem Generalunternehmer, dem Hersteller und dem Betonlieferanten eine Musterbaustelle eingerichtet. Das Bindemittel wurde bei der Betonierung einer Stützwand mit einer Dicke von etwa 40 cm und einer schräg abfallenden Höhe von 3,5 m eingesetzt. Die gute Festigkeitsentwicklung und hohe Dauerhaftigkeit stehen auf dem Prüfstand.

Fazit

Die hier gezeigten Projekte zeigen mit dem Spektrum realisierter oder in der Ausführungsphase befindlicher Projekte die Beteiligung des Unternehmens auf, das als Generalunternehmer und Spezialist für Großprojekte am Baugeschehen in Wien vielfach beteiligt war und auch in Zukunft sein wird.

Die Verlängerung der A22 verläuft anfangs in Hochlage. Das bestehende Tragwerk der Hochtrasse Floridsdorf wird instand gesetzt, verstärkt und zum Teil angehoben. Diese Teilbaumaßnahme führt zu einer nicht unerheblichen Kosten- und Zeitersparnis

Generalunternehmer:
ARGE DYWIDAG Bau GmbH Deutschland / Dyckerhoff & Widmann Ges.m.b.H.

Partner am Bau:

- Ing-Holzbau und Zimmerei KANDLER GmbH
- P. H. I. Technisches Planungsbüro und Handelsgesellschaft m.b.H.
- BWS Bewehrungsstahl GmbH
- ALS Haller Metallbau – Lamellentechnik – Zaunbau
- Grandits-Team Reprografie Ges.m.b.H.
- W. Heiss Ges.m.b.H. Bauunternehmen, Rammtechnik, Baumaschinenhandel und –reparatur
- AIRFIRETECH Brandschutzsysteme GmbH
- PKM-MULDENZENTRALE GmbH
- eibe Produktion + Vertrieb GmbH Kinderspielräume
- ITA Injektionstechnik Bauges. m.b.H.
- ATB Spezialbau GmbH
- Hans Hager GmbH & Co. KG Blitzschutz
- Bauservice Rosenauer GmbH
- FCP Fritsch, Chiari & Partner ZT GmbH
- Hirschbeck & Plank Isolierungen GmbH
- Vermessung Eckharter ZT GmbH
- Ingenieurbüro ste.p Stella & Stengel Partner
- Peter Hartmann GesmbH Bauspenglerei, Schwarzdeckerei
- NMP Naturstein Montage GmbH & CO KG.
- Getzner Werkstoffe GmbH
- DIMAS Betonbohr- und –sägedienst Ges.m.b.H.
- SW Umwelttechnik Österreich GmbH
- Dr. Lichtblau GmbH Gartengestaltung
- Troges Ges.m.b.H. Lüftungstechnik
- Österreichische Doka Schalungstechnik GmbH
- G. Hackenberg Holzhandel
- Albrechtsberger Gesellschaft m.b.H.
- NOVOFERM Fenster GmbH
- RIHA Gesellschaft m.b.H. Feuerschutz, Zargen, Türen, Tore
- Alu König Stahl GmbH
- OTIS GesmbH Aufzüge
- KONE AG Aufzüge, Rolltreppen
- Meixner Vermessung
- Steppi & Co. Gesellschaft m.b.H. Heizung-Lüftung-Sanitär

Wir machen mehr aus Holz!

Und das seit mehr als 23 Jahren.

Die 1982 in der ehemaligen DDR gegründete Zimmerei blickt auf eine durch kontinuierliche Weiterentwicklung geprägte, 23-jährige Firmengeschichte zurück. Der nun in zweiter Generation von Torsten Kandler geführte Betrieb stellt sich als leistungsstarkes, innovatives Unternehmen den veränderten Bedingungen eines zusammenwachsenden Europas. Neben der Ausführung und Pflege des traditionellen Zimmermannshandwerks – dem heutzutage in der aktuellen Diskussion, unter wachsender Einsicht in Bezug auf die ökologisch positiven Aspekte der Holzrahmenbauweise, wieder mehr und mehr Bedeutung zukommt –, hat sich der Ingenieurholzbau auf dem Sektor Stahlbetonbrückenbau als ein Schwerpunkt des in Leipzig ansässigen Unternehmens entwickelt. Handwerkliche Akribie, Zuverlässigkeit und professionelle Planung sind das oberste Gebot und setzen Maßstäbe am Markt.

- **Brückenbauwerke** ▪ **Negativschalungen**
- **Sonderschalungsbau** ▪ **Traditioneller Holzabbund**
- **Dachkonstruktionen** ▪ **Ingenieurholzbau**
- **Hallenbau** ▪ **Holzrahmenbau** ▪ **Altbausanierung**

Die Ing-Holzbau und Zimmerei KANDLER GmbH und die Holz- und Bauelemente T. KANDLER GmbH verfügen gemeinsam über Kapazitäten, die die Lieferung und Montage von Negativschalungen bzw. Sonderschalungen für sehr große Brückenbauwerke ermöglichen.

Ing-Holzbau u. Zimmerei
KANDLER GmbH

Torstensonring 12
D-04158 Leipzig
Tel. +49 3 41/46 73 20
Fax +49 3 41/46 73 220
info@ing-holzbau-kandler.de
www.ing-holzbau-kandler.de

Verlass auf Alarm bei Einbruch und Brand

Kostengünstiges Sicherheitssystem der neuen Generation

Ist mein Haus auch sicher? Hunderte Male wird in Österreich jeden Tag eingebrochen

(djd/pt) Ist mein Haus auch sicher? Mehrmals pro Tag – beim Verlassen der Wohnung oder abends – überprüfen die meisten von uns Türschloss und Fenster, denn hunderte Male wird in Österreich jeden Tag eingebrochen, oft einhergehend mit Verwüstung durch Vandalismus. Die Opfer leiden danach an Ängsten und chronischen Schlafstörungen. Die Vorstellung, dass der Täter bereits im Heim war, zerstört jede Geborgenheit, oft auf Jahre. Alarmanlagen gibt es wie Sand am Meer, sie alle versprechen Schutz, oft zu horrenden Preisen. In hohem Maße fehlalarm- und sabotagesicher arbeitet die Bublitz-Alarmanlage B1, ein Hightech-Gerät der neuen Generation. Sie kann von Dieben nicht geortet werden und funktioniert auch bei Stromausfall. Als einziges Sicherheitssystem ist sie für die Mitglieder vieler Haus-und-Grund- sowie Immobilienmakler-Verbände gelistet und anerkannt. Das Alarmanlagensystem hat sich bereits mehr als 40.000-mal bewährt und wird bundesweit über ortsnahe Werksvertretungen angeboten.

Messung von Luftdruck und Luftvolumen

Im Gegensatz zu traditionellen Alarmsystemen arbeitet die Bublitz-Anlage ohne Bewegungsmelder oder Magnetkontakte, Installationskosten entfallen. Das bahnbrechende Prinzip beruht auf sensiblen Sensoren, die im Alarmgerät integriert sind und einbruchstypische Veränderungen an der Objekt-Außenhaut registrieren. Denn um ans Ziel zu kommen, muss der Einbrecher eine Scheibe einschlagen oder eine Tür gewaltsam aushebeln. Bei Ein- oder Zweifamilienhäusern versuchen etwa 84 Prozent der Einbrecher durch Terrassentür oder -fenster an der hinteren Hausseite einzudringen. Selbst bei größter Vorsicht gibt es im Moment des gewaltsamen Öffnungsversuches im Raum eine kurze impulsartige Druckveränderung. Das alleine reicht für einen Alarm noch nicht aus, denn Druckveränderungen entstehen zum Beispiel auch bei Gewitter, Vogelanflug, Überschallknall und ähnlichen Umweltereignissen. Zusätzlich misst das Bublitz-Alarmgerät auch die immer vorhandene Schwingung des Luftvolumens und zwar im unhörbaren Bereich von 1 bis 16 Hertz. Erst wenn das Gerät beide Veränderungen in einer bestimmten Art und Ausprägung registriert, wird sicher Alarm ausgelöst. Schon der Einbruchsversuch wird so erkannt und gemeldet, der Einbrecher ist also noch „draußen". Dabei spielt es keine Rolle, ob Fenster gekippt sind oder sich Menschen und Haustiere im Raum bewegen.

Bei Anruf Brand

Noch gefährlicher als ein Einbruch ist aber Feuer, weil oft direkt das Leben bedroht ist. In 90 Prozent aller Todesfälle ist die Ursache Brandrauch. Wer im Schlaf überrascht wird, hat kaum eine Chance. Allein drei Atemzüge des geruchlosen Gases Kohlenmonoxid reichen schon aus, um das Atemsystem lahm zu legen. Die Menschen sterben den stillen Tod der Rauchgasvergiftung.

Sehr zu empfehlen ist eine Erweiterung des Alarmsystems durch die Bublitz-Funk-Rauchmeldeanlage F1, die frühzeitig und so laut warnt (acht mal lauter als das Piepsen herkömmlicher Rauchmelder), dass man auch nachts den Alarm nicht verschläft. Mit einem angeschlossenen, automatischen Telefonwählgerät wird sichergestellt, dass der Bewohner auch bei Abwesenheit über den beginnenden Brand oder den Einbruchsversuch informiert wird. Die Geräte sind weitgehend wartungsfrei.

Die Einbruchmelde- oder Rauchmeldeanlage gibt es fix und fertig für 1.496,40 Euro (unverbindliche Preisempfehlung).

Für die Zukunft gebaut

25 Luxuswohnungen am Flötzersteig / 24 Reihenhäuser in Passivbauweise für Jungfamilien in Lenzing

Höchste Ansprüche an modernes Wohnen am Flötzersteig

Anspruchsvoll und vielseitig: Am Flötzersteig lädt zum Träumen ein

Am Stadtrand von Wien werden 25 Wohneinheiten der Luxusklasse errichtet, mit deren Architektur der klaren Linien und hochwertigen räumlichen Strukturen eine besondere Oase der Entspannung entstanden ist. Auftraggeber ist die Immorent Wohnbau, Wien. Architekt DI Zauner übernahm die Planung, während die Hitbau GmbH mit Sitz in Linz als Generalunternehmer tätig ist. Die Bauzeit dieser exklusiven Anlage beträgt 20 Monate.

Konstruktionen und Wandaufbauten dieser modernen Wohnlandschaft sind so gewählt, dass die Anforderungen an zeitgemäßes, Energie sparendes Bauen – sie sind besonders wärme- und schallschützend gewählt – erfüllt sind und die Betriebskosten der Immobilie gemindert werden. Die Wohnanlage ist harmonisch in die bestehenden Strukturen integriert. Dabei schafft die Gestaltung des Grünraums einen fließenden Übergang zur Umwelt und lässt einen einzigartigen Blick auf die Stadt Wien zu.

Fünf Baukörper sind in Nord-Süd-Ausrichtung angeordnet, so dass der Gartenanteil bzw. die Terrassen der OGs optimal zur Südlage orientiert sind. Drei und sieben Wohnungen sind jeweils über Lifte direkt an die gemeinsame Tiefgarage angeschlossen. Die Ausstattung der Wohnungen beinhaltet neben einer intensiven Beschattung der Dachterrassen auch individuell verstellbare Beschattungen jedes einzelnen Fensters. Hochwertige Innentüren mit Edelstahlbeschlägen, Parkettböden, exklusive Badausstattung und eine integrierte Stiege in den Wohnraum runden die Ausstattung der Wohnungen ab.

Runter mit den Heizkosten: Passivenergie für Reihenhäuser in Lenzing

In Lenzing entstanden 24 familienfreundliche, innovative Reihenhauseinheiten in Passivbauweise, die auch mit geringen Eigenmitteln von Jungfamilien finanziert werden können. Realisiert wurde dieses innovative Projekt gemeinsam mit der Immobilienprojektentwicklung IPB GmbH mit Sitz in Perg und Filiale in Linz sowie der Hitbau GmbH als Generalunternehmer mit Sitz in Linz. Das Unternehmen IPB ist spezialisiert auf Passivbauweise mit Wärmerückgewinnung und betreibt selbst zwei Passiv-Musterhäuser in Perg.

Die neue Reihenhaussiedlung zeichnet sich durch mehrere außergewöhnliche Qualitäten aus: Lichtdurchflutetes Wohnen auf zwei Etagen mit 93 m^2 Wohnfläche, wobei optional ein Dachgeschoss mit Dachterrasse auf 130 m^2 Gesamtwohnfläche ausgebaut werden kann. Eine optimale Süd-West-Ausrichtung garantiert viele Sonnenstunden und eine optimale Besonnung der Einheiten. Eine weitere Zielsetzung war in diesem Rahmen die massive Reduktion der Heizkosten durch den Einbau einer Wärmerückgewinnungsanlage. So kann die monatliche Belastung durch Heizkosten auf ein Minimum reduziert werden. Zusätzlich wird der Energieverbrauch durch den Einbau von Passivhausfenstern, eine spezielle RAL-Montage und 30 cm Dämmung auf 25 cm Hochlochziegel auf unter 10 KWh/ m^2 Wohnfläche reduziert. Die Warmwasseraufbereitung erfolgt teilweise über Sonnenkollektoren auf einer Fläche von ca. 8 m^2 je Einheit und einem 300-l-Boiler. Die kontrollierte Wohnraumlüftung schafft ein angenehmes Raumklima, wobei die Luft – von Staub und Pollen gefiltert – durch Bodenöffnungen gleichmäßig in alle Wohnräume eingeblasen wird. Parallel wird in Küche, Bad und Vorraum die verbrauchte Luft abgesaugt. Somit entsteht ein ständiger Luftaustausch mit Wärmerückgewinnung und das Wohnen erhält ein Maximum an Qualität. Neben der massiv gesteigerten Lebensqualität ist die Heizkostenersparnis, die bis zu 80 Prozent der Normalheizkosten betragen kann, ein besonderer Vorteil.

Im Rahmen des Blower-Door-Tests, der für jedes Haus seitens des Landes OÖ vorgeschrieben wurde, musste auch eine Luftdichtheitsmessung durchgeführt werden. Es konnten teilweise Dichtigkeitswerte von unter 0,4/h bei einer maximalen Vorgabe von N50 <= 1,5/h mit Lüftungsanlage erreicht werden, was auf eine qualitativ sehr hochwertige Ausführung (Dichtigkeit der Hülle) hinweist.

Offiziell übergeben wurde dieses Vorzeigeprojekt, nach einer Bauzeit von zehn Monaten, von Wohnbaulandesrat OÖ, Dr. Hermann Kepplinger, im Beisein des Bürgermeisters von Lenzing, Walter Geisberger, und der Geschäftsführung von IPB.

Qualitativ hochwertige Passivhaussiedlung in Lenzing

Generalunternehmer:
Hitbau GmbH, Linz

Partner am Bau:

- Ivan RIHA Lamellen Systeme Montagen
- AIRFIRETECH Brandschutzsysteme GmbH
- ITA Injektionstechnik Bauges. m.b.H.
- Schindler Aufzüge und Fahrtreppen AG
- NOVOFERM Fenster GmbH
- Österreichische Doka Schalungstechnik GmbH
- OBG Bau Ges.m.b.H.
- Meixner Vermessung
- Steppi & Co Gesellschaft m.b.H. Heizung - Lüftung - Sanitär

Beliebter Einkaufsort und Treffpunkt

15 Jahre Lugner-City im 15. Bezirk / Riesiges überdachtes Einkaufszentrum mit Erlebnisgastronomie / Gigantisches Kino-Center fasst 1.840 Besucher

Am 30. Juli 1987 kaufte Baumeister Ing. Richard Lugner die Fabrik Skolnik in der Gablenzgasse 9–13, auf deren Gelände er ein riesiges überdachtes Einkaufszentrum verwirklichte

Am 30. Juli 1987 kaufte Baumeister Ing. Richard Lugner die Fabrik Skolnik in der Gablenzgasse 9–13, auf deren Gelände er ein riesiges überdachtes Einkaufszentrum verwirklichen wollte. Am 13. Jänner 1988 wurde der große Kamin dieser Fabrik gesprengt und mit dem Abbruch begonnen. Nach anfänglicher Skepsis in der Bevölkerung, setzte Lugner sich mit der Idee eines Einkaufszentrums durch. Für Jung und Alt ist es ein beliebter Einkaufsort und Treffpunkt geworden.

Die Eröffnung der Lugner-City mit Ost- und Westmall erfolgte am 27. September 1990. Der Eurotunnel, die zweite Garagenzufahrt vom Neubaugürtel 45, unterhalb des Gürtelhäuserblocks wurde am 13. Mai 1994 in Betrieb genommen.

Lugner stellte nicht nur ein Einkaufszentrum hin, in dem man immer im Trockenen bummeln gehen kann, sondern integrierte auch den Hauptplatz als eine Veranstaltungshalle, die so geschickt gebaut ist, dass man draußen nichts hört, wenn es drinnen bei einem Event laut zugeht. Auftritte auf der Showbühne gibt es zweimal wöchentlich während der Öffnungszeiten. Und abends wird das glasüberdachte Achteck für „gebührenpflichtige“ Veranstaltungen genutzt.

Insgesamt wurden für die bestehende Lugner-City und das Kinozentrum 20 Liegenschaften sowie ein Teil der Geyschlägergasse gekauft. Am 14. Oktober 1997 wurde der Bauteil 2 mit dem Südmall fertig gestellt.

„Mausi-Markt“

Am 19. Oktober 2000 eröffnete der Bauteil 3 mit dem „Mausi-Markt“, wo sich Lokal an Lokal reiht.

Der „Mausi-Markt“ bekam seinen Namen, weil Lugner eine Assoziation zu Mäusen aufbaute, die sich sicher gerne mit all den dort dargebotenen Köstlichkeiten den Bauch voll schlagen würden. Vielleicht hat zur Namensgebung aber auch seine Frau Pate gestanden, die von der Wiener Be-

Die Lugner-City umfasst heute 113 Geschäftslokale, davon 26 Gastronomiebetriebe, die abends vor allem für die Kinobesucher gedacht sind

Am 1. September 2005 wurde ein gigantisches Kino-Center, welches an die bestehende Lugner-City angeschlossen ist und auch eine Erlebnisgastronomie und modernste Hi-Tech-Entertainment-Einrichtungen enthält, eröffnet

völkerung und von ihm selbst „Mausi“ genannt wird ...
Nach wie vor ist der mediterrane, von marokkanischen Handwerkern gestaltete „Mausi-Markt“ ein Anziehungspunkt, u.a. mit einem original marokkanisch gestaltetem Restaurant, einem chinesischen Restaurant, einer Sushibar, einer Pizzeria, einem Café sowie einem großen City-Restaurant mit griechischer und österreichischer Küche.

„Lugner Kino City”

Doch damit war der Unternehmer Lugner noch nicht zufrieden und hatte schon neue Pläne: am 1. September 2005 wurde ein gigantisches Kino-Center, welches an die bestehende Lugner-City angeschlossen ist und auch eine Erlebnisgastronomie und modernste Hi-Tech-Entertainment-Einrichtungen enthält, eröffnet. Die Grundsatzplanung des Kinos hatte das Büro Schwaighofer aus Innsbruck übernommen.
Mit der Eröffnung dieses 4. Bauteils rückte die Lugner City direkt an den Gürtel. Dieser wird mit einer modernen Glasbrücke, die vom Büro Bulant & Wailzer, Wien, gestaltet wurde, überquert.
Mit 1.840 Sitzplätzen, alle mit verstellbaren Rückenlehnen, und dem in Wien größten Reihenabstand von 1,40 m wird ein neuer Kinostandard geboten. Außerdem sind alle 13 Säle mit Induktionsschleifen ausgestattet, die es Schwerhörigen ermöglicht, die Filme in Toptonqualität und ohne Nebengeräusche mit ihrem eigenen Hörapparat zu verfolgen. Einmalig in Wien ist der VIP-Bereich mit einem Reihenabstand von 2 m, welcher in vier Sälen und 134 Sitzplätzen einen eigenen Gastronomiebereich umfasst, wo es neben Popcorn auch andere Köstlichkeiten gibt.

Lugner Kino City: Mit 1.840 Sitzplätzen, alle mit verstellbaren Rückenlehnen, und dem in Wien größten Reihenabstand von 1,40 m wird ein neuer Kinostandard geboten. Im VIP-Bereich sind es sogar 2 m Reihenabstand

Die moderne Glasbrücke wurde vom Büro Bulant & Wailzer gestaltet

Dieser VIP-Bereich eignet sich mit seinem Sondergastraum für Geburtstags- und sonstige Feiern. In den zwei kleinen Sälen mit 20 und 22 Personen Fassungsraum können eigens bestellte Filme wie im Privatkino genossen oder aber die eben laufenden Filme in Klubatmosphäre verfolgt werden.
Die Lugner-City umfasst heute 113 Geschäftslokale, davon 26 Gastronomiebetriebe, die abends vor allem für die Kinobesucher gedacht sind. Im Entertainmentgeschoss gibt es eine Vielzahl von Gastronomiebetrieben, z.B. ein indisches Lokal, eine Weinbar samt Terrasse mit atemberaubendem Fernblick auf den Gürtelboulevard sowie ein Gasthaus mit Hausmannskost und ein Wok-Restaurant. Im Obergeschoss findet der hungrige Besucher ein mexikanisches, ein türkisches und ein italienisches Restaurant, einen Takeaway-Bereich mit Schnitzelhaus, Hendlgrill und Kebabstand sowie für Verwöhnte eine in Österreich neue italienische Konditorei, zudem ein Café auf der Gürtelbrücke sowie ein Fast-Food-Restaurant.

Bauherr:
Baumeister Ing.
Richard Lugner
Wien

Seit Jahrzehnten im Hoch- und Tiefbau tätig

Eine Investition in die Zukunft: Stadthalle Wien/Neubau der Halle F / Zeitgemäßer Wohnungsbau in Wien und Umgebung: diverse Neubauprojekte

Die neue Halle bildet mit ihrem auskragenden Bauteil eine räumlich wirksame Eingangssituation für den Vorplatz

Stadthalle Wien

Die für Februar 2006 geplante Einweihung der neuen Veranstaltungshalle F mit rund 2.000 Sitzplätzen wird die im Jahr 2000 begonnenen Baumaßnahmen an und in der Stadthalle Wien weitgehend abschließen. Dann werden insgesamt 79 Mio. Euro in die Erweiterung und Modernisierung des erfolgreichen Event- und Entertainmentbetriebs investiert worden sein. Die Wiener Stadthalle – ein Unternehmen der Wien Holding – bringt nach Berechnungen der Wirtschaftsuniversität Wien pro Million Besucher eine jährliche Gesamtwertschöpfung von rund 55 Mio. Euro. Im Jahr 2004 besuchten rund 2,6 Mio. Menschen die mehr als 3.000 Veranstaltungen der Wiener Stadthallen-Unternehmensgruppe, zu der auch Bäder und alle bedeutenden Sportstätten Wiens zählen. Den zentralen Hallenkomplex, der in den 50er Jahren nach Plänen von Roland Rainer erbaut wurde, ergänzt nun ein respektvoller, die architektonischen Vorgaben achtender Baukörper, der mit seiner Erdgeschosszone die Bauflucht der Bestandsbauten weiterführend das Areal im südlichen Bereich komplettiert. Nach Plänen der Architekten Dietrich/Untertrifaller, deren Entwurf im Herbst 2002 siegreich aus einem zweistufigen Wettbewerbsverfahren hervorgegangen war, entstand ein modernes Musiktheater mit Kassen- und Informationsbereich. Ein 2. Bauabschnitt umfasst ein Entertainment Center mit angeschlossenem Gastronomiebereich. Damit wird das Wiener Event- und Entertainmentzentrum in seiner Spitzen-

Die neue Halle wurde als eigenständige Ergänzung mit Abstand neben die bestehende Haupthalle von Roland Rainer platziert

position, die es im europäischen Vergleich einnimmt, gestärkt. Stadtplanerisch wird damit eine weitere Maßnahme zur Aufwertung des Gürtels geschaffen. Zusammen mit dem Bau der Hauptbibliothek und der Neugestaltung des Urban-Loritz-Platzes werden diese Projekte als deutlich spürbarer Erneuerungsimpuls wirksam, der weitere Investitionen im Rahmen der Stadterneuerung nach sich ziehen soll. Im Vorfeld des Neubaus wurde für 33 Mio. Euro unter dem Vorplatz und dem südwestlichen Teil des Märzparks eine dreigeschossige Tiefgarage mit rund 770 Stellplätzen und direktem Zugang zur Halle für rund 23 Mio. Euro errichtet. Baumeisterlich umgesetzt wurden beide Bauvorhaben von der ARGE Dipl.-Ing. Wilhelm Sedlak Gesellschaft m.b.H./Voitl & Co Baugesellschaft. Weitere 20 Mio. Euro flossen in die Modernisierung der Technik der bestehenden Hallen und die Installation von neuen Brandschutz- und Sicherheitseinrichtungen sowie einem neuen Leitsystem. Im Frühjahr beenden die Neugestaltung von Märzpark und Vogelweidplatz die Investitionen.

Das Unternehmen

Die Firma Dipl. Ing. Wilhelm Sedlak Ges.m.b.H. ist seit mehr als 60 Jahren als familiengeführtes Unternehmen tätig. Das Bauunternehmen ist sowohl in Bereichen Neubau als auch Sanierung und Revitalisierung alter Bausubstanz versiert. Als Eigenleistung, im gemeinsamen Wirken mit qualifizierten Subunternehmen oder in Arbeitsgemeinschaft mit anderen Bauunternehmen, werden kleine, mittlere aber auch Großbauprojekte – wie beispielsweise das im Beitrag anfangs vorgestellte Projekt Stadthalle Wien mit Erweiterungs- und Tiefgaragenbau – zuverlässig abgewickelt. Mit ihrer Tochter Immover Immobilienvermietung GmbH wurden eine Vielzahl von Einheiten in mittleren und größeren Wohnanlagen realisiert. Die folgenden Beispiele verschaffen einen Einblick in Anforderung und Umfang dieser Sparte und zeigen Beispiele realisierter und geplanter Projekte in innerstädtischer Lage aber auch ländlicher Umgebung. Einige Projekte aus dem Bereich Sanierung und Modernisierung unterstreichen das baumeisterliche Können im Umgang mit historischer und denkmalgeschützter Substanz.

Ende des Jahres 2005 wird mit dem Neubau eines Wohnhauses in der Wilhelmstraße 48 begonnen. Es entstehen zehn Eigentumswohnungen mit gehobenem Standard

WH Wilhelmstraße 48

Der Neubau eines sechsgeschossigen Wohnhauses mit ausgebautem Dachgeschoss in Wien-Meidling wird Ende 2005 begonnen. Die gesammelten Erfahrungen in der Vergangenheit vielfach realisierter Projekte ähnlicher Art fließen im Zusammenspiel der Kompetenzen aus den Bereichen des Bauträgers Immover und des Baumeisters Dipl.-Ing. Wilhelm Sedlak in einem gemeinsamen Projekt nach Plänen des Architekturbüros Herzog und Hrabal zusammen. Insgesamt zehn Eigentumswohnungen mit ca. 77,5 m² bis ca. 126,5 m² Wohnfläche entstehen in dem Lückenschluss an der Wilhelmstraße 48 als Eigentumswohnungen. Erdgeschoss und 1.

In der Liniengasse 46 entstand nach Abriss ein heller Neubau

Bei dem Wohnungsbau in der Hoffingergasse erweitern großzügige Balkone, Terrassen und Eigengärten die Wohnbereiche nach außen

„Wohnen im Grünen" ist das Motto der kleinen Wohnanlage vor den Toren Wiens

Obergeschoss sowie 5. Obergeschoss und Dachgeschoss wurden jeweils zusammengeschaltet und als Maisonette-Wohnungen geplant. Sie erhalten eigene Gartenanteile bzw. Dachterrassen. Den übrigen Wohnungen des als Zweispänner organisierten und durch ein innen liegendes Treppenhaus erschlossenen Wohnhauses sind in allen Fällen Balkone und großzügige Loggien angegliedert. Während die straßenseitige Fassade durch die liegenden Fensterformate, Loggien und Erker auch plastisch strukturiert wird, ergibt das Spiel mit unterschiedlichen liegenden und stehenden Öffnungsformaten gepaart mit Balkonelementen ein wechselvolles Fassadenbild auf der Hofseite. Im Kellergeschoss stehen insgesamt elf PKW-Stellplätze bereit.

Zwei Wohnhäuser in der Liniengasse

Ähnliche Projekte dieser Art sind beispielsweise in der Linienstraße 44 und 46 entstanden. Auf dem Grundstück der Nummer 46 wurde nach Abriss von Altbausubstanz ein helles und modernes Wohnhaus mit zeitgemäßem Ausbaustandard errichtet. Auf einer Gesamtnutzfläche von 2.008 m^2 stehen insgesamt 40 Wohnungen mit ebenso vielen Stellplätzen in der Tiefgarage zur Verfügung. Selbstverständlich werden alle Geschosse durch einen Aufzug erschlossen, und Parteienkeller sind ebenso vorhanden wie ein Kinderwagen- und Fahrradraum. Trotz der zentralen Lage im 6. Gemeindebezirk zwischen Gumpendorfer Straße und Mariahilfer Straße liegt das Haus in der als Einbahn geführten Straße relativ ruhig, so dass die Planung Erker, Balkone und Dachterrassen als beliebte Wohnraumerweiterungen einbeziehen konnte. In der Hausnummer 44 wurden 30 Wohnungen errichtet.

Zwei bestehende eingeschossige Nebentrakte im Hof der Hoffingergasse 3 wurden aufgestockt und revitalisiert

Große Balkone und Terrassen bestimmen auch das Fassadenbild der Gartenseite der Wohnanlage in Hinterbrühl

Hoffingergasse 3

Ebenfalls fertig gestellt ist ein freifinanziertes Projekt mit 14 Eigentumswohnungen im südlichen Meidling, bei dem der mehrgeschossige Neubau eines Vorderhauses und der Umbau und die Aufstockung bestehender Hofhäuser zu einem neuen Komplex zusammenwuchsen. Das Grundstück wurde von der Immover Immobilienvermietung GmbH erworben, von der Architektin Ewa Semler beplant und von dem Bauunternehmen Sedlak bebaut und revitalisiert. Das Kellergeschoss des Neubaus ist den Einlagerungsräumen vorbehalten, während in diesem Fall im Erdgeschoss die Stellplätze untergebracht sind. Im 1. und 2. Obergeschoss entstanden insgesamt sechs Wohneinheiten mit 59 m² bis 87 m² Grundfläche. Das 3. Obergeschoss wurde auch bei diesem Projekt mit der Dachgeschossebene zusammengefasst und bietet nun vier Maisonette-Wohnungen. Diese Wohnform auf zwei Etagen im Geschosswohnungsbau erfreut sich immer größerer Beliebtheit und mit Wohnflächen, die bei 63 m² beginnen, sind sie hier auch für kleinere Haushalte gebaut worden. Im Gartentrakt wurden ein bestehender Seitenflügel und ein Hinterhaus durch gewalmte Pultdächer aufgestockt, die mit Gauben und eingeschnittenen Dachterrassen ebenfalls eine zweite Ebene für vier Wohnungen mit Gartenanteil bieten. Auch hier wurde für den Ausbau der bewährte Standard mit Echtholzböden, keramischen Belägen, Telekabel- und SAT-Anschluss ausgewählt. Eine Video-Gegensprechanlage gehört ebenso wie die wohnungsweisen Zähleinrichtungen für Heizungs- sowie Kalt- und Warmwasserverbrauch zur Ausstattung des als solide Stahlkonstruktion ausgeführten Neubaus, der heutigen Anforderungen an Schall- und Lärmschutz nachkommt.

Wohnen im Grünen

Neben derartigen Wohnanlagen in überschaubarer Größenordnung, die der Nachfrage nach urbanen Wohnformen in ruhiger Lage mit Außenraumbezügen und guter infrastruktureller Anbindung nachkommen, werden auch Projekte vor den Toren der Stadt entwickelt und umgesetzt. Über die Anschlussstelle Gießhübl der Wiener Außenring Autobahn bestens angebunden, entstanden auf einem Eckgrundstück im Zentrum der Gemeinde Hinterbrühl südwestlich von Wien zehn frei finanzierte Eigentumswohnungen mit Größen von 56 m² bis 126 m² mit Tiefgaragenplätzen und großen Abstellräumen. Der Lage angemessen verfügen alle Wohnungen über große, südseitige Balkone oder Terrassen bzw. Gartenanteile, von wo der Blick dank der aufgelockerten Bebauungsstruktur in die umgebende Landschaft schweifen kann.

Weitere Projekte

Neben diesen Projekten wurden in jüngster Zeit weitere innerstädtische Wohnanlagen wie beispielsweise in der Diehlgasse 8, Schlachthausgasse 50, Lacknergasse 5, Landstrasser Hauptstraße 167 und Spengergasse 33 errichtet. Die Nachfrage hinsichtlich Vermietung und Vermarktung ist gegeben, so dass stetig an der Entwicklung weiterer Projekte gearbeitet wird. Im Frühjahr 2006 wird mit dem Bau von Wohnhäusern in der Kalvarienberggasse 59 und der Cumberlandstraße 67 begonnen, und voraussichtlich im Sommer 2006 werden die ersten Spatenstiche für die Realisierung einer Wohnhausanlage mit ca. 2.800 m² in der Spengergasse 25A erfolgen. Darüber hinaus werden, wie eingangs erwähnt, sämtliche Baumeisterarbeiten und Generalunternehmerarbeiten im Hoch- und Tiefbau durchgeführt.

Generalunternehmer/Bauträger:
Dipl. Ing. Wilhelm Sedlak Gesellschaft m.b.H., Wien

Partner am Bau:
- Link ges.m.b.h Schlosserei
- KAEFER Isoliertechnik Ges.m.b.H.
- Detlef Kenzian Sandstrahltechnik
- Grandits-Team Reprografie Ges.m.b.H.
- Janus Multiservice Gebäudereinigung & Personalmanagement
- AIRFIRETECH Brandschutzsysteme GmbH
- eibe Produktion + Vertrieb GmbH Kinderspielräume
- ATB Spezialbau GmbH
- TOP Akustikbau GmbH
- Fliesen Ruprechter GmbH
- Hans Hager GmbH & Co. KG Blitzschutz
- Armstrong Metalldecken GmbH
- Vermessung Eckharter ZT GmbH
- bst Brandschutztechnik Döpfl GmbH
- Getzner Werkstoffe GmbH
- Troges Ges.m.b.H. Lüftungstechnik
- Österreichische Doka Schalungstechnik GmbH
- G. Hackenberg Holzhandel
- Albrechtsberger Gesellschaft m.b.H.
- NOVOFERM Fenster GmbH
- OTIS GesmbH Aufzüge
- KONE AG Aufzüge, Rolltreppen
- Meixner Vermessung

In der Kalverienberggasse 59 wird ein Wohnhaus mit zehn Wohnungen realisiert

Die Rettungszentrale wurde aufwändig restauriert und modernisiert

Die denkmalgerechte Sanierung des Wasserturms gehört ebenfalls zu den Referenzen

Gebaute Zukunft: Wohn- und Bürobauten

Wohnen für Familien: Spöttlgasse 7, Wien / „Wohnen am Golfpark“: Wienerberg City, Wien / Bauten für ältere Menschen: Troststraße 73–75, Wien und Seeböckgasse 30a, Wien / Eine außergewöhnliche Revitalisierung: Gasometer A + B, Wien / Das gläserne Tor am Flughafen Wien-Schwechat: Office Park Phase 1

In Wien-Florisdorf entstand eine Wohnhausanlage mit 112 WE in Holzbauweise, die teilweise viergeschossig auf einem massiven Sockelgeschoss errichtet wurde

Im folgenden Beitrag wird über sechs Bauvorhaben berichtet, die trotz aller Unterschiedlichkeit von Nutzung, Standort, Dimension, Entwurf und Bauweise eine Gemeinsamkeit haben: Sie wurden spätestens seit ihrer Fertigstellung viel beachtet und teilweise prämiert. Ob es sich um den Bau der mehrgeschossigen Wohnanlage in Holzbauweise in Floridsdorf, eine exklusive Wohnanlage mit bester Aussicht in der Wienerberg-City, ein Mehrgenerationenwohnhaus in Favoriten, Österreichs modernstes geriatrisches Pflegekrankenhaus in Ottakring oder die Revitalisierung der Gasometer oder den Neubau der Bürotürme Office Park am Flughafen Wien handelt, für alle Projekte wurde die Firma Rudolf Gerstl Bauunternehmung GmbH & CO KG aus Wels allein oder in Arbeitsgemeinschaft als Generalunternehmer beauftragt.

Spöttlgasse 7

Ein für Wien neuartiges und vielbeachtetes Bauvorhaben wurde im August 2005 fertig gestellt und an Bauherrn und Nutzer übergeben. Die Gemeinnützige Wohn- und Siedlungsgenossenschaft FAMILIE/SOZIALBAU AG lies in der Spöttlgasse in Floridsdorf eine für die Donaustadt neuartige Wohnanlage errichten. Von den insgesamt sieben Baukörpern, die auf dem tiefen trapezförmigen Grundstück eine aufgelockerte Bebauungsstruktur mit geschützten Innenhofbereichen ergeben, wurden bis auf ein Bauteil alle drei bis vier Obergeschosse der Häuser als reiner Holzbau auf massiven Garagen- und Erdgeschossen errichtet. Lediglich der nördlich an der Bahntrasse gelegene sechsgeschossige Querriegel „E“ ist in konventioneller Massivbauweise mit 42 Wohneinheiten realisiert. Naturnahe Baustoffe schaffen ein gesünderes und als behaglicher empfundenes Raumklima und verbessern die Energiebilanz. Möglich wurde dies durch eine Novellierung der Wiener Bauordnung mit Wirkung von Januar 2001, die seither Holzwohnbauten bis zu einer Höhe von vier Holzgeschossen auf einem in Massivbauweise errichteten Sockelgeschoss zulässt. Aber eigentlich ist dies der jahrelangen Vorbereitungen und Bemühungen der SOZIALBAU AG zu verdanken, die schon im Jahr 1998 das Grazer Architekturbüro Hubert Riess kontaktierte, um die Holzbauweise für ein Projekt mit diesen Dimensionen auf den Weg zu bringen. In der Folge wurden mit österreichischen Holzbaubetrieben ein Bausystem entwickelt, das die Forschungsergebnisse von Laboren und Instituten der Technischen Universität Wien hinsichtlich der Anforderungen an Schalldämmung, Wärmedämmung und Erdbebensicherheit einbezog. Die Forschungsanstalt der Stadt Wien trug mit ihren Ergebnissen zur Materialuntersuchung und zum Brandschutz ebenso wie die zuständigen Abteilungen der Wiener Feuerwehr zur Evaluierung des gewählten Bausystem bei. Für die 112 in Holzbauweise errichteten Wohneinheiten wurden 1.025 vorgefertigte Wand- und Deckenelemente in Tafelbauweise versetzt. Dies entspricht einem Holzvolumen von 2.500 Nadelbäumen. Erstmals kam hier der Baustoff Holz in einer Sonderform als fünf- bis siebenschichtiges Kreuzlagenholz aus heimischer Fichte im großstädtischen Bereich zum Einsatz. Obwohl in Österreich der Einsatz von Holz im Wohnungsbau immer eine Rolle spielte und zudem seit Mitte der 90er Jahre eine Renaissance erlebt, wurden in der Spöttlgasse neue Wege beschritten. Zeitgemäße Qualitätsansprüche und Baustandards und nicht zuletzt eine dem städtischen Wohnen entsprechende Gestaltung, die auf eine dem alpinen Stil angepasste Optik verzichtet, werden hier erprobt. Angesichts weltweiter Debatten über Klimaschutz und Treibhauseffekt wird damit ein Beitrag zugunsten der Umsetzung und Erprobung Ressourcen schonender Konstruktionsweisen geleistet, der die Möglichkeit bietet, im Langzeitvergleich mit dem Massivbau nebeneinander beobachtet und evaluiert zu werden.

Die Wohnhausanlage der ARWAG Holding AG bildet mit bis zu zehn Geschossen die südliche Randbebauung der Wienerberg-City auf einer der sieben Parzellen, die Wohnbauprojekten vorbehalten sind Foto: Sabine Renz

„Wohnen am Golfpark"

In der Wienerberg-City – gern als südliches Tor Wiens bezeichnet – hat das Bauunternehmen aus Wels u.a. die Generalunternehmerleistungen für eine exklusive Wohnanlagen auf einer der sieben Parzellen, die dem Wohnungsbau gewidmet wurden, übernommen. Mit dem Projektnamen „Wohnen am Golfpark" liess die ARWAG Holding AG nach Plänen des Architekten Helmut Wimmer aus Wien auf einem Filetgrundstück mit unverbaubarem Blick nach Süden von November 2002 bis Herbst 2004 insgesamt 139 Miet- und Eigentumswohnungen errichten. Auf ca. 13.600 m² Nutzfläche wurden die geförderten und frei finanzierten Wohneinheiten – die Baukosten beliefen sich auf rund 18 Mio. Euro – terrassiert in vier bis fünf so genannten Panoramadecks angeordnet. Die reihenhausähnlichen Wohnungen verfügen über großzügig bemessene Gartenterrassen und erlauben die freie Aussicht über den Golfplatz bis zum Schneeberg.

Troststraße 73–75

Ebenfalls im 10. Gemeindebezirk und nicht weit entfernt in der Trostgasse 73–75 wurde zeitlich parallel eine weitere Wohnhausanlage realisiert. In unmittelbarer Nähe zu dem bestehenden Seniorenwohnheim Fortuna berücksichtigt das zugrundeliegende Konzept eines Mehrgenerationenhauses die heutigen Anforderungen an betreutes, seniorengerechtes Wohnen sowie eine alltags- und frauengerechte Planung und ist Ergebnis eines von der Gemeinnützige Siedlungs- und Bau AG (GESIBA) ausgelobten Bauträgerwettbewerbs, den die Wiener Architektin DI. Christine Zwingl und das Büro GIL: Architekten Ganahl, Ifsits, Larch gewann. Das mit dem „Ökoprofit 2003" – ein Preis für den Einsatz von Baustoffen mit guter ökologischer Gesamtbewertung hinsichtlich Energiebilanz, Umweltverträglichkeit, Rohstoffverfügbarkeit – prämierte Bauvorhaben zeichnet sich durch eine hohe Durchmischung von Wohnungstypen mit großen Außenraumbezug und ein hohes sozial wirksames Angebot von nicht vermietbaren Gemeinschaftsflächen aus. Die Architektur wirkt mit ihren hohen Glasanteilen hell und einladend und umfasst 98 Wohnungen, 42 Seniorenwohnungen und fünf Einheiten für behinderte Menschen, die ein Zusammenleben unterschiedlichster Generationen ermöglichen. Neben den Standardleistungen des Betreuten Wohnens werden für die Senioren zusätzliche Serviceleistungen in der GESIBA-Anlage und im FORTUNA-Haus angeboten.

Zur Förderung der Kommunikation wurden im Mehrgenerationenhaus in der Troststraße u.a. Gemeinschaftsräume, eine auf den Innenhof orientierte Grundrissorganisation mit Loggien und Laubengänge und hohe Glasanteile umgesetzt Foto: Anna Blau

Seeböckgasse 30a

Im April 2005 wurde in Wien-Ottakring der Neubau einer Sonderkrankenanstalt mit 350 Pflegeplätzen feierlich eingeweiht. Das neue Haus der Barmherzigkeit bietet auf einer Netto-Grundrissfläche von ca. 25.200 m² eine Raumstruktur und Ausstattung, die es zusammen mit der professionellen Pflege und ärztlichen Betreuung zu einer der modernsten geriatrischen Pflegekrankenhäuser macht. Nach Plänen des Wiener Architekturbüros „archoffice" (Prof. Manfred F. Resch/DI Robert Kratschmann) erfolgte die Bebauung am Rande des Stadterneuerungsgebietes Ottakring in Form einer Kammlösung innerhalb der traditionellen Blockstruktur. Vier nach Süden ausgerichtete Baukörper werden an der Seeböckstraße von zwei spangenartigen Bauteilen verbunden, die den in Form eines eingeschnittenen Straßenhofes formulierten Haupteingang markieren. Aus insgesamt zwölf Stationen werden 350 hochbetagte, chronisch kranke Menschen in Ein- und Zweibettzimmern betreut. Die jeder Wohneinheit vorgelagerten Veranden beleben die geordnete Grundgestalt der Fassaden. Das fristgerecht fertig gestellte Bauvorhaben kostete wie geplant 54,8 Mio. Euro. Neben Eigenmitteln des Bauherrn trug die Stadt Wien mit rund 30 Mio. Euro über ein zinsloses Darlehen und Mittel der Wohnungsbauförderung zur Finanzierung dieses richtungweisenden Projekts bei.

Gasometer A + B

Auch an der Verwirklichung des weltweit Beachtung findenden Projektes Gasometer City, das sich mit rund 220.000 m² verbauter Fläche den Rang der größte Baustellen mit den Baumaß-

Das Haus der Barmherzigkeit wünschte sich eine funktionelle Integration von „öffentlichen“ Flächen wie Café oder Frisör, die am Eingangsfoyer liegen
Foto: Sabine Renz

nahmen am Potsdamer Platz in Berlin teilte, war die Firma Rudolf Gerstl maßgeblich beteiligt. Die vier Gasometer des Gaswerks Simmering wurden 100 Jahre nach ihrem Bau als Kernkörper eines in Europa einzigartigen Konzepts in eine komplette Neunutzung überführt. Miet- und Eigentumswohnungen, Studentenwohnungen und Büroflächen gepaart mit einer alle Gasometer verbindenden Shopping- und Entertainment-Mall haben für neues Leben in den Industriedenkmälern gesorgt. In den Jahren 1999 bis 2001 übernahm die ARGE Gasometer A + B Voitl-Habau-Gerstl als Generalunternehmer alle mit den Gasometern A+B zusammenhängenden Baumaßnahmen. Dazu gehörte neben der Errichtung von Wohn- und Büroflächen, einer Veranstaltungshalle und dem Bau der Gewerbeflächen in einem Teilbereich des Mallbereichs, auch der Bau des extravagant geformten Hochhauses, das sich an die Außenwand des Gasometers B schmiegt. Das Büro Coop Himmel(b)lau entwarf diesen schlanken Bau in Form eines Schildes, der weithin sichtbar als architektonisches Landmark für die Revitalisierung der Industriebrache gilt. Die Dimensionen der Zylinder sind beeindruckend. Mit 75 m Höhe und einem Durchmesser von knapp 65 m bieten sie einem Riesenrad Platz. Ihre historische Ziegelhülle blieb weitgehend unverändert. Die neuen Nutzungen erforderte jedoch zusätzliche Öffnung in Außenwänden und den ehemals verblechten Kuppeln.

Office Park Phase 1

Neben dem neuen Tower am Flughafen Wien-Schwechat gehört das Gebäude des Office Park mit Sicherheit zu den auffälligsten Neubauten im Umfeld der Abfertigungshallen und der Hotels. Nach Plänen des international renommierten Architekturbüros Holzbauer & Partner, das siegreich aus einem europaweit ausgeschriebenen Wettbewerb unter 42 Einreichungen hervorging, trug das Generalunternehmen Gerstl die Verantwortung für die Realisierung des mit einer gläsernen Haut – es handelt sich um eine zweischalige Glasfassade mit integriertem Sonneschutz – überzogenen Hochhauskomplexes der Phase 1 des Office Park. Er wurde im Oktober 2004 nach 18-monatiger Bauzeit übergeben.
Die zehn Bürogeschosse des Stahlskelettbaus lagern auf zwei Untergeschossen, die Technikräume und die Tiefgarage aufnehmen. Durch die Verbindung in der Erdgeschosszone und über eine Dachfläche wird zwischen den beiden Türmen die auffällige „Rahmung des Himmels“ verursacht. Die hoch technisierte Büroimmobilien mit rund 26.400 m² vermietbarer Fläche wurde insbesondere unter dem Aspekt flexibler Nutzungen errichtet. Neben der zentralen Lage auf dem Flughafenareal bietet der Office Park die Vorteile einer witterungsgeschützten Verbindung in den Terminalbereich, den Bahnhof und das Parkhaus 4. Der Standort Flughafen ist ideal für Unternehmen, die die Vorteile der Verkehrsanbindung im Zentrum Europas nutzen wollen. Mit der Fertigstellung weiterer drei Bauphasen werden ca. 100.000 m² Nutzfläche zur Verfügung stehen.

Generalunternehmen:
Bauunternehmen
Rudolf Gerstl, Wels

Als Wahrzeichen für die Revitalisierung und das nebeneinander von Alt und Neu wurde eine so genannter Schildbau vor dem Gasometer B errichtet

Partner am Bau:

- G.S.D. Reinigung Gebäude-Service-Dienstleistung Jovanovic K.E.G.
- Gaulhofer Vertrieb GmbH & Co. KG Fenster
- Link ges.m.b.h. Schlosserei
- ALS Haller Metallbau – Lamellentechnik – Zaunbau
- Vermessung Angst Ziviltechnikergesellschaft mbH
- Grandits-Team Reprografie Ges.m.b.H.
- W. Heiss Ges.m.b.H. Bauunternehmen, Rammtechnik, Baumaschinenhandel und –reparatur
- AIRFIRETECH Brandschutzsysteme GmbH
- SFL Stahl-, Fassaden- und Lüftungsbau GmbH
- ATB Spezialbau GmbH
- Armstrong Metalldecken GmbH
- FCP Fritsch, Chiari & Partner ZT GmbH
- Schneiberg Erd- und Abbrucharbeiten GmbH
- Potyka und Partner ZT GmbH
- Bex Baugesellschaft m.b.H.
- Ingenieurbüro ste.p Stella & Stengel Partner
- Peter Hartmann GesmbH Bauspenglerei, Schwarzdeckerei
- NMP Naturstein Montage GmbH & CO KG.
- rhtb: trockenbau GmbH
- DIMAS Betonbohr- und -sägedienst Ges.m.b.H.
- Getzner Werkstoffe GmbH
- SW Umwelttechnik Österreich GmbH
- TPS Technik Personal Service
- Dr. Lichtblau GmbH Gartengestaltung
- Ingenieurbüro A. Pauser Ziviltechniker Ges.m.b.H.
- Holcim (Wien) GmbH Beton, Zement
- Troges Ges.m.b.H. Lüftungstechnik
- Österreichische Doka Schalungstechnik GmbH
- Dipl.-Ing. Herwig Reider Staatlich befugter und beeideter Zivilingenieur für Bauwesen
- P. Dussmann GmbH Facility Management, Catering
- Zivilingenieurbüro Dipl. Ing. Dr. Helmut Effenberger
- Albrechtsberger Gesellschaft m.b.H.
- NOVOFERM Fenster GmbH
- RIHA Gesellschaft m.b.H. Feuerschutz, Zargen, Türen, Tore
- Alu König Stahl GmbH
- OTIS GesmbH Aufzüge
- KONE AG Aufzüge, Rolltreppen
- P. H. I. Technisches Planungsbüro und Handelsgesellschaft m.b.H.
- Meixner Vermessung
- Dipl.Ing. Josef Mayer ZT Ges.m.b.H. für Bauwesen
- TOTAL FIRE-STOP Brandschutztechnik GmbH.
- Steppi & Co Gesellschaft m.b.H. Heizung – Lüftung – Sanitär

Zwei Sanierungsprojekte in der Innenstadt

Geförderte Maßnahmen für das Stadtbild prägende Gebäude: Umbau und Dachausbau Schlüsselgasse 2 / Umbau und Aufstockung Kohlgasse 8

Neben den vielen Neubauten, über die berichtet wird, soll an dieser Stelle der ebenso wichtige Aufgabenbereich Altstadtsanierung anhand von zwei Beispielen aus der Wiener Innenstadt betrachtet werden. Eines ist diesen beiden, aber auch anderen Baumaßnahmen dieser Art, gemein: Die Beteiligten müssen geduldig und kooperativ das gemeinsame Ziel verfolgen. Wenn bei Projekten wie diesen nach Fertigstellung aller Arbeiten in und an den Häusern sanierte und teilweise erweiterte Wohnungen mit verbesserten Ausbaustandards sowie neuer Wohnraum in ausgebauten Dachgeschossen entstanden ist, sind die Unannehmlichkeiten während der teils mehrjährigen Bauphase schnell vergessen. Denn unter der so genannten Sockelsanierung – ein speziell in der Wiener Wohnhaussanierungsförderung gebräuchlicher Fachausdruck – werden in bewohntem Zustand zunächst die allgemeinen Teile des Hauses einschließlich der Ver- und Entsorgungsleitungen in Stand gesetzt oder verbessert. Dies schafft die Voraussetzungen für eine allmähliche Standardverbesserung der Wohnungen. Wenn sich das Zusammenspiel zwischen Bauherren, Architekten, Mietern und den zuständigen Abteilungen der Stadt Wien so kooperativ gestaltet wie im Fall des Wiedner Wohnhauses in der Schlüsselgasse 2, können bei geeigneter Bausubstanz durch Generalsanierung Kleinode dieser Art entstehen.

Das architekturbureau rainer böhm verfügt über umfangreiche Erfahrung in diesem Aufgabenbereich. So war es zunächst erforderlich, parallel zur Planung durch die Beantragung von Mitteln aus unterschiedlichsten Förder- und Subventionierungstöpfen für eine Finanzierung zu sorgen.

Als Musterbeispiel gelungener Sanierung gilt das Haus in der Schlüsselgasse 2. Die Fassaden zur Wiedner Hauptstraße wurden aufwändig rekonstruiert

Im rückwärtigen Teil wurden die Wohnungen durch Balkone ergänzt. Durch Abriss von Garagengebäuden entstand eine Spielplatzfläche

Im Zuge der Generalsanierung des Hauses in der Kohlgasse 8 wurde u.a. das 3. Obergeschoss mit seinen großformatigen Öffnungen wiederhergestellt

Maßnahmen wie die Sanierung der bestehenden Wohnungen – von 1.230 m² Wohnfläche wurden 680 m² saniert – und die Kosten für fünf Wohnungsneubauten im Dachgeschoss mit 441 m² wurden durch den wohnfonds_wien gefördert. Der städtebaulichen Lage und der aus stadtbildpflegerischer Sicht hohen Bedeutung des in der Mitte des 19. Jahrhunderts erbauten Hauses entsprechend, wurden die denkmalpflegerischen Arbeiten an der Gebäudehülle mit Mitteln des Wiener Altstadterhaltungsfonds gefördert. Die Fassade zur Wiedner Hauptstraße wurde in ihren Originalzustand mit Dachfriesen, einheitlichen Holzaußenfenstern, geometrisierten Putzfeldern und vielen anderen Details versetzt. Im inneren und rückwärtigen Bereich hingegen entstanden zeitgemäße Wohnungen mit moderner Ausstattung.

In der Kohlgasse 2 – ganz in der Nähe des Matzleinsdorfer Platzes gelegen – wurde im gleichen Zeitraum ein weiteres Objekt generalsaniert. Durch Aufstockung eines 4. Obergeschosses und eines Dachgeschosses entstand hochwertiger Wohnraum in innerstädtischer Lage. Die besondere Herausforderung bei diesem zu Beginn des 20. Jahrhunderts durch einen Schüler Otto Wagners erbauten Hauses lag in der teilweisen Rekonstruktion des ursprünglich für die gewerbliche Nutzung konzipierten 3. Obergeschosses. In den gut hundert Jahren des Bestehens fielen die auffälligen raumhohen und großflächigen Verglasungen der ehemals von einer Lichtpauseanstalt genutzten Räume im Jahr 1931 einer Umnutzung und damit verbundenen Überformung zum Opfer. Neben den umfangreichen Sanierungsarbeiten im ganzen Haus, die einen Aufzugs-

Durch Aufstockung eines 4. Obergeschosses und eines Dachgeschosses entstanden helle, großzügig geschnittene Wohnungen in bester Lage

einbau, einschlossen, wurden die reich gegliederten Jugendstilfassaden des Eckhauses renoviert und teilweise rekonstruiert.

Auch bei diesem Projekt wurde durch die enge Zusammenarbeit von Planern und zuständigen Abteilungen der Stadt Wien ein Ergebnis erzielt, das in historischer Hülle an heutigen Anforderungen orientierten Wohnraum herstellte und neu schuf und damit die Kriterienkataloge für verschiedenste Fördermodelle erfüllte.

Architekten:
architekturbureau rainer böhm. ZT-KEG, Wien

Bauherr Schlüsselgasse 2:
Mag. Fischer

Bauherr Kohlgasse 8:
Mag. Wolfgang Haiden, Michael Haiden

Das ursprünglich für eine Lichtpauseanstalt gebaute 3. Obergeschoss macht die Besonderheit des im Jahr 1903 errichten Jugendstilhauses aus

Partner am Bau:

- AAA3 Ampere Aqua Art Elektro-, Gas-, Wasser-, Heizungs-Installations G.m.b.H.
- HORVATH Malerbetriebs G.m.b.H.
- ES-Restaurierungstechnik G.m.b.H.
- Schindler Aufzüge und Fahrtreppen AG
- OTIS GesmbH Aufzüge
- KONE AG Aufzüge, Rolltreppen

Officespace vernetzt und lokal integriert

Impulszentrum IP.TWO mit innovativem Konzept für zukunftsorientierte Arbeitswelten im aufstrebenden Ottakring

Bürolandschaften: Impuls für den Aufbruch in neue Dimensionen

Hinter IP.TWO steckt die Erkenntnis: Esprit, Management und architektonisches Konzept, dieses innovative Verständnis moderner Arbeitswelten hat sich bewährt. Mit dem Neubau am Lerchenfelder Gürtel 43 im Trendviertel Ottakring haben die Sparkassen Immobilien AG und die PRISMA Unternehmensgruppe 2003 schon das zweite gemeinsame Impulszentrum für vernetzte, kommunikative, branchenübergreifende, lokal integrierte und mehrdimensional verstandene Büroarbeit in Wien realisiert. Das urbane Umfeld am Lerchenfelder Gürtel bietet das ideale Setting für dieses Büro-Projekt, das in verschiedener Hinsicht ein bisschen anders sein möchte. Die Wiener Architekten von BKK-3 entwarfen das markante Eckgebäude, das schon nach außen sein individuelles Selbstverständnis vermittelt. Im Dunkeln strahlt das rege Gebäudeinnenleben durch viel Glas nach außen. Es ist immer etwas los, dafür sorgen Architektur und Gebäudemanagement des Impulszentrums.

Schon im Foyerbereich brechen Wand-, Decken- und Bodenflächen mit den Erwartungen der Besucher, denn hier geht alles nicht so rechtwinklig und linear zu wie sonst. Unterschiedliche Winkel, unvermittelte Schrägen und der markant im Herzen des Gebäudes liegende Belichtungs- und Belüftungskern sind Merkmale der spezifischen architektonischen Note. Dieser zentrale Kern funktioniert als kontemplativer Ort und ist von allen Büros gewissermaßen als Galerie und Aufenthaltsort nutzbar. Tageslicht und frische Luft laden ein, die Türen offen zu lassen. So entsteht Kommunikation nach Wunsch auch über die Büroeinheiten und Geschosse hinweg – Vernetzung als Konzept zum Anfassen gewissermaßen. Die Büroflächen selbst sind durch ein mehrdimensionales Konzept geprägt, das Arbeiten als lebhaftes Gemisch aus Meetings, Officearbeit, Rekreation- und Gemeinschaftsaktivitäten begreift – als ein Stück Leben, das über eine hohe Qualität verfügt.

IP.TWO am Lerchenfelder Gürtel bietet ein lebendiges Arbeitsumfeld mit den attraktiven Serviceleistungen eines innovativen Zentrumsmanagements

Lichtbrunnen, natürliches Belüftungssystem, Treffpunkt, Ort zum Luftholen und Sammeln oder Quelle der Inspiration – der organisch geformte Lichtkern bildet gleichsam das Rückgrat und Herzstück des IP.TWO

Viel Licht und Raum für neue Ideen. „Arbeitszeit mit Lebensqualität" hat sich im IP.TWO als erfolgreiches Konzept für Bürolandschaften der Zukunft bewährt

Mehrdimensional konzipierte Büroflächen und ein in sich community-orientiertes Zentrumsmanagement fördern Kommunikation und Branchen übergreifende Netzwerke

Ein Seminarraum für alle – jeder Gebäudemieter kann bei Bedarf darauf zugreifen

Fotos:
Hertha Hurnaus,
BKK-3, Wien

PRISMA Zentrum für Standort- und Stadtentwicklung hat als Projektentwickler schon mit zahlreichen ähnlichen Projekten demonstriert, dass die Zukunft einer neuen Bürokultur längst begonnen hat. Der gemeinschaftlich nutzbare Seminar- und Besprechungsraum im Erdgeschoss ist hoch frequentiert, im Foyer finden immer wieder Events statt, das Zentrumsmanagement durch PRISMA bietet Zugang zu Branchen übergreifenden Netzwerken und das Inhouse-Restaurant ist informeller stimmungsvoller Treffpunkt.

Auch der so genannte „Grashopper" gibt sein spezifisches Statement darüber ab, was das Impulszentrum IP.TWO unter Impulsen versteht: Das Setzen deutlicher Signale für eine lebendige Stadt- und Bürolandschaft. Der „Grashopper" wird durch überdimensionale grüne Schachtelhalme aus Metall bestimmt, die den öffentlichen Raum direkt am Gürtel neu definieren und erlebbar gestalten. Gleich einem Grashüpfer, der zum Sprung ansetzt, erstreckt sich die künstlerische Begrünung über die gesamte Gebäudelänge und darüber hinaus. Vielleicht hüpft er bald tatsächlich auf die andere Seite der Fahrbahn. Eine identitätsstiftende Wirkung für den unmittelbaren Stadtraum hat der „bewachsene" Stiegenkörper zweifellos.

Mit dem künstlerisch gestalteten „Grashopper“ greift das IP.TWO in den öffentlichen Bereich am Gürtel und zeigt sich lokal engagiert im Stadtraum

Bauherr:
Sparkassen Immobilien AG, Wien

Architektur und Planung:
BKK 3 Architektur ZT GmbH, Wien

Projektentwicklung und -umsetzung:
PRISMA Zentrum für Standort- und Stadtentwicklung GmbH, Wien

Partner am Bau:

- Ing. Wilhelm Weisshörndl
- Pasteiner Dach- und Fassadensysteme
- „b“ Objektreinigung GmbH
- Fliesen Ruprechter GmbH
- Alu König Stahl GmbH
- Meixner Vermessung

Ein ungewöhnliches Projekt an der Ringstraße

Mit dem Projekt „WZW – Wohnen im Zentrum von Wien“ wurden neue Maßstäbe für High-End-Wohnen in exponierter Innenstadtlage gesetzt

Die Innenraumaufnahmen der gläsernen Kuppeln vermitteln einen Eindruck von der ungewöhnlichen Grundrissgestaltung dieses Projektes
Fotos: Ruth Ehrmann

Im Zentrum der Donaustadt einen Dachgeschossausbau zu errichten, ist eine ungewöhnliche Aufgabe. Um so mehr, wenn es sich dabei um die Erweiterung eines Gebäudes, wie den aus der Mitte des 19. Jahrhunderts stammenden „Hanuschhof“ handelt. Mit seiner Lage Goethegasse/Hanuschgasse hat sich das Eckgebäude im Laufe der Zeit von einem Nebengebäude der Albertina zu einem heute städtebaulich wirksamen Gegenpart zur Neuen Hofburg und als Bindeglied zur Oper entwickelt. Entsprechend hoch waren die Anforderungen des Bundesdenkmalamtes für einen Dachausbau in der von der UNESCO zum Weltkulturerbe erklärten Innenstadt. Diese galt es, in dem vom Bauherrn, der ART for ART – Theaterservice Ges.m.b.H, ausgelobten Wettbewerb einzuhalten. In einem mehrstufigen Auswahlverfahren setzte sich das junge Wiener Büro silberpfeil-architekten mit einem gewagten Entwurf durch. Eine überwiegend verglaste, stählerne Bogenstruktur besetzt die gesamte Dachfläche und wird mit fünf Kuppelbauten rhythmisiert. Diese zeitgemäß übertragenen Elemente greifen die Positionen ehemals vorhandener Ecktürme auf und erweitern einige der Wohnungen um spektakulär zu nennende Raumeindrücke. Dass eine außergewöhnliche Lage eine außergewöhnliche Architektur generieren würde, war zu hoffen, wenn nicht zu erwarten. Jedoch galt es auch, die baukonstruktive und gebäudetechnische Realisierung in einer Machbarkeitsstudie unter Beweis zu stellen. Die luxuriösen Wohneinheiten, die eine Größe von bis zu 450 m^2 haben, erhielten Doppelböden und eigene Hausanschlussräume, die den erforderlichen technischen Einbauten Platz bieten. Mittels optimierter Auswahl konstruktiv und bauphysikalisch geeigneter Materialien und modernster Anlagetechnik war es möglich, bei einer angenommenen Außentemperatur von 32 Grad Celsius eine Innenraumtemperatur von nicht mehr als 26 Grad Celsius zu garantieren. Sonnenschutzelemente, gekühlte Betonböden und ein ausgeklügeltes Umluftsystem sind für die Abführung der thermischen Restlast ausgelegt. Außergewöhnlich sind die Ausblicke auf Albertina, Oper, Burggarten und Hofburg ohnehin, doch die sich im Tag-Nacht-Verlauf ändernden Stadteindrücke sind in den hohen Kuppelbauten besonders wirkungsvoll. Erschlossen werden die zwölf exklusiven Wohnungen über zwei vor den Hoffassaden platzierte Panoramalifte sowie einen weiteren in ein bestehendes Treppenhaus integrierten Lift. Eher minimalistisch von geschwungenen Wandschalen gebildete Flure führen auf der unteren Dachgeschossebene zu den Wohnungen, die in Zuschnitt, Größe und Lage keine der anderen gleicht. Terrassen, Balkone, Einliegerwohnungen, eine je nach Wohnfläche variierende Anzahl von Schlafräumen und Badezimmern sowie die außergewöhnliche Raumfolge in den Wohnungen, denen eine gläserne Kuppel zugehörig ist, charakterisieren neben den individuell abgestimmten hochwertigen Ausbauelementen dieses Projekt, das sowohl neue Maßstäbe für das Segment High-End-Wohnen wie für Dachausbauten in Wiens Innenstadt setzte.

Eine Abfolge verschiedener Bogenformen setzt Elemente des historischen Umfelds mit zeitgemäßen Mitteln um Foto: AnnABlaU

Architekten:
silberpfeil-architekten
koblinger rogl reisinger

Bauherr:
ART for ART - Theaterservice Ges.m.b.H

Partner am Bau:

- Zeman & Co GmbH
- HAUSHAHN AUFZÜGE GMBH
- Grandits-Team Reprografie Ges.m.b.H.
- DIMAS Betonbohr- und -sägedienst Ges.m.b.H.
- Österreichische Doka Schalungstechnik GmbH
- Alu König Stahl GmbH
- Meixner Vermessung
- Troges Ges.m.b.H. Lüftungstechnik
- SFL Stahl-, Fassaden- und Lüftungsbau GmbH

Schluss mit dicker Luft: richtig lüften und sparen

(djd/pt) Schaut man sich die Preise für Heizöl und Erdgas an, so ist es kein Wunder, dass Energiesparen oberste Priorität hat. Thermisch isolierte und hermetisch dichte Fenster, hervorragend isolierte und dichte Außenfassaden bürgen dafür, dass die Wärme im modernen Haus bleibt. Klingt gut, hat aber einen Nachteil: Im Gegensatz zu älteren Gebäuden, bei denen die Luft durch undichte Fenster und Außenmauern entweichen konnte, ist der Luftaustausch in modernen Häusern minimiert. Die Folge sind häufig Feuchtigkeit, Schimmelbildung und schlechte Luft in den eigenen vier Wänden. Doch Energiesparen und gute Luft schließen sich keineswegs aus, wie das Lüftungssystem von Aereco (Infos unter www.aereco.de) beweist.

Foto: djd/Aereco GmbH

Die Anlage erkennt selbst, wann, wo und wie viel Bedarf an frischer Luft besteht, und spart so Energie. Über Zuluftelemente strömt die frische Luft in den Wohnbereich, in den so genannten Ablufträumen wie Küche, WC oder Bad wird die verbrauchte Luft über Abluftelemente abgesaugt. Dass die Luft in die richtige Richtung strömt und die gesamte Wohnung kontrolliert gelüftet wird, gewährleistet ein zentraler Ventilator.

Wohnanlage „Wienerberg City“

Mit dem Projekt „Hängende Gärten“ wurde eine für Wien neuartige Konzeption für eine Wohnanlage mit über 101 Einheiten realisiert

Gemeinschaftliches Wohnen als erklärtes Ziel

Die im Oktober 2003 eingeweihten „Hängende Gärten“ der BUWOG – Bauen und Wohnen Ges.m.b.H. wurden mit einem Auftragsvolumen von ca. 8,65 Mio. Euro von der AST Baugesellschaft mbH realisiert. Die Wohnanlage Wienerberg City an der Hertha-Firnberg-Straße 7 stellt mit ihren skulptural anmutenden Raumkörpern insgesamt 101 Wohneinheiten in einen neuartigen Kontext, der spannende Architektur, künstlerischen Zugang und ökologische Bauweise miteinander verbindet. Das erklärte Ziel eines auf gemeinschaftlichen Zusammenhalt ausgerichteten Wohnens wurde von dem Architekturbüro Günter Lautner in Zusammenarbeit mit Nicolaj Kiristis durch den Entwurf eines vielschichtigen Gebäudekomplexes, dessen zentraler Grünraum die unterschiedlichen Strukturen verbindet, folgendermaßen umgesetzt: Die Basis bilden die eingeschossigen Laubengangwohnungen der vier unteren Etagen. Sie sind zweiseitig nach Osten, Westen oder Süden ausgerichtet und verfügen ihrer ausgesuchten Lage entsprechend – nach Süden öffnet sich der Landschaftsraum Wienerberg – im Erdgeschoss über großzügige Terrassen. Die als gläserne Kuben ausgebildeten Balkone des 1. bis 3. Obergeschosses erweitern die Wohnräume dieser Einheiten und bestimmen mit ihrer leicht versetzten Anordnung markant das Fassadenbild. Der darüber liegende ca. 2.600 m² große Dachgarten ist Zentrum und Namensgeber des Projektes „Hängende Gärten“. Die unterschiedlich gestal-

Oben: Die Südfassade wird von den teilweise verglasten, kubischen Balkonen geprägt und ist auf den Landschaftsraum ausgerichtet

Unten: Die auskragenden Teile der Reihenhäuser wurden mit Hilfe von Rüsttürmen geschalt und entsprechen den erhöhten Anforderungen an die Erdbebensicherheit

Fotos: Günther Wlcek

In luftiger Höhe über dem 3. OG wurde der 2.600 m² große Dachgarten mit unterschiedlichsten Themenbereichen angelegt

teten Bereiche wie Sonnendeck, Mieterbeete, Wasserbecken, Ballspielplatz, Spielgeräte und Japanischer Garten der als Luftgeschoss ausgebildeten Ebene stehen allen Bewohnern und Bewohnerinnen zur Verfügung und ermöglichen die verschiedensten Nutzungen und Aktivitäten. Ein als Wintergarten mit Galerie ausgebildeter Gemeinschaftsraum, der ebenso wie ein im Erdgeschoss gelegener Saal mit angrenzender Küche und Sanitärbereich beispielsweise für Feste, Zusammenkünfte o.Ä. genutzt werden kann, erweitert das Angebot gemeinschaftsfördernder Einrichtungen.

Urbane Reihenhaustypen

Die über der hoch gelegenen Freifläche auf Stützen gelagerten sechs Reihenhausgruppen stellen eine weitere Besonderheit des Projektes dar. Es liefert einen neuartigen, auf Urbanität ausgerichteten Lösungsansatz für individualistisch geprägte Wohnvorstellungen für den häufig in Vororten vorzufindenden Haustyp Reihenhaus. Größtenteils zweigeschossig organisiert, wurden mit Dachausstiege und baukonstruktiver Dachhautausbildung die Voraussetzung für die Anlage eigener Dachgärten geschaffen, von denen man – wie von der Dachgartenebene – einen großartigen Ausblick in das südliche Wiener Becken und auf die Wiener Hausberge Schneeberg und Rax hat.

Identifikationsförderung

Die vertikale Haupterschließung erfolgt über eine einzige Treppenanlage. Dieser großzügig dimensionierte Raum soll neben seiner Hauptfunktion auch – wie die angrenzenden Laubengänge – kommunikationsfördernd wirksam werden. Bauherr wie Architekt waren sich darin einig, dass die Verantwortlichkeit der Bewohner stark von der Identifikation mit dem Ort abhängt. Das Instrumentarium der Selbstorganisation bei der Nutzung der Gemeinschaftsräume ist dafür ein taugliches Mittel. Entsprechende Untersuchungen haben gezeigt, dass Konflikte im täglichen Miteinander besser gelöst werden und das „Sich-zu-Hause-Fühlen" stärker ausgeprägt ist, wenn sich die Bewohner einbringen können. Durch die auf das ökologische Konzept ausgerichtete Bauweise entspricht die Wohnanlage dem Niedrigenergiestandard. Die Veranden der Wohnungen machen es möglich, die Sonnenenergie passiv zu nutzen. Eine kontrollierte Wohnraumlüftung, Ressourcen schonendes Bauen und die Minimierung des Energieverbrauchs sind weitere Kennzeichen des „Konzepts der sanften Ökologie". Jeder Einheit – sie haben Wohnflächen vom 35 m² bis 107 m² und sind ab einen Kaufpreis von ca. 140.000 Euro zu erwerben – ist ein Tiefgaragenplatz zugeordnet. Neben der Gebäudegeometrie und der als Warmdach mit Anstaubewässerung ausgebildeten Dachgartenebene stellten die Stahlbetonstützen der auskragenden Reihenhausgruppen sowohl in planerisch-statischer Hinsicht (Erdbebenlast) wie ausführungstechnisch eine Herausforderung dar.

Generalunternehmer:
AST Baugesellschaft mbH

Bauherr:
BUWOG – Bauen und Wohnen Ges.m.b.H., Wien

Architekten:
Günter Lautner mit Nicolaj Kiristis

Partner am Bau:

- Raimund Hraby OHG Elektroinstallation
- Dr. Lichtblau GmbH Gartengestaltung
- Link ges.m.b.h Schlosserei
- Ploberger & Stadler GmbH Dächer, Lichtkuppeln, Fassaden
- Grandits-Team Reprogafie Ges.m.b.H.
- W. Heiss Ges.m.b.H. Bauunternehmen, Rammtechnik, Baumaschinenhandel und -reparatur
- RIHA Gesellschaft m.b.H. Feuerschutz, Zargen, Türen, Tore
- FCP Fritsch, Chiari & Partner ZT GmbH
- Peter Hartmann GesmbH Bauspenglerei, Schwarzdeckerei
- Zivilingenieurbüro Dipl. Ing. Dr. Helmut Effenberger
- G.S.D. Reinigung Gebäude-Service-Dienstleistung • Jovanovic K.E.G.
- Vermessung Eckharter ZT GmbH
- DIMAS Betonbohr- und -sägedienst Ges.m.b.H.
- OTIS GesmbH Aufzüge
- TPS Technik Personal Service
- Albrechtsberger Gesellschaft m.b.H.
- Steppi & Co. Gesellschaft m.b.H. Heizung-Lüftung-Sanitär

Historische Substanz, innovative Raum-Ideen

Umbau und Sanierung Fuhrwerkerhaus, Wien / Umbau Bürogebäude Strobachgasse, Wien

Umbau eines Fuhrwerkerhauses

Aus einem originalen Fuhrwerkerhaus aus dem Jahre 1885 wurde das neue Heim für eine Familie mit zeitgemäßen Wohnideen. Dazu entkernte FLEOS architektur ZT-KEG aus Salzburg das historische Gebäude großräumig und ergänzte nach Süden zum Hof hin ein neues Geschoss in Teilfertigbauweise. Die bodentief verglasten Räume erreichen teilweise eine Raumhöhe von über 3,50 m und erzeugen großzügige Raumdimensionen. Zum Gästehaus wurde ein separat erschlossener Seitentrakt in zwei Ebenen adaptiert. Anstelle der bislang mittig angeordneten Garageneinfahrt auf der Straßenseite konzipierten die Architekten eine neue Eingangssituation mit Vorhalle. Die Garage erhält am Rand des Gebäudes eine eigene Einfahrt.

Während Vollziegel im Altbestand verwendet wurden, kam für die neuen Aufbauten durchweg Holz zum Einsatz. Indem die Heizung und Kühlung des Gebäudes ausschließlich über Wand und Decken geregelt ist, mussten raumseitig keine sichtbaren Geräte installiert werden.

Charmant und großzügig: Wohnen im ehemaligen Fuhrwerkerhaus

Moderne Büros, Strobachgasse, Wien

Ausgangslage war ein Zinshaus mit einem Erbauungsdatum aus dem Ende des 18. Jahrhunderts. Die FLEOS architektur ZT-KEG stockte das historische Gebäude auf und baute den somit neu geschaffenen Dachboden für eine reine Büronutzung aus. Die unteren Geschosse werden weiterhin als Wohnraum genutzt. Insgesamt wurde der Baukomplex haustechnisch auf den neuesten Stand gebracht. Über Lift sind die einzelnen Geschosse bis in den Keller mit neuen Lagerflächen leicht erreichbar. Für das feuchte Kellermauerwerk wurde dabei die Methode der „Temperierung von Bauteilen" herangezogen. Fenster und Fassaden wurden erneuert.

Die Büroraumorganisation basiert auf neuesten Entwicklungen und Erkenntnissen. Eine flexible, offene Grundstruktur bildet die Grundlage, auf der die Rahmenbedingungen für projektbezogenes und teamorientiertes Arbeiten geschaffen wurden. Flexible Trennwände, Stehtische und Kästen gliedern den Raum. Minimierte „wet-boxes" dienen gleichzeitig der Zonierung, der Orientierung, der Kommunikation und als Blickfang. Einen weiteren Fixpunkt bildet die „quiet-box", die als Besprechungsraum oder als Rückzugsort dient. Im speziellen Fall können diese Zonen auch als definierte Raucherzone mit einer zusätzlichen Abluftführung versehen werden. Der Büroraum ist ansonsten flexibel konzipiert und kann für Bürozellen, Arbeitsgruppen, Bürowerkstatt oder Projektarbeit genutzt werden.

Im historischen Zinshaus: flexible Büros mit innovativem Raumkonzept für zukunftsorientiertes Arbeiten

Architektur und Planung:
FLEOS architektur ZT-KEG, Salzburg

Partner am Bau:

- AIRFIRETECH Brandschutzsysteme GmbH
- DIMAS Betonbohr- und -sägedienst Ges.m.b.H.
- KONE AG Aufzüge, Rolltreppen
- Österreichische Doka Schalungstechnik GmbH

Gesundes Bauen und Wohnen

(djd/pt) Umweltmediziner führen die Zunahme zahlreicher Krankheiten auf ungesunde Wohnverhältnisse zurück. Das hat zu einem Umdenken geführt: Architekten achten bei Wärmedämmung und Energieeinsparung auch auf baubiologische Gesichtspunkte. So gewährleisten zum Beispiel Wandheizungen, die auf eine Lehmwand montiert oder in Lehm eingeputzt werden, ein angenehmes und gesundes Raumklima, so berichtet „Gesundheit aktuell – Das Gesundheitsmagazin für die ganze Familie“ (kostenfrei erhältlich in Apotheken, Kliniken, bei Ärzten, Dermatologen und evtl. bei Ihrem Gesundheitsexperten). Das wohlige Empfinden entsteht durch das Prinzip der Wärmestrahlung, bei dem nicht die gesamte Luft aufgeheizt wird, sondern die Wärme direkt an die Umgebung abgegeben wird. Dabei fallen die bei anderen Heizsystemen üblichen Luft- und Staubverwirbelungen weg, was besonders für Allergiker von Bedeutung ist. Zudem wirkt sich Lehm durch seine feuchtigkeitsregulierenden Eigenschaften sehr positiv auf das Raumklima aus. Die relative Luftfeuchte wird unter 55 Prozent gehalten – das entzieht Hausstaubmilben und Schimmelpilzen die Lebensgrundlage. Zum anderen werden Luftfeuchten von unter 40 Prozent vermieden, so dass weder Haut noch Schleimhäute austrocknen. Durch den Einsatz von Wandheizungsplatten kann die Raumtemperatur ohne Einbuße an Behaglichkeit um ca. 3° C abgesenkt werden, weil die Wandflächen angenehm warm sind und die Kälte von außen abschirmen. Es wird damit eine Energieeinsparung von etwa 18 Prozent erzielt. Sogar im Hochsommer bewähren sich die Wandheizungselemente, wenn kühles Wasser durch das System geleitet wird und ohne die Nebenwirkungen eines Klimageräts für angenehme Temperaturen sorgt.

Foto: djd/Intermed Verlagsgesellschaft mbH

Weitere Informationen erhalten Sie unter www.gesundheit-aktuell.de.

Im Spezialtiefbau zu Hause

U-Bahn-Tunnel U2/4 im Bauabschnitt Messe / „U4-Center II" / Unterfangung „Hotel Meridien" / S1-Grünbrücke Schwechat / Fundierung Borealis PE 4 Wien-Schwechat / S-Bahn-Unterwerfung Lainzer Tunnel LT 42

Erweiterung der U2: Tunnel im Stationsbereich Wiener Messe

Im Verlauf der U2-Erweiterung zwischen km 21,991 und km 23,527 wird zwischen Mai 2003 und Mai 2006 je ein Tunnel vor und nach der U-Bahn-Station „Messe" errichtet. Die Verlängerung der U2 verläuft unter dem Donaukanal quer durch den zweiten Bezirk, unter dem Praterstern durch bis hin zum Praterstadion. Die Gleistangente taucht in der Ausstellungsstraße in eine einfache Tieflage in 638 m auf. In Tieflage und Hochlage befindet sich jeweils eine Station (Messe und Trabrennstraße). Die Spezialtiefbauarbeiten, insbesondere die beiden Tunnel vor und nach der Station „Messe", werden in offener Bauweise durch die Grund-, Pfahl- und Sonderbau GmbH errichtet.

Die U2 wird verlängert. Dabei verläuft je ein Tunnel vor und nach der U-Bahn-Station „Messe" unter dem Donaukanal. Ein Fall für die Grund-, Pfahl- und Sonderbau GmbH

Einschalig, rund 7 m tief im Grundwasser gelegen, wird der Tunnelneubau vor der Station aus Schlitzwänden und Plattenbalkendecken errichtet. In Folge an die Station entsteht ein weiterer Tunnel in offener Bauweise. Dieser liegt rund 5,5 m im Grundwasser und ist seinerseits aus Schlitzwänden und teilweise zweifeldrigen Platten gebaut.

Im Verlauf der Erweiterungsarbeiten zur U2 im Auftrag der Wiener Linien hatte die Grund-, Pfahl- und Sonderbau GmbH schon zwischen Juni 2002 und September 2003 für die Wasserhaltung der Baugrube der U2 gesorgt. Dazu wurde das tertiäre Wasser des Grundwasserhorizontes von -1,50 WN auf 11,50 WN entspannt. In diesem Zusammenhang kamen zehn teilweise vakuumbeaufschlagte Bohr-

brunnen d=9000 bis zu 25 m tief zum Einsatz. Die Fördermenge der Bohrbrunnen betrug rund 25 l/sec.

Auf sicherem Boden: Fundierung für U4-Center II in 1120 Wien

Im Auftrag der ARGE U4-Center entwickelte die U4-Center Projektentwicklungsgesellschaft aus Salzburg nach Entwürfen des Wiener Architekturbüros Dr. Potyka einen markanten Bürokomplex. Maximal vier Büroobjekte, deren Größen zwischen 224 m² und 523 m² variieren, können bei Bedarf auch zusammengelegt werden. Dabei können, je nach Wunsch, große Büroeinheiten mit bis zu 1.421 m² Nutzfläche entstehen.

Im Zusammenhang mit dieser Baumaßnahme, die zwischen Juli 2003 und September 2003 realisiert wurde, zeichnet die Grund-, Pfahl- und Sonderbau GmbH für die Fundierungen verantwortlich.

Technisch aufwändige Baumethoden für Sanierung „Hotel Meridien“

Im Rahmen der Sanierungs- und Umbaumaßnahmen für das Hotel Le Meridien am Opernring 13–15 zwischen Ecke Opernring, Robert-Stolz-Platz und Ecke Elisabethstraße war die Grund-, Pfahl- und Sonderbau GmbH mit der Unterfangung betraut. Keine leichte Aufgabe, denn die Unterfangung der Abstandsmauern konnte nur durch eine Hochdruckbodenvermörtelung, die teilweise verankert war, realisiert werden. Durch diese Unterfangung sollte eine Tieferführung der Kellergeschosse um bis zu 9 m erreicht werden.

Zeitgleich zur Baugrubensicherung errichtete die Grund-, Pfahl- und Sonderbau GmbH auch eine Tiefgarage unter dem Robert-Stolz-Platz. Insgesamt vier Parkgeschosse wurden mittels Schlitzwänden bis in 22 m Tiefe auf einer Gesamtfläche von rund 5.100 m² gesichert und in Deckelbauweise zwischen Februar und Mai 2002 errichtet.

Tunnelportal S1-Grünbrücke Schwechat

Mit der S1-Wiener-Außenring-Schnellstraße wird die A2-Süd-Autobahn mit der A4-Ost-Autobahn durch eine rund 16,2 km lange Trasse verbunden. Zum ersten Mal wurde ein solch großes Straßenbauprojekt in Österreich auch auf seine Umweltverträglichkeit geprüft. Während und nach dem Straßenbau müssen für Mensch, Tiere, Pflanzen, Boden, Wasser, Luft, Klima, Biotope, Ökosystem, Landschaft, Sachgüter und Kulturgüter sämtliche Umweltstandards eingehalten werden. Dementsprechend wurden Tunnellagen, Lärmschutz, Landschaftsplanung und Architektur in einer interdisziplinären Zusammenarbeit zwischen Technikern und Umweltexperten entwickelt.

Sechs Grünbrücken mit 2 m mal 40 m und 4 m mal 70 m Länge sind Teil des umfangreichen Straßenbauprojektes. Sie werden zusammen mit begleitenden Grünstrukturen, wie Lärmschutzdämme, Grünbrücken, Erdstädte und ökologische Ausgleichsflächen, so angeordnet, dass sie das Umfeld optimal ökologisch vernetzen.

Tunnel und Grünbrücken sind ebenfalls durch eine markante Portalgestaltung geprägt. Großflächige, dreiecksförmige Fertigbetonplatten bilden dabei einen fließenden und „lebendigen“ Übergang von den senkrechten Objektwänden zu den flacher geneigten Freilandbereichen. Speziell entworfene Stiegenaufgänge finden sich bei allen Brücken und sollen die Arbeit des Brücken-

Damit das U4-Center heute seinen Platz im Wiener Stadtbild einnehmen kann, muss nicht zuletzt die Fundierung entsprechend tragfähig sein

inspektors erleichtern.
Für das Tunnelportal Grünbrücke Schwechat wurde die Grund-, Pfahl- und Sonderbau GmbH von der ÖSAG mit der Böschungssicherung beauftragt. Entsprechend den architektonischen Vorgaben von Robl, Bernhard + Partner aus Wien wählten die Sonderbauspezialisten im Bereich der Tunnelportale eine Spritzbeton-Nagelwandlösung, wobei die zu sichernde Fläche trichterförmig ausgebildet wurde. Vernagelt wurde in kreuzförmigen Spritzbetonrippen 40 cm mal 40 cm. Insgesamt 800 lfd.M. Daueranker, 1.300 m² Spritzbeton und 400 lfd.M. Spritzbetonrippen kamen dabei zum Einsatz

Fundierung einer neuen Produktionsanlage für Polyethylen von Borealis

In Wien-Schwechat realisierte HABAU auf dem Gelände von Borealis eine neue Produktionsanlage für Polyethylen. Geplant wurde die neue Produktionsanlage von Tecnimont aus Mailand. Die Kapazität für Polyethylen umfasst dabei rund 350.000 t/Jahr. Mit den Fundierungen des Bostar-PE-4-Projekts wurde die Grund, Pfahl- und Sonderbau GmbH beauftragt.

S-Bahn-Unterwerfung beim Lainzer Tunnel im „Meidlinger Einschnitt“

Im Rahmen der Realisierung der Verbindungsstrecke für die Südbahn zwischen West-, Süd- und Donauländebahn wurde die Grund-, Pfahl- und Sonderbau GmbH von der ARGE LT 42 mit der S-Bahn-Unterwerfung im Rahmen des Teilbereichs „Einbindung Südbahn“ beauftragt. Dieser rund 1.550 m lange Teilbereich bindet die Gleise des „Lainzer Tunnels“ niveaufrei in die Südbahnstrecke zwischen dem Bahnhof Meidling und der Haltestelle Hetzendorf ein. Damit soll die Einfahrtsituation des Schnellbahnverkehrs nach Meidling von Süden her spürbar leistungsfähiger und besser werden. Um diese gewünschte Leistungssteigerung zu erreichen, sollte im „Meidlinger Einschnitt“, dem Baulos LT 42, neben der zukünftigen Einfahrtsrampe in den Lainzer Tunnel ein neues Rampen- und Tunnelbauwerk errichtet werden. Zunächst wurden die Tunneldecken betoniert, bevor die Aushubarbeiten mit der Bahn abtransportiert wurden. Im nächsten Schritt wurden die Bodenplatten betoniert und der Oberbau mit der Streckenausrüstung ausgeführt. Schließlich konnten die Unterwerfungsgleise östlich und westlich des Tunnels angebunden und im bestehenden Bahnhof Meidling an die dortigen Bahnsteige eingebunden werden. Um zudem die Bahnsteige der Haltestelle Hetzendorf an die Unterwerfungsgleise einzubinden, waren insgesamt umfangreiche Gleisbauarbeiten not-

Die Grünbrücke Schwechat entsteht im Rahmen des Verkehrsprojekts S1 im Süden Wiens

wendig. Mit einem Hebewerk wird künftig der Niederschlag aus dem Meidlinger Einschnitt in den Kanal gepumpt.

Nachdem die Einbindung des zweiten S-Bahn-Gleises vor und nach dem Unterwerfungsbauwerk abgeschlossen worden war, musste das bisherige Gleisprovisorium für die Südbahn abgetragen werden. In einer letzten Rohbauphase wird die Einfahrtsrampe des Lainzer Tunnel zwischen Wienerbergbrücke und Donauländebahnbrücke mit einer Schlitzwand hergestellt. Auch hier müssen Aushubarbeiten für Rampe und Portalbereich ausgeführt sowie Bodenplatten und im Portalbereich Tunneldecken bzw. Innenschalen betoniert werden. Bis Ende 2005 sollen die Rohbauarbeiten im „Meidlinger Einschnitt“ komplett abgeschlossen sein.

Zu den weiteren Teilbereichen des gesamten Bauprojekts „Lainzer Tunnel“ zählen die Anbindung der Donauländebahn, die Verknüpfung mit der Westbahn sowie ein 6,6 km langer Tunnel, der diese einzelnen Teilbereiche „Verknüpfung Westbahn“, „Einbindung Südbahn“ und „Anbindung Donauländebahn“ miteinander verbinden wird. Insgesamt 830 Mio. Euro investiert die HL-AG in dieses Projekt, durch das Verkehr und Anwohner entlastet und das Nahverkehrsangebot deutlich verbessert werden soll.

Hinter dem Projekt „Lainzer Tunnel“ verbergen sich mehrere Teilprojekte, die in ihrer Gesamtheit Verkehr und Anwohner entlasten und das Nahverkehrsangebot verbessern werden. Der Teilbereich „Einbindung Südbahn“ mit der S-Bahn-Unterwerfung im Einschnitt Meidling ist Ende 2005 abgeschlossen

Spezialtiefbau:
Grund-, Pfahl- und Sonderbau GmbH, Himberg

Partner am Bau:

- KAEFER Isoliertechnik Ges.m.b.H.
- Vermessung Angst Ziviltechnikergesellschaft mbH
- Grandits-Team Reprografie Ges.m.b.H.
- W. Heiss Ges.m.b.H. Bauunternehmen, Rammtechnik, Baumaschinenhandel und –reparatur
- AIRFIRETECH Brandschutzsysteme GmbH
- Hans Hager GmbH & Co. KG Blitzschutz
- Dipl..-Ing. Dr. techn. Manfred Fross Geotechnische Beratung
- Ingenieurbüro Pistecky
- FCP Fritsch, Chiari & Partner ZT GmbH
- Jellinek KG. NfG. Ges.m.b.H.
- Vermessung Eckharter ZT GmbH
- Potyka und Partner ZT GmbH
- Schindler Aufzüge und Fahrtreppen AG
- Ingenieurbüro ste.p Stella & Stengel Partner
- Ziviltechnikergesellschaft m.b.H.
- INTERGEO Umwelttechnologie und Abfallwirtschaft G.m.b.H.
- Getzner Werkstoffe GmbH
- Holcim (Wien) GmbH Beton, Zement
- Dipl.-Ing. Herwig Reider Staatlich befugter und beeideter Zivilingenieur für Bauwesen
- Österreichische Doka Schalungstechnik GmbH
- P. C. Wagner Elektro-Thermit Schweißgesellschaft m.b.H.
- Zivilingenieurbüro Dipl. Ing. Dr. Helmut Effenberger
- G. Hackenberg Holzhandel
- Albrechtsberger Gesellschaft m.b.H.
- RIHA Gesellschaft m.b.H. Feuerschutz, Zargen, Türen,
- Meixner Vermessung
- Dipl.Ing. Josef Mayer ZT Ges.m.b.H. für Bauwesen
- TOTAL FIRE-STOP Brandschutztechnik GmbH.

Wir sind da, wo Sie uns brauchen
Wo besondere Herausforderungen zu bewältigen sind. Wo traditionelle Bausubstanz mit innovativer Technik verbunden werden soll. Wo Termintreue, Wirtschaftlichkeit und Qualität zählen. Dort sorgen Unternehmen von MCE Gebäudetechnik mit effizientem Projektmanagement dafür, dass komplexe technische Einrichtungen zu einem funktionellen Ganzen werden.
Wir sind da, wo Sie uns brauchen.
MCE Anlagenbau Austria GmbH & Co
Tel.: +43 1 61036-224 • office@mce-gt.at • www.mce-gt.at
MCE Building & Infrastructure Solution GmbH
Tel.: +43 (0)50606 • office@mce-bis.at • www.mce-bis.at
MCE
The Life Cycle Company

Gastautoren

Dipl.-Ing. Gerhard Weber 8
Stadtbaudirektor Wien
Magistratsdirektion –
Geschäftsbereich Bauten und Technik
Lichtenfelsgasse 2, Stiege 7
1010 Wien
Tel. 01/400082601
Fax 01/40009982601

Dipl.-Ing. Günter Steinbauer 10
Vorsitzender der Geschäftsführung
der Wiener Linien
Erdbergstraße 202
1030 Wien
Tel. 01/7909140
Fax 01/7909149

Ing. Wolfgang Dvorak 14
Magistrat Wien,
Leiter der Öffentlichkeitsarbeit
der Stadtentwicklung Wien,
Magistratsabteilung 18 –
Stadtentwicklung und Stadtplanung
1, Rathausstraße 9
1082 Wien
Tel. 01/400088720
Fax 01/40009988720

Dipl.-Ing. Thomas Madreiter 20
Magistrat Wien,
Dienststellenleiter,
Magistratsabteilung 18 –
Stadtentwicklung und Stadtplanung
1, Rathausstraße 14-16
1082 Wien
Tel. 01/40008018
Fax 01/40007218

Dipl.-Ing. Andreas Pfleger 26
Magistrat Wien,
Magistratsabteilung 21B –
Stadtteilplanung und
Flächennutzung Süd-Nordost
1, Rathausstraße 14-16
1082 Wien
Tel. 01/400088131
Fax 01/40009988131

Ing. Robert Benne 32
Magistrat Wien,
Technischer Referent
des Stadtbaudirektors,
Magistratsdirektion –
Geschäftsbereich Bauten und Technik
Rathaus
1082 Wien
Tel. 01/400082609
Fax 01/40009982609

Dipl.-Ing. Sigrid Oblak 38
Magistrat Wien,
Magistratsabteilung 4 –
Allgemeine Finanz- und
Wirtschaftsangelegenheiten;
Abgaben,
Büro der Geschäftsgruppe
Finanzen, Wirtschaftspolitik
und Wiener Stadtwerke
Rathaus
1082 Wien
Tel. 01/400081204
Fax 01/40009981204

Dipl.-Ing. Eva Kail 46
Magistrat Wien,
Leiterin der Leitstelle
„Alltags- und Frauengerechtes Planen und Bauen“,
Magistratsdirektion –
Geschäftsbereich Bauten
und Technik,
Ebendorfer Straße 1
1010 Wien
Tel. 01/400082661
Fax 01/40009982661

Redaktionelle Mitarbeit

Wiener Linien GmbH & Co. KG 68
Erdbergstraße 202
1030 Wien
Tel. 01/7909140
Fax 01/7909149

Universale Hochbau Wien 120
Zweigniederlassung der Alpine
Mayreder Bau GmbH
Oberlaaer Straße 276
1239 Wien
Tel. 01/61079519
Fax 01/61079500

HABAU Hoch- und Tiefbaugesellschaft mbH 148
Filiale Wien
Greiner Straße 63
4320 Perg
Tel. 07262/5551246
Fax 07262/5551520

STRABAG AG 160
Donau-City-Straße 9
1220 Wien
Tel. 01/224220
Fax 01/224221010

Mischek Bau AG 196
Billrothstraße 2
1191 Wien
Tel. 01/36070127
Fax 01/36070350

Porr Projekt und Hochbau AG 202
Niederlassung Wien
Absberggasse 47
1103 Wien
Tel. 050626/1230
Fax 050626/1631

Bilfinger Berger Baugesellschaft mbH 220
Diefenbachgasse 5
1150 Wien
Tel. 01/89937168
Fax 01/89937163

Alpine - Mayreder Bau GmbH 234
Zweigniederlassung Wien
Oberlaaer Straße 276
1239 Wien
Tel. 01/610790
Fax 01/61079180

Dyckerhoff & Widmann GmbH 244
Hietzinger Kai 131a
1131 Wien
Tel. 01/8774454
Fax 01/8774480

Hitbau Hoch-Industrie-Tiefbau-Sanierungs GmbH 251
Lastensstraße 36
4020 Linz
Tel. 0732/600200
Fax 0732/60020020

Hausinhabung Lugner 252
Baumeister Techn. Rat.
Ing. Richard Lugner
15. Gablenzgasse 11
1150 Wien
Tel. 01/9815081
Fax 01/9815098

Dipl.-Ing. Wilhelm Sedlak Gesellschaft mbH 254
Hoch-, Tief-, Industrie-
und Gleisbau
Quellenstraße 163
1100 Wien
Tel. 01/60432820
Fax 01/604328233

Rudolf Gerstl 258
Bauunternehmung
GmbH & Co. KG
Kalkofenstraße 25
4600 Wels
Tel. 07242/2450
Fax 07242/24571

Rainer Böhm ZT-KEG 262
Architekturbureau
Obere Amtshausgasse 21
1050 Wien
Tel. 01/5445197
Fax 01/5454291

PRISMA Zentrum für Standort- und Stadtentwicklung GmbH 264
Rotenturmstraße 17/3/17A
1010 Wien
Tel. 01/5120709
Fax 01/51207095

silberpfeil-architekten 266
koblinger zt keg
Gaudenzdorfer Gürtel 73/3/5
1120 Wien
Tel. 01/817897322
Fax 01/817897328

AST Baugesellschaft mbH 268
Niederlassung Wien
Tanbruckgasse 3
1120 Wien
Tel. 01/811710
Fax 01/81171499

Fleos Architektur 270
Staatlich befugte und
beeidete ZT-KEG
Sterneckstraße 55
5020 Salzburg
Tel. 0662/87531413
Fax 0662/87531423

Grund-, Pfahl- und Sonderbau GmbH 272
Industriestraße 27A
2325 Himberg bei Wien
Tel. 02235/87777
Fax 02235/86561

Architekten

Architekt Katzberger ZT GmbH 92
Paulanergasse 13
1040 Wien
Tel. 01/5877555
Fax 01/5868608

Architektengruppe U-Bahn 92
Holzbauer-Marschalek-Ladstätter-Gantar Ziviltechniker GmbH
Streichergasse 10
1030 Wien
Tel. 01/7121614
Fax 01/7151161

RIHA Gesellschaft m.b.H. 134
Feuerschutz, Zargen, Türen, Tore
Novofermstraße 15
2230 Gänserndorf
Tel. 02282/43660
Fax 02282/4366555

Weiß Trockenbau KEG 155
Franz Kain Weg 31
4040 Linz
Tel. 0732/713950
Fax 0732/713952

Architekt Dipl.-Ing. Herbert Beier 174
Ziviltechniker Ges.m.b.H.
Puchsbaumgasse 23
1100 Wien
Tel. 01/6021137
Fax 01/60211379

Architekten 190
Dürschmid + Dürschmid
Ziviltechniker KEG
Berggasse 20
1090 Wien
Tel. 01/3199546
Fax 01/319954621

Architekt DI Gerhard Moßburger 241
ZT GesmbH
Jacquingasse 29/2.1
1030 Wien
Tel. 01/7991545
Fax 01/799154594

Ingenieurbüros

Vermessung VSP 80
Stolitzka & Partner
ZT GesmbH
Schottenfeldgasse 79
1070 Wien
Tel. 01/4706403
Fax 01/4706403299

Geoconsult Wien ZT GmbH 83
Hütteldorfer Straße 85
1150 Wien
Tel. 01/7863020
Fax 01/786302050

FCP Fritsch, 88
Chiari & Partner ZT GmbH
Diesterweggasse 3
1140 Wien
Tel. 01/902920
Fax 01/902929000

hauer & stix 93
Ziviltechnikergesellschaft mbH
Ingenieurkonsulenten
für Vermessungswesen
Kalvarienberggasse 67/9
1170 Wien
Tel. 01/4076203
Fax 01/40762024

Ingenieurbüro A. Pauser 93
Ziviltechniker Ges.m.b.H.
Münichreiterstraße 4+31
1130 Wien
Tel. 01/8773204
Fax 01/877320430

Dipl.-Ing. Herwig Reider 94
Staatlich befugter und beeideter
Zivilingenieur für Bauwesen
Dresdnerstraße 112/4/29
1200 Wien
Tel. 01/3306799
Fax 01/33067994

Ingenieurbüro Dipl.-Ing. 94
Wilfried Pistecky
Zivilingenieur für Kulturtechnik und Wasserwirtschaft, Eingetragener Mediator für Zivilrechtssachen
Barnabitengasse 8/2/21
1060 Wien
Tel. 01/5875047
Fax 01/587504780

Dipl.-Ing. Wolfgang Tötzel 95
ZT - GmbH
Ingenieurkonsulent für
Bauingenieurwesen
Johann Strauss-Gasse 45/3
1040 Wien
Tel. 01/4796977
Fax 01/4704484

Verbundplan GmbH 95
Ingenieur- und
Beratungsunternehmen
Laaer-Berg-Straße 43
1100 Wien
Tel. 01/503130
Fax 01/50313165

Dipl.-Ing. Josef Mayer 96
ZT-Ges.m.b.H. für Bauwesen
Geylinggasse 27/2/17
1130 Wien
Tel. 01/87766080
Fax 01/87752099

DonauConsult Zottl & Erber 97
Ziviltechnikergeschaft m.b.H.
Klopstockgasse 34
1170 Wien
Tel. 01/48080100
Fax 01/480801010

iC consulenten Ziviltechniker 97
GesmbH
Kaiserstraße 45
1070 Wien
Tel. 01/521690
Fax 01/5216915

Baumeister Diplom Ingenieur 98
Franz Mörtinger & Co.
Getreidemarkt 7
1060 Wien
Tel. 01/5875433
Fax 01/587041633

Zivilingenieurbüro 99
Dipl.-Ing. Dr. Tech.
Helmut Effenberger
Seeböckgasse 32 b
1160 Wien
Tel. 01/4083580
Fax 01/408358034

Dipl.-Ing. Alfred Offner 114
Gesellschaft mbH Gebäudetechnik
Ignaz-Köck-Straße 9
1210 Wien
Tel. 01/2789888
Fax 01/2789880

ZT-Kanzlei Dipl.-Ing. Gerhard 114
Pranger Staatlich befugter und beeideter Zivilingenieur für Elektrotechnik
Ausstellungsstraße 45
1020 Wien
Tel. 01/72821220
Fax 01/72821222

Dipl.-Ing. Dr. Josef Pfleger 116
Staatlich befugter und beeideter
Ingenieurkonsulent für Vermessungswesen
Endresstraße 121/1/6
1230 Wien-Mauer
Tel. 01/8882115
Fax 01/888211515

Dipl.-Ing. Josef Gebeshuber 116
Staatlich befugter und beeideter
Zivilingenieur für Bauwesen
Krugerstraße 4/4
1010 Wien
Tel. 01/5120152
Fax 01/512278522

ESW Consulting WRUSS 117
Ziviltechnikergesellschaft mbH
Rosasgasse 25-27
1120 Wien
Tel. 01/81253180
Fax 01/81253185

freudensprung anlagen 127
planungsges.m.b.H.
Kraygasse 92
1220 Wien
Tel. 01/531930
Fax 01/5319324

All-Projekt 133
Technisches Büro Gesellschaft m.b.H.
Porzellangasse 39/1/13
1090 Wien
Tel. 01/3193540
Fax 01/3193550

Dipl.-Ing. Walter Prause 133
Zivilingenieurbüro für Bauwesen
Hietzinger Hauptstraße 36
1130 Wien
Tel. 01/8776242
Fax 01/8764088

Vermessung Angst 134
Ziviltechnikergesellschaft mbH
Mayergasse 11
1020 Wien
Tel. 01/211720
Fax 01/2117222

Bethmann Blitzschutz 135
Gesellschaft mbH
Pressgasse 14-16
1040 Wien
Tel. 01/5879377
Fax 01/587937733

Rosinak & Partner 135
Ziviltechniker GmbH
Schloßgasse 11
1050 Wien
Tel. 01/5540707
Fax 01/5540727

DI Ernst Kuttner 144
Ingenieurkonsulent für
Bauingenieurwesen
Laxenburgerstraße 196
2331 Vösendorf
Tel. 01/6981054
Fax 01/698105418

Weiß Trockenbau KEG 155
Franz Kain Weg 31
4040 Linz
Tel. 0732/713950
Fax 0732/713952

INTERGEO Umwelttechnologie 180
+ Abfallwirtschaft G.m.b.H.
Niederlassung Wien
Wallagasse 4a
1110 Wien
Tel. 01/8177251
Fax 01/817725125

Ingenieurbüro ste.p 184
Stella & Stengel Partner
Ziviltechnikergesellschaft m.b.H.
Mommsengasse 31
1040 Wien
Tel. 01/50556870
Fax 01/5053984

Vermessung Eckharter 184
ZT GmbH
BR.h.c. Dipl. Ing.
Manfred Eckharter
Friedrichstraße 6
1010 Wien
Tel. 01/5871134
Fax 01/587113417

TECTONconsult 185
Verkehrsplanung & Konstruktiver
Ingenieurbau
Baumanagement
Barnabitengasse 8
1060 Wien
Tel. 01/5870958
Fax 01/587095824

Dipl.-Ing. Dr. techn. Manfred 190
Fross Geotechnische Beratung
c/o Ingenieurbüro Gruppe
Wasser ZT GmbH
Wiedner Hauptstraße 19
1040 Wien
Tel. 0676/3441560
Fax 01/505198443

Architekten 190
Dürschmid + Dürschmid
Ziviltechniker KEG
Berggasse 20
1090 Wien
Tel. 01/3199546
Fax 01/319954621

ENERCRET Nägele 191
Energietechnik GmbH & Co
Bundesstraße 24
6832 Röthis
Tel. 05522/3627401
Fax 05522/3627400

Gmeiner Haferl Bauingenieure 192
Prinz Eugen Straße 80/9
1040 Wien
Tel. 01/5231322
Fax 01/523132223

bst Brandschutztechnik 213
Döpfl GmbH
Albert Schweitzer Gasse 6c
1140 Wien
Tel. 01/970970
Fax 01/9709718

Dipl.-Ing. Jörg Gritsch 217
Zivilingenieur für Bauwesen
Zieglergasse 10
1070 Wien
Tel. 01/5222767
Fax 01/522276719

Hans Hager GmbH & Co. KG 217
Blitzschutz
Ketzergasse 58
1230 Wien
Tel. 01/6992142
Fax 01/6995331

Markus Stolz 219
Ges.m.b.H. & Co KG
Altmannsdorfer Anger 70
1120 Wien
Tel. 0222/8034651
Fax 0222/803465133

Monarth & Tatzber 229
Ziviltechniker GmbH
Blindengasse 26
1080 Wien
Tel. 01/4054286
Fax 01/4074712

Noack 232
Ingenieurgesellschaft mbH
Eggerthgasse 9
1060 Wien
Tel. 01/5858226
Fax 01/5858239

IFFT Institut für 233
Fassadentechnik Frankfurt
Karlotto Schott
Niedenau 45
D-60325 Frankfurt am Main
Tel. 0049/69/9712480
Fax 0049/69/97124833

Ingenieurbüro Neukirchen 241
Ziviltechniker Gesellschaft m.b.H.
Eßlinggasse 17
1010 Wien
Tel. 01/53345640
Fax 01/533456414

KOPA Ziviltechniker-OEG 242
KORSCHINECK & PARTNER
Wiedner Hauptstraße 17
1040 Wien
Tel. 01/5051892
Fax 01/505189221

Potyka und Partner ZT GmbH 242
Altmannsdorfer Straße 89/13
1120 Wien
Tel. 01/8772571
Fax 01/877257185

Staatl. befugter und beeideter 243
Ziviltechniker Dipl.-Ing. Josef Jorda
Zivilingenieur für Bauwesen
Rennbahnstraße 24
3100 St. Pölten
Tel. 02742/252364
Fax 02742/25236499

Ingenieurbüros für Elektrotechnik

GAWAPLAN 96
Haustechnische Anlagen Ges.m.b.H.
Theresiengasse 11
1180 Wien
Tel. 01/4023696
Fax 01/402369619

Ing. f. Heizung/Klima/Lüftung/Sanitär

GAWAPLAN 96
Haustechnische Anlagen Ges.m.b.H.
Theresiengasse 11
1180 Wien
Tel. 01/4023696
Fax 01/402369619

Ingenieurbüros für HLS

GAWAPLAN 96
Haustechnische Anlagen Ges.m.b.H.
Theresiengasse 11
1180 Wien
Tel. 01/4023696
Fax 01/402369619

Ingenieurbüros Hochbau

Potyka und Partner ZT GmbH 242
Altmannsdorfer Straße 89/13
1120 Wien
Tel. 01/8772571
Fax 01/877257185

Ingenieurbüros für Kulturtechnik

DonauConsult Zottl & Erber 97
Ziviltechnikergeschaft m.b.H.
Klopstockgasse 34
1170 Wien
Tel. 01/48080100
Fax 01/480801010

Ingenieurbüros für Vermessung

Meixner Vermessung 81
Ingenieurkonsulent für Vermes-
sungswesen
Linke Wienzeile 4
1060 Wien
Tel. 01/5879616
Fax 01/5873432

Ing-büros f. Wasserwirtschaft

DonauConsult Zottl & Erber 97
Ziviltechnikergeschaft m.b.H.
Klopstockgasse 34
1170 Wien
Tel. 01/48080100
Fax 01/480801010

Unternehmen

▶A

Abbruch

Zivilingenieurbüro 99
Dipl.-Ing. Dr. Tech.
Helmut Effenberger
Seeböckgasse 32 b
1160 Wien
Tel. 01/4083580
Fax 01/408358034

W. Heiss Ges.m.b.H. 130
Bauunternehmen -
Rammtechnik - Baumaschinenhandel und -reparatur
Zwingenstraße 7
2380 Perchtoldsdorf
Tel. 01/8693266
Fax 01/869326620

Stanik Bau Ges.m.b.H. 145
Grüngasse 9/18
1050 Wien
Tel. 01/5877042
Fax 01/5877022

TPS Technik Personal Service 152
Filiale Bau- und
Baunebengewerbe
Praterstraße 33
1020 Wien
Tel. 01/2185595
Fax 01/21855959

INTERGEO Umwelttechnologie 180
+ Abfallwirtschaft G.m.b.H.
Niederlassung Wien
Wallagasse 4a
1110 Wien
Tel. 01/8177251
Fax 01/817725125

OBG Bau Ges.m.b.H 182
Karmarschgasse 72/8
1100 Wien
Tel. 01/6067116
Fax 01/606711623

Schneiberg Erd- und 186
Abbrucharbeiten GmbH
Dr.-Kasimir-Graffgasse 10
2384 Breitenfurt bei Wien
Tel. 02239/34397
Fax 02239/4789

Herzer Bau- und 212
Transport GmbH
Zachgasse 18
1220 Wien
Tel. 01/28580100
Fax 01/285801022

G. Hackenberg 230
Holzhandel
Rossakgasse 3
1230 Wien
Tel. 01/6678707
Fax 01/667870718

Abdichtungen

ATB Spezialbau GmbH U3+210
Stubenring 2/9
1010 Wien
Tel. 01/7185502
Fax 01/7185326

Robert Felsinger GmbH 61
Asphalt-Unternehmung
Wildpretstrasse 11
1110 Wien
Tel. 01/76013
Fax 01/7673154

Peter Hartmann GesmbH 111
Bauspenglerei-Schwarzdeckerei
Wiedner Hauptstraße 46
1040 Wien
Tel. 01/5855127
Fax 01/585512715

ALLITECH Allgem. 137
Isoliertechnik GmbH
Große Schiffgasse 2
1020 Wien
Tel. 01/2144620
Fax 01/21446209

ITA Injektionstechnik 142
Bauges. m.b.H.
Böcklinstraße 44
1020 Wien
Tel. 01/7296622
Fax 01/7296623

Bauservice Rosenauer GmbH 185
Abdichtungen,
Schwarzdeckungen, Betonplattenverlegung
Rußbergstraße 87-89
1210 Wien
Tel. 01/2900011
Fax 01/290001121

ITB Gary GmbH 215
Bauwerksanierung
Stadlauer Straße 53
1220 Wien
Tel. 01/2807160
Fax 01/2807164

ISO-BAU Abdichtugnstechnik 216
Ges.m.b.H.
Dr.-Gonda-Gasse 7
1230 Wien
Tel. 01/7681621
Fax 01/7698226

SANIER-Technik BaugmbH 233
Draschestraße 94
1230 Wien
Tel. 01/6174643
Fax 01/6174655

Abdichtungstechnik

bst Brandschutztechnik 213
Döpfl GmbH
Albert Schweitzer Gasse 6c
1140 Wien
Tel. 01/970970
Fax 01/9709718

Abfall

ESW Consulting WRUSS 117
Ziviltechnikergesellschaft mbH
Rosasgasse 25-27
1120 Wien
Tel. 01/81253180
Fax 01/81253185

Abfalllogistik

PKM-Muldenzentrale GmbH 218
Alberner Hafenzufahrtsstraße 9
1110 Wien
Tel. 050626/626
Fax 050626/2613

Abfallmanagement

Zivilingenieurbüro 99
Dipl.-Ing. Dr. Tech.
Helmut Effenberger
Seeböckgasse 32 b
1160 Wien
Tel. 01/4083580
Fax 01/408358034

Abwasser

ESW Consulting WRUSS 117
Ziviltechnikergesellschaft mbH
Rosasgasse 25-27
1120 Wien
Tel. 01/81253180
Fax 01/81253185

Abwasseraufbereitung u. -reinigung

SW Umwelttechnik 239
Österreich GmbH
Bahnstraße 87-93
9021 Klagenfurt
Tel. 0463/321090
Fax 0463/37667

Akustik

Rosinak & Partner 135
Ziviltechniker GmbH
Schloßgasse 11
1050 Wien
Tel. 01/5540707
Fax 01/5540727

Tischlerei Scheschy 143
GesmbH & CoKG
Hintere Zeile 8
4120 Neufelden
Tel. 07282/6633
Fax 07282/663320

DI Ernst Kuttner 144
Ingenieurkonsulent für
Bauingenieurwesen
Laxenburgerstraße 196
2331 Vösendorf
Tel. 01/6981054
Fax 01/698105418

Bauelemente Wagner GmbH 146
Mobile Trennwände
Industriestraße B16/8c
2345 Brunn/Geb.
Tel. 02236/379249
Fax 02236/379215

Weiß Trockenbau KEG 155
Franz Kain Weg 31
4040 Linz
Tel. 0732/713950
Fax 0732/713952

KAEFER Isoliertechnik 156
Ges.m.b.H.
Hetmanekgasse 12
1231 Wien
Tel. 01/699010
Fax 01/6994304

Top-Akustikbau GmbH 189
St. Veit Gasse 46
1130 Wien
Tel. 01/87994960
Fax 01/897949630

rhtb: trockenbau GmbH 201
Volkragasse 2
1220 Wien
Tel. 01/2858142
Fax 01/285814219

Althaussanierungen

WIBEBA Wiener Betriebs- und Baugesellschaft m.b.H. 64
Anschützgasse 1
1153 Wien
Tel. 01/891910
Fax 01/8919197

Althaussanierungen (innen u. außen)

Detlef Kenzian 144
Sandstrahltechnik
Keplergasse 12 b
1100 Wien
Tel. 01/6040754
Fax 01/6040754

Alu-Lieferungen

Alu König Stahl GmbH 66
Goldschlagstrasse 87-89
1150 Wien
Tel. 01/981300
Fax 01/9813029

Anlagenbau

Cegelec GmbH NS1+82
Solutions & Services
Scheydgasse 41
1210 Wien
Tel. 01/277440
Fax 01/277441803

Bohr- und Rohrtechnik Gesellschaft m.b.H. 105
Brünner Straße 73
1210 Wien
Tel. 01/291030
Fax 01/29103200

Anlagentechnik

Cegelec GmbH NS1+82
Solutions & Services
Scheydgasse 41
1210 Wien
Tel. 01/277440
Fax 01/277441803

Bohr- und Rohrtechnik Gesellschaft m.b.H. 105
Brünner Straße 73
1210 Wien
Tel. 01/291030
Fax 01/29103200

Anstreicher

Friedrich Zisch & Söhne Ges.m.b.H. 106
Malerei, Anstrich, Tapeten, Bodenbeläge
Josef-Baumann-Gasse 65
1210 Wien
Tel. 01/2591538
Fax 01/259153820

HORVATH Malerbetriebs G.m.b.H. 263
Scherbangasse 10
1230 Wien
Tel. 01/4858391
Fax 01/4801258

Arbeitskräfteüberlassung

Dipl. Ing. Kukuruzovic Bau GmbH 145
Wehlistraße 27b/1/DG/6
1200 Wien
Tel. 01/3342900
Fax 01/3342900

Architekten (s. Verzeichnisbeginn)

Armierung

BSB Betonstahl-Verlege Ges.m.b.H 240
Handelsstrasse 3
2512 Tribuswinkel
Tel. 02252/2594500
Fax 02252/25945030

Asphalt

Robert Felsinger GmbH 61
Asphalt-Unternehmung
Wildpretstrasse 11
1110 Wien
Tel. 01/76013
Fax 01/7673154

Aufzüge

Schindler Aufzüge und Fahrtreppen AG U2+132
Wienerbergstraße 21-25
1100 Wien
Tel. 01/601880
Fax 01/60188300

ThyssenKrupp Aufzüge GmbH 170
Slamastraße 29
1230 Wien
Tel. 01/86517510
Fax 01/8651751299

KONE AG 175
Aufzüge, Rolltrepppen
Forchheimergasse 34
1230 Wien
Tel. 01/86367311
Fax 01/86367221

OTIS GesmbH 176
Aufzüge & Fahrtreppen
Oberlaaer Straße 282
1230 Wien
Tel. 01/61005245
Fax 01/61005452

Haushahn Aufzüge GmbH 267
Schönbrunner Straße 215
1120 Wien
Tel. 01/81515300
Fax 01/815153025

Automation

ABB AG 89
Informationsmanagement, Energie- und Automationstechnik
Clemens-Holzmeister-Straße 4
1100 Wien
Tel. 01/601099527
Fax 01/601098911

Automatisierungstechnik

Cegelec GmbH NS1+82
Solutions & Services
Scheydgasse 41
1210 Wien
Tel. 01/277440
Fax 01/277441803

▶B

Bäder

Nowak & Steiner Tischlerei Ges.m.b.H. 115
Hermanngasse 32
1070 Wien
Tel. 01/5260670
Fax 01/52606709

All-Projekt Technisches Büro Gesellschaft m.b.H. 133
Porzellangasse 39/1/13
1090 Wien
Tel. 01/3193540
Fax 01/3193550

Tischlerei Scheschy GesmbH & CoKG 143
Hintere Zeile 8
4120 Neufelden
Tel. 07282/6633
Fax 07282/663320

Hopferwieser + Steinmayr Installations Ges.m.b.H. 187
A. Kruppstraße 10a
3300 Amstetten
Tel. 07472/620710
Fax 07472/6207186

Fliesen Ruprechter GmbH 218
Triester Straße 275
1230 Wien
Tel. 01/6025192
Fax 01/6620294

Bahnbau

Kallinger Bau GmbH 106
Abteilung Bahnbau
Hietzinger Kai 131A
1130 Wien
Tel. 01/8799419
Fax 01/87994191956

Bahnsysteme

Vossloh Kiepe Ges.m.b.H. 107
Bahnsysteme, Verkehrstechnik
Ignaz-Köck-Straße 23
1210 Wien
Tel. 01/331270
Fax 01/33127270

Banken

Weiß Trockenbau KEG 155
Franz Kain Weg 31
4040 Linz
Tel. 0732/713950
Fax 0732/713952

Raiffeisen-Leasing GmbH 179
Hollandstraße 11-13
1020 Wien
Tel. 01/716018231
Fax 01/716018239

Bau

UNIPROJEKT Bau- und Innenbau GmbH 190
Donau-City-Straße 9
1220 Wien
Tel. 01/224221502
Fax 01/224221505

Bauaufsicht

iC consulenten 97
Ziviltechniker GesmbH
Kaiserstraße 45
1070 Wien
Tel. 01/521690
Fax 01/5216915

Baubetreuung

Monarth & Tatzber 229
Ziviltechniker GmbH
Blindengasse 26
1080 Wien
Tel. 01/4054286
Fax 01/4074712

Baubewachung

Baecker & Partner GmbH 112
Sicherheitsunternehmen
Aspangstraße 49
1030 Wien
Tel. 01/7985020
Fax 01/798502023

Bauendreinigung

Blitz-Blank 112
Reinigung-Dienstleistungs-untermehmen GmbH
Shuttleworthstraße 4-8/Obj. 34
1210 Wien
Tel. 01/2020100
Fax 01/2020101

Allgemeine 145
Reinigungs-Zentrale
Schleifmühlgasse 20
1040 Wien
Tel. 01/5866257
Fax 01/5864840

TPS Technik Personal Service 152
Filiale Bau- und Baunebengewerbe
Praterstraße 33
1020 Wien
Tel. 01/2185595
Fax 01/21855959

Janus Multiservice 215
Gebäudereinigung & Personalmanagement
Breitenseerstraße 36
1140 Wien
Tel. 01/7864246
Fax 01/786424620

Baugrubensicherungen

W. Heiss Ges.m.b.H. 130
Bauunternehmen - Rammtechnik - Baumaschinen-handel und -reparatur
Zwingenstraße 7
2380 Perchtoldsdorf
Tel. 01/8693266
Fax 01/869326620

Baukoordination

Potyka und Partner ZT GmbH 242
Altmannsdorfer Straße 89/13
1120 Wien
Tel. 01/8772571
Fax 01/877257185

Baumanagement

Raiffeisen-Leasing GmbH 179
Hollandstraße 11-13
1020 Wien
Tel. 01/716018231
Fax 01/716018239

TECTONconsult 185
Verkehrsplanung & Konstruktiver Ingenieurbau
Baumanagement
Barnabitengasse 8
1060 Wien
Tel. 01/5870958
Fax 01/587095824

Monarth & Tatzber 229
Ziviltechniker GmbH
Blindengasse 26
1080 Wien
Tel. 01/4054286
Fax 01/4074712

Baumaschinen-Leasing

BAWAG P.S.K Leasing GmbH 113
Fleischmarkt 1
1010 Wien
Tel. 0369/2020600
Fax 01/3692020955

Baumaschinenvermietung

Albrechtsberger 154
Gesellschaft m.b.H.
Hildebrandgasse 38
1180 Wien 18
Tel. 01/40283500
Fax 01/402835023

Baumeister

Albrechtsberger 154
Gesellschaft m.b.H.
Hildebrandgasse 38
1180 Wien 18
Tel. 01/40283500
Fax 01/402835023

Baumeisterarbeiten

WIBEBA Wiener Betriebs- und 64
Baugesellschaft m.b.H.
Anschützgasse 1
1153 Wien
Tel. 01/891910
Fax 01/8919197

Baumeister Diplom Ingenieur 98
Franz Mörtinger & Co.
Getreidemarkt 7
1060 Wien
Tel. 01/5875433
Fax 01/587041633

Dipl. Ing. Kukuruzovic 145
Bau GmbH
Wehlistraße 27b/1/DG/6
1200 Wien
Tel. 01/3342900
Fax 01/3342900

Baunebenleistungen

Mewald GmbH 214
Türen, Tore
Industriestraße 1+2
2486 Pottendorf
Tel. 02623/722250
Fax 02623/7222523

Bauplanung

Architekten 190
Dürschmid + Dürschmid
Ziviltechniker KEG
Berggasse 20
1090 Wien
Tel. 01/3199546
Fax 01/319954621

Bauschlussreinigung

G.S.D. Reinigung 261
Gebäude-Service-Dienstleistung
Jovanovic K.E.G.
Neustiftgasse 68/1
1070 Wien
Tel. 01/9234348
Fax 01/9234348

Bausparkassen

Weiß Trockenbau KEG 155
Franz Kain Weg 31
4040 Linz
Tel. 0732/713950
Fax 0732/713952

Raiffeisen-Leasing GmbH 179
Hollandstraße 11-13
1020 Wien
Tel. 01/716018231
Fax 01/716018239

Baustahlhandel

BSB Betonstahl-Verlege 240
Ges.m.b.H
Handelsstrasse 3
2512 Tribuswinkel
Tel. 02252/2594500
Fax 02252/25945030

Baustoffe

Transportbeton Gesellschaft M.B.H. & CO.KG 213
Wildpretstraße 5
1110 Wien
Tel. 01/76007
Fax 01/76007591

BauWelt Sochor 217
A. Sochor & Co Ges.m.b.H.
Triester Straße 12
1100 Wien
Tel. 01/60436380
Fax 01/6047945

Lieferbeton GmbH 231
Lagerstraße 1-5
2103 Langenzersdorf
Tel. 02244/334455219
Fax 02244/3344559219

Baustoffhandel

BauWelt Sochor 217
A. Sochor & Co Ges.m.b.H.
Triester Straße 12
1100 Wien
Tel. 01/60436380
Fax 01/6047945

Baustoffmärkte

Transportbeton Gesellschaft M.B.H. & CO.KG 213
Wildpretstraße 5
1110 Wien
Tel. 01/76007
Fax 01/76007591

BauWelt Sochor 217
A. Sochor & Co Ges.m.b.H.
Triester Straße 12
1100 Wien
Tel. 01/60436380
Fax 01/6047945

Baustoff-Recycling

Herzer Bau- und Transport GmbH 212
Zachgasse 18
1220 Wien
Tel. 01/28580100
Fax 01/285801022

Bauüberwachung

freudensprung anlagen planungsges.m.b.H. 127
Kraygasse 92
1220 Wien
Tel. 01/531930
Fax 01/5319324

Architekten 190
Dürschmid + Dürschmid
Ziviltechniker KEG
Berggasse 20
1090 Wien
Tel. 01/3199546
Fax 01/319954621

Bauunternehmen

TEERAG-ASDAG AG VS4+207
Straßen- und Tiefbau
Absberggasse 47
1103 Wien
Tel. 050626/1901
Fax 050626/1906

WIBEBA Wiener Betriebs- und Baugesellschaft m.b.H. 64
Anschützgasse 1
1153 Wien
Tel. 01/891910
Fax 01/8919197

Dipl.-Ing. Wilhelm Sedlak 65
Gesellschaft m.b.H
Bauunternehmen
Quellenstraße 163
1100 Wien
Tel. 01/60432820
Fax 01/604328233

Baumeister Diplom Ingenieur 98
Franz Mörtinger & Co.
Getreidemarkt 7
1060 Wien
Tel. 01/5875433
Fax 01/587041633

Kallinger Bau GmbH 106
Abteilung Bahnbau
Hietzinger Kai 131A
1130 Wien
Tel. 01/8799419
Fax 01/87994191956

HAZET 108
Bauunternehmung GmbH
Gumpendorfer Straße 83-85
1060 Wien
Tel. 01/599460
Fax 01/5994661

W. Heiss Ges.m.b.H. 130
Bauunternehmen - Rammtechnik - Baumaschinenhandel und -reparatur
Zwingenstraße 7
2380 Perchtoldsdorf
Tel. 01/8693266
Fax 01/869326620

ITA Injektionstechnik 142
Bauges. m.b.H.
Böcklinstraße 44
1020 Wien
Tel. 01/7296622
Fax 01/7296623

Stanik Bau Ges.m.b.H. 145
Grüngasse 9/18
1050 Wien
Tel. 01/5877042
Fax 01/5877022

Bex Baugesellschaft m.b.H. 153
Hedwiggasse 4
1020 Wien
Tel. 01/21826840
Fax 01/218268420

Weiß Trockenbau KEG 155
Franz Kain Weg 31
4040 Linz
Tel. 0732/713950
Fax 0732/713952

OBG Bau Ges.m.b.H 182
Karmarschgasse 72/8
1100 Wien
Tel. 01/6067116
Fax 01/606711623

Kölbl Bau Ges.m.b.H. 232
Premstätter Straße 90
8054 Graz
Tel. 0316/28530616
Fax 0316/28530624

Zipp Baufertigteil-Vertriebs Ges.m.b.H. 243
Sebastian-Kneipp-Gasse 3/5
1020 Wien
Tel. 01/2120325
Fax 01/890101115

Zeman & Co. GmbH 267
Stahl-, Membrankonstruktionen, Bogendächer, Hallenbau
Schönbrunner Straße 213-215
1120 Wien
Tel. 01/814140
Fax 01/8122713

Bauwerksverstärkung

ITB Gary GmbH 215
Bauwerksanierung
Stadlauer Straße 53
1220 Wien
Tel. 01/2807160
Fax 01/2807164

Bauwesen

Dipl.-Ing. Josef Gebeshuber 116
Staatlich befugter und beeideter Zivilingenieur für Bauwesen
Krugerstraße 4/4
1010 Wien
Tel. 01/5120152
Fax 01/512278522

Befeuchtung

desco Kälte-Klima-Rückkühltechnik GmbH 84
Doerenkampgasse 1
1100 Wien
Tel. 01/8691638
Fax 01/8653820

Heinisch Ges.m.b.H. 87
Klima, Wassertechnik, Ventilatoren, Lüftung, Heiz- und Regeltechnik
Oberlaaer Straße 231
1100 Wien
Tel. 01/680070
Fax 01/6800710

Begleitende Baukontrolle

Monarth & Tatzber 229
Ziviltechniker GmbH
Blindengasse 26
1080 Wien
Tel. 01/4054286
Fax 01/4074712

Begleitende Kontrolle

Ingenieurbüro ste.p 184
Stella & Stengel Partner
Ziviltechnikergesellschaft m.b.H.
Mommsengasse 31
1040 Wien
Tel. 01/50556870
Fax 01/5053984

Potyka und Partner ZT GmbH 242
Altmannsdorfer Straße 89/13
1120 Wien
Tel. 01/8772571
Fax 01/877257185

Beleuchtung

All-Projekt 133
Technisches Büro
Gesellschaft m.b.H.
Porzellangasse 39/1/13
1090 Wien
Tel. 01/3193540
Fax 01/3193550

Beratung

iC consulenten Ziviltechniker 97
GesmbH
Kaiserstraße 45
1070 Wien
Tel. 01/521690
Fax 01/5216915

Bergungsunternehmen

Tauchunternehmen Leunert 189
Fürstenwalder Chaussee 27h
D-15526 Bad Saarow-Pieskow
Tel. 0049/33631/8670
Fax 0049/33631/867140

Beschichtungen

ATB Spezialbau GmbH U3+210
Stubenring 2/9
1010 Wien
Tel. 01/7185502
Fax 01/7185326

Beschilderungen

KA-RA Schilder u. Gravuren 145
Ges.m.b.H
Stumpergasse 45
1060 Wien
Tel. 01/5970521
Fax 01/5970673

Beton

ITA Injektionstechnik 142
Bauges. m.b.H.
Böcklinstraße 44
1020 Wien
Tel. 01/7296622
Fax 01/7296623

H.B. Beton GmbH & Co KG 154
Johann-Steinböck-Straße 3
2345 Brunn am Gebirge
Tel. 02236/892311
Fax 02236/892312

Transportbeton Gesellschaft 213
M.B.H. & CO.KG
Wildpretstraße 5
1110 Wien
Tel. 01/76007
Fax 01/76007591

Holcim (Wien) GmbH 226
Beton, Zement
Franzosengraben 7
1030 Wien
Tel. 01/8890303
Fax 01/889030330

Lieferbeton GmbH 231
Lagerstraße 1-5
2103 Langenzersdorf
Tel. 02244/334455219
Fax 02244/3344559219

SW Umwelttechnik 239
Österreich GmbH
Bahnstraße 87-93
9021 Klagenfurt
Tel. 0463/321090
Fax 0463/37667

BSB Betonstahl-Verlege 240
Ges.m.b.H
Handelsstrasse 3
2512 Tribuswinkel
Tel. 02252/2594500
Fax 02252/25945030

Betonarbeiten

DIMAS Betonbohr- und 192
-sägedienst Ges.m.b.H.
Lamezanstraße 9
1230 Wien
Tel. 01/6160824
Fax 01/6153618

Kölbl Bau Ges.m.b.H. 232
Premstätter Straße 90
8054 Graz
Tel. 0316/28530616
Fax 0316/28530624

Betonfertigteile

H. Katzenberger Beton- und 214
Fertigteilwerke GmbH
Weinbergstraße 4
2201 Gerasdorf
Tel. 02246/25950
Fax 02246/259534

SW Umwelttechnik 239
Österreich GmbH
Bahnstraße 87-93
9021 Klagenfurt
Tel. 0463/321090
Fax 0463/37667

Betonplattenverlegung

Bauservice Rosenauer GmbH 185
Abdichtungen,
Schwarzdeckungen,
Betonplattenverlegung
Rußbergstraße 87-89
1210 Wien
Tel. 01/2900011
Fax 01/290001121

Betonsanierungen

ITB Gary GmbH 215
Bauwerksanierung
Stadlauer Straße 53
1220 Wien
Tel. 01/2807160
Fax 01/2807164

Betonstahlbiegen

BSB Betonstahl-Verlege 240
Ges.m.b.H
Handelsstrasse 3
2512 Tribuswinkel
Tel. 02252/2594500
Fax 02252/25945030

Betonstahlbiegerei

BWS Bewehrungsstahl GmbH 249
Lemböckgasse 51
1234 Wien
Tel. 01/8651721
Fax 01/86517219

Betonstahlverlegungen

BSB Betonstahl-Verlege 240
Ges.m.b.H
Handelsstrasse 3
2512 Tribuswinkel
Tel. 02252/2594500
Fax 02252/25945030

Betonsteinwerke

SW Umwelttechnik 239
Österreich GmbH
Bahnstraße 87-93
9021 Klagenfurt
Tel. 0463/321090
Fax 0463/37667

Betriebsverpflegung

P. Dussmann GmbH Facility 102
Management, Catering
Niederlassung Wien
Modecenterstraße 14
1030 Wien
Tel. 01/3329420
Fax 01/332942090

Bewachung

P. Dussmann GmbH Facility 102
Management, Catering
Niederlassung Wien
Modecenterstraße 14
1030 Wien
Tel. 01/3329420
Fax 01/332942090

Dr. Sasse 109
Gebäudedienste GmbH
Landstrasser Gürtel 3
1030 Wien
Tel. 01/71202200
Fax 01/712022030

Baecker & Partner GmbH 112
Sicherheitsunternehmen
Aspangstraße 49
1030 Wien
Tel. 01/7985020
Fax 01/798502023

Bewehrungsarbeiten

BSB Betonstahl-Verlege 240
Ges.m.b.H
Handelsstrasse 3
2512 Tribuswinkel
Tel. 02252/2594500
Fax 02252/25945030

Beweissicherung

Dipl.-Ing. Wolfgang Tötzel ZT - GmbH 95
Ingenieurkonsulent für Bauingenieurwesen
Johann Strauss-Gasse 45/3
1040 Wien
Tel. 01/4796977
Fax 01/4704484

Bilderrahmungen

Anton Sadovszky 110
Inh. Michnig GmbH Bau- und Portalglaserei
Rotensterngasse 37
1020 Wien
Tel. 01/2143131
Fax 01/214313110

Bildhauerei

ES-Restaurierungstechnik GmbH 188
Wiener Straße 55
3002 Purkersdorf
Tel. 02231/68323
Fax 02231/6832311

Blitzschutz

Bethmann Blitzschutz Gesellschaft mbH 135
Pressgasse 14-16
1040 Wien
Tel. 01/5879377
Fax 01/587937733

Hans Hager GmbH & Co. KG 217
Blitzschutz
Ketzergasse 58
1230 Wien
Tel. 01/6992142
Fax 01/6995331

Boden

ESW Consulting WRUSS 117
Ziviltechnikergesellschaft mbH
Rosasgasse 25-27
1120 Wien
Tel. 01/81253180
Fax 01/81253185

Bodenbeläge

Friedrich Zisch & Söhne Ges.m.b.H. 106
Malerei, Anstrich, Tapeten, Bodenbeläge
Josef-Baumann-Gasse 65
1210 Wien
Tel. 01/2591538
Fax 01/259153820

NMP Naturstein Montage GmbH & Co. KG 115
Engerthstraße 169
1020 Wien
Tel. 04/19551455
Fax 01/955145565

Bodenerkundungen

PUR Grundbau und Umwelttechnik GmbH 100
Schuhfabrikgasse 18
1230 Wien
Tel. 01/8041601
Fax 01/8040265

Bodenmarkierungen

Eisenschutzgesellschaft m.b.H. 116
7. Haidequerstraße 3
1110 Wien
Tel. 01/7697782
Fax 01/76977822989

Bodensanierung

INTERGEO Umwelttechnologie + Abfallwirtschaft G.m.b.H. 180
Niederlassung Wien
Wallagasse 4a
1110 Wien
Tel. 01/8177251
Fax 01/817725125

Bogenkonstruktionen

Zeman & Co. GmbH 267
Stahl-, Membrankonstruktionen, Bogendächer, Hallenbau
Schönbrunner Straße 213-215
1120 Wien
Tel. 01/814140
Fax 01/8122713

Bohrarbeiten

DIMAS Betonbohr- und -sägedienst Ges.m.b.H. 192
Lamezanstraße 9
1230 Wien
Tel. 01/6160824
Fax 01/6153618

Bohrpfähle

PUR Grundbau und Umwelttechnik GmbH 100
Schuhfabrikgasse 18
1230 Wien
Tel. 01/8041601
Fax 01/8040265

Brandentrauchung

Josef Stadler Ges.m.b.H. Nfg.KG 144
Oberlichttechnik
Richard Strauß-Straße 27
1230 Wien
Tel. 01/6163430
Fax 01/6163431

Brandschutz

Troges Ges.m.b.H. 101
Lüftungstechnik
Puchgasse 3
1220 Wien
Tel. 01/2581627
Fax 01/2583234

Baecker & Partner GmbH 112
Sicherheitsunternehmen
Aspangstraße 49
1030 Wien
Tel. 01/7985020
Fax 01/798502023

KAEFER Isoliertechnik Ges.m.b.H. 156
Hetmanekgasse 12
1231 Wien
Tel. 01/699010
Fax 01/6994304

Top-Akustikbau GmbH 189
St. Veit Gasse 46
1130 Wien
Tel. 01/87994960
Fax 01/897949630

SWK Isolierungstechnik GmbH 211
Koppstraße 81/5
1160 Wien
Tel. 01/9714521
Fax 01/9714521

bst Brandschutztechnik Döpfl GmbH 213
Albert Schweitzer Gasse 6c
1140 Wien
Tel. 01/970970
Fax 01/9709718

Techn. Büro für Betriebstechnik & Brandschutzberatung 265
Ing. Wilhelm Weishörndl
Austraße 51
2100 Korneuburg
Tel. 02262/616190
Fax 02262/6161920

Brandschutzsysteme

AIRFIRETECH Brandschutzsysteme GmbH U4+62
Breitenseer Straße 28
1140 Wien
Tel. 01/9820174
Fax 01/9853585

Brandschutztechnik

Total Fire-Stop Brandschutztechnik GmbH 116
Percostraße 15
1220 Wien
Tel. 01/25936310
Fax 01/259363118

Brandschutztore

STEBA Brandschutztore GmbH 138
Niederottnang 21a
4901 Ottnang
Tel. 07676/6033
Fax 07676/6034

Peneder Service - Consulting GmbH 141
Brandschutztore
Bauernstraße 11a
4600 Wels
Tel. 07242/211777
Fax 07242/21177711

Brandschutztüren

BLASL Vertriebsges.m.b.H. 155
Türen, Tore
Betriebspark 6
4451 St. Ulrich bei Steyr
Tel. 07252/418110
Fax 07252/41690

Briefkastenanlagen

Glob Sicherheitstechnik G.m.b.H. 218
MUL-T-LOCK
Taborstraße 64
1020 Wien
Tel. 01/2125111
Fax 01/2125117

Brückenabdichtungen

Bauservice Rosenauer GmbH 185
Abdichtungen,
Schwarzdeckungen,
Betonplattenverlegung
Rußbergstraße 87-89
1210 Wien
Tel. 01/2900011
Fax 01/290001121

Brückenbau

TECTONconsult 185
Verkehrsplanung &
Konstruktiver Ingenieurbau
Baumanagement
Barnabitengasse 8
1060 Wien
Tel. 01/5870958
Fax 01/587095824

Ing-Holzbau und Zimmerei KANDLER GmbH 248
Torstensonring 12
D-04158 Leipzig
Tel. 0049/341/467320
Fax 0049/341/4673220

Bühnentechnik

Waagner-Biro AG 177
Bühnentechnik,
Systembrücken
Stadlauer Straße 54
1220 Wien
Tel. 01/288440
Fax 01/28844333

Büromöbel

HALI Büromöbel GmbH 187
Handelskai 94-96,
Millennium Tower Top 22
1200 Wien
Tel. 01/2409999
Fax 01/24099995206

▶C

Consulting

SG Connect Electronics Handelsgesellschaft m.b.H. 98
Jochen-Rindt-Straße 13A
1230 Wien
Tel. 01/617666613
Fax 01/617666699

▶D

Dachdecker

ALLITECH Allgem. Isoliertechnik GmbH 137
Große Schiffgasse 2
1020 Wien
Tel. 01/2144620
Fax 01/21446209

Ploberger & Stadler GmbH 137
Dächer, Lichtkuppeln,
Fassaden
Richard-Strauss-Straße 27
1230 Wien
Tel. 01/61625370
Fax 01/616253739

TPS Technik Personal Service 152
Filiale Bau- und
Baunebengewerbe
Praterstraße 33
1020 Wien
Tel. 01/2185595
Fax 01/21855959

Bauservice Rosenauer GmbH 185
Abdichtungen, Schwarzdeckungen,
Betonplattenverlegung
Rußbergstraße 87-89
1210 Wien
Tel. 01/2900011
Fax 01/290001121

Spenglerei Pasteiner GmbH 265
Tiroler Straße 6
3105 St. Pölten-Unterradlberg
Tel. 02742/366634
Fax 02742/36663475

Zeman & Co. GmbH 267
Stahl-, Membrankonstruktionen,
Bogendächer, Hallenbau
Schönbrunner Straße 213-215
1120 Wien
Tel. 01/814140
Fax 01/8122713

Dächer

BREMA Bau- und Spengler Gesellschaft m.b.H. 201
Hugo-Mischek-Straße 10
2201 Gerasdorf
Tel. 02246/2501423
Fax 02246/2501570

Dachrinnenheizungen

Hans Hager GmbH & Co. KG 217
Blitzschutz
Ketzergasse 58
1230 Wien
Tel. 01/6992142
Fax 01/6995331

Dehnfugenkonstruktionen

Dr. Hrubesch Gesellschaft m.b.H. 144
Fugenprofile
Wipplingerstraße 24
1010 Wien
Tel. 01/5333531
Fax 01/533353175

Denkmalreinigung

DCST Das Cleanteam 140
Christine Steetz
Dienstleistungen
Dumreichergasse 85
1220 Wien
Tel. 01/7746893
Fax 01/7746993

Detektivdienste

Baecker & Partner GmbH 112
Sicherheitsunternehmen
Aspangstraße 49
1030 Wien
Tel. 01/7985020
Fax 01/798502023

Dienstleistungen

P. Dussmann GmbH Facility Management, Catering 102
Niederlassung Wien
Modecenterstraße 14
1030 Wien
Tel. 01/3329420
Fax 01/332942090

Dilation

Dr. Hrubesch Gesellschaft m.b.H. 144
Fugenprofile
Wipplingerstraße 24
1010 Wien
Tel. 01/5333531
Fax 01/533353175

Doppel- und Hohlraumböden

rhtb: trockenbau GmbH 201
Volkragasse 2
1220 Wien
Tel. 01/2858142
Fax 01/285814219

▶E

EDV-Leistungen

Rosinak & Partner Ziviltechniker GmbH 135
Schloßgasse 11
1050 Wien
Tel. 01/5540707
Fax 01/5540727

EIB-BUS-Technik

AAA3 Ampere Aqua Art 263
Elektro-, Gas-, Wasser-, Heizungs-Installations G.m.b.H.
Am Tabor 1-3
1020 Wien
Tel. 01/3339821
Fax 01/333982125

Eisenbahnbau

TECTONconsult 185
Verkehrsplanung &
Konstruktiver Ingenieurbau
Baumanagement
Barnabitengasse 8
1060 Wien
Tel. 01/5870958
Fax 01/587095824

Monarth & Tatzber 229
Ziviltechniker GmbH
Blindengasse 26
1080 Wien
Tel. 01/4054286
Fax 01/4074712

Eisenbahnsysteme

VAE Eisenbahnsysteme GmbH 103
Alpinestraße 1
8740 Zeltweg
Tel. 03577/7500
Fax 03577/751394

Elektro

RWE Solutions Austria GmbH 91
Lastenstraße 19
1233 Wien
Tel. 01/863860
Fax 01/86386620

SG Connect Electronics 98
Handelsgesellschaft m.b.H.
Jochen-Rindt-Straße 13A
1230 Wien
Tel. 01/617666613
Fax 01/617666699

Wolek AG 101
Stark- und
Schwachstromtechnik
Grundsteingasse 11
1160 Wien
Tel. 01/4067278
Fax 01/4060885

All-Projekt 133
Technisches Büro
Gesellschaft m.b.H.
Porzellangasse 39/1/13
1090 Wien
Tel. 01/3193540
Fax 01/3193550

TPS Technik Personal Service 152
Filiale Bau- und
Baunebengewerbe
Praterstraße 33
1020 Wien
Tel. 01/2185595
Fax 01/21855959

G & P Grissenberger & Partner 193
Elektrogesellschaft m.b.H.
Wassergasse 18
3324 Euratsfeld
Tel. 07474/65040
Fax 07474/650420

bst Brandschutztechnik 213
Döpfl GmbH
Albert Schweitzer Gasse 6c
1140 Wien
Tel. 01/970970
Fax 01/9709718

Hans Hager GmbH & Co. KG 217
Blitzschutz
Ketzergasse 58
1230 Wien
Tel. 01/6992142
Fax 01/6995331

AAA3 Ampere Aqua Art 263
Elektro-, Gas-, Wasser-,
Heizungs-Installations G.m.b.H.
Am Tabor 1-3
1020 Wien
Tel. 01/3339821
Fax 01/333982125

Raimund Hraby OHG 269
Elektroinstallationen
Juchgasse 16
1030 Wien
Tel. 01/7126530
Fax 01/7128016

Elektroinstallationen

Penetsdorfer Elektrotechnik 193
Ges.m.b.H.
Rauscherstraße 6/56
1200 Wien
Tel. 01/3508805
Fax 01/350880545

Glob Sicherheitstechnik 218
G.m.b.H.
MUL-T-LOCK
Taborstraße 64
1020 Wien
Tel. 01/2125111
Fax 01/2125117

Raimund Hraby OHG 269
Elektroinstallationen
Juchgasse 16
1030 Wien
Tel. 01/7126530
Fax 01/7128016

Elektronische Zutrittstechnik

Glob Sicherheitstechnik 218
G.m.b.H.
MUL-T-LOCK
Taborstraße 64
1020 Wien
Tel. 01/2125111
Fax 01/2125117

Elektrotechnik

RWE Solutions Austria GmbH 91
Lastenstraße 19
1233 Wien
Tel. 01/863860
Fax 01/86386620

SG Connect Electronics 98
Handelsgesellschaft m.b.H.
Jochen-Rindt-Straße 13A
1230 Wien
Tel. 01/617666613
Fax 01/617666699

P.H.I. Technisches 249
Planungsbüro und
Handelsgesellschaft m.b.H.
Dr.-Neumann-Gasse 7
1230 Wien
Tel. 01/8655999
Fax 01/8658084

Energie

ABB AG 89
Informationsmanagement,
Energie- und Automationstechnik
Clemens-Holzmeister-Straße 4
1100 Wien
Tel. 01/601099527
Fax 01/601098911

Energietechnik

Cegelec GmbH NS1+82
Solutions & Services
Scheydgasse 41
1210 Wien
Tel. 01/277440
Fax 01/277441803

Verbundplan GmbH 95
Ingenieur- und
Beratungsunternehmen
Laaer-Berg-Straße 43
1100 Wien
Tel. 01/503130
Fax 01/50313165

Engineering

Bohr- und Rohrtechnik 105
Gesellschaft m.b.H.
Brünner Straße 73
1210 Wien
Tel. 01/291030
Fax 01/29103200

Entfeuchtungen

desco Kälte-Klima- 84
Rückkühltechnik GmbH
Doerenkampgasse 1
1100 Wien
Tel. 01/8691638
Fax 01/8653820

Heinisch Ges.m.b.H. 87
Klima, Wassertechnik,
Ventilatoren, Lüftung, Heiz-
und Regeltechnik
Oberlaaer Straße 231
1100 Wien
Tel. 01/680070
Fax 01/6800710

Entsorgungsfachbetrieb

PKM-Muldenzentrale GmbH 218
Alberner Hafenzufahrtsstraße 9
1110 Wien
Tel. 050626/626
Fax 050626/2613

Entstördienste

Raimund Hraby OHG 269
Elektroinstallationen
Juchgasse 16
1030 Wien
Tel. 01/7126530
Fax 01/7128016

Erdarbeiten

Zivilingenieurbüro 99
Dipl.-Ing. Dr. Tech.
Helmut Effenberger
Seeböckgasse 32 b
1160 Wien
Tel. 01/4083580
Fax 01/408358034

W. Heiss Ges.m.b.H. 130
Bauunternehmen -
Rammtechnik - Baumaschinen-
handel und -reparatur
Zwingenstraße 7
2380 Perchtoldsdorf
Tel. 01/8693266
Fax 01/869326620

TPS Technik Personal Service 152
Filiale Bau- und
Baunebengewerbe
Praterstraße 33
1020 Wien
Tel. 01/2185595
Fax 01/21855959

INTERGEO Umwelttechnologie + Abfallwirtschaft G.m.b.H. 180
Niederlassung Wien
Wallagasse 4a
1110 Wien
Tel. 01/8177251
Fax 01/817725125

OBG Bau Ges.m.b.H 182
Karmarschgasse 72/8
1100 Wien
Tel. 01/6067116
Fax 01/606711623

Schneiberg Erd- und Abbrucharbeiten GmbH 186
Dr.-Kasimir-Graffgasse 10
2384 Breitenfurt bei Wien
Tel. 02239/34397
Fax 02239/4789

Herzer Bau- und Transport GmbH 212
Zachgasse 18
1220 Wien
Tel. 01/28580100
Fax 01/285801022

G. Hackenberg Holzhandel 230
Rossakgasse 3
1230 Wien
Tel. 01/6678707
Fax 01/667870718

Erdungsanlagen

Bethmann Blitzschutz Gesellschaft mbH 135
Pressgasse 14-16
1040 Wien
Tel. 01/5879377
Fax 01/587937733

Hans Hager GmbH & Co. KG 217
Blitzschutz
Ketzergasse 58
1230 Wien
Tel. 01/6992142
Fax 01/6995331

Erschütterungsschutz

iC consulenten 97
Ziviltechniker GesmbH
Kaiserstraße 45
1070 Wien
Tel. 01/521690
Fax 01/5216915

Getzner Werkstoffe GmbH 104
Herrenau 5
6706 Bürs
Tel. 05552/2010
Fax 05552/201899

Estrich

TPS Technik Personal Service 152
Filiale Bau- und Baunebengewerbe
Praterstraße 33
1020 Wien
Tel. 01/2185595
Fax 01/21855959

Styroplan Lakatos KEG 154
Estrich & Wärmedämmung
Rauchgasse 42
1120 Wien
Tel. 01/8107395
Fax 01/8107420

Fliesen Ruprechter GmbH 218
Triester Straße 275
1230 Wien
Tel. 01/6025192
Fax 01/6620294

Lieferbeton GmbH 231
Lagerstraße 1-5
2103 Langenzersdorf
Tel. 02244/334455219
Fax 02244/3344559219

▶F

Fachplaner

freudensprung anlagen planungsges.m.b.H. 127
Kraygasse 92
1220 Wien
Tel. 01/531930
Fax 01/5319324

Fachtechnische Schulung

bst Brandschutztechnik Döpfl GmbH 213
Albert Schweitzer Gasse 6c
1140 Wien
Tel. 01/970970
Fax 01/9709718

Fahrleitungen

SPL Powerlines GmbH&CoKG 110
Fahrleitungen, Nachrichtenkabelmontage, Sonderprojekte & Anlagenbau
Siemensstraße 92
1210 Wien
Tel. 01/2580080
Fax 01/2580080400

Fahrsteige

ThyssenKrupp Aufzüge GmbH 170
Slamastraße 29
1230 Wien
Tel. 01/86517510
Fax 01/8651751299

Fahrtreppen

ThyssenKrupp Aufzüge GmbH 170
Slamastraße 29
1230 Wien
Tel. 01/86517510
Fax 01/8651751299

OTIS GesmbH 176
Aufzüge & Fahrtreppen
Oberlaaer Straße 282
1230 Wien
Tel. 01/61005245
Fax 01/61005452

Falttore

BLASL Vertriebsges.m.b.H. 155
Türen, Tore
Betriebspark 6
4451 St. Ulrich bei Steyr
Tel. 07252/418110
Fax 07252/41690

Fassaden

ATB Spezialbau GmbH U3+210
Stubenring 2/9
1010 Wien
Tel. 01/7185502
Fax 01/7185326

Dipl.-Ing. Wilhelm Sedlak Gesellschaft m.b.H 65
Bauunternehmen
Quellenstraße 163
1100 Wien
Tel. 01/60432820
Fax 01/604328233

Baumeister Diplom Ingenieur Franz Mörtinger & Co. 98
Getreidemarkt 7
1060 Wien
Tel. 01/5875433
Fax 01/587041633

Friedrich Zisch & Söhne Ges.m.b.H. 106
Malerei, Anstrich, Tapeten, Bodenbeläge
Josef-Baumann-Gasse 65
1210 Wien
Tel. 01/2591538
Fax 01/259153820

NMP Naturstein Montage GmbH & Co. KG 115
Engerthstraße 169
1020 Wien
Tel. 04/19551455
Fax 01/955145565

Eisenschutzgesellschaft m.b.H. 116
7. Haidequerstraße 3
1110 Wien
Tel. 01/7697782
Fax 01/76977822989

ALS Haller 128
Metallbau - Lamellentechnik - Zaunbau
Gewerbepark 1
7423 Grafenschachen
Tel. 03359/29329
Fax 03359/2932944

All-Projekt 133
Technisches Büro Gesellschaft m.b.H.
Porzellangasse 39/1/13
1090 Wien
Tel. 01/3193540
Fax 01/3193550

SFL Stahl-, Fassaden- und Lüftungsbau Gesellschaft m.b.H. 136
Bernau 52
8152 Stallhofen
Tel. 03142/237110
Fax 03142/2371129

MSB Metallsystembau GmbH 139
Buchengasse 81
1100 Wien
Tel. 01/7142591
Fax 01/7145932

Pflaum & Söhne 143
Bausysteme GmbH
Gangigutstraße 89
4050 Traun
Tel. 07229/645840
Fax 07229/6458443

Detlef Kenzian 144
Sandstrahltechnik
Keplergasse 12 b
1100 Wien
Tel. 01/6040754
Fax 01/6040754

Stanik Bau Ges.m.b.H. 145
Grüngasse 9/18
1050 Wien
Tel. 01/5877042
Fax 01/5877022

TPS Technik Personal Service 152
Filiale Bau- und Baunebengewerbe
Praterstraße 33
1020 Wien
Tel. 01/2185595
Fax 01/21855959

KAEFER Isoliertechnik 156
Ges.m.b.H.
Hetmanekgasse 12
1231 Wien
Tel. 01/699010
Fax 01/6994304

GU Baugesellschaft m.b.H. 181
Generalunternehmen
Draschestraße 91
1230 Wien
Tel. 01/6155605
Fax 01/6155083

Top-Akustikbau GmbH 189
St. Veit Gasse 46
1130 Wien
Tel. 01/87994960
Fax 01/897949630

BREMA Bau- und Spengler 201
Gesellschaft m.b.H.
Hugo-Mischek-Straße 10
2201 Gerasdorf
Tel. 02246/2501423
Fax 02246/2501570

IFFT Institut für 233
Fassadentechnik Frankfurt
Karlotto Schott
Niedenau 45
D-60325 Frankfurt am Main
Tel. 0049/69/9712480
Fax 0049/69/97124833

Spenglerei Pasteiner GmbH 265
Tiroler Straße 6
3105 St. Pölten-Unterradlberg
Tel. 02742/366634
Fax 02742/36663475

Zeman & Co. GmbH 267
Stahl-, Membrankonstruktionen,
Bogendächer, Hallenbau
Schönbrunner Straße 213-215
1120 Wien
Tel. 01/814140
Fax 01/8122713

Fassadengestaltung

Architekten 190
Dürschmid + Dürschmid
Ziviltechniker KEG
Berggasse 20
1090 Wien
Tel. 01/3199546
Fax 01/319954621

Fassadenreinigung

DCST Das Cleanteam 140
Christine Steetz
Dienstleistungen
Dumreichergasse 85
1220 Wien
Tel. 01/7746893
Fax 01/7746993

Janus Multiservice 215
Gebäudereinigung &
Personalmanagement
Breitenseerstraße 36
1140 Wien
Tel. 01/7864246
Fax 01/786424620

Fenster

Nowak & Steiner Tischlerei 115
Ges.m.b.H.
Hermanngasse 32
1070 Wien
Tel. 01/5260670
Fax 01/52606709

RIHA Gesellschaft m.b.H. 134
Feuerschutz, Zargen,
Türen, Tore
Novofermstraße 15
2230 Gänserndorf
Tel. 02282/43660
Fax 02282/4366555

Tischlerei Scheschy 143
GesmbH & Co KG
Hintere Zeile 8
4120 Neufelden
Tel. 07282/6633
Fax 07282/663320

Stanik Bau Ges.m.b.H. 145
Grüngasse 9/18
1050 Wien
Tel. 01/5877042
Fax 01/5877022

TPS Technik Personal Service 152
Filiale Bau- und
Baunebengewerbe
Praterstraße 33
1020 Wien
Tel. 01/2185595
Fax 01/21855959

IPM Schober 191
Gesellschaft m.b.H.
Fenster
Ascheter Straße 44
4600 Wels/Thalheim
Tel. 07242/472710
Fax 07242/4727134

Mewald GmbH 214
Türen, Tore
Industriestraße 1+2
2486 Pottendorf
Tel. 02623/722250
Fax 02623/7222523

Gaulhofer Vertrieb 261
GmbH & Co. KG
Fenster und Türen
Klingerstraße 4
1230 Wien
Tel. 03125/2822202
Fax 03125/28227202

Fertigteilbau

PPS Pipeline Services GmbH 153
Greiner Straße 63
4320 Perg
Tel. 07262/5550
Fax 07262/551520

Fertigteile

Kölbl Bau Ges.m.b.H. 232
Premstätter Straße 90
8054 Graz
Tel. 0316/28530616
Fax 0316/28530624

Feuchtigkeitsabdichtungen

Robert Felsinger GmbH 61
Asphalt-Unternehmung
Wildpretstrasse 11
1110 Wien
Tel. 01/76013
Fax 01/7673154

Feuerlöscher

Total Fire-Stop 116
Brandschutztechnik GmbH
Percostraße 15
1220 Wien
Tel. 01/25936310
Fax 01/259363118

Finanzierung

BAWAG P.S.K Leasing GmbH 113
Fleischmarkt 1
1010 Wien
Tel. 0369/2020600
Fax 01/3692020955

Flachdachbau

Spenglerei Pasteiner GmbH 265
Tiroler Straße 6
3105 St. Pölten-Unterradlberg
Tel. 02742/366634
Fax 02742/36663475

Flachdachbeschichtungen

ATB Spezialbau GmbH U3+210
Stubenring 2/9
1010 Wien
Tel. 01/7185502
Fax 01/7185326

Fliesen

NMP Naturstein Montage 115
GmbH & Co. KG
Engerthstraße 169
1020 Wien
Tel. 04/19551455
Fax 01/955145565

Kerabela Fliesenverlegungs- 117
Ges.m.b.H.
Ottakringer Straße 147
1160 Wien
Tel. 01/4857825
Fax 01/4866666

TPS Technik Personal Service 152
Filiale Bau- und
Baunebengewerbe
Praterstraße 33
1020 Wien
Tel. 01/2185595
Fax 01/21855959

Guth Gerhard 191
Fliesenverlegung
Sobieskigasse 1b
1090 Wien
Tel. 01/3176248
Fax 01/3100493

Fliesen Ruprechter GmbH 218
Triester Straße 275
1230 Wien
Tel. 01/6025192
Fax 01/6620294

Freizeiteinrichtungen

eibe Produktion + 129
Vertrieb GmbH
Kinderspielräume
Liechtensteinstraße 52
1090 Wien
Tel. 01/3172190
Fax 01/3172195

GESTRA Spiel- und 145
Freizeiteinrichtungen GesmbH
Wimbergstraße 12a
4595 Waldneukirchen
Tel. 07258/3195
Fax 07258/3181

Fresken

Josef Kern 271
Malereien
Schönbrunner Straße 65/1-3
1050 Wien
Tel. 01/5454099
Fax 01/5454099

Fugenabdichtungen

Dr. Hrubesch 144
Gesellschaft m.b.H.
Fugenprofile
Wipplingerstraße 24
1010 Wien
Tel. 01/5333531
Fax 01/533353175

ITB Gary GmbH 215
Bauwerksanierung
Stadlauer Straße 53
1220 Wien
Tel. 01/2807160
Fax 01/2807164

Fugenbandverlegungen

ITB Gary GmbH 215
Bauwerksanierung
Stadlauer Straße 53
1220 Wien
Tel. 01/2807160
Fax 01/2807164

Fußböden

TPS Technik Personal Service 152
Filiale Bau- und Baunebengewerbe
Praterstraße 33
1020 Wien
Tel. 01/2185595
Fax 01/21855959

Fliesen Ruprechter GmbH 218
Triester Straße 275
1230 Wien
Tel. 01/6025192
Fax 01/6620294

Lieferbeton GmbH 231
Lagerstraße 1-5
2103 Langenzersdorf
Tel. 02244/334455219
Fax 02244/3344559219

▶G

Ganzglasanlagen

Anton Sadovszky 110
Inh. Michnig GmbH Bau-
und Portalglaserei
Rotensterngasse 37
1020 Wien
Tel. 01/2143131
Fax 01/214313110

Garagentore

Adolf Tobias Ges.m.b.H. 115
Tor- und Parktechnik, Zaunbau
Eduard-Klinger-Straße 15
3423 St. Andrä-Wördern
Tel. 02242/38100
Fax 02242/3810017

Gartenbau

Grüne Oase 104
Gartengestaltungs GmbH
Seitenhafenstraße 15/4/5
1020 Wien
Tel. 01/7295138
Fax 01/7298543

ALLITECH Allgem. 137
Isoliertechnik GmbH
Große Schiffgasse 2
1020 Wien
Tel. 01/2144620
Fax 01/21446209

GESTRA Spiel- und 145
Freizeiteinrichtungen GesmbH
Wimbergstraße 12a
4595 Waldneukirchen
Tel. 07258/3195
Fax 07258/3181

Albrechtsberger 154
Gesellschaft m.b.H.
Hildebrandgasse 38
1180 Wien 18
Tel. 01/40283500
Fax 01/402835023

Bauservice Rosenauer GmbH 185
Abdichtungen,
Schwarzdeckungen,
Betonplattenverlegung
Rußbergstraße 87-89
1210 Wien
Tel. 01/2900011
Fax 01/290001121

Steinbauer GmbH 216
Garten- und Landschaftsbau
Favoritenstraße 50
1040 Wien
Tel. 01/5058010
Fax 01/5059053

Lichtblau Gartengestaltung 271
Dr. Lichtblau Gesellschaft m.b.H.
Hauptstraße 173
2391 Kaltenleutgeben
Tel. 02238/71663
Fax 02238/7166366

Gartengestaltung

Grüne Oase 104
Gartengestaltungs GmbH
Seitenhafenstraße 15/4/5
1020 Wien
Tel. 01/7295138
Fax 01/7298543

Gebäudeautomation

Sauter Mess- und 172
Regeltechnik GesmbH
Niedermoserstraße 11
1220 Wien
Tel. 01/250230
Fax 01/2599535

Gebäudedienste

Dr. Sasse 109
Gebäudedienste GmbH
Landstrasser Gürtel 3
1030 Wien
Tel. 01/71202200
Fax 01/712022030

Gebäudereinigung

P. Dussmann GmbH Facility 102
Management, Catering
Niederlassung Wien
Modecenterstraße 14
1030 Wien
Tel. 01/3329420
Fax 01/332942090

DCST Das Cleanteam 140
Christine Steetz
Dienstleistungen
Dumreichergasse 85
1220 Wien
Tel. 01/7746893
Fax 01/7746993

TPS Technik Personal Service 152
Filiale Bau- und
Baunebengewerbe
Praterstraße 33
1020 Wien
Tel. 01/2185595
Fax 01/21855959

Janus Multiservice 215
Gebäudereinigung &
Personalmanagement
Breitenseerstraße 36
1140 Wien
Tel. 01/7864246
Fax 01/786424620

G.S.D. Reinigung 261
Gebäude-Service-Dienstleistung
Jovanovic K.E.G.
Neustiftgasse 68/1
1070 Wien
Tel. 01/9234348
Fax 01/9234348

"b"-Objektreinigung GmbH 265
Lobenhauerngasse 26
1170 Wien
Tel. 01/4811055
Fax 01/481105530

Gebäudetechnik

Cegelec GmbH NS1+82
Solutions & Services
Scheydgasse 41
1210 Wien
Tel. 01/277440
Fax 01/277441803

P. Dussmann GmbH Facility 102
Management, Catering
Niederlassung Wien
Modecenterstraße 14
1030 Wien
Tel. 01/3329420
Fax 01/332942090

M+W Zander 192
Gebäudetechnik GmbH
Rollnerstraße 111
D-90408 Nürnberg
Tel. 0049/911/36080
Fax 0049/911/36083283

AAA3 Ampere Aqua Art 263
Elektro-, Gas-, Wasser-,
Heizungs-Installations G.m.b.H.
Am Tabor 1-3
1020 Wien
Tel. 01/3339821
Fax 01/333982125

MCE Building & 276
Infrastructure Solution GmbH
Oberlaaer Straße 331
1230 Wien
Tel. 050606/4994
Fax 050606/8401

Generalunternehmen

Dipl.-Ing. Wilhelm Sedlak 65
Gesellschaft m.b.H
Bauunternehmen
Quellenstraße 163
1100 Wien
Tel. 01/60432820
Fax 01/604328233

Bex Baugesellschaft m.b.H. 153
Hedwiggasse 4
1020 Wien
Tel. 01/21826840
Fax 01/218268420

Generalunternehmer

HAZET Bauunternehmung GmbH 108
Gumpendorfer Straße 83-85
1060 Wien
Tel. 01/599460
Fax 01/5994661

Geometer

KOPA Ziviltechniker-OEG 242
KORSCHINECK & PARTNER
Wiedner Hauptstraße 17
1040 Wien
Tel. 01/5051892
Fax 01/505189221

Geotechnik

iC consulenten Ziviltechniker 97
GesmbH
Kaiserstraße 45
1070 Wien
Tel. 01/521690
Fax 01/5216915

Geothermie

ENERCRET Nägele 191
Energietechnik GmbH & Co
Bundesstraße 24
6832 Röthis
Tel. 05522/3627401
Fax 05522/3627400

Gerüstbau

Ploberger & Stadler GmbH 137
Dächer, Lichtkuppeln, Fassaden
Richard-Strauss-Straße 27
1230 Wien
Tel. 01/61625370
Fax 01/616253739

TPS Technik Personal Service 152
Filiale Bau- und
Baunebengewerbe
Praterstraße 33
1020 Wien
Tel. 01/2185595
Fax 01/21855959

PERI Ges. mbH 230
Schalung und Gerüste
Industriegelände 152
3131 Getzersdorf
Tel. 02783/41190
Fax 02783/411920

Zeman & Co. GmbH 267
Stahl-, Membrankonstruktionen,
Bogendächer, Hallenbau
Schönbrunner Straße 213-215
1120 Wien
Tel. 01/814140
Fax 01/8122713

Glasbau

Karl Josef Hanausek GesmbH 117
Großhandel
Glas - Alubau
Hallergasse 36a
1110 Wien
Tel. 01/7491644
Fax 01/74916446

Glasreinigung

Janus Multiservice 215
Gebäudereinigung &
Personalmanagement
Breitenseerstraße 36
1140 Wien
Tel. 01/7864246
Fax 01/786424620

Gleichrichtanlagen

SPL Powerlines GmbH&CoKG 110
Fahrleitungen, Nachrichtenkabel-
montage, Sonderprojekte &
Anlagenbau
Siemensstraße 92
1210 Wien
Tel. 01/2580080
Fax 01/2580080400

Gleisbau

Baumeister Diplom Ingenieur 98
Franz Mörtinger & Co.
Getreidemarkt 7
1060 Wien
Tel. 01/5875433
Fax 01/587041633

BAHNBAU PETRI 99
Hoch- und Tiefbau
GesmbH u. Co. KG
Lindenweg 28
2351 Wiener Neudorf
Tel. 02236/62306
Fax 02236/6230644

Kallinger Bau GmbH 106
Abteilung Bahnbau
Hietzinger Kai 131A
1130 Wien
Tel. 01/8799419
Fax 01/87994191956

Granit

NMP Naturstein Montage 115
GmbH & Co. KG
Engerthstraße 169
1020 Wien
Tel. 04/19551455
Fax 01/955145565

Gravuren

KA-RA Schilder u. 145
Gravuren Ges.m.b.H
Stumpergasse 45
1060 Wien
Tel. 01/5970521
Fax 01/5970673

Grundbau

PUR Grundbau und 100
Umwelttechnik GmbH
Schuhfabrikgasse 18
1230 Wien
Tel. 01/8041601
Fax 01/8040265

Grundwasser

DonauConsult Zottl & Erber 97
Ziviltechnikergeschaft m.b.H.
Klopstockgasse 34
1170 Wien
Tel. 01/48080100
Fax 01/480801010

Grundwasserabsenkung

PUR Grundbau und 100
Umwelttechnik GmbH
Schuhfabrikgasse 18
1230 Wien
Tel. 01/8041601
Fax 01/8040265

Grundwassersanierung

INTERGEO Umwelttechnologie + Abfallwirtschaft G.m.b.H. 180
Niederlassung Wien
Wallagasse 4a
1110 Wien
Tel. 01/8177251
Fax 01/817725125

GSM Ausbau

SPL Powerlines GmbH&CoKG 110
Fahrleitungen, Nachrichtenkabel-montage, Sonderprojekte & Anlagenbau
Siemensstraße 92
1210 Wien
Tel. 01/2580080
Fax 01/2580080400

GU-Hochbau

WIBEBA Wiener Betriebs- und Baugesellschaft m.b.H. 64
Anschützgasse 1
1153 Wien
Tel. 01/891910
Fax 01/8919197

HAZET 108
Bauunternehmung GmbH
Gumpendorfer Straße 83-85
1060 Wien
Tel. 01/599460
Fax 01/5994661

Gussasphalt

Robert Felsinger GmbH 61
Asphalt-Unternehmung
Wildpretstrasse 11
1110 Wien
Tel. 01/76013
Fax 01/7673154

Gutachten

Zivilingenieurbüro 99
Dipl.-Ing. Dr. Tech.
Helmut Effenberger
Seeböckgasse 32 b
1160 Wien
Tel. 01/4083580
Fax 01/408358034

Gutachter

Dipl.-Ing. Herwig Reider 94
Staatlich befugter und beeideter Zivilingenieur für Bauwesen
Dresdnerstraße 112/4/29
1200 Wien
Tel. 01/3306799
Fax 01/33067994

IFFT Institut für Fassadentechnik Frankfurt 233
Karlotto Schott
Niedenau 45
D-60325 Frankfurt am Main
Tel. 0049/69/9712480
Fax 0049/69/97124833

▶H

Hardware

Center Communication Systems GmbH 113
Headquarters Austria
Ignaz-Köck-Straße 19
1210 Wien
Tel. 01/901990
Fax 01/9019919

Hausbesorgerservice

Blitz-Blank 112
Reinigung-Dienstleistungs-untermehmen GmbH
Shuttleworthstraße 4-8/Obj. 34
1210 Wien
Tel. 01/2020100
Fax 01/2020101

Haustechnik

kopp + hille Ges.m.b.H. 183
Heizung-Lüftung-Sanitär
Salmhoferstraße 5
1230 Wien
Tel. 01/8694186
Fax 01/865107122

Steppi & Co 200
Gesellschaft m.b.H.
Heizung - Lüftung - Sanitär
Siebenbrunnengasse 22
1050 Wien
Tel. 01/5441633
Fax 01/5457096

Heizung

desco Kälte-Klima-Rückkühltechnik GmbH 84
Doerenkampgasse 1
1100 Wien
Tel. 01/8691638
Fax 01/8653820

Heinisch Ges.m.b.H. 87
Klima, Wassertechnik, Ventilatoren, Lüftung, Heiz- und Regeltechnik
Oberlaaer Straße 231
1100 Wien
Tel. 01/680070
Fax 01/6800710

GAWAPLAN 96
Haustechnische Anlagen Ges.m.b.H.
Theresiengasse 11
1180 Wien
Tel. 01/4023696
Fax 01/402369619

Wildenhofer 108
Wassertechnik GmbH
Liesinger Flurgasse 5
1230 Wien
Tel. 01/8694556
Fax 01/8651662

Dipl.-Ing. Alfred Offner 114
Gesellschaft mbH
Gebäudetechnik
Ignaz-Köck-Straße 9
1210 Wien
Tel. 01/2789888
Fax 01/2789880

ERGE Installationen 114
Ges.m.b.H.
Vivenotgasse 29
1120 Wien
Tel. 01/81215220
Fax 01/81215226

All-Projekt 133
Technisches Büro
Gesellschaft m.b.H.
Porzellangasse 39/1/13
1090 Wien
Tel. 01/3193540
Fax 01/3193550

Sanitär - Elementbau 138
Ges.m.b.H.
Bundesstraße 110
8967 Haus/Ennstal
Tel. 03686/41280
Fax 03686/4129

TPS Technik Personal Service 152
Filiale Bau- und Baunebengewerbe
Praterstraße 33
1020 Wien
Tel. 01/2185595
Fax 01/21855959

kopp + hille Ges.m.b.H. 183
Heizung-Lüftung-Sanitär
Salmhoferstraße 5
1230 Wien
Tel. 01/8694186
Fax 01/865107122

Hopferwieser + Steinmayr 187
Installations Ges.m.b.H.
A. Kruppstraße 10a
3300 Amstetten
Tel. 07472/620710
Fax 07472/6207186

HOTEC Installations GmbH 188
Brünner Straße 73a
1210 Wien
Tel. 01/2928308
Fax 01/292830828

ENERCRET Nägele 191
Energietechnik GmbH & Co
Bundesstraße 24
6832 Röthis
Tel. 05522/3627401
Fax 05522/3627400

Steppi & Co 200
Gesellschaft m.b.H.
Heizung - Lüftung - Sanitär
Siebenbrunnengasse 22
1050 Wien
Tel. 01/5441633
Fax 01/5457096

bst Brandschutztechnik 213
Döpfl GmbH
Albert Schweitzer Gasse 6c
1140 Wien
Tel. 01/970970
Fax 01/9709718

Markus Stolz 219
Ges.m.b.H. & Co KG
Altmannsdorfer Anger 70
1120 Wien
Tel. 0222/8034651
Fax 0222/803465133

Dietrich Luft + Klima 232
Ges.m.b.H.
Spezialunternehmen
für Lufttechnik
Egon Dietrich Straße 5
6322 Kirchbichl
Tel. 05332/72125
Fax 05332/75409

AAA3 Ampere Aqua Art 263
Elektro-, Gas-, Wasser-,
Heizungs-Installations G.m.b.H.
Am Tabor 1-3
1020 Wien
Tel. 01/3339821
Fax 01/333982125

HLS-Installationen

Hiessberger GesmbH 219
Heizung, Sanitär, Bäderstudio
Breitenfurter Straße 13
1120 Wien
Tel. 01/81507710
Fax 01/815077133

Hochbau

WIBEBA Wiener Betriebs- und 64
Baugesellschaft m.b.H.
Anschützgasse 1
1153 Wien
Tel. 01/891910
Fax 01/8919197

Baumeister Diplom Ingenieur 98
Franz Mörtinger & Co.
Getreidemarkt 7
1060 Wien
Tel. 01/5875433
Fax 01/587041633

BAHNBAU PETRI 99
Hoch- und Tiefbau
GesmbH u. Co. KG
Lindenweg 28
2351 Wiener Neudorf
Tel. 02236/62306
Fax 02236/6230644

Stanik Bau Ges.m.b.H. 145
Grüngasse 9/18
1050 Wien
Tel. 01/5877042
Fax 01/5877022

Bex Baugesellschaft m.b.H. 153
Hedwiggasse 4
1020 Wien
Tel. 01/21826840
Fax 01/218268420

PPS Pipeline Services GmbH 153
Greiner Straße 63
4320 Perg
Tel. 07262/5550
Fax 07262/551520

Monarth & Tatzber 229
Ziviltechniker GmbH
Blindengasse 26
1080 Wien
Tel. 01/4054286
Fax 01/4074712

G. Hackenberg 230
Holzhandel
Rossakgasse 3
1230 Wien
Tel. 01/6678707
Fax 01/667870718

BSB Betonstahl-Verlege 240
Ges.m.b.H
Handelsstrasse 3
2512 Tribuswinkel
Tel. 02252/2594500
Fax 02252/25945030

Hochdruckinjektionen

ITA Injektionstechnik 142
Bauges. m.b.H.
Böcklinstraße 44
1020 Wien
Tel. 01/7296622
Fax 01/7296623

Holz

G. Hackenberg 230
Holzhandel
Rossakgasse 3
1230 Wien
Tel. 01/6678707
Fax 01/667870718

Holzbau

Ing-Holzbau und Zimmerei 248
KANDLER GmbH
Torstensonring 12
D-04158 Leipzig
Tel. 0049/341/467320
Fax 0049/341/4673220

Holzhandel

G. Hackenberg 230
Holzhandel
Rossakgasse 3
1230 Wien
Tel. 01/6678707
Fax 01/667870718

Hydrogeologie

DonauConsult Zottl & Erber 97
Ziviltechnikergeschaft m.b.H.
Klopstockgasse 34
1170 Wien
Tel. 01/48080100
Fax 01/480801010

Hytronicsweichen

VAE Eisenbahnsysteme GmbH 103
Alpinestraße 1
8740 Zeltweg
Tel. 03577/7500
Fax 03577/751394

▶I

Immobilienberatung

MRG Metzger Realitäten 86
International
Beratungs- und Bewertungs-
gesellschaft mbH
Gumpendorferstraße 72
1060 Wien
Tel. 01/5975060
Fax 01/597506025

Immobilienbewertung

MRG Metzger Realitäten 86
International
Beratungs- und Bewertungs
gesellschaft mbH
Gumpendorferstraße 72
1060 Wien
Tel. 01/5975060
Fax 01/597506025

Immobilienleasing

BAWAG P.S.K Leasing GmbH 1[illegible]3
Fleischmarkt 1
1010 Wien
Tel. 0369/2020600
Fax 01/3692020955

Industriebau

BSB Betonstahl-Verlege 240
Ges.m.b.H
Handelsstrasse 3
2512 Tribuswinkel
Tel. 02252/2594500
Fax 02252/25945030

Industriebodenbeschichtung

ATB Spezialbau GmbH U3+210
Stubenring 2/9
1010 Wien
Tel. 01/7185502
Fax 01/7185326

Industrieinstallationen

Penetsdorfer Elektrotechnik 193
Ges.m.b.H.
Rauscherstraße 6/56
1200 Wien
Tel. 01/3508805
Fax 01/350880545

Industrieller Rohrleitungsbau

Bohr- und Rohrtechnik 105
Gesellschaft m.b.H.
Brünner Straße 73
1210 Wien
Tel. 01/291030
Fax 01/29103200

Industriereinigung

Blitz-Blank 112
Reinigung-Dienstleistungs-
untermehmen GmbH
Shuttleworthstraße 4-8/Obj. 34
1210 Wien
Tel. 01/2020100
Fax 01/2020101

Ingenieur (s.a. Verzeichnisbeginn)

Ingenieur für Akustik

Dipl.-Ing. Walter Prause 133
Zivilingenieurbüro für Bauwesen
Hietzinger Hauptstraße 36
1130 Wien
Tel. 01/8776242
Fax 01/8764088

Ingenieur für Bauphysik

Dipl.-Ing. Walter Prause 133
Zivilingenieurbüro für Bauwesen
Hietzinger Hauptstraße 36
1130 Wien
Tel. 01/8776242
Fax 01/8764088

Ingenieur für Baustofftechnologie

Dipl.-Ing. Walter Prause 133
Zivilingenieurbüro für Bauwesen
Hietzinger Hauptstraße 36
1130 Wien
Tel. 01/8776242
Fax 01/8764088

Ingenieur für Fassaden

Dipl.-Ing. Walter Prause 133
Zivilingenieurbüro für Bauwesen
Hietzinger Hauptstraße 36
1130 Wien
Tel. 01/8776242
Fax 01/8764088

Ingenieur für Geotechnik

Dipl.-Ing. Dr. techn. 190
Manfred Fross
Geotechnische Beratung
c/o Ingenieurbüro Gruppe
Wasser ZT GmbH
Wiedner Hauptstraße 19
1040 Wien
Tel. 0676/3441560
Fax 01/505198443

Ingenieur für Messtechnik

Dipl.-Ing. Walter Prause 133
Zivilingenieurbüro für Bauwesen
Hietzinger Hauptstraße 36
1130 Wien
Tel. 01/8776242
Fax 01/8764088

Ingenieur Konsulenten

KOPA Ziviltechniker-OEG 242
KORSCHINECK & PARTNER
Wiedner Hauptstraße 17
1040 Wien
Tel. 01/5051892
Fax 01/505189221

Ing. Sachverständigenbüro

cd-consult 229
Ziviltechniker GmbH
Moeringgasse 10/3
1150 Wien
Tel. 01/7865352
Fax 01/786535211

Ingenieurbau

Baumeister Diplom Ingenieur 98
Franz Mörtinger & Co.
Getreidemarkt 7
1060 Wien
Tel. 01/5875433
Fax 01/587041633

Ingenieurconsult für Bauwesen

cd-consult Ziviltechniker GmbH 229
Moeringgasse 10/3
1150 Wien
Tel. 01/7865352
Fax 01/786535211

Ingenieure für Bodenmechanik

Dipl.-Ing. Dr. techn. 190
Manfred Fross
Geotechnische Beratung
c/o Ingenieurbüro Gruppe
Wasser ZT GmbH
Wiedner Hauptstraße 19
1040 Wien
Tel. 0676/3441560
Fax 01/505198443

Ingenieure für Elektro

freudensprung anlagen 127
planungsges.m.b.H.
Kraygasse 92
1220 Wien
Tel. 01/531930
Fax 01/5319324

Ingenieure für Grundbau

Dipl.-Ing. Dr.techn. 190
Manfred Fross
Geotechnische Beratung
c/o Ingenieurbüro Gruppe
Wasser ZT GmbH
Wiedner Hauptstraße 19
1040 Wien
Tel. 0676/3441560
Fax 01/505198443

Ingenieure für Heizung

freudensprung anlagen 127
planungsges.m.b.H.
Kraygasse 92
1220 Wien
Tel. 01/531930
Fax 01/5319324

Ingenieure für Klima

freudensprung anlagen 127
planungsges.m.b.H.
Kraygasse 92
1220 Wien
Tel. 01/531930
Fax 01/5319324

Ingenieure für Lüftung

freudensprung anlagen 127
planungsges.m.b.H.
Kraygasse 92
1220 Wien
Tel. 01/531930
Fax 01/5319324

Ing. für Mess- und Regeltechnik

Sauter Mess- 172
und Regeltechnik
GesmbH
Niedermoserstraße 11
1220 Wien
Tel. 01/250230
Fax 01/2599535

Ingenieure für Sanitär

freudensprung anlagen 127
planungsges.m.b.H.
Kraygasse 92
1220 Wien
Tel. 01/531930
Fax 01/5319324

Ingenieure für Straßenbau

Vermessung VSP 80
Stolitzka & Partner
ZT GesmbH
Schottenfeldgasse 79
1070 Wien
Tel. 01/4706403
Fax 01/4706403299

Ingenieure für Straßenbauplanung

Rosinak & Partner 135
Ziviltechniker GmbH
Schloßgasse 11
1050 Wien
Tel. 01/5540707
Fax 01/5540727

Ingenieure für Tiefbau

Vermessung VSP 80
Stolitzka & Partner
ZT GesmbH
Schottenfeldgasse 79
1070 Wien
Tel. 01/4706403
Fax 01/4706403299

Potyka und Partner ZT GmbH 242
Altmannsdorfer Straße 89/13
1120 Wien
Tel. 01/8772571
Fax 01/877257185

Ingenieurleistungen im Hochbau

Ingenieurbüro ste.p 184
Stella & Stengel Partner
Ziviltechnikergesellschaft m.b.H.
Mommsengasse 31
1040 Wien
Tel. 01/50556870
Fax 01/5053984

Ingenieurleistungen im Straßenbau

Ingenieurbüro ste.p 184
Stella & Stengel Partner
Ziviltechnikergesellschaft m.b.H.
Mommsengasse 31
1040 Wien
Tel. 01/50556870
Fax 01/5053984

Ingenieurleistungen im Tiefbau

Ingenieurbüro ste.p 184
Stella & Stengel Partner
Ziviltechnikergesellschaft m.b.H.
Mommsengasse 31
1040 Wien
Tel. 01/50556870
Fax 01/5053984

Injektionen

ITB Gary GmbH 215
Bauwerksanierung
Stadlauer Straße 53
1220 Wien
Tel. 01/2807160
Fax 01/2807164

Injektionstechnik

ITA Injektionstechnik 142
Bauges. m.b.H.
Böcklinstraße 44
1020 Wien
Tel. 01/7296622
Fax 01/7296623

Innenausbau

Nowak & Steiner Tischlerei 115
Ges.m.b.H.
Hermanngasse 32
1070 Wien
Tel. 01/5260670
Fax 01/52606709

MSB Metallsystembau GmbH 139
Buchengasse 81
1100 Wien
Tel. 01/7142591
Fax 01/7145932

Tischlerei Scheschy 143
GesmbH & CoKG
Hintere Zeile 8
4120 Neufelden
Tel. 07282/6633
Fax 07282/663320

Stanik Bau Ges.m.b.H. 145
Grüngasse 9/18
1050 Wien
Tel. 01/5877042
Fax 01/5877022

Bauelemente Wagner GmbH 146
Mobile Trennwände
Industriestraße B16/8c
2345 Brunn/Geb.
Tel. 02236/379249
Fax 02236/379215

Weiß Trockenbau KEG 155
Franz Kain Weg 31
4040 Linz
Tel. 0732/713950
Fax 0732/713952

KAEFER Isoliertechnik 156
Ges.m.b.H.
Hetmanekgasse 12
1231 Wien
Tel. 01/699010
Fax 01/6994304

HALI Büromöbel GmbH 187
Handelskai 94-96,
Millennium Tower Top 22
1200 Wien
Tel. 01/2409999
Fax 01/24099995206

Top-Akustikbau GmbH 189
St. Veit Gasse 46
1130 Wien
Tel. 01/87994960
Fax 01/897949630

rhtb: trockenbau GmbH 201
Volkragasse 2
1220 Wien
Tel. 01/2858142
Fax 01/285814219

Küchendesign 216
Christian Payer KEG
Himbergerstraße 20
2320 Schwechat
Tel. 01/7062628
Fax 01/70626283

inside 217
Objektenrichtungs GmbH
Industriestraße 9
2353 Guntramsdorf
Tel. 02236/232320
Fax 02236/2323213

Fliesen Ruprechter GmbH 218
Triester Straße 275
1230 Wien
Tel. 01/6025192
Fax 01/6620294

Innenbau

UNIPROJEKT Bau- und 190
Innenbau GmbH
Donau-City-Straße 9
1220 Wien
Tel. 01/224221502
Fax 01/224221505

Inneneinrichtungen

Nowak & Steiner Tischlerei 115
Ges.m.b.H.
Hermanngasse 32
1070 Wien
Tel. 01/5260670
Fax 01/52606709

MSB Metallsystembau GmbH 139
Buchengasse 81
1100 Wien
Tel. 01/7142591
Fax 01/7145932

Tischlerei Scheschy 143
GesmbH & Co KG
Hintere Zeile 8
4120 Neufelden
Tel. 07282/6633
Fax 07282/663320

Bauelemente Wagner GmbH 146
Mobile Trennwände
Industriestraße B16/8c
2345 Brunn/Geb.
Tel. 02236/379249
Fax 02236/379215

Weiß Trockenbau KEG 155
Franz Kain Weg 31
4040 Linz
Tel. 0732/713950
Fax 0732/713952

KAEFER Isoliertechnik 156
Ges.m.b.H.
Hetmanekgasse 12
1231 Wien
Tel. 01/699010
Fax 01/6994304

HALI Büromöbel GmbH 187
Handelskai 94-96,
Millennium Tower Top 22
1200 Wien
Tel. 01/2409999
Fax 01/24099995206

Küchendesign 216
Christian Payer KEG
Himbergerstraße 20
2320 Schwechat
Tel. 01/7062628
Fax 01/70626283

inside 217
Objektenrichtungs GmbH
Industriestraße 9
2353 Guntramsdorf
Tel. 02236/232320
Fax 02236/2323213

Fliesen Ruprechter GmbH 218
Triester Straße 275
1230 Wien
Tel. 01/6025192
Fax 01/6620294

Innenputz

GU Baugesellschaft m.b.H. 181
Generalunternehmen
Draschestraße 91
1230 Wien
Tel. 01/6155605
Fax 01/6155083

Installationstechnik

Steppi & Co 200
Gesellschaft m.b.H.
Heizung - Lüftung - Sanitär
Siebenbrunnengasse 22
1050 Wien
Tel. 01/5441633
Fax 01/5457096

Installationsunternehmen

Hiessberger GesmbH 219
Heizung, Sanitär, Bäderstudio
Breitenfurter Straße 13
1120 Wien
Tel. 01/81507710
Fax 01/815077133

Instandhaltung

DCST Das Cleanteam 140
Christine Steetz
Dienstleistungen
Dumreichergasse 85
1220 Wien
Tel. 01/7746893
Fax 01/7746993

Isoliertechnik

ALLITECH Allgem. 137
Isoliertechnik GmbH
Große Schiffgasse 2
1020 Wien
Tel. 01/2144620
Fax 01/21446209

Isolierungen

Robert Felsinger GmbH 61
Asphalt-Unternehmung
Wildpretstrasse 11
1110 Wien
Tel. 01/76013
Fax 01/7673154

Getzner Werkstoffe GmbH 104
Herrenau 5
6706 Bürs
Tel. 05552/2010
Fax 05552/201899

Anton Sadovszky 110
Inh. Michnig GmbH Bau- und
Portalglaserei
Rotensterngasse 37
1020 Wien
Tel. 01/2143131
Fax 01/214313110

Ploberger & Stadler GmbH 137
Dächer, Lichtkuppeln, Fassaden
Richard-Strauss-Straße 27
1230 Wien
Tel. 01/61625370
Fax 01/616253739

MSB Metallsystembau GmbH 139
Buchengasse 81
1100 Wien
Tel. 01/7142591
Fax 01/7145932

Weiß Trockenbau KEG 155
Franz Kain Weg 31
4040 Linz
Tel. 0732/713950
Fax 0732/713952

KAEFER Isoliertechnik 156
Ges.m.b.H.
Hetmanekgasse 12
1231 Wien
Tel. 01/699010
Fax 01/6994304

Hirschbeck & Plank 186
Isolierungen GmbH
Markt 532
7532 Litzelsdorf
Tel. 03358/21946
Fax 03358/21968

Hopferwieser + Steinmayr 187
Installations Ges.m.b.H.
A. Kruppstraße 10a
3300 Amstetten
Tel. 07472/620710
Fax 07472/6207186

Top-Akustikbau GmbH 189
St. Veit Gasse 46
1130 Wien
Tel. 01/87994960
Fax 01/897949630

rhtb: trockenbau GmbH 201
Volkragasse 2
1220 Wien
Tel. 01/2858142
Fax 01/285814219

SWK Isolierungstechnik GmbH 211
Koppstraße 81/5
1160 Wien
Tel. 01/9714521
Fax 01/9714521

SANIER-Technik BaugmbH 233
Draschestraße 94
1230 Wien
Tel. 01/6174643
Fax 01/6174655

IT-Service

SG Connect Electronics 98
Handelsgesellschaft m.b.H.
Jochen-Rindt-Straße 13A
1230 Wien
Tel. 01/617666613
Fax 01/617666699

▶J

Jalousien

Bauelemente Wagner GmbH 146
Mobile Trennwände
Industriestraße B16/8c
2345 Brunn/Geb.
Tel. 02236/379249
Fax 02236/379215

▶K

Kälte

SWK Isolierungstechnik GmbH 211
Koppstraße 81/5
1160 Wien
Tel. 01/9714521
Fax 01/9714521

Kältetechnik

desco Kälte-Klima- 84
Rückkühltechnik GmbH
Doerenkampgasse 1
1100 Wien
Tel. 01/8691638
Fax 01/8653820

Heinisch Ges.m.b.H. 87
Klima, Wassertechnik, Ventilatoren,
Lüftung, Heiz- und Regeltechnik
Oberlaaer Straße 231
1100 Wien
Tel. 01/680070
Fax 01/6800710

Kanalbau

WIBEBA Wiener Betriebs- und 64
Baugesellschaft m.b.H.
Anschützgasse 1
1153 Wien
Tel. 01/891910
Fax 01/8919197

Groll Bau Ges.m.b.H. 100
Herziggasse 10
1230 Wien
Tel. 01/8659253
Fax 01/86492533

Ing. Eva & Karl Schindler 105
Gesellschaft mbH
Bauunternehmung
Anschützgasse 1
1153 Wien
Tel. 01/89191451
Fax 01/8919190455

Kesselwasser

Wildenhofer 108
Wassertechnik GmbH
Liesinger Flurgasse 5
1230 Wien
Tel. 01/8694556
Fax 01/8651662

Kies

Herzer Bau- und 212
Transport GmbH
Zachgasse 18
1220 Wien
Tel. 01/28580100
Fax 01/285801022

Transportbeton 213
Gesellschaft M.B.H. & CO.KG
Wildpretstraße 5
1110 Wien
Tel. 01/76007
Fax 01/76007591

Kinderspielräume

eibe Produktion + 129
Vertrieb GmbH
Kinderspielräume
Liechtensteinstraße 52
1090 Wien
Tel. 01/3172190
Fax 01/3172195

Kläranlagen

SW Umwelttechnik 239
Österreich GmbH
Bahnstraße 87-93
9021 Klagenfurt
Tel. 0463/321090
Fax 0463/37667

Kläranlagensanierungen

ATB Spezialbau GmbH U3+210
Stubenring 2/9
1010 Wien
Tel. 01/7185502
Fax 01/7185326

Klima

desco Kälte-Klima- 84
Rückkühltechnik GmbH
Doerenkampgasse 1
1100 Wien
Tel. 01/8691638
Fax 01/8653820

Heinisch Ges.m.b.H. 87
Klima, Wassertechnik,
Ventilatoren, Lüftung,
Heiz- und Regeltechnik
Oberlaaer Straße 231
1100 Wien
Tel. 01/680070
Fax 01/6800710

GAWAPLAN 96
Haustechnische
Anlagen Ges.m.b.H.
Theresiengasse 11
1180 Wien
Tel. 01/4023696
Fax 01/402369619

Troges Ges.m.b.H. 101
Lüftungstechnik
Puchgasse 3
1220 Wien
Tel. 01/2581627
Fax 01/2583234

Lieferant für Gas

Wien Energie Haus 158
Mariahilfer Straße 63
1060 Wien
Tel. 01/58200
Fax 01/582009580

Lüftung

desco Kälte-Klima-Rückkühltechnik GmbH 84
Doerenkampgasse 1
1100 Wien
Tel. 01/8691638
Fax 01/8653820

Heinisch Ges.m.b.H. 87
Klima, Wassertechnik, Ventilatoren, Lüftung, Heiz- und Regeltechnik
Oberlaaer Straße 231
1100 Wien
Tel. 01/680070
Fax 01/6800710

GAWAPLAN 96
Haustechnische Anlagen Ges.m.b.H.
Theresiengasse 11
1180 Wien
Tel. 01/4023696
Fax 01/402369619

Troges Ges.m.b.H. 101
Lüftungstechnik
Puchgasse 3
1220 Wien
Tel. 01/2581627
Fax 01/2583234

Wildenhofer 108
Wassertechnik GmbH
Liesinger Flurgasse 5
1230 Wien
Tel. 01/8694556
Fax 01/8651662

Dipl.-Ing. Alfred Offner 114
Gesellschaft mbH
Gebäudetechnik
Ignaz-Köck-Straße 9
1210 Wien
Tel. 01/2789888
Fax 01/2789880

ERGE Installationen 114
Ges.m.b.H.
Vivenotgasse 29
1120 Wien
Tel. 01/81215220
Fax 01/81215226

All-Projekt 133
Technisches Büro Gesellschaft m.b.H.
Porzellangasse 39/1/13
1090 Wien
Tel. 01/3193540
Fax 01/3193550

Sanitär - Elementbau 138
Ges.m.b.H.
Bundesstraße 110
8967 Haus/Ennstal
Tel. 03686/41280
Fax 03686/4129

MSB Metallsystembau GmbH 139
Buchengasse 81
1100 Wien
Tel. 01/7142591
Fax 01/7145932

TPS Technik Personal Service 152
Filiale Bau- und Baunebengewerbe
Praterstraße 33
1020 Wien
Tel. 01/2185595
Fax 01/21855959

kopp + hille Ges.m.b.H. 183
Heizung-Lüftung-Sanitär
Salmhoferstraße 5
1230 Wien
Tel. 01/8694186
Fax 01/865107122

Hopferwieser + Steinmayr 187
Installations Ges.m.b.H.
A. Kruppstraße 10a
3300 Amstetten
Tel. 07472/620710
Fax 07472/6207186

HOTEC Installations GmbH 188
Brünner Straße 73a
1210 Wien
Tel. 01/2928308
Fax 01/292830828

ENERCRET Nägele 191
Energietechnik GmbH & Co
Bundesstraße 24
6832 Röthis
Tel. 05522/3627401
Fax 05522/3627400

Steppi & Co 200
Gesellschaft m.b.H.
Heizung - Lüftung - Sanitär
Siebenbrunnengasse 22
1050 Wien
Tel. 01/5441633
Fax 01/5457096

SWK Isolierungstechnik GmbH 211
Koppstraße 81/5
1160 Wien
Tel. 01/9714521
Fax 01/9714521

bst Brandschutztechnik 213
Döpfl GmbH
Albert Schweitzer Gasse 6c
1140 Wien
Tel. 01/970970
Fax 01/9709718

Markus Stolz 219
Ges.m.b.H. & Co KG
Altmannsdorfer Anger 70
1120 Wien
Tel. 0222/8034651
Fax 0222/803465133

Dietrich Luft + Klima 232
Ges.m.b.H.
Spezialunternehmen für Lufttechnik
Egon Dietrich Straße 5
6322 Kirchbichl
Tel. 05332/72125
Fax 05332/75409

AAA3 Ampere Aqua Art 263
Elektro-, Gas-, Wasser-, Heizungs-Installations G.m.b.H.
Am Tabor 1-3
1020 Wien
Tel. 01/3339821
Fax 01/333982125

▶M

Maler

ATB Spezialbau GmbH U3+210
Stubenring 2/9
1010 Wien
Tel. 01/7185502
Fax 01/7185326

Friedrich Zisch & Söhne 106
Ges.m.b.H.
Malerei, Anstrich, Tapeten, Bodenbeläge
Josef-Baumann-Gasse 65
1210 Wien
Tel. 01/2591538
Fax 01/259153820

Eisenschutzgesellschaft m.b.H. 116
7. Haidequerstraße 3
1110 Wien
Tel. 01/7697782
Fax 01/76977822989

Pius P. Weckerle GmbH 155
Malerei, Anstrich, Tapeten, Fassaden
Bahnstraße 13
2286 Haringsee
Tel. 02214/8670
Fax 02214/84287

HORVATH 263
Malerbetriebs G.m.b.H.
Scherbangasse 10
1230 Wien
Tel. 01/4858391
Fax 01/4801258

Malerei

Josef Kern 271
Malereien
Schönbrunner Straße 65/1-3
1050 Wien
Tel. 01/5454099
Fax 01/5454099

Markisen

Bauelemente Wagner GmbH 146
Mobile Trennwände
Industriestraße B16/8c
2345 Brunn/Geb.
Tel. 02236/379249
Fax 02236/379215

Marmor

NMP Naturstein Montage 115
GmbH & Co. KG
Engerthstraße 169
1020 Wien
Tel. 04/19551455
Fax 01/955145565

Kerabela Fliesenverlegungs- 117
Ges.m.b.H.
Ottakringer Straße 147
1160 Wien
Tel. 01/4857825
Fax 01/4866666

TPS Technik Personal Service 152
Filiale Bau- und Baunebengewerbe
Praterstraße 33
1020 Wien
Tel. 01/2185595
Fax 01/21855959

Guth Gerhard 191
Fliesenverlegung
Sobieskigasse 1b
1090 Wien
Tel. 01/3176248
Fax 01/3100493

Fliesen Ruprechter GmbH 218
Triester Straße 275
1230 Wien
Tel. 01/6025192
Fax 01/6620294

Maschinenverleih

Albrechtsberger Gesellschaft m.b.H. 154
Hildebrandgasse 38
1180 Wien 18
Tel. 01/40283500
Fax 01/402835023

Mauertrockenlegungen

ITA Injektionstechnik Bauges. m.b.H. 142
Böcklinstraße 44
1020 Wien
Tel. 01/7296622
Fax 01/7296623

Mauerungsarbeiten

L. Schmidt Immobilien- und Bau GmbH 218
Alserstraße 63a
1080 Wien
Tel. 01/4071324
Fax 01/4073028

Mediationmanagement

Rosinak & Partner Ziviltechniker GmbH 135
Schloßgasse 11
1050 Wien
Tel. 01/5540707
Fax 01/5540727

Membrankonstruktionen

Zeman & Co. GmbH 267
Stahl-, Membrankonstruktionen, Bogendächer, Hallenbau
Schönbrunner Straße 213-215
1120 Wien
Tel. 01/814140
Fax 01/8122713

Mess- und Regeltechnik

Sauter Mess- und Regeltechnik GesmbH 172
Niedermoserstraße 11
1220 Wien
Tel. 01/250230
Fax 01/2599535

Metallbau

WIBEBA Wiener Betriebs- und Baugesellschaft m.b.H. 64
Anschützgasse 1
1153 Wien
Tel. 01/891910
Fax 01/8919197

Alu König Stahl GmbH 66
Goldschlagstrasse 87-89
1150 Wien
Tel. 01/981300
Fax 01/9813029

KMB Metallbau GmbH 109
Schererstraße 16
1210 Wien
Tel. 01/25823820
Fax 01/2585963

Robert Rupp GesmbH. 117
Stahl- und Alubau
Leo-Mathauser-Gasse 51
1230 Wien
Tel. 01/6993375
Fax 01/6994941

Link ges.m.b.h. 139
Schlosserei
Kleistgasse 16
1030 Wien
Tel. 01/79921210
Fax 01/79921219

IFFT Institut für Fassadentechnik Frankfurt 233
Karlotto Schott
Niedenau 45
D-60325 Frankfurt am Main
Tel. 0049/69/9712480
Fax 0049/69/97124833

ALS Haller 128
Metallbau - Lamellentechnik - Zaunbau
Gewerbepark 1
7423 Grafenschachen
Tel. 03359/29329
Fax 03359/2932944

Metalldecken

Armstrong Metalldecken AG 178
Bundesstraße 70
6830 Rankweil
Tel. 05522/34440
Fax 05522/34448

Metallsystembau

MSB Metallsystembau GmbH 139
Buchengasse 81
1100 Wien
Tel. 01/7142591
Fax 01/7145932

Möbel

Nowak & Steiner Tischlerei Ges.m.b.H. 115
Hermanngasse 32
1070 Wien
Tel. 01/5260670
Fax 01/52606709

Tischlerei Scheschy GesmbH & Co KG 143
Hintere Zeile 8
4120 Neufelden
Tel. 07282/6633
Fax 07282/663320

GESTRA Spiel- und Freizeiteinrichtungen GesmbH 145
Wimbergstraße 12a
4595 Waldneukirchen
Tel. 07258/3195
Fax 07258/3181

HALI Büromöbel GmbH 187
Handelskai 94-96,
Millennium Tower Top 22
1200 Wien
Tel. 01/2409999
Fax 01/24099995206

Modernisierung

ThyssenKrupp Aufzüge GmbH 170
Slamastraße 29
1230 Wien
Tel. 01/86517510
Fax 01/8651751299

MSR

kopp + hille Ges.m.b.H. 183
Heizung-Lüftung-Sanitär
Salmhoferstraße 5
1230 Wien
Tel. 01/8694186
Fax 01/865107122

▶N

Naturstein

NMP Naturstein Montage GmbH & Co. KG 115
Engerthstraße 169
1020 Wien
Tel. 04/19551455
Fax 01/955145565

Kerabela Fliesenverlegungs-Ges.m.b.H. 117
Ottakringer Straße 147
1160 Wien
Tel. 01/4857825
Fax 01/4866666

TPS Technik Personal Service 152
Filiale Bau- und Baunebengewerbe
Praterstraße 33
1020 Wien
Tel. 01/2185595
Fax 01/21855959

Guth Gerhard 191
Fliesenverlegung
Sobieskigasse 1b
1090 Wien
Tel. 01/3176248
Fax 01/3100493

Fliesen Ruprechter GmbH 218
Triester Straße 275
1230 Wien
Tel. 01/6025192
Fax 01/6620294

Natursteinarbeiten

NMP Naturstein Montage GmbH & Co. KG 115
Engerthstraße 169
1020 Wien
Tel. 04/19551455
Fax 01/955145565

Netzwerktechnik

SG Connect 98
Electronics Handelsgesellschaft m.b.H.
Jochen-Rindt-Straße 13A
1230 Wien
Tel. 01/617666613
Fax 01/617666699

Notrufsysteme

ThyssenKrupp Aufzüge GmbH 170
Slamastraße 29
1230 Wien
Tel. 01/86517510
Fax 01/8651751299

Notrufzentrale

Baecker & Partner GmbH 112
Sicherheitsunternehmen
Aspangstraße 49
1030 Wien
Tel. 01/7985020
Fax 01/798502023

▶O

Oberbau

Getzner Werkstoffe GmbH 104
Herrenau 5
6706 Bürs
Tel. 05552/2010
Fax 05552/201899

Örtliche Bauaufsicht

Monarth & Tatzber 229
Ziviltechniker GmbH
Blindengasse 26
1080 Wien
Tel. 01/4054286
Fax 01/4074712

Potyka und Partner ZT GmbH 242
Altmannsdorfer Straße 89/13
1120 Wien
Tel. 01/8772571
Fax 01/877257185

▶P

Parkdeckbeschichtung

ATB Spezialbau GmbH U3+210
Stubenring 2/9
1010 Wien
Tel. 01/7185502
Fax 01/7185326

Personaldienstleistungen

L. Schmidt Immobilien- und Bau GmbH 218
Alserstraße 63a
1080 Wien
Tel. 01/4071324
Fax 01/4073028

Personal-Leasing

Janus Multiservice 215
Gebäudereinigung & Personalmanagement
Breitenseerstraße 36
1140 Wien
Tel. 01/7864246
Fax 01/786424620

Personalservice

TPS Technik Personal Service 152
Filiale Bau- und Baunebengewerbe
Praterstraße 33
1020 Wien
Tel. 01/2185595
Fax 01/21855959

Pflasterarbeiten

WIBEBA Wiener Betriebs- und Baugesellschaft m.b.H. 64
Anschützgasse 1
1153 Wien
Tel. 01/891910
Fax 01/8919197

ALLITECH Allgem. Isoliertechnik GmbH 137
Große Schiffgasse 2
1020 Wien
Tel. 01/2144620
Fax 01/21446209

Pipelinebau

PPS Pipeline Services GmbH 153
Greiner Straße 63
4320 Perg
Tel. 07262/5550
Fax 07262/551520

Planer

Vermessung VSP 80
Stolitzka & Partner
ZT GesmbH
Schottenfeldgasse 79
1070 Wien
Tel. 01/4706403
Fax 01/4706403299

Dipl.-Ing. Herwig Reider 94
Staatlich befugter und beeideter Zivilingenieur für Bauwesen
Dresdnerstraße 112/4/29
1200 Wien
Tel. 01/3306799
Fax 01/33067994

Verbundplan GmbH 95
Ingenieur- und Beratungsunternehmen
Laaer-Berg-Straße 43
1100 Wien
Tel. 01/503130
Fax 01/50313165

freudensprung anlagen planungsges.m.b.H. 127
Kraygasse 92
1220 Wien
Tel. 01/531930
Fax 01/5319324

Bethmann Blitzschutz 135
Gesellschaft mbH
Pressgasse 14-16
1040 Wien
Tel. 01/5879377
Fax 01/587937733

Architekt DI 241
Gerhard Moßburger
ZT GesmbH
Jacquingasse 29/2.1
1030 Wien
Tel. 01/7991545
Fax 01/799154594

Potyka und Partner ZT GmbH 242
Altmannsdorfer Straße 89/13
1120 Wien
Tel. 01/8772571
Fax 01/877257185

Plankopien

Grandits-Team Reprografie 136
Ges.m.b.H.
Schönburgstraße 26
1040 Wien
Tel. 01/5059853
Fax 01/50598534

Planung

Geoconsult Wien ZT GmbH 83
Hütteldorfer Straße 85
1150 Wien
Tel. 01/7863020
Fax 01/786302050

iC consulenten 97
Ziviltechniker GesmbH
Kaiserstraße 45
1070 Wien
Tel. 01/521690
Fax 01/5216915

Link ges.m.b.h. 139
Schlosserei
Kleistgasse 16
1030 Wien
Tel. 01/79921210
Fax 01/79921219

ThyssenKrupp Aufzüge GmbH 170
Slamastraße 29
1230 Wien
Tel. 01/86517510
Fax 01/8651751299

Hans Hager GmbH & Co. KG 217
Blitzschutz
Ketzergasse 58
1230 Wien
Tel. 01/6992142
Fax 01/6995331

Planungsbüro

P.H.I. Technisches Planungsbüro und Handelsgesellschaft m.b.H. 249
Dr.-Neumann-Gasse 7
1230 Wien
Tel. 01/8655999
Fax 01/8658084

Platten

G. Hackenberg 230
Holzhandel
Rossakgasse 3
1230 Wien
Tel. 01/6678707
Fax 01/667870718

Plotservice

Grandits-Team Reprografie 136
Ges.m.b.H.
Schönburgstraße 26
1040 Wien
Tel. 01/5059853
Fax 01/50598534

Prellböcke

P. C. Wagner Elektro-Thermit 90
Schweißgesellschaft m.b.H.
Erlaaer Straße 161
1230 Wien
Tel. 01/66775310
Fax 01/667753155

Pressungen

Groll Bau Ges.m.b.H. 100
Herziggasse 10
1230 Wien
Tel. 01/8659253
Fax 01/86492533

Projektentwicklung

Raiffeisen-Leasing GmbH 179
Hollandstraße 11-13
1020 Wien
Tel. 01/716018231
Fax 01/716018239

Projekterstellung

ES-Restaurierungstechnik 188
GmbH
Wiener Straße 55
3002 Purkersdorf
Tel. 02231/68323
Fax 02231/6832311

Projektmanagement

SG Connect 98
Electronics Handelsgesellschaft
m.b.H.
Jochen-Rindt-Straße 13A
1230 Wien
Tel. 01/617666613
Fax 01/617666699

Projektsteuerer

Ingenieurbüro ste.p 184
Stella & Stengel Partner
Ziviltechnikergesellschaft m.b.H.
Mommsengasse 31
1040 Wien
Tel. 01/50556870
Fax 01/5053984

Projektsteuerung

Verbundplan GmbH 95
Ingenieur- und
Beratungsunternehmen
Laaer-Berg-Straße 43
1100 Wien
Tel. 01/503130
Fax 01/50313165

iC consulenten 97
Ziviltechniker GesmbH
Kaiserstraße 45
1070 Wien
Tel. 01/521690
Fax 01/5216915

Strauss & Partner 208
Immobilien GmbH
Am Euro Platz 1
1120 Wien
Tel. 01/87726260
Fax 01/877262626

Monarth & Tatzber 229
Ziviltechniker GmbH
Blindengasse 26
1080 Wien
Tel. 01/4054286
Fax 01/4074712

Architekt DI 241
Gerhard Moßburger
ZT GesmbH
Jacquingasse 29/2.1
1030 Wien
Tel. 01/7991545
Fax 01/799154594

Prozesswasser

Wildenhofer 108
Wassertechnik GmbH
Liesinger Flurgasse 5
1230 Wien
Tel. 01/8694556
Fax 01/8651662

Prüfingenieure

Geoconsult Wien ZT GmbH 83
Hütteldorfer Straße 85
1150 Wien
Tel. 01/7863020
Fax 01/786302050

Dipl.-Ing. Herwig Reider 94
Staatlich befugter und beeideter
Zivilingenieur für Bauwesen
Dresdnerstraße 112/4/29
1200 Wien
Tel. 01/3306799
Fax 01/33067994

Bethmann Blitzschutz 135
Gesellschaft mbH
Pressgasse 14-16
1040 Wien
Tel. 01/5879377
Fax 01/587937733

Hans Hager GmbH & Co. KG 217
Blitzschutz
Ketzergasse 58
1230 Wien
Tel. 01/6992142
Fax 01/6995331

Putz

Friedrich Zisch 106
& Söhne Ges.m.b.H.
Malerei, Anstrich, Tapeten,
Bodenbeläge
Josef-Baumann-Gasse 65
1210 Wien
Tel. 01/2591538
Fax 01/259153820

TPS Technik Personal Service 152
Filiale Bau- und
Baunebengewerbe
Praterstraße 33
1020 Wien
Tel. 01/2185595
Fax 01/21855959

Weiß Trockenbau KEG 155
Franz Kain Weg 31
4040 Linz
Tel. 0732/713950
Fax 0732/713952

KAEFER Isoliertechnik 156
Ges.m.b.H.
Hetmanekgasse 12
1231 Wien
Tel. 01/699010
Fax 01/6994304

GU Baugesellschaft m.b.H. 181
Generalunternehmen
Draschestraße 91
1230 Wien
Tel. 01/6155605
Fax 01/6155083

Top-Akustikbau GmbH 189
St. Veit Gasse 46
1130 Wien
Tel. 01/87994960
Fax 01/897949630

▶R

Rammtechnik

W. Heiss Ges.m.b.H. 130
Bauunternehmen -
Rammtechnik -
Baumaschinenhandel
und -reparatur
Zwingenstraße 7
2380 Perchtoldsdorf
Tel. 01/8693266
Fax 01/869326620

Raumforschung

Rosinak & Partner 135
Ziviltechniker GmbH
Schloßgasse 11
1050 Wien
Tel. 01/5540707
Fax 01/5540727

Reinigung

Allgemeine Reinigungs- 145
Zentrale
Schleifmühlgasse 20
1040 Wien
Tel. 01/5866257
Fax 01/5864840

Reprografie

Alfred Dorfer Ges.m.b.H. 111
Pauserei
Marokkanergasse 21/3
1030 Wien
Tel. 01/7142134
Fax 01/71597777

Restaurierungen

ES-Restaurierungstechnik GmbH 188
Wiener Strasse 55
3002 Purkersdorf
Tel. 02231/68323
Fax 02231/6832311

Revitalisierung

WIBEBA Wiener Betriebs- und Baugesellschaft m.b.H. 64
Anschützgasse 1
1153 Wien
Tel. 01/891910
Fax 01/8919197

HAZET Bauunternehmung GmbH 108
Gumpendorfer Straße 83-85
1060 Wien
Tel. 01/599460
Fax 01/5994661

Rohbau

TPS Technik Personal Service Filiale Bau- und Baunebengewerbe 152
Praterstraße 33
1020 Wien
Tel. 01/2185595
Fax 01/21855959

OBG Bau Ges.m.b.H 182
Karmarschgasse 72/8
1100 Wien
Tel. 01/6067116
Fax 01/606711623

Zipp Baufertigteil-Vertriebs Ges.m.b.H. 243
Sebastian-Kneipp-Gasse 3/5
1020 Wien
Tel. 01/2120325
Fax 01/890101115

Rollladen

Bauelemente Wagner GmbH 146
Mobile Trennwände
Industriestraße B16/8c
2345 Brunn/Geb.
Tel. 02236/379249
Fax 02236/379215

Rolltreppen

KONE AG 175
Aufzüge, Rolltrepppen
Forchheimergasse 34
1230 Wien
Tel. 01/86367311
Fax 01/86367221

Rolltreppenmontage

H & W Montage GesmbH 117
Bahnhofstraße 19
3200 Obergrafendorf
Tel. 02747/442310
Fax 02747/4423120

▶S

Sägearbeiten

DIMAS Betonbohr- und -sägedienst Ges.m.b.H. 192
Lamezanstraße 9
1230 Wien
Tel. 01/6160824
Fax 01/6153618

Sand

Herzer Bau- und Transport GmbH 212
Zachgasse 18
1220 Wien
Tel. 01/28580100
Fax 01/285801022

Sandstrahlen

Blitz-Blank Reinigung-Dienstleistungs-untermehmen GmbH 112
Shuttleworthstraße 4-8/Obj. 34
1210 Wien
Tel. 01/2020100
Fax 01/2020101

Detlef Kenzian Sandstrahltechnik 144
Keplergasse 12 b
1100 Wien
Tel. 01/6040754
Fax 01/6040754

Sand-Wasser-Strahlen

Detlef Kenzian Sandstrahltechnik 144
Keplergasse 12 b
1100 Wien
Tel. 01/6040754
Fax 01/6040754

Sanierungen

MSB Metallsystembau GmbH 139
Buchengasse 81
1100 Wien
Tel. 01/7142591
Fax 01/7145932

Architekten Dürschmid + Dürschmid Ziviltechniker KEG 190
Berggasse 20
1090 Wien
Tel. 01/3199546
Fax 01/319954621

SANIER-Technik BaugmbH 233
Draschestraße 94
1230 Wien
Tel. 01/6174643
Fax 01/6174655

Ing-Holzbau und Zimmerei KANDLER GmbH 248
Torstensonring 12
D-04158 Leipzig
Tel. 0049/341/467320
Fax 0049/341/4673220

Sanitär

AIRFIRETECH Brandschutzsysteme GmbH U4+62
Breitenseer Straße 28
1140 Wien
Tel. 01/9820174
Fax 01/9853585

GAWAPLAN Haustechnische Anlagen Ges.m.b.H. 96
Theresiengasse 11
1180 Wien
Tel. 01/4023696
Fax 01/402369619

Wildenhofer Wassertechnik GmbH 108
Liesinger Flurgasse 5
1230 Wien
Tel. 01/8694556
Fax 01/8651662

Dipl.-Ing. Alfred Offner Gesellschaft mbH Gebäudetechnik 114
Ignaz-Köck-Straße 9
1210 Wien
Tel. 01/2789888
Fax 01/2789880

ERGE Installationen Ges.m.b.H. 114
Vivenotgasse 29
1120 Wien
Tel. 01/81215220
Fax 01/81215226

All-Projekt Technisches Büro Gesellschaft m.b.H. 133
Porzellangasse 39/1/13
1090 Wien
Tel. 01/3193540
Fax 01/3193550

Sanitär - Elementbau Ges.m.b.H. 138
Bundesstraße 110
8967 Haus/Ennstal
Tel. 03686/41280
Fax 03686/4129

TPS Technik Personal Service Filiale Bau- und Baunebengewerbe 152
Praterstraße 33
1020 Wien
Tel. 01/2185595
Fax 01/21855959

kopp + hille Ges.m.b.H. Heizung-Lüftung-Sanitär 183
Salmhoferstraße 5
1230 Wien
Tel. 01/8694186
Fax 01/865107122

Hopferwieser + Steinmayr Installations Ges.m.b.H. 187
A. Kruppstraße 10a
3300 Amstetten
Tel. 07472/620710
Fax 07472/6207186

HOTEC Installations GmbH 188
Brünner Straße 73a
1210 Wien
Tel. 01/2928308
Fax 01/292830828

ENERCRET Nägele 191
Energietechnik GmbH & Co
Bundesstraße 24
6832 Röthis
Tel. 05522/3627401
Fax 05522/3627400

Steppi & Co 200
Gesellschaft m.b.H.
Heizung - Lüftung - Sanitär
Siebenbrunnengasse 22
1050 Wien
Tel. 01/5441633
Fax 01/5457096

bst Brandschutztechnik 213
Döpfl GmbH
Albert Schweitzer Gasse 6c
1140 Wien
Tel. 01/970970
Fax 01/9709718

Markus Stolz 219
Ges.m.b.H. & Co KG
Altmannsdorfer Anger 70
1120 Wien
Tel. 0222/8034651
Fax 0222/803465133

AAA3 Ampere Aqua Art 263
Elektro-, Gas-, Wasser-,
Heizungs-Installations G.m.b.H.
Am Tabor 1-3
1020 Wien
Tel. 01/3339821
Fax 01/333982125

Schadensanalyse

ES-Restaurierungstechnik 188
GmbH
Wiener Strasse 55
3002 Purkersdorf
Tel. 02231/68323
Fax 02231/6832311

Schadenskartierung

ES-Restaurierungstechnik 188
GmbH
Wiener Strasse 55
3002 Purkersdorf
Tel. 02231/68323
Fax 02231/6832311

Schallschutz

AIRFIRETECH U4+62
Brandschutzsysteme GmbH
Breitenseer Straße 28
1140 Wien
Tel. 01/9820174
Fax 01/9853585

iC consulenten 97
Ziviltechniker GesmbH
Kaiserstraße 45
1070 Wien
Tel. 01/521690
Fax 01/5216915

Schalungen

PERI Ges. mbH 230
Schalung und Gerüste
Industriegelände 152
3131 Getzersdorf
Tel. 02783/41190
Fax 02783/411920

Ing-Holzbau und Zimmerei 248
KANDLER GmbH
Torstensonring 12
D-04158 Leipzig
Tel. 0049/341/467320
Fax 0049/341/4673220

Schalungsarbeiten

L. Schmidt Immobilien- 218
und Bau GmbH
Alserstraße 63a
1080 Wien
Tel. 01/4071324
Fax 01/4073028

Schalungstechnik

Österreichische DOKA 227
Schalungstechnik GmbH
Reichsstraße 23
3300 Amstetten
Tel. 07472/6050
Fax 07472/64430

Schließanlagen

Glob Sicherheitstechnik 218
G.m.b.H.
MUL-T-LOCK
Taborstraße 64
1020 Wien
Tel. 01/2125111
Fax 01/2125117

Schlosser

Link ges.m.b.h. 139
Schlosserei
Kleistgasse 16
1030 Wien
Tel. 01/79921210
Fax 01/79921219

Schmiergeräte

P. C. Wagner Elektro-Thermit 90
Schweißgesellschaft m.b.H.
Erlaaer Straße 161
1230 Wien
Tel. 01/66775310
Fax 01/667753155

Schornsteinbau

MSB Metallsystembau GmbH 139
Buchengasse 81
1100 Wien
Tel. 01/7142591
Fax 01/7145932

Schottergewinnung

Schneiberg Erd- und 186
Abbrucharbeiten GmbH
Dr.-Kasimir-Graffgasse 10
2384 Breitenfurt bei Wien
Tel. 02239/34397
Fax 02239/4789

G. Hackenberg 230
Holzhandel
Rossakgasse 3
1230 Wien
Tel. 01/6678707
Fax 01/667870718

Schreinerei

Nowak & Steiner Tischlerei 115
Ges.m.b.H.
Hermanngasse 32
1070 Wien
Tel. 01/5260670
Fax 01/52606709

Tischlerei Scheschy 143
GesmbH & Co KG
Hintere Zeile 8
4120 Neufelden
Tel. 07282/6633
Fax 07282/663320

inside Objektenrichtungs 217
GmbH
Industriestraße 9
2353 Guntramsdorf
Tel. 02236/232320
Fax 02236/2323213

Schwachstromtechnik

Wolek AG 101
Stark- und
Schwachstromtechnik
Grundsteingasse 11
1160 Wien
Tel. 01/4067278
Fax 01/4060885

Schwarzdecker

Peter Hartmann GesmbH 111
Bauspenglerei-Schwarzdeckerei
Wiedner Hauptstraße 46
1040 Wien
Tel. 01/5855127
Fax 01/585512715

Schwarzdeckungen

Ploberger & Stadler GmbH 137
Dächer, Lichtkuppeln, Fassaden
Richard-Strauss-Straße 27
1230 Wien
Tel. 01/61625370
Fax 01/616253739

Schwarzdeckungsarbeiten

ALLITECH Allgem. 137
Isoliertechnik GmbH
Große Schiffgasse 2
1020 Wien
Tel. 01/2144620
Fax 01/21446209

Bauservice Rosenauer GmbH 185
Abdichtungen, Schwarzdeckungen,
Betonplattenverlegung
Rußbergstraße 87-89
1210 Wien
Tel. 01/2900011
Fax 01/290001121

Schweißtechnik

P. C. Wagner Elektro-Thermit 90
Schweißgesellschaft m.b.H.
Erlaaer Straße 161
1230 Wien
Tel. 01/66775310
Fax 01/667753155

Böhlerstahl 103
Vertriebsgesellschaft m.b.H.
Nordwestbahnstraße 12-14
1201 Wien
Tel. 01/331370
Fax 01/33137213

Schwertransporte

Jellinek KG Nfg. Ges.m.b.H. 102
Transportunternehmen
Sagedergasse 52-56
1120 Wien
Tel. 01/8041668
Fax 01/804184033

Sektionaltore

BLASL Vertriebsges.m.b.H. 155
Türen, Tore
Betriebspark 6
4451 St. Ulrich bei Steyr
Tel. 07252/418110
Fax 07252/41690

Sicherheitsdienst

Baecker & Partner GmbH 112
Sicherheitsunternehmen
Aspangstraße 49
1030 Wien
Tel. 01/7985020
Fax 01/798502023

Sicherheitstechnik

EVVA Sicherheitssysteme 131
GmbH
Wienerbergstraße 59-65
1120 Wien
Tel. 01/811650
Fax 01/8122071

All-Projekt 133
Technisches Büro
Gesellschaft m.b.H.
Porzellangasse 39/1/13
1090 Wien
Tel. 01/3193540
Fax 01/3193550

RIHA Gesellschaft m.b.H. 134
Feuerschutz, Zargen, Türen, Tore
Novofermstraße 15
2230 Gänserndorf
Tel. 02282/43660
Fax 02282/4366555

STEBA Brandschutztore GmbH 138
Niederottnang 21a
4901 Ottnang
Tel. 07676/6033
Fax 07676/6034

Peneder Service - 141
Consulting GmbH
Brandschutztore
Bauernstraße 11a
4600 Wels
Tel. 07242/211777
Fax 07242/21177711

G & P 193
Grissenberger & Partner
Elektrogesellschaft m.b.H.
Wassergasse 18
3324 Euratsfeld
Tel. 07474/65040
Fax 07474/650420

Mewald GmbH 214
Türen, Tore
Industriestraße 1+2
2486 Pottendorf
Tel. 02623/722250
Fax 02623/7222523

Glob Sicherheitstechnik 218
G.m.b.H.
MUL-T-LOCK
Taborstraße 64
1020 Wien
Tel. 01/2125111
Fax 01/2125117

AAA3 Ampere Aqua Art 263
Elektro-, Gas-, Wasser-, Heizungs-
Installations G.m.b.H.
Am Tabor 1-3
1020 Wien
Tel. 01/3339821
Fax 01/333982125

Sicherheitstüren

BLASL Vertriebsges.m.b.H. 155
Türen, Tore
Betriebspark 6
4451 St. Ulrich bei Steyr
Tel. 07252/418110
Fax 07252/41690

Software

Center Communication 113
Systems GmbH
Headquarters Austria
Ignaz-Köck-Straße 19
1210 Wien
Tel. 01/901990
Fax 01/9019919

Solartechnik

AAA3 Ampere Aqua Art 263
Elektro-, Gas-, Wasser-, Heizungs-
Installations G.m.b.H.
Am Tabor 1-3
1020 Wien
Tel. 01/3339821
Fax 01/333982125

Sonnenschutz

ALS Haller 128
Metallbau - Lamellentechnik -
Zaunbau
Gewerbepark 1
7423 Grafenschachen
Tel. 03359/29329
Fax 03359/2932944

Sonnenschutzlamellensysteme

Ivan RIHA 143
Lamellen Systeme Montagen
Luckenschwemmgasse 8/1/14
1210 Wien
Tel. 01/2929027
Fax 01/2929027

Spengler

Robert Felsinger GmbH 61
Asphalt-Unternehmung
Wildpretstrasse 11
1110 Wien
Tel. 01/76013
Fax 01/7673154

Peter Hartmann GesmbH 111
Bauspenglerei-Schwarzdeckerei
Wiedner Hauptstraße 46
1040 Wien
Tel. 01/5855127
Fax 01/585512715

ALLITECH Allgem. 137
Isoliertechnik GmbH
Große Schiffgasse 2
1020 Wien
Tel. 01/2144620
Fax 01/21446209

Ploberger & Stadler GmbH 137
Dächer, Lichtkuppeln, Fassaden
Richard-Strauss-Straße 27
1230 Wien
Tel. 01/61625370
Fax 01/616253739

MSB Metallsystembau GmbH 139
Buchengasse 81
1100 Wien
Tel. 01/7142591
Fax 01/7145932

TPS Technik Personal Service 152
Filiale Bau- und
Baunebengewerbe
Praterstraße 33
1020 Wien
Tel. 01/2185595
Fax 01/21855959

Bauservice Rosenauer GmbH 185
Abdichtungen,
Schwarzdeckungen,
Betonplattenverlegung
Rußbergstraße 87-89
1210 Wien
Tel. 01/2900011
Fax 01/290001121

Spenglerei Pasteiner GmbH 265
Tiroler Straße 6
3105 St. Pölten-Unterradlberg
Tel. 02742/366634
Fax 02742/36663475

Zeman & Co. GmbH 267
Stahl-, Membrankonstruktionen,
Bogendächer, Hallenbau
Schönbrunner Straße 213-215
1120 Wien
Tel. 01/814140
Fax 01/8122713

Spenglerarbeiten

Robert Felsinger GmbH 61
Asphalt-Unternehmung
Wildpretstrasse 11
1110 Wien
Tel. 01/76013
Fax 01/7673154

Spezialkräne

Jellinek KG Nfg. Ges.m.b.H. 102
Transportunternehmen
Sagedergasse 52-56
1120 Wien
Tel. 01/8041668
Fax 01/804184033

Spezialtiefbau

Groll Bau Ges.m.b.H. 100
Herziggasse 10
1230 Wien
Tel. 01/8659253
Fax 01/86492533

Ing. Eva & Karl Schindler 105
Gesellschaft mbH
Bauunternehmung
Anschützgasse 1
1153 Wien
Tel. 01/89191451
Fax 01/8919190455

Monarth & Tatzber 229
Ziviltechniker GmbH
Blindengasse 26
1080 Wien
Tel. 01/4054286
Fax 01/4074712

Spieleinrichtungen

GESTRA Spiel- und 145
Freizeiteinrichtungen GesmbH
Wimbergstraße 12a
4595 Waldneukirchen
Tel. 07258/3195
Fax 07258/3181

Spielgeräte

eibe Produktion + 129
Vertrieb GmbH
Kinderspielräume
Liechtensteinstraße 52
1090 Wien
Tel. 01/3172190
Fax 01/3172195

Spielgeräte für Kinderspielplätze

Lichtblau Gartengestaltung 271
Dr. Lichtblau Gesellschaft m.b.H.
Hauptstraße 173
2391 Kaltenleutgeben
Tel. 02238/71663
Fax 02238/7166366

Sportanlagenbau

Robert Felsinger GmbH 61
Asphalt-Unternehmung
Wildpretstrasse 11
1110 Wien
Tel. 01/76013
Fax 01/7673154

Stahl

BSB Betonstahl-Verlege 240
Ges.m.b.H
Handelsstrasse 3
2512 Tribuswinkel
Tel. 02252/2594500
Fax 02252/25945030

Stahlbau

WIBEBA Wiener Betriebs- 64
und Baugesellschaft m.b.H.
Anschützgasse 1
1153 Wien
Tel. 01/891910
Fax 01/8919197

Böhlerstahl 103
Vertriebsgesellschaft m.b.H.
Nordwestbahnstraße 12-14
1201 Wien
Tel. 01/331370
Fax 01/33137213

KMB Metallbau GmbH 109
Schererstraße 16
1210 Wien
Tel. 01/25823820
Fax 01/2585963

Link ges.m.b.h. 139
Schlosserei
Kleistgasse 16
1030 Wien
Tel. 01/79921210
Fax 01/79921219

Zeman & Co. GmbH 267
Stahl-, Membrankonstruktionen,
Bogendächer, Hallenbau
Schönbrunner Straße 213-215
1120 Wien
Tel. 01/814140
Fax 01/8122713

Stahlhandel

BWS Bewehrungsstahl GmbH 249
Lemböckgasse 51
1234 Wien
Tel. 01/8651721
Fax 01/86517219

Stahl-Lieferungen

Alu König Stahl GmbH 66
Goldschlagstrasse 87-89
1150 Wien
Tel. 01/981300
Fax 01/9813029

Starkstromtechnik

Wolek AG 101
Stark- und
Schwachstromtechnik
Grundsteingasse 11
1160 Wien
Tel. 01/4067278
Fax 01/4060885

Statik

Dipl.-Ing. Wolfgang Tötzel 95
ZT - GmbH
Ingenieurkonsulent für Bauinge-
nieurwesen
Johann Strauss-Gasse 45/3
1040 Wien
Tel. 01/4796977
Fax 01/4704484

Gmeiner Haferl Bauingenieure 192
Prinz Eugen Straße 80/9
1040 Wien
Tel. 01/5231322
Fax 01/523132223

Dipl.-Ing. Jörg Gritsch 217
Zivilingenieur für Bauwesen
Zieglergasse 10
1070 Wien
Tel. 01/5222767
Fax 01/522276719

Monarth & Tatzber 229
Ziviltechniker GmbH
Blindengasse 26
1080 Wien
Tel. 01/4054286
Fax 01/4074712

Statische Verstärkungen

SANIER-Technik BaugmbH 233
Draschestraße 94
1230 Wien
Tel. 01/6174643
Fax 01/6174655

Straßen- und Hofbefestigungen

Robert Felsinger GmbH 61
Asphalt-Unternehmung
Wildpretstrasse 11
1110 Wien
Tel. 01/76013
Fax 01/7673154

Straßenbau

TEERAG-ASDAG AG VS4+207
Straßen- und Tiefbau
Absberggasse 47
1103 Wien
Tel. 050626/1901
Fax 050626/1906

Robert Felsinger GmbH 61
Asphalt-Unternehmung
Wildpretstrasse 11
1110 Wien
Tel. 01/76013
Fax 01/7673154

Verbundplan GmbH 95
Ingenieur- und
Beratungsunternehmen
Laaer-Berg-Straße 43
1100 Wien
Tel. 01/503130
Fax 01/50313165

Baumeister Diplom 98
Ingenieur Franz Mörtinger & Co.
Getreidemarkt 7
1060 Wien
Tel. 01/5875433
Fax 01/587041633

BAHNBAU PETRI 99
Hoch- und Tiefbau
GesmbH u. Co. KG
Lindenweg 28
2351 Wiener Neudorf
Tel. 02236/62306
Fax 02236/6230644

Zivilingenieurbüro 99
Dipl.-Ing. Dr. Tech.
Helmut Effenberger
Seeböckgasse 32 b
1160 Wien
Tel. 01/4083580
Fax 01/408358034

Stanik Bau Ges.m.b.H. 145
Grüngasse 9/18
1050 Wien
Tel. 01/5877042
Fax 01/5877022

TPS Technik Personal Service 152
Filiale Bau- und
Baunebengewerbe
Praterstraße 33
1020 Wien
Tel. 01/2185595
Fax 01/21855959

Albrechtsberger 154
Gesellschaft m.b.H.
Hildebrandgasse 38
1180 Wien 18
Tel. 01/40283500
Fax 01/402835023

TECTONconsult 185
Verkehrsplanung &
Konstruktiver Ingenieurbau
Baumanagement
Barnabitengasse 8
1060 Wien
Tel. 01/5870958
Fax 01/587095824

Schneiberg Erd- und 186
Abbrucharbeiten GmbH
Dr.-Kasimir-Graffgasse 10
2384 Breitenfurt bei Wien
Tel. 02239/34397
Fax 02239/4789

Herzer Bau- und 212
Transport GmbH
Zachgasse 18
1220 Wien
Tel. 01/28580100
Fax 01/285801022

Holcim (Wien) GmbH 226
Beton, Zement
Franzosengraben 7
1030 Wien
Tel. 01/8890303
Fax 01/889030330

G. Hackenberg 230
Holzhandel
Rossakgasse 3
1230 Wien
Tel. 01/6678707
Fax 01/667870718

Lieferbeton GmbH 231
Lagerstraße 1-5
2103 Langenzersdorf
Tel. 02244/334455219
Fax 02244/3344559219

Ingenieurbüro Neukirchen 241
Ziviltechniker
Gesellschaft m.b.H.
Eßlinggasse 17
1010 Wien
Tel. 01/53345640
Fax 01/533456414

Stuck

Friedrich Zisch & 106
Söhne Ges.m.b.H.
Malerei, Anstrich, Tapeten,
Bodenbeläge
Josef-Baumann-Gasse 65
1210 Wien
Tel. 01/2591538
Fax 01/259153820

TPS Technik Personal Service 152
Filiale Bau- und
Baunebengewerbe
Praterstraße 33
1020 Wien
Tel. 01/2185595
Fax 01/21855959

Weiß Trockenbau KEG 155
Franz Kain Weg 31
4040 Linz
Tel. 0732/713950
Fax 0732/713952

KAEFER Isoliertechnik 156
Ges.m.b.H.
Hetmanekgasse 12
1231 Wien
Tel. 01/699010
Fax 01/6994304

Top-Akustikbau GmbH 189
St. Veit Gasse 46
1130 Wien
Tel. 01/87994960
Fax 01/897949630

Stufen

NMP Naturstein Montage 115
GmbH & Co. KG
Engerthstraße 169
1020 Wien
Tel. 04/19551455
Fax 01/955145565

Support and Training

SG Connect 98
Electronics Handelsgesellschaft
m.b.H.
Jochen-Rindt-Straße 13A
1230 Wien
Tel. 01/617666613
Fax 01/617666699

Systembrücken

Waagner-Biro AG 177
Bühnentechnik, Systembrücken
Stadlauer Straße 54
1220 Wien
Tel. 01/288440
Fax 01/28844333

Systemintegration

Center Communication 113
Systems GmbH
Headquarters Austria
Ignaz-Köck-Straße 19
1210 Wien
Tel. 01/901990
Fax 01/9019919

Szenelokal

ATB Spezialbau GmbH U3+270
Stubenring 2/9
1010 Wien
Tel. 01/7185502
Fax 01/7185326

Bohème Szenelokal 195
am Spittelberg
Spittelberggasse 19
1070 Wien
Tel. 01/5233173

Friedrich Zisch & 106
Söhne Ges.m.b.H.
Malerei, Anstrich, Tapeten,
Bodenbeläge
Josef-Baumann-Gasse 65
1210 Wien
Tel. 01/2591538
Fax 01/259153820

Eisenschutz- [illegible]16
gesellschaft m.b.H.
7. Haidequerstraße 3
1110 Wien
Tel. 01/7697782
Fax 01/76977822989

Pius P. Weckerle GmbH 155
Malerei, Anstirch,
Tapeten, Fassaden
Bahnstraße 13
2286 Haringsee
Tel. 02214/8670
Fax 02214/84287

HORVATH Malerbetriebs 263
G.m.b.H.
Scherbangasse 10
1230 Wien
Tel. 01/4858391
Fax 01/4801258

▶T

Tauchunternehmen

Tauchunternehmen Leunert 189
Fürstenwalder Chaussee 27h
D-15526 Bad Saarow-Pieskow
Tel. 0049/33631/8670
Fax 0049/33631/867140

Technische Chemie

ESW Consulting WRUSS 117
Ziviltechnikergesellschaft mbH
Rosasgasse 25-27
1120 Wien
Tel. 01/81253180
Fax 01/81253185

Teichbau

Lichtblau Gartengestaltung 271
Dr. Lichtblau Gesellschaft m.b.H.
Hauptstraße 173
2391 Kaltenleutgeben
Tel. 02238/71663
Fax 02238/7166366

Temporäre Seitenschutzsysteme

Combisafe 231
Deutschland GmbH
Temporäre Seitenschutzsysteme
Gehringstraße 51
D-13088 Berlin
Tel. 0049/30/5573080
Fax 0049/30/55730823

TGA Planer

freudensprung anlagen 127
planungsges.m.b.H.
Kraygasse 92
1220 Wien
Tel. 01/531930
Fax 01/5319324

Tiefbau

TEERAG-ASDAG AG VS4+207
Straßen- und Tiefbau
Absberggasse 47
1103 Wien
Tel. 050626/1901
Fax 050626/1906

Robert Felsinger GmbH 61
Asphalt-Unternehmung
Wildpretstrasse 11
1110 Wien
Tel. 01/76013
Fax 01/7673154

Verbundplan GmbH 95
Ingenieur- und
Beratungsunternehmen
Laaer-Berg-Straße 43
1100 Wien
Tel. 01/503130
Fax 01/50313165

Baumeister Diplom 98
Ingenieur Franz Mörtinger & Co.
Getreidemarkt 7
1060 Wien
Tel. 01/5875433
Fax 01/587041633

BAHNBAU PETRI 99
Hoch- und Tiefbau
GesmbH u. Co. KG
Lindenweg 28
2351 Wiener Neudorf
Tel. 02236/62306
Fax 02236/6230644

Zivilingenieurbüro 99
Dipl.-Ing. Dr. Tech.
Helmut Effenberger
Seeböckgasse 32 b
1160 Wien
Tel. 01/4083580
Fax 01/408358034

Groll Bau Ges.m.b.H. 100
Herziggasse 10
1230 Wien
Tel. 01/8659253
Fax 01/86492533

PUR Grundbau und 100
Umwelttechnik GmbH
Schuhfabrikgasse 18
1230 Wien
Tel. 01/8041601
Fax 01/8040265

Ing. Eva & Karl Schindler 105
Gesellschaft mbH
Bauunternehmung
Anschützgasse 1
1153 Wien
Tel. 01/89191451
Fax 01/8919190455

Stanik Bau Ges.m.b.H. 145
Grüngasse 9/18
1050 Wien
Tel. 01/5877042
Fax 01/5877022

TPS Technik Personal Service 152
Filiale Bau- und
Baunebengewerbe
Praterstraße 33
1020 Wien
Tel. 01/2185595
Fax 01/21855959

Bex Baugesellschaft m.b.H. 153
Hedwiggasse 4
1020 Wien
Tel. 01/21826840
Fax 01/218268420

PPS Pipeline Services GmbH 153
Greiner Straße 63
4320 Perg
Tel. 07262/5550
Fax 07262/551520

Albrechtsberger 154
Gesellschaft m.b.H.
Hildebrandgasse 38
1180 Wien 18
Tel. 01/40283500
Fax 01/402835023

OBG Bau Ges.m.b.H 182
Karmarschgasse 72/8
1100 Wien
Tel. 01/6067116
Fax 01/606711623

TECTONconsult 185
Verkehrsplanung &
Konstruktiver Ingenieurbau
Baumanagement
Barnabitengasse 8
1060 Wien
Tel. 01/5870958
Fax 01/587095824

Schneiberg Erd- und 186
Abbrucharbeiten GmbH
Dr.-Kasimir-Graffgasse 10
2384 Breitenfurt bei Wien
Tel. 02239/34397
Fax 02239/4789

Herzer Bau- und 212
Transport GmbH
Zachgasse 18
1220 Wien
Tel. 01/28580100
Fax 01/285801022

Holcim (Wien) GmbH 226
Beton, Zement
Franzosengraben 7
1030 Wien
Tel. 01/8890303
Fax 01/889030330

G. Hackenberg 230
Holzhandel
Rossakgasse 3
1230 Wien
Tel. 01/6678707
Fax 01/667870718

Lieferbeton GmbH 231
Lagerstraße 1-5
2103 Langenzersdorf
Tel. 02244/334455219
Fax 02244/3344559219

Ingenieurbüro Neukirchen 241
Ziviltechniker
Gesellschaft m.b.H.
Eßlinggasse 17
1010 Wien
Tel. 01/53345640
Fax 01/533456414

Zipp Baufertigteil- 243
Vertriebs Ges.m.b.H.
Sebastian-Kneipp-Gasse 3/5
1020 Wien
Tel. 01/2120325
Fax 01/890101115

Tischlerei

Nowak & Steiner Tischlerei 115
Ges.m.b.H.
Hermanngasse 32
1070 Wien
Tel. 01/5260670
Fax 01/52606709

Tischlerei Scheschy 143
GesmbH & Co KG
Hintere Zeile 8
4120 Neufelden
Tel. 07282/6633
Fax 07282/663320

inside 217
Objektenrichtungs GmbH
Industriestraße 9
2353 Guntramsdorf
Tel. 02236/232320
Fax 02236/2323213

Torantriebe

BLASL Vertriebsges.m.b.H. 155
Türen, Tore
Betriebspark 6
4451 St. Ulrich bei Steyr
Tel. 07252/418110
Fax 07252/41690

Torsysteme

Adolf Tobias Ges.m.b.H. 115
Tor- und Parktechnik, Zaunbau
Eduard-Klinger-Straße 15
3423 St. Andrä-Wördern
Tel. 02242/38100
Fax 02242/3810017

Traforäume

Link ges.m.b.h. 139
Schlosserei
Kleistgasse 16
1030 Wien
Tel. 01/79921210
Fax 01/79921219

Tragwerksplaner

Dipl.-Ing. Jörg Gritsch 217
Zivilingenieur für Bauwesen
Zieglergasse 10
1070 Wien
Tel. 01/5222767
Fax 01/522276719

Monarth & Tatzber 229
Ziviltechniker GmbH
Blindengasse 26
1080 Wien
Tel. 01/4054286
Fax 01/4074712

Tragwerksplanung

Gmeiner Haferl Bauingenieure 192
Prinz Eugen Straße 80/9
1040 Wien
Tel. 01/5231322
Fax 01/523132223

Transportbaustahl

BSB Betonstahl-Verlege Ges.m.b.H 240
Handelsstrasse 3
2512 Tribuswinkel
Tel. 02252/2594500
Fax 02252/25945030

Transportbeton

H.B. Beton GmbH & Co KG 154
Johann-Steinböck-Straße 3
2345 Brunn am Gebirge
Tel. 02236/892311
Fax 02236/892312

Transportbeton Gesellschaft M.B.H. & CO.KG 213
Wildpretstraße 5
1110 Wien
Tel. 01/76007
Fax 01/76007591

Holcim (Wien) GmbH 226
Beton, Zement
Franzosengraben 7
1030 Wien
Tel. 01/8890303
Fax 01/889030330

Lieferbeton GmbH 231
Lagerstraße 1-5
2103 Langenzersdorf
Tel. 02244/334455219
Fax 02244/3344559219

Transportsysteme

Jellinek KG Nfg. Ges.m.b.H. 102
Transportunternehmen
Sagedergasse 52-56
1120 Wien
Tel. 01/8041668
Fax 01/804184033

Schneiberg Erd- und Abbrucharbeiten GmbH 186
Dr.-Kasimir-Graffgasse 10
2384 Breitenfurt bei Wien
Tel. 02239/34397
Fax 02239/4789

Herzer Bau- und Transport GmbH 212
Zachgasse 18
1220 Wien
Tel. 01/28580100
Fax 01/285801022

G. Hackenberg 230
Holzhandel
Rossakgasse 3
1230 Wien
Tel. 01/6678707
Fax 01/667870718

Transportunternehmen

Jellinek KG Nfg. Ges.m.b.H. 102
Transportunternehmen
Sagedergasse 52-56
1120 Wien
Tel. 01/8041668
Fax 01/804184033

E & G Pils Ges.m.b.H. & Co. KG 107
Nah- und Ferntransporte
Triester Straße 200
1232 Wien
Tel. 01/6652600
Fax 01/665260020

Schneiberg Erd- und Abbrucharbeiten GmbH 186
Dr.-Kasimir-Graffgasse 10
2384 Breitenfurt bei Wien
Tel. 02239/34397
Fax 02239/4789

Herzer Bau- und Transport GmbH 212
Zachgasse 18
1220 Wien
Tel. 01/28580100
Fax 01/285801022

G. Hackenberg 230
Holzhandel
Rossakgasse 3
1230 Wien
Tel. 01/6678707
Fax 01/667870718

Trennwandsysteme

Gerhardt Braun TrennSysteme GmbH 141
Mautner Markhof-Gasse 40
1110 Wien
Tel. 01/53223500
Fax 01/532235050

Treppen

Nowak & Steiner Tischlerei Ges.m.b.H. 115
Hermanngasse 32
1070 Wien
Tel. 01/5260670
Fax 01/52606709

RIHA Gesellschaft m.b.H. 134
Feuerschutz, Zargen, Türen, Tore
Novofermstraße 15
2230 Gänserndorf
Tel. 02282/43660
Fax 02282/4366555

Tischlerei Scheschy GesmbH & Co KG 143
Hintere Zeile 8
4120 Neufelden
Tel. 07282/6633
Fax 07282/663320

Stanik Bau Ges.m.b.H. 145
Grüngasse 9/18
1050 Wien
Tel. 01/5877042
Fax 01/5877022

TPS Technik Personal Service 152
Filiale Bau- und Baunebengewerbe
Praterstraße 33
1020 Wien
Tel. 01/2185595
Fax 01/21855959

Mewald GmbH 214
Türen, Tore
Industriestraße 1+2
2486 Pottendorf
Tel. 02623/722250
Fax 02623/7222523

Treppenlifte

ThyssenKrupp Aufzüge GmbH 170
Slamastraße 29
1230 Wien
Tel. 01/86517510
Fax 01/8651751299

Trinkwasser

Wildenhofer Wassertechnik GmbH 108
Liesinger Flurgasse 5
1230 Wien
Tel. 01/8694556
Fax 01/8651662

Trockenbau

SMDM Bau GmbH 140
Missindorfstraße 21
1140 Wien
Tel. 01/4869387
Fax 01/486938734

ANTAL Bauges.m.b.H. 142
Trockenausbau
Tichtelgasse 30/3
1120 Wien
Tel. 01/8170090
Fax 01/8170091

KAEFER Isoliertechnik Ges.m.b.H. 156
Hetmanekgasse 12
1231 Wien
Tel. 01/699010
Fax 01/6994304

Top-Akustikbau GmbH 189
St. Veit Gasse 46
1130 Wien
Tel. 01/87994960
Fax 01/897949630

UNIPROJEKT Bau- und Innenbau GmbH 190
Donau-City-Straße 9
1220 Wien
Tel. 01/224221502
Fax 01/224221505

Trockeneisstrahlen

Blitz-Blank Reinigung-Dienstleistungs-untermehmen GmbH 112
Shuttleworthstraße 4-8/Obj. 34
1210 Wien
Tel. 01/2020100
Fax 01/2020101

Tunnelbau

Groll Bau Ges.m.b.H. 100
Herziggasse 10
1230 Wien
Tel. 01/8659253
Fax 01/86492533

Ingenieurbüro ste.p 184
Stella & Stengel Partner
Ziviltechnikergesellschaft m.b.H.
Mommsengasse 31
1040 Wien
Tel. 01/50556870
Fax 01/5053984

Herrenknecht AG 228
Tunnelvortriebstechnik
Schlehenweg 2
D-77963 Schwanau
Tel. 0049/7824/3020
Fax 0049/7824/3403

Monarth & Tatzber 229
Ziviltechniker GmbH
Blindengasse 26
1080 Wien
Tel. 01/4054286
Fax 01/4074712

Tunnelfunk

Center Communication 113
Systems GmbH
Headquarters Austria
Ignaz-Köck-Straße 19
1210 Wien
Tel. 01/901990
Fax 01/9019919

Tunneltechnik

Cegelec GmbH NS1+82
Solutions & Services
Scheydgasse 41
1210 Wien
Tel. 01/277440
Fax 01/277441803

Türen

AIRFIRETECH U4+62
Brandschutzsysteme GmbH
Breitenseer Straße 28
1140 Wien
Tel. 01/9820174
Fax 01/9853585

Nowak & Steiner Tischlerei 115
Ges.m.b.H.
Hermanngasse 32
1070 Wien
Tel. 01/5260670
Fax 01/52606709

RIHA Gesellschaft m.b.H. 134
Feuerschutz, Zargen,
Türen, Tore
Novofermstraße 15
2230 Gänserndorf
Tel. 02282/43660
Fax 02282/4366555

Tischlerei Scheschy 143
GesmbH & Co KG
Hintere Zeile 8
4120 Neufelden
Tel. 07282/6633
Fax 07282/663320

Stanik Bau Ges.m.b.H. 145
Grüngasse 9/18
1050 Wien
Tel. 01/5877042
Fax 01/5877022

TPS Technik Personal Service 152
Filiale Bau- und
Baunebengewerbe
Praterstraße 33
1020 Wien
Tel. 01/2185595
Fax 01/21855959

IPM Schober 191
Gesellschaft m.b.H.
Fenster
Ascheter Straße 44
4600 Wels/Thalheim
Tel. 07242/472710
Fax 07242/4727134

Mewald GmbH 214
Türen, Tore
Industriestraße 1+2
2486 Pottendorf
Tel. 02623/722250
Fax 02623/7222523

Gaulhofer Vertrieb 261
GmbH & Co. KG
Fenster und Türen
Klingerstraße 4
1230 Wien
Tel. 03125/2822202
Fax 03125/28227202

▶U

U-Bahnbau

Ingenieurbüro ste.p 184
Stella & Stengel Partner
Ziviltechnikergesellschaft m.b.H.
Mommsengasse 31
1040 Wien
Tel. 01/50556870
Fax 01/5053984

TECTONconsult 185
Verkehrsplanung &
Konstruktiver Ingenieurbau
Baumanagement
Barnabitengasse 8
1060 Wien
Tel. 01/5870958
Fax 01/587095824

Monarth & Tatzber 229
Ziviltechniker GmbH
Blindengasse 26
1080 Wien
Tel. 01/4054286
Fax 01/4074712

Umbauten

HAZET 108
Bauunternehmung GmbH
Gumpendorfer Straße 83-85
1060 Wien
Tel. 01/599460
Fax 01/5994661

Umwelt

ESW Consulting WRUSS 117
Ziviltechnikergesellschaft mbH
Rosasgasse 25-27
1120 Wien
Tel. 01/81253180
Fax 01/81253185

Umwelttechnik

PUR Grundbau und 100
Umwelttechnik GmbH
Schuhfabrikgasse 18
1230 Wien
Tel. 01/8041601
Fax 01/8040265

Rosinak & Partner 135
Ziviltechniker GmbH
Schloßgasse 11
1050 Wien
Tel. 01/5540707
Fax 01/5540727

SW Umwelttechnik 239
Österreich GmbH
Bahnstraße 87-93
9021 Klagenfurt
Tel. 0463/321090
Fax 0463/37667

Umwelttechnische Baubetreuung

Zivilingenieurbüro 99
Dipl.-Ing. Dr. Tech.
Helmut Effenberger
Seeböckgasse 32 b
1160 Wien
Tel. 01/4083580
Fax 01/408358034

Umwelttechnologie

INTERGEO Umwelt- 180
technologie +
Abfallwirtschaft G.m.b.H.
Niederlassung Wien
Wallagasse 4a
1110 Wien
Tel. 01/8177251
Fax 01/817725125

Unterhaltsreinigung

Blitz-Blank 112
Reinigung-Dienstleistungs-
untermehmen GmbH
Shuttleworthstraße 4-8/Obj. 34
1210 Wien
Tel. 01/2020100
Fax 01/2020101

Allgemeine 145
Reinigungs-Zentrale
Schleifmühlgasse 20
1040 Wien
Tel. 01/5866257
Fax 01/5864840

Unterwasserbeton

Tauchunternehmen Leunert 189
Fürstenwalder Chaussee 27h
D-15526 Bad Saarow-Pieskow
Tel. 0049/33631/8670
Fax 0049/33631/867140

▶V

Ventilatoren

desco Kälte-Klima- 84
Rückkühltechnik GmbH
Doerenkampgasse 1
1100 Wien
Tel. 01/8691638
Fax 01/8653820

Heinisch Ges.m.b.H. 87
Klima, Wassertechnik,
Ventilatoren, Lüftung,
Heiz- und Regeltechnik
Oberlaaer Straße 231
1100 Wien
Tel. 01/680070
Fax 01/6800710

Verglasung

Anton Sadovszky 110
Inh. Michnig GmbH B
au- und Portalglaserei
Rotensterngasse 37
1020 Wien
Tel. 01/2143131
Fax 01/214313110

Verkehrsforschung

Rosinak & Partner 135
Ziviltechniker GmbH
Schloßgasse 11
1050 Wien
Tel. 01/5540707
Fax 01/5540727

Verkehrsplaner

TECTONconsult 185
Verkehrsplanung &
Konstruktiver Ingenieurbau
Baumanagement
Barnabitengasse 8
1060 Wien
Tel. 01/5870958
Fax 01/587095824

Verkehrsplanung

Rosinak & Partner 135
Ziviltechniker GmbH
Schloßgasse 11
1050 Wien
Tel. 01/5540707
Fax 01/5540727

Monarth & Tatzber 229
Ziviltechniker GmbH
Blindengasse 26
1080 Wien
Tel. 01/4054286
Fax 01/4074712

Verkehrstechnik

Vossloh Kiepe Ges.m.b.H. 107
Bahnsysteme, Verkehrstechnik
Ignaz-Köck-Straße 23
1210 Wien
Tel. 01/331270
Fax 01/33127270

Vermesser

Vermessung VSP 80
Stolitzka & Partner
ZT GesmbH
Schottenfeldgasse 79
1070 Wien
Tel. 01/4706403
Fax 01/4706403299

Meixner Vermessung 81
Ingenieurkonsulent für
Vermessungswesen
Linke Wienzeile 4
1060 Wien
Tel. 01/5879616
Fax 01/5873432

Vermessung Angst 134
Ziviltechnikergesellschaft mbH
Mayergasse 11
1020 Wien
Tel. 01/211720
Fax 01/2117222

KOPA Ziviltechniker-OEG 242
KORSCHINECK & PARTNER
Wiedner Hauptstraße 17
1040 Wien
Tel. 01/5051892
Fax 01/505189221

Vermessung

hauer & stix Ziviltechniker- 93
gesellschaft mbH
Ingenieurkonsulenten
für Vermessungswesen
Kalvarienberggasse 67/9
1170 Wien
Tel. 01/4076203
Fax 01/40762024

Vermessung Eckharter 184
ZT GmbH
BR.h.c. Dipl. Ing.
Manfred Eckharter
Friedrichstraße 6
1010 Wien
Tel. 01/5871134
Fax 01/587113417

Vermessungswesen

Meixner Vermessung 81
Ingenieurkonsulent für Vermes-
sungswesen
Linke Wienzeile 4
1060 Wien
Tel. 01/5879616
Fax 01/5873432

Versicherungen

Weiß Trockenbau KEG 155
Franz Kain Weg 31
4040 Linz
Tel. 0732/713950
Fax 0732/713952

Raiffeisen-Leasing GmbH 179
Hollandstraße 11-13
1020 Wien
Tel. 01/716018231
Fax 01/716018239

Verspiegelungen

Anton Sadovszky 110
Inh. Michnig GmbH Bau-
und Portalglaserei
Rotensterngasse 37
1020 Wien
Tel. 01/2143131
Fax 01/214313110

▶W

Wachdienste

Baecker & Partner GmbH 112
Sicherheitsunternehmen
Aspangstraße 49
1030 Wien
Tel. 01/7985020
Fax 01/798502023

Wandgestaltung

Josef Kern 271
Malereien
Schönbrunner Straße 65/1-3
1050 Wien
Tel. 01/5454099
Fax 01/5454099

Wärmedämmung

SWK Isolierungstechnik GmbH 211
Koppstraße 81/5
1160 Wien
Tel. 01/9714521
Fax 01/9714521

Wärmedämmverbundsysteme

WIBEBA Wiener Betriebs- und 64
Baugesellschaft m.b.H.
Anschützgasse 1
1153 Wien
Tel. 01/891910
Fax 01/8919197

GU Baugesellschaft m.b.H. 181
Generalunternehmen
Draschestraße 91
1230 Wien
Tel. 01/6155605
Fax 01/6155083

Wärmegedämmte Fassadensysteme

Pflaum & Söhne 143
Bausysteme GmbH
Gangigutstraße 89
4050 Traun
Tel. 07229/645840
Fax 07229/6458443

Wart. f. Heizung/Klima/Lüftung/Sanitär

P. Dussmann GmbH Facility 102
Management, Catering
Niederlassung Wien
Modecenterstraße 14
1030 Wien
Tel. 01/3329420
Fax 01/332942090

Wartungen

Hans Hager GmbH & Co. KG 217
Blitzschutz
Ketzergasse 58
1230 Wien
Tel. 01/6992142
Fax 01/6995331

Wintergärten

Anton Sadovszky 110
Inh. Michnig GmbH Bau- und
Portalglaserei
Rotensterngasse 37
1020 Wien
Tel. 01/2143131
Fax 01/214313110

Tischlerei Scheschy 143
GesmbH & Co KG
Hintere Zeile 8
4120 Neufelden
Tel. 07282/6633
Fax 07282/663320